高职高专交通土建类系列规划教材

普通高等学校"十二五"省级规划教材

公路工程检测技术

GONG LU GONG CHENG JIAN CE JI SHU

主　编　齐永生

副主编　王佳宾　叶　生

　　　　龙丽丽　李洪岩

主　审　卞国炎

合肥工业大学出版社

前　言

　　2010 年,安徽交通职业技术学院被教育部财政部列为 100 所"国家示范性高等职业院校建设计划"骨干高职院校项目建设单位之一,课程改革与建设正逐步深入推进,本教材作为学院申报的省级规划教材《公路工程检测技术》进行了开发。

　　本教材依据现行交通运输部颁布的交通行业标准,以众多相关的公路工程检测技术教材为基础,以"工学结合"教学理念为指导,改变了原有教材的编写模式,将章节改为"项目-任务"的形式,针对任务的内容,指出了任务的知识点,列举了较多的学习贯彻案例,并附有学习实践进行强化训练,体现了"教、学、做"一体的特色。

　　本教材共分 15 个项目进行讲授。项目一为概论,主要介绍了试验检测的目的及公路工程质量检验评定的标准;项目二为实验检测数据的处理,主要介绍了数据的统计、取舍方法及抽样等;项目三为常用面层及基层试验检测,主要介绍了水泥混凝土拌合物、强度及沥青混合料的试验检测;项目四为路面积和尺寸及路面厚度检测;项目五为路基路面压实度检测,主要介绍了常规路基路面的压实度检测方法及压实检测结果的评定;项目六为路面平整度检测;项目七为路面抗滑性检测;项目八为路基路面强度指标检测,主要介绍路基路面的弯沉、回弹模量及 CBR 值检测;项目九为沥青路面渗水系数及外观检测;项目十为桥涵地基检测,介绍了桥涵地基承载力的检测方法;项目十一为钻(挖)孔灌注桩检测;项目十二为桥涵混凝土及预应力混凝土结构检测;项目十三为桥梁支座及伸缩缝装置检测;项目十四为桥梁荷载试验;项目十五为隧道工程施工质量检测,主要介绍了隧道开挖、超前支护、隧道衬砌及施工监控等检测。

教师在使用此书时，可根据具体情况选择教学内容。

本书项目一、四、五、六、八由安徽交通职业技术学院齐永生编写，项目二由安徽交通职业技术学院李宏岩编写，项目三、八、九由安徽交通职业技术学院王佳宾编写，项目七、十、十一由安徽水利水电职业技术学院龙丽丽编写，项目十二、十三、十四、十五由安徽交通职业技术学院叶生编写。全书由齐永生、王佳宾统稿。特邀安徽省交通建设工程质量监督局卞国炎教授级高工担任本书主审。卞国炎教授对本教材进行了认真、详细的审核，并提出了许多宝贵的修改意见，在此深表谢意。安徽省公路工程检测中心项静同志为本书提供了工程案例，在此一并表示感谢。

本书尚存在错误和缺点，恳请读者批评指正。

编　者

2015 年 1 月

目 录

学习项目一 概 论

任务 1-1 试验检测的目的和意义

【学习要求】

1. 了解试验检测工作对工程质量控制的目的与意义；
2. 了解试验检测工作对试验检测人员的要求。

【学习内容】

一、公路工程试验检测的目的与意义

工程试验检测工作是公路工程施工技术管理中的一个重要组成部分,同时也是公路工程施工质量控制和竣工验收评定工作中不可缺少的一个主要环节。通过试验检测能充分地利用当地原材料,迅速推广应用新材料、新技术和新工艺;能用定量的方法科学地评定各种材料和构件的质量,合理地控制并科学地评定工程质量,并为科学养护决策提供客观依据。因此,工程试验检测对于提高工程质量、加快工程进度、降低工程造价、提高养护水平、推动公路工程施工技术进步,将起到极为重要的作用。公路工程试验检测技术是一门正在发展的新兴学科,它融试验检测基本理论和测试操作技能以及公路工程相关学科基础知识于一体,是工程设计参数、施工质量控制竣工验收评定、养护管理决策的主要依据。

为使公路满足使用要求,必须在精心设计的基础上,严格按照设计文件和现行施工技术规范的要求认真组织施工。作为施工技术人员和工程试验检测人员或质量控制管理人员,在整个施工期间,应在领会设计文件、熟悉现行施工技术规范和试验检测规程的前提下,严格做好路用材料质量、施工控制参数、现场施工过程质量和分部分项过程验收这四个关键环节的把关工作。各级公路管理部门和施工单位已对加强质量检测、施工质量控制和验收水平给予高度重视,但在许多工程中,仍有部分单位不具备原材料质量试验检测和施工质量控制试验检测的基本条件,有些单位虽然已购置了一定数量的试验检测仪器设备,也建立了试验检测机构,并配备了相应的试验技术人员,但由于多种原因,已建成的试验室不能发挥应有的作用。工程实践经验证明,不重视施工检测和施工现场质量的控制管理工作,而仅靠经验评估是造成工程出现早期破坏的重要原因之一。因此,要想切实提高公路工程施工质量,缩短施工工期,降低工程投资,在建立健全工程质

量控制检测制度的同时,必须配备符合工程要求的试验检测设备和相应的专职试验检测技术人员。

二、现行国家试验检测规程名称

公路工程试验检测依据国家统一的试验规程、规范、标准等(详见参考文献)。主要有:

1. 公路工程质量检验评定标准(JTG F80/1—2004);
2. 公路土工试验规程(JTG E40—2007);
3. 公路工程沥青及沥青混合料试验规程(JTJ E20—2011);
4. 公路工程水泥及水泥混凝土试验规程(JTG E30—2005);
5. 公路工程岩石试验规程(JTG E41—2005);
6. 公路工程无机结合料稳定材料试验规程(JTG E51—2009);
7. 公路工程集料试验规程(JTG E42—2005);
8. 公路路基路面现场测试规程(JTG E60—2008);
9. 公路土工合成材料试验规程(JTG E50—2006);
10. 公路工程技术标准(JTG B01—2003);
11. 公路路基设计规范(JTG D30—2004);
12. 公路水泥混凝土路面设计规范(JTG D40—2011);
13. 公路沥青路面设计规范(JTG D50—2006);
14. 公路土工合成材料应用技术规范(JTG/T D32—2012);
15. 公路桥涵设计通用规范(JTG D60—2004);
16. 公路圬工桥涵设计规范(JTG D61—2005);
17. 公路钢筋混凝土及预应力混凝土桥涵设计规范(JTGD62—2004);
18. 公路桥涵地基与基础设计规范(JTG D63—2007);
19. 公路隧道设计规范(JTG D70—2004);
20. 公路路基施工技术规范(JTG F10—2006);
21. 公路路面基层施工技术规范(JTJ 034—2000);
22. 公路沥青路面施工技术规范(JTG F40—2004);
23. 公路水泥混凝土路面施工技术规范(JTG F30—2004);
24. 公路桥涵施工技术规范(JTGTF50—2011);
25. 公路隧道施工技术规范(JTG F60—2009)。

三、试验检测人员的要求

为确保检测工作质量,试验检测人员应认真履行岗位职责,做好本职工作。

(1)检测人员应熟悉检测任务、内容、项目,合理选择检测仪器,熟悉仪器的性能。使用精密、贵重、大型检测仪器设备者,应经过培训,考核合格后,取得试验操作证书方可上岗操作。熟悉设备日常养护,进行一般或常规仪器的检验与校正。

(2)检测人员应掌握与所检测项目相关的技术标准,了解本领域国内外测试技术、检测仪器的现状及发展方向,具有学习并应用国内外最新检测技术的能力。

（3）检测人员应能正确如实地填写原始记录。原始记录不得用铅笔、圆珠笔填写，必须有检测人员、计算和校核人员的签名。原始记录确需更改，作废数据上应画两条水平线，将正确数据填在上方，盖更改人的印章。原始记录保管期不得少于两年。检测结果必须由在本领域五年以上工作经验者校核，校核者必须在检测记录和报告中签字，以示负责。

（4）检测人员应了解计量法常识及国际单位制的基本内容，能运用数理统计方面的知识对检测结果进行数据处理。

（5）检测人员要坚持原则、忠于职守、作风正派、秉公办事，要以数据说话。

任务 1-2　公路工程质量检验评定办法

【学习要求】

1. 了解公路工程质量检验评定工作有关规定；
2. 掌握工程质量评分方法及等级评定办法；
3. 掌握分项工程、分部工程、单位工程的划分。

【学习内容】

一、公路工程质量检验评定工作有关规定

部颁《公路工程质量检验评定标准》(JTG F80/1—2004)适用于公路工程施工单位、工程监理单位、建设单位、质量检测机构和质量监督部门对公路工程质量的管理、监控和检验评定。它是公路工程检查与验收的质量评定的依据。

《公路工程质量检验评定标准》(JTG F80/1—2004)适用于四级及四级以上公路新建、改建工程。

一般公路建设项目单位分部和分项工程划分内容见表 1-1 所列。

表 1-1　一般建设项目的工程划分

单位工程	分部工程	分项工程
路基工程 （每 10km 或 每标段）	路基土石方工程*①（1～3km 路段）②	土方路基*，石方路基*，软土地基*，土工合成材料处治层* 等
	排水工程(1～3km 路段)	管节预制，管道基础及管节安装*，检查(雨水)井砌筑*，土沟，浆砌排水沟*，盲沟，跌水，急流槽*，水簸箕，排水泵站等
	小桥及符合小桥标准的通道*，人行天桥，渡槽(每座)	基础及下部构造*，上部构造预制、安装或浇筑*，填土，总体等
	涵洞、通道(1～3km 路段)	基础及下部构造*，主要构件预制、安装或浇筑，填土，总体等
	砌筑防护工程(1～3km 路段)	挡土墙*，墙背填土，抗滑桩*，锚喷防护*，锥、护坡，导流工程，石笼防护等
	大型挡土墙*，组合式挡土墙*(每处)	基础*，墙身*，墙背填土，构件预制*，构件安装*，筋带，锚带，锚杆、拉杆，总体* 等
路面工程 （每 10km 或 每标段）	路面工程(1～3km 路段)*	底基层，基层*，面层*，垫层，联结尾，路缘石，人行道，路肩，路面边缘排水系统等

单位工程	分部工程	分项工程
桥梁工程^②（特大、大、中桥）	基础及下部构造*（每桥或每墩台）	扩大基础,桩基*,地下连续墙*,承台,沉井*,桩的制作*,钢筋加工及安装,墩台身(砌体)浇筑*,墩台身安装,墩台帽*,组合桥台*,台背填土,支座垫石和挡块等
	上部构造预制和安装	主要构件预制*,其他构件预制,钢筋加工及安装,预应力筋的加工和张拉*,梁板安装,悬臂拼装*,顶推施工梁*,拱圈节段预制,拱的安装,转体施工拱*,劲性骨架拱肋安装*,钢管拱肋制作*,钢管拱肋安装*,吊杆制作和安装*,钢梁制作*,钢梁制作*,钢梁安装,钢梁防护*等
	上部构造现场浇筑*	钢筋加工及安装,预应力筋的加工和张拉*,主要构件浇筑*,其他构件浇筑,悬臂浇筑*,劲性骨架混凝土拱*,钢管混凝土拱*等
	总体、桥面系和附属工程	桥梁总体*,钢筋加工及安装,桥面防水层施工,桥面铺装*,钢桥面铺装*,支座安装,搭板,伸缩缝安装,大型伸缩缝安装*,栏杆安装,混凝土护栏,人行道铺设,灯柱安装等
	防护工程	护坡,护岸*^③,导流工程*,石笼防护,砌石工程等
	引道工程	路基*,路面*,挡土墙*,小桥*,涵洞*,护栏等
互通立交工程	桥梁工程*（每座）	桥梁总体,基础及下部构造*,上部构造预制、安装或浇筑*,支座安装,支座垫石,桥面铺装*,护栏,人行道等
	主线路基路面工程*（1～3km 路段）	见路基、路面等分项工程
	匝道工程（每条）	路基*,路面*,通道*,护坡,挡土墙*,护栏等
隧道工程	总体	隧道总体等
	明洞	明洞浇筑,明洞防水层,明洞回填*等
	洞口工程	洞口开挖,洞口边仰坡防护,洞门和翼墙的浇(砌)筑,截水沟,洞口排水沟等
	洞身开挖*	洞身开挖*(分段)等
	洞身衬砌*	(钢纤维)喷射混凝土支护,锚杆支护,钢筋网支护,仰拱,混凝土衬砌*,钢支撑,衬砌钢筋等
	防排水	防水层、止水带、排水沟等
	隧道路面	基层*,面层*等
	装饰	装饰工程
	辅助施工措施	超前锚杆、超前钢管等

单位工程	分部工程	分项工程
环保工程	声屏障（每处）	声屏障
	绿化工程（1～3km 路段或每处）	中央分隔带绿化,路侧绿化,互通立交绿化,服务区绿化,取、弃土场绿化等
交通安全设施（每 20km 或每标段）	标志*（5～10km 路段）	标志*
	标线、突起路标（5～10km 路段）	标线*,突起路标等
	护栏*、轮廓标（5～10km 路段）	波形梁护栏*,缆索护栏*,混凝土护栏*,轮廓标等
	防眩设施（5～10km 路段）	防眩板、网等
	隔离栅、防落网（5～10km 路段）	隔离栅、防落网等
机电工程	监控设施	车辆检测器,气象检测器,闭路电视监视系统,可变标志,光电缆线路,监控（分）中心设备安装及软件调测,大屏幕投影系统,地图板,计算机监控软件与网络等
	通信设施	通信管道与光电缆线路,光纤数字传输系统,数字程控交换系统,紧急电话系统,无线移动通主系统,通信电源等
	收费设施	入口车道设备,出口车道设备,收费站设备及软件,收费中心设备及软件,IC 卡及发卡编码系统,闭路电视监视系统,内部有线对讲及紧急报警系统,收费站内光、电缆及塑料管道,收费系统计算机网络等
机电工程	低压配电设施	中心（站）内低压配电设备,外场设备电力电缆线路等
	照明设施	照明设施
	隧道机电设施	车辆检测器,气象检测器,闭路电视监视系统,紧急电话系统,环境检测设备,报警与诱导设施,可变标志,通风设施,照明设施,消防设施,本地控制器,隧道监控中心计算机控制系统,隧道监控中心计算机网络,低压供配电等
房屋建筑工程	（按其专业工程质量检验评定标准评定）	

注:① 表内标注 * 号者为主要工程,评分时给以 2 的权值;不带 * 号者为一般工程,权值为 1。

② 按路段长度划分的分部工程,高速公路、一级公路宜取低值,二级及二级以下公路可取高值。

③ 护岸参照挡土墙。

1. 根据建设任务、施工管理和质量检验评定的需要,应在施工准备阶段按表 1-1 将建设项目划分为单位工程、分部工程和分项工程。施工单位、工程监理单位和建设单位应按相同的工程项目划分进行工程质量的监控和管理。

(1)单位工程在建设项目中,根据签订的合同,具有独立施工条件的工程。

(2)分部工程在单位工程中,应按结构部位、路段长度及施工特点或施工任务划分为若干个分部工程。

(3)分项工程在分部工程中,应按不同的施工方法、材料、工序及路段长度等划分为若干个分项工程。

2. 工程质量检验评分以分项工程为单元,采用 100 分制进行。在分项工程评分的基础上,逐级计算各相应分部工程、单位工程、合同段和建设项目评分值。

3. 工程质量评定等级分为合格与不合格,应按分项、分部、单位工程、合同段和建设项目逐级评定。

4. 施工单位应对各分项工程按本标准所列基本要求、实测项目和外观鉴定进行自检,按公路工程质量检验评定标准附录中“分项工程质量检验评定表”及相关施工技术规范提交真实、完整的自检资料,对工程质量进行自我评定。

工程监理单位应按规定要求对工程质量进行独立抽检,对施工单位检评资料进行签认,对工程质量进行评定。

建设单位根据对工程质量的检查及平时掌握的情况,对工程监理单位所做的工程质量评分及等级进行审定。

质量监督部门、质量检测机构可依据公路工程质量检验评定标准(JTG F80/1—2004)对公路工程质量进行检测评定。

二、公路工程质量评分方法

1. 分项工程质量评分

分项工程质量检验内容包括基本要求、实测项目、外观鉴定和质量保证资料四个部分。只有在其使用的原材料、半成品、成品及施工工艺符合基本要求的规定且无严重外观缺陷和质量保证资料真实并基本齐全时,才能对分项工程质量进行检验评定。

涉及结构安全和使用功能的重要实测项目为关键项目(在《公路工程质量检验评定标准》(JTG F80/1—2004)中以“△”标识),其合格率不得低于 90%(属于工厂加工制造的交通工程安全设施及桥梁金属构件不低于 95%,机电工程为 100%)且检测值不得超过规定极值,否则必须进行返工处理。

实测项目的规定极值是指任一单个检测值都不能突破的极限值,不符合要求时该实测项目为不合格。采用统计方法进行评定的关键项目,不符合要求时则该分项工程评为不合格。

分项工程的评分值满分为 100 分,按实测项目采用加权平均法计算。存在外观缺陷或资料不全时,须予减分。

$$\text{分项工程得分} = \frac{\sum[\text{检查项目得分} \times \text{权值}]}{\sum \text{检查项目权值}}$$

$$分项工程评分值＝分项工程得分－外观缺陷减分－资料不全减分$$

（1）基本要求检查

分项工程所列基本要求，对施工质量优劣具有关键作用，应按基本要求对工程进行认真检查。经检查不符合基本要求规定时，不得进行工程质量的检验和评定。

（2）实测项目计分

对规定检查项目采用现场抽样方法，按照规定频率和下列计分方法对分项工程的施工质量直接进行检测计分。

检查项目除按数理统计方法评定的项目以外，均应按单点（组）测定值是否符合标准要求进行评定，并按合格率计分。

$$检查项目合格率（\%）＝\frac{检查合格的点（组）数}{该检查项目的全部检查点（组）数}×100\%$$

$$检查项目得分＝检查项目合格率×100$$

（3）外观缺陷减分

对工程外表状况应逐项进行全面检查，如发现外观缺陷，应进行减分。对于较严重的外观缺陷，施工单位须采取措施进行整修处理。

（4）资料不全减分

分项工程的施工资料和图表残缺，缺乏最基本的数据，或有伪造涂改者，不予检验和评定。资料不全者应予减分，减分幅度可按质量保证质量要求的六个方面逐款检查，视资料不全情况，每款减 1～3 分。

2. 分部工程和单位工程质量评分

分项工程和分部工程区分为一般工程和主要（主体）工程，分别给以 1 和 2 的权值。进行分部工程和单位工程评分时，采用加权平均值计算法确定相应的评分值。

$$分部（单位）工程分值＝\frac{\sum[分项（分部）工程评分值×相应的权值]}{\sum 分项（分部）工程权值}$$

3. 合同段和建设项目工程质量评分

施工合同段工程质量评分采用所含各单位工程质量评分的加权平均值。即：

$$施工合同段工程质量评分值＝\frac{\sum（单位工程质量评分值×该单位工程投资额）}{施工合同段总投资额}$$

整个建设项目工程质量评分采用加权平均值进行。即：

$$工程项目质量评分值＝\frac{\sum（合同段工程质量评分值×该合同段投资额）}{\sum 施工合同段投资额}$$

4. 质量保证资料

施工单位应有完整的施工原始记录、试验数据、分项工程自查数据等质量保证资料，并进行整理分析，负责提交齐全、真实和系统的施工资料和图表。工程监理单位负责提交齐全、真实和系统的监理资料。质量保证资料应包括以下六个方面：

（1）所用原材料、半成品和成品质量检验结果；

（2）材料配比、拌和加工控制检验和试验数据；

（3）地基处理、隐蔽工程施工记录和大桥、隧道施工监控资料；

（4）各项质量控制指标的试验记录和质量检验汇总图表；

（5）施工过程中遇到的非正常情况记录及其对工程质量影响分析；

（6）施工过程中如发生质量事故，经处理补救后，达到设计要求的认可证明文件等。

三、公路工程质量等级评定办法

工程质量评定分为合格和不合格两个等级，应按分项、分部、单位工程和建设项目逐级评定。

1. 分项工程质量等级评定

分项工程评分值不小于 75 分者为合格，小于 75 分者为不合格；机电工程、属于工厂加工制造的桥梁金属构件不小于 90 分者为合格，小于 90 分者为不合格。

经质量监督部门检查评定为不合格的分项工程，经加固、补强或返工、调测，满足设计要求后，可以重新评定其质量等级，但计算分部工程评分值时，按其复评分值的 90% 计算。

2. 分部工程质量等级评定

所属各分项工程全部合格，则该分部工程评为合格；所属任一分项工程不合格，则该分部工程为不合格。

3. 单位工程质量等级评定

所属各分部工程全部合格，则该单位工程评为合格；所属任一分部工程不合格，则该单位工程为不合格。

4. 建设项目（或标段）质量等级评定

所属单位工程全部合格，则该建设项目的工程质量评为合格；如所属任一单位工程不合格，则该建设项目的工程质量评为不合格。

公路工程质量检验项目参见《公路工程质量检验评定标准》（JTG F80/1—2004）的规定。

取土坑、弃土堆、护坡道、落碎台的位置应适当，外观应整齐、美观，防止水土流失。如不符合要求时，每处减 1～2 分。

分部工程、建设项目（合同段）质量检验评定记录格式分别见学习案例 1-2 中表 1-3 ～表 1-7 所列。

【学习案例 1-1】

一个单位工程是路基工程，其分部工程为路基土石方工程，而土方路基属于其中一个分项工程。

土方路基基本要求检查时：

（1）在路基用地和取土坑范围内，应认真清楚地表植被、杂物、积水、淤泥和表土，处理坑塘，并对基底进行认真压实和处理，满足规范和设计要求。

（2）不得采用设计或规范规定的不适用土料作为路基填料。路基填料强度（CBR）应符合规范和设计规定。

（3）路基必须分层填筑压实，每层表面应平整，路拱必须合适，排水应良好。

（4）施工临时排水系统应与设计排水系统结合，勿使路基附近积水，避免冲刷边坡。

（5）土方路基实测项目表见表1-2所列：

表1-2 土方路基实测项目

项次	检查项目			规定值或容许偏差			检查方法和频率	权值
				高速公路、一级公路	其他公路			
					二级公路	三、四级公路		
1△	压实度（%）	零填及挖方（cm）	0～30	—	—	94	按数理统计方法检查 密度法：每200m 每压实层测4处	3
			0～80	≥96	≥95	—		
		填方（cm）	30～80	≥96	≥95	≥94		
			80～150	≥94	≥94	≥93		
			>150	≥93	≥92	≥90		
2△	弯沉（0.01mm）			不大于设计要求值			按公式（4-21）检查	3
3	纵断高程（mm）			+10，-15	+10，-20		水准仪：每200m 测4断面	2
4	中线偏位（mm）			50	100		经纬仪：每200m 测4点，弯道加 HY、YH 两点	2
5	宽度（mm）			不小于设计值			尺量：每200m 测4处	2
6	平整度（mm）			15	20		3m 直尺：每200m 测2处×10尺	2
7	横坡（%）			±0.3	±0.5		水准仪：每200m 测4断面	1
8	边坡			不陡于设计值			尺量：每200m 测4处	1

注：① 采用核子仪检验压实度时应进行标定试验，确认其可靠性。

② 表列压实度以重型击实试验法为标准，评定路段内的压实度下置信界限不得小于规定标准，单个测定值不得小于极值（表列规定值减5个百分点）。不小于表列规定值减2个百分点的测点，按其数量占中检查点的百分率计算合格率。

③ 特殊干旱、特殊潮湿地区或过湿土基，可按交通部颁发的路基设计、施工规范的压实度标准进行评定。

④ 三、四级公路铺筑沥青混凝土或水泥混凝土路面时，其路面压实度应采用二级公路标准。

土方路基外观鉴定时：

（1）路基表面应平整，边线应直顺、曲线应圆滑。如不符合要求，单向累计长度每50m减1～2分。

（2）路基边坡坡边必须平顺、稳定，不得亏坡，曲线应圆滑。如不符合要求，单向累计长度每 50m 减 1～2 分。

【学习案例 1-2】

表 1-3　分项工程质量检验评定表

分项工程名称:土方路基　所属分部工程名称:路基土石方　合同段:G20LJ—03 合同段
工程部位:K611＋187～K616＋943　施工单位:××集团一公司　监理单位:××监理公司

基本要求																
实测项目	项次	检查项目	规定值或允许偏差	1	2	3	4	5	6	7	8	9	10	平均值、代表值	合格率（％）	权值	得分
	1	压实度	≥96												100	3	
	2	弯沉	158												100	3	
	3	横坡	±0.3												85	1	
	合　计																
外观鉴定			减分				监理意见										
质量保证资料			减分														
工程质量等级评定					评分:质量等级:												

表 1-4　分部工程质量检验评定表

合同段:G20LJ—03 合同段　分部工程名称:路基土石方　所属建设项目:G20 高速公路
工程部位:K611＋187～K616＋943　施工单位:××集团一公司　监理单位:××监理公司

实测项目	项次	抽查项目	规定值或允许偏差	实测值或实测偏差值										质量评定		
				1	2	3	4	5	6	7	8	9	10	合格率（％）	权值	加权得分
	1	压实度	在合格标准内	查实体质量检测资料										100.0	3	300.0
	2	弯沉	不大于设计值	查实体质量检测资料										100.0	3	300.0
	3	平整度	在合格标准内	见检测资料										85.0	1	85.0
	合　计														7	685.0
实测得分		97.9	外观扣分		2.0		分部工程得分		95.9		质量等级			合格		

表 1-5　单位工程质量检验评定表

单位工程名称:路基工程　　所属建设项目:G20 高速公路

路线名称:G20 高速××段　　工程地点、桩号:K611+187～K616+943

施工单位:××集团一公司　　监理单位:××监理公司

合同段	分部工程				备注
	工程名称	质量评定			
		实得分数	权值	加权得分	
G20LJ—03 合同段	路基土石方	95.9	3	287.6	
	排水工程	76.9	1	76.9	
	涵洞	97.5	1	97.5	
	合计		5	462.0	
单位工程得分	92.4			质量等级	优良

表 1-6　建设项目(合同段)质量检验评定表

合同段名称:G20LJ—03 合同段　　所属建设项目:G20 高速公路

施工单位:××集团一公司　　监理单位:××监理公司

单位工程名称	实得分	投资额(万元)	实得分×投资额	质量等级	备注
路基工程	92.0	3944.34	362879.3	优良	
K611+422 和平高架桥	98.1	1282.12	125776.0	优良	
K613+308 船板冲大桥	98.1	4027.24	395072.2	优良	
K613+797 高架桥	97.7	829.92	81083.2	优良	
K613+986 高架桥	97.8	848.24	82957.9	优良	
K614+244 石桥高架桥	97.2	1202.32	116865.5	优良	
K614+667 下楼高架桥	98.0	1202.32	117827.4	优良	
K615+795 上园高架桥	98.1	3968.72	389331.4	优良	
ZK616+487(YK616+612) 厢屋大桥	98.2	2955.26	290206.5	优良	
合计		20260.4800	1961999.4		
合同段实测得分		96.8	内业资料扣分	2.0	
合同段鉴定得分		94.8	质量等级	优良	

表 1-7　建设项目质量检验评定

项目名称:G20 高速公路　路线名称:G20 高速××段

起讫桩号:K595+577～K686+446.3　完工日期:2009 年 12 月

合同段	鉴定得分	投资额(万元)	鉴定得分×投资额	质量等级	备注
LWLJ—01	92.7	12061.0400	1118058.4080	优良	
LWLJ—02	93.1	15303.0000	1424709.3000	优良	
LWLJ—03	95.3	20260.4800	1930823.7440	优良	
LWLJ—04	94.8	13255.0500	1256578.7400	优良	
LWLJ—05	95.1	19357.9300	1840939.1430	优良	
LWLJ—06	94.2	16777.7600	1580464.9920	优良	
合计		97015.2600	9151574.3270		
鉴定得分	94.3		质量等级	优良	

【学习实践】

1. 通过信息搜索,收集最新的交通运输部部颁的试验检测规程的电子版内容,以备以后工作的需要。

2. 加强试验检测工作对工程质量控制有何意义?

3. 简述对检测人员的基本要求。

4. 分析评定某土方路基质量评定,经对压实度、弯沉、平整度等 8 项指标检测,各指标合格率见下表所列,其中压实度代表值大于压实度标准值,弯沉代表值满足要求。外观缺陷和资料不全扣分分别为 8 分和 6 分。

检查项目	压实度	弯沉	纵断高程	中线偏位	宽度	平整度	横坡	边坡
合格率(%)	65	100	75	90	85	70	90	80
规定分	30	15	10	10	10	15	5	5

(1)请评定该路段土方路基质量等级。

(2)如评定结果不合格,那么如何改进该土方路基的质量? 如评定结果合格,为了进一步提高该土方路基的质量,则应采取什么措施?

5. 某二级公路仅有路基、路面两个单位工程,经检验评定土方路基工程得分 91 分,路面工程得分 89 分,涵洞工程得分 85 分,浆砌排水沟工程得分 79 分,请评定此二级公路各分部工程和单位工程的质量等级。

6. 某路基单位工程中各分部工程的评分值见下表所列,请评定该路基单位工程的质量等级。

分部工程名称	路基土方工程	排水工程	涵洞	砌筑工程	挡土墙
评分值	94	86	81	89	82

学习项目二 试验检测数据处理

任务 2 – 1 数据的统计特征与分布

【学习要求】

1. 了解总体与样本的概念；
2. 掌握一些数据的统计特征量计算方法；
3. 掌握正态分布以及 t 分布。

【学习内容】

一、总体与样本

在工程质量检验中,对无限总体中的个体,逐一考察其某个质量特性显然是不可能的;对有限总体,所含个体数量虽不大,但考察方法往往是破坏性的,同样不能采用全数考察。所以,通过抽取总体中的一小部分个体加以检测,以了解和分析总体质量状况,这是工程质量检验的主要方法(有关工程质量的抽样检验方法将在后面章节中讨论)。因此,除特殊项目外,大多采用抽样检验,这就涉及总体与样本的概念。

总体又称母体,是统计分析中所要研究对象的全体。而组成总体的每个单元称为个体。例如,在沥青混合料拌和工地上需要确定某公司运来的一批沥青质量是否合格,则这批沥青就是总体。总体分为有限总体和无限总体。如果是一批产品,由于其数量有限,所以称其为有限总体;如果是一道工序,由于工序总在源源不断地生产出产品,有时是一个连续的整体,所以这样的总体称为无限总体。

样本是按一定规则从总体中抽取的一部分个体。所谓"按一定规则"就是指总体中每个个体有同等的被抽出的机会,例如,从每一桶沥青中取两个试样,一批沥青有 100 桶,抽查了 200 个试样做试验,则这 200 个试样就是样本。而组成样本的每一个个体,即为样品。例如,上述 200 个试样中的某一个,就是该样本中的一个样品。样本容量是样本中所含样品的数量,通常用 n 来表示。上例中样本容量 $n=200$。样本容量的大小,直接关系到判断结果的可靠性。一般来说,样本容量愈大,可靠性愈好,但检测所耗费的工作量亦愈大,成本也就愈高。样本容量与总体中所含个体的数量相等时,是一种极限情况。因此,全数检验是抽样检验的极限。

二、数据的统计特征量

用来表示统计数据分布及其某些特性的特征量分为两类：一类表示数据的集中位置，如算术平均值、中位数等；一类表示数据的离散程度，主要有极差、标准差、变异系数等。

1. 算术平均值

算术平均值是表示一组数据集中位置最有用的统计特征量，经常用样本的算术平均值来代表总体的平均水平。总体的算术平均值用 μ 表示，样本的算术平均值则用 $\bar{x}$ 表示。如果 n 个样本数据为 x_1、x_2、$\cdots$、x_n，那么，计算样本的算术平均值为：

$$\bar{x} = \frac{1}{n}(x_1 + x_2 + \cdots + x_n) = \frac{1}{n}\sum_{i=1}^{n}x_i \tag{2-1}$$

【学习案例 2-1】

某路段沥青混凝土面层抗滑性能检测，摩擦系数的检测值（共 10 个测点）分别为：58、56、60、53、48、54、50、61、57、55（摆值），求摩擦系数的算术平均值。

解：根据式（2-1），摩擦系数的算术平均值为：

$$\bar{F}_B = \frac{1}{10}(58+56+60+53+48+54+50+61+57+55)$$

$$= 55.2（摆值）$$

当样本数据很多时，可用等距分组相加法求算术平均值。

2. 中位数

在一组数据 x_1、x_2、$\cdots$、x_n 中，按其大小次序排序，以排在正中间的一个数表示总体的平均水平，称之为中位数，或称中值，用 $\tilde{x}$ 表示。当 n 为奇数时，正中间的数只有一个；当 n 为偶数时，正中间的数有两个，则取这两个数的平均值作为中位数，即：

$$\tilde{x} = \begin{cases} \frac{1}{2}(x_{\frac{n}{2}} + x_{\frac{n}{2}+1}) & n \text{ 为偶数} \\ \\ x_{\frac{n+1}{2}} & n \text{ 为奇数} \end{cases} \tag{2-2}$$

【学习案例 2-2】

检测值同案例分析 2-1，求中位数。

解：检测值按大小次序排列为：61、60、58、57、56、55、54、53、50、48（摆值），则中位数为：

$$\tilde{F}_B = \frac{1}{2}(F_{B(5)} + F_{B(6)}) = \frac{1}{2}(56+55) = 55.5（摆值）$$

3. 极差

在一组数据中最大值与最小值之差，称为极差，记作 R：

$$R = x_{\max} - x_{\min} \tag{2-3}$$

【学习案例 2-3】

检测值同案例 2-1,其检测数据的极差为:

$$R = F_{Bmax} - F_{Bmin} = 61 - 48 = 13（摆值）$$

极差没有充分利用数据的信息,但计算十分简单,仅适用于样本容量较小($n < 10$)的情况。

4. 标准偏差

标准偏差有时也称标准离差、标准差或称均方差,即方差的开方,它是衡量样本数据波动性(离散程度)的指标。在质量检验中,总体的标准偏差 σ 一般不易求得。样本的标准偏差 S 按下式计算:

$$S = \sqrt{\frac{(x_1 - \bar{x})^2 + (x_2 - \bar{x})^2 + \cdots + (x_n - \bar{x})^2}{n-1}} = \sqrt{\frac{\sum\limits_{i=1}^{n}(x_i - \bar{x})^2}{n-1}}$$

$$= \sqrt{\frac{1}{n-1}\left(\sum_{i=1}^{n} x_i^2 - n\bar{x}^2\right)} \tag{2-4}$$

【学习案例 2-4】

仍利用案例 2-1 的数据,求样本标准偏差 S。

解:由式(2-4)知道,样本标准偏差为:

$$S = \left\{\frac{1}{10-1}\left[(58-55.2)^2 + (56-55.2)^2 + (60-55.2)^2 + (53-55.2)^2 + (48-55.2)^2 + \right.\right.$$

$$\left.\left.(54-55.2)^2 + (50-55.2)^2 + (61-55.2)^2 + (57-55.2)^2 + (55-55.2)^2\right]\right\}^{\frac{1}{2}} = 4.13$$

5. 变异系数

标准偏差是反映样本数据的绝对波动状况,当测量较大的量值时,绝对误差一般较大;而测量较小的量值时,绝对误差一般较小。因此,用相对波动的大小,即变异系数更能反映样本数据的波动性。

变异系数用 C_v 表示,是标准偏差 S 与算术平均值 $\bar{x}$ 的比值。即:

$$C_v = \frac{S}{\bar{x}} \times 100\% \tag{2-5}$$

【学习案例 2-5】

若甲路段沥青混凝土面层的摩擦系数算术平均值为 55.2(摆值),标准偏差为 4.13(摆值);乙路段的摩擦系数算术平均值为 60.8(摆值),标准偏差为 4.27(摆值),则两路段的变异系数为:

甲路段:$C_v = \dfrac{4.13}{55.2} \times 100\% = 7.48\%$

乙路段：$C_v = \dfrac{4.27}{60.8} \times 100\% = 7.02\%$

从标准偏差看，$S_甲 < S_乙$；但从变异系数看，$C_{v甲} > C_{v乙}$，说明甲路段沥青混凝土面层的摩擦系数相对波动比乙路段的大，面层抗滑稳定性较差。

三、正态分布

正态分布是应用最多、最广泛的一种概率分布曲线，而且是其他概率分布的基础。

正态分布的概率密度函数为：

$$f(x) = \frac{1}{\sqrt{2\pi}\sigma} e^{-\frac{(x-\mu)^2}{2\sigma^2}} \quad (-\infty < x < +\infty) \tag{2-6}$$

式中：μ——正态分布的平均值；

σ——正态分布的标准偏差。

平均值 μ 是 $f(x)$ 曲线的位置参数，决定曲线最高点的横坐标。标准偏差 σ 是 $f(x)$ 曲线的形状参数，它的大小反映了曲线的宽窄程度。σ 愈大，曲线平缓而宽，随机变量在平均值 μ 附近出现的密度愈小；σ 愈小，曲线陡峭而窄，随机变量在平均值 μ 附近出现的密度愈大。

当已知平均值 μ 和标准差 σ 后，就可绘出正态分布曲线，如图 2-1 所示。

正态分布具有以下特点：

(1)正态分布曲线对称于 $x = \mu$，即以平均值为中心。

(2)当 $x = \mu$ 时，曲线处于最高点；当 x 向左右偏离时，曲线逐渐降低，整个曲线呈中间高、两边低的形状。

(3)曲线与横坐标轴所围成的面积等于 1，即：

$$\int_{-\infty}^{+\infty} \frac{1}{\sqrt{2\pi}\sigma} e^{-\frac{(x-\mu)^2}{2\sigma^2}} \, dx = 1$$

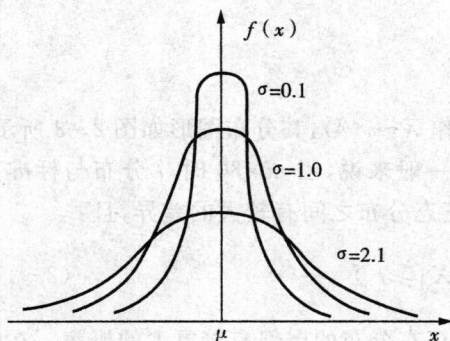

图 2-1　标准正态分布曲线　　　　图 2-2　正态分布与置信区间

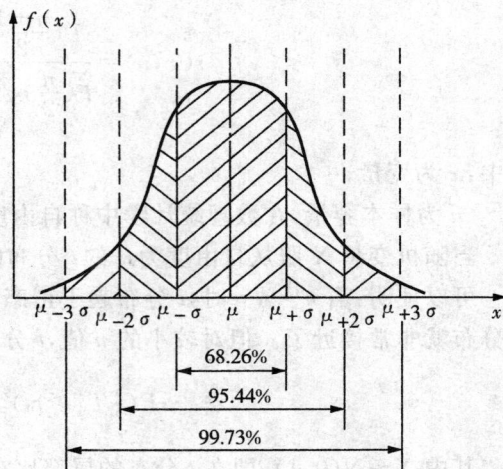

一般地,随机变量 x 服从参数 μ 与 σ 的正态分布时,可记作 $X \sim N(\mu,\sigma^2)$。特别地,当 $\mu = 0,\sigma = 1$ 时的正态分布,称之为标准正态分布,用 $N(0,1)$ 表示。它的概率密度函数为:

$$f(x) = \frac{1}{\sqrt{2\pi}}e^{-\frac{x^2}{2}} \tag{2-7}$$

对于正态分布 $N(\mu,\sigma^2)$,它的测量值落入区间 (a,b) 的概率 $P(a < X < b)$ 即测量值落入区间 (a,b) 的可能性是明确的,它等于 $x_1 = a$、$x_2 = b$ 时横坐标与曲线所围成的面积,用下式表示:

$$P(a < X < b) = \Phi(\frac{b-\mu}{\sigma}) - \Phi(\frac{a-\mu}{\sigma}) \tag{2-8}$$

其中:

$$\Phi(t) = \int_{-\infty}^{t} \frac{1}{\sqrt{2\pi}}e^{-\frac{x^2}{2}}\,dx \tag{2-9}$$

利用式(2-8),可以求得几个重要数据(图2-2):

$$P(\mu-\sigma < x < \mu+\sigma) = 68.26\%$$

$$P(\mu-2\sigma < x < \mu+2\sigma) = 95.44\%$$

$$P(\mu-3\sigma < x < \mu+3\sigma) = 99.73\%$$

由上面的结论可知,若一个随机变量服从正态分布,随机变量所取的值绝大部分集中在以均值 μ 为中心、以 3σ 为半径的一个区间里面。

四、t 分布

t 分布的概率密度函数为:

$$t(x,n) = \frac{\Gamma(\frac{n+1}{2})}{\Gamma(\frac{n}{2})\sqrt{n\pi}}(1+\frac{x^2}{n})^{-(n+1)/2} \tag{2-10}$$

式中:x 为变量;

n 为样本容量,在数理统计学中称自由度。

当随机变量 X 服从自由度为 n 的 t 分布时,记作 $X \sim t(n)$,其分布图形如图2-3所示。

可以证明:当 $n \to +\infty$ 时,t 分布趋于正态分布,一般来说,当 $n > 30$ 时,t 分布与标准正态分布就非常接近了。但对较小的 n 值,t 分布与正态分布之间有较大的差异,且:

$$P(|T| \geqslant t_0) \geqslant P(|X| \geqslant t_0) \tag{2-11}$$

其中 $X \sim N(0,1)$,即在 t 分布的尾部比在标准正态分布的尾部有着更大的概率。在施工质量评价中,常需要解决总体标准偏差 σ 未知,如何估计平均值置信区间的问题。为解决这一问题,一个很自然的想法,就是利用样本标准偏差 S 代替总体标准偏差 σ。

设 $(x_1, x_2, \cdots, x_n)$ 来自正态分布总体,根据抽样分布定理可知:

$$T = \frac{\bar{x} - \mu}{S - \sqrt{n}} \sim t(n-1) \qquad (2-12)$$

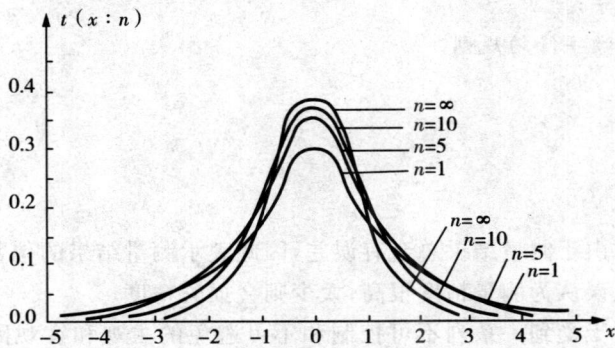

图 2-3　t 分布曲线

任务 2-2　数字的修约规则

【学习要求】

1. 了解有效数字；
2. 掌握基本的数字修约规则。

【学习内容】

一、有效数字

在测量工作中，由于测量结果总会有误差，因此表示测量结果的位数不宜太多，也不宜太少，太多容易使人误认为测量精度很高，太少则会损失精度。

测量过程中，由于受到一系列不可控制和不可避免的主观和客观因素的影响，所获得的测量值必定含有误差，即获得的测量值仅仅是被测量的近似值。另一方面，在数据处理过程中引入的诸如 π、$\sqrt{2}$ 等一些常量，在大多数情况下，是以无穷小数形式的无理数来表示的，这就需要确定一项原则，将测得的或计算的数截取到所需的位数。认为在一个数值中小数点后面的位数愈多，这个数值就愈准确；或者在计算中，保留的位数愈多，这个数值就愈准确的想法都是错误的。第一种想法的错误在于没有弄清楚小数点的位置不是决定准确与否的标准，而仅与所用计量单位的大小有关，如长度为 21.3mm 与 0.0213m，其准确程度完全相同；第二种想法的错误在于不了解所有测量，由于仪器和人们的感官只能做到一定的准确程度，这个准确程度一方面取决于所用仪器刻度的精细程度，另一方面也与所用方法有关。因此，在计算结果中，无论取多少位数都不可能把准确程度增加到超过测量误差所允许的范围。反之，表示一个数值时，如果书写的位数过少，即数值所取的有效位数少于实际所能达到的精度，不能把已经达到的精度表示出来，也是错误的。例如，不考虑测量误差，单从有效数字来考虑，在数学上 23 与 23.00 两个数是相等的，而作为表示测量结果的数值，两者相差是很悬殊的。用 23 表示的测量结果，其误差可能为 ±0.5；而 23.00 表示的测量结果，其误差可能是 ±0.005。再如，1 和 0.1 在数值上相差 10 倍，单从数值上看两数是不等的，而作为测量结果可能因所用单位不同，所表示的测量结果和所达到的精度是相同的。因此，在对测量数据的处理中，掌握有效数字的有关知识是十分重要的。

有效数字的概念可表述为：由数字组成的一个数，除最末一位数字是不确切值或可疑值外，其他数字皆为可靠值或确切值，则组成该数的所有数字包括末位数字称为有效数字，除有效数字外其余数字为多余数字。对于"0"这个数字，它在数中的位置不同，可能是有效数字，也可能是多余数字。整数前面的"0"无意义，是多余数字。对纯小数，在小数点后，数字前的"0"只起定位、决定数量级的作用（相当于所取的测量单位不同），所以也是多余数字。

处于数中间位置的"0"是有效数字。

处于数后面位置的"0"是否算有效数字可分三种情况：

（1）数后面的"0"，若把多余数字的"0"用 10 的乘幂来表示，使其与有效数字分开，这样在 10 的乘幂前面所有数字包括"0"皆为有效数字；

（2）作为测量结果并注明误差值的数值，其表示的数值等于或大于误差值的所有数字，包括"0"皆为有效数字；

（3）上面两种情况外的数后面的"0"则很难判断是有效数字还是多余数字，因此应避免采用这种不确切的表示方法。

一个数，有效数字占有的位数，即有效数字的个数，为该数的有效位数。为弄清有效数字的概念，举例如下：

00713，0.0715，7.03，7.03×10^2，这四个数的有效位数均为 3，有效数字都是 3 个。再如，测量某一试件面积，得其有效面积 $A = 0.0501502 \mathrm{m}^2$，测量的极限误差 $\delta\lim = 0.000$ $005\mathrm{m}^2$。则测量结果应当表示为 $A = (0.050 \pm 0.000005)\mathrm{m}^2$。误差的有效数字为 1 位，即 5；而有效面积的有效数字应为 5 个，即 50 150；因 2 小于误差的数量级，故为多余数字。

若给出的数值为 71 300，则为不确切的表示方法。它可能是 71.30×10^3，也可能是 7.130×10^4，也有可能是 7.1300×10^4，即有效数字可能是 3 个、4 个或 5 个。若无其他说明，则很难判定其有效数字究竟是几个。

在测量或计量中应取多少位有效数字，可根据下述准则判定：

（1）对不需要标明误差的数据，其有效位数应取到最末一位数字为可疑数字（也称不确切或参考数字）；

（2）对需要标明误差的数据，其有效位数应取到与误差同一数量级。

二、数字修约规则

1. 修约间隔

修约间隔是指确定修约保留位数的一种方式。修约间隔的数值一经确定，修约值即应为该数值的整数倍。

例如，指定修约间隔为 0.1，修约值即应在 0.1 的整数倍中选取，相当于将数值修约到一位小数。又如，指定修约间隔为 100，修约值即应在 100 的整数倍中选取，相当于将数值修约到"百"数位。

0.5 单位修约（半个单位修约）是指修约间隔为指定数位的 0.5 单位，即修约到指定数位的 0.5 单位。

0.2 单位修约是指修约间隔为指定数位的 0.2 单位，即修约到指定数位的 0.2 单位。

最基本的修约间隔是 $10n$（n 为整数），它等同于确定修约到某数位。

2. 数值修约进舍规则

（1）拟舍弃数字的最左一位数字小于 5 时，则舍去，即保留的各位数字不变。

如：将 13.2476 修约到一位小数，得 13.2。

如：将 13.2476 修约成两位有效位数，得 13。

（2）拟舍弃数字的最左一位数字大于 5，或者是 5，而且后面的数字并非全部为 0 时，则进 1，即保留的末位数字加 1。

如：将 1 167 修约到"百"数位，得 12×10^2（特定时可写为 1 200）。

如:将 1 167 修约成三位有效位数,得 117×10(特定时可写为 1 170)。

如:将 10.502 修约到"个"数位,得 11。

(3)拟舍弃数字的最左一位数字为 5,而后面无数字或全部为 0 时,若所保留的末位数字为奇数(1,3,5,7,9)则进一,为偶数(2,4,6,8,0)则舍弃。

【学习案例 2-6】

修约间隔为 0.1(或 10^{-1}),

拟修约数值	修约值
2.050	2.0
0.150	0.2

【学习案例 2-7】

修约间隔为 1 000(或 10^3),

拟修约数值	修约值
4 500	$4×10^3$(特定时可写为 4 000)
5 500	$6×10^3$(特定时可写为 6 000)

【学习案例 2-8】

将下列数字修约成两位有效位数。

拟修约值	修约值
0.0345	0.034
34 500	$34×10^3$(特定时可写为 34 000)

(4)负数修约时,先将它的绝对值按上述三条规定进行修约,然后在修约值前面加上负号。

【学习案例 2-9】

将下列数字修约至"十"数位。

拟修约数值	修约值
−255	$−26×10$(特定时可写为 −260)
−245	$−24×10$(特定时可写为 −240)

【学习案例 2-10】

将下列数字修约成两位有效位数。

拟修约数值	修约值
−285	−28×10（特定时可写为−280）
−0.0285	−0.028

（5）0.5 单位修约时,将拟修约数值乘以 2,按指定数位依进舍规则修约,所得数值再除以 2。

【学习案例 2−11】

将下列数字修约到"个"数位的 0.5 单位（或修约间隔为 0.5）。

拟修约数值	乘 2	2A 修约值	A 修约值
（A）	（2A）	（修约间隔为 1）	（修约间隔为 0.5）
50.25	100.50	100	50.0
50.38	100.76	101	50.5
−50.75	−101.50	−102	−51.0

（6）0.2 单位修约时,将拟修约数值乘以 5,按指定数位依进舍规则修约,所得数值再除以 5。

【学习案例 2−12】

将下列数字修约到"百"数位的 0.2 单位（或修约间隔为 20）。

拟修约数值	乘 5	5A 修约值	A 修约值
（A）	（5A）	（修约间隔为 100）	（修约间隔为 20）
830	415 0	420 0	840
842	421 0	420 0	840
−930	−465 0	−460 0	−920

上述数值修约规则（有时称之为"奇升偶舍法"）与常用的"四舍五入"的方法区别在于,用"四舍五入"法对数值进行修约,从很多修约后的数值中得到的均值偏大;而用上述的修约规则,进舍的状况具有平衡性,进舍误差也具有平衡性,若干数值经过这种修约后,修约值之和变大的可能性与变小的可能性是一样的。

3. 数值修约注意事项

实行数值修约,应在明确修约间隔、确定修约位数后一次完成,而不应连续修约,否则会导致不正确的结果。然而,实际工作中常有这种情况,有的部门先将原始数据按修约要求多一位至几位报出,而后另一个部门按此报出值再按规定位数修约和判定,这样就有连续修约的错误。

（1）拟修约数字应在确定修约后一次修约获得结果,而不得多次按进舍规则连续修约。

例如：修约 15.4546，修约间隔为 1，

正确的做法：15.4546→15；

不正确的做法：15.4546→15.455→15.46→15.5→16。

（2）在具体实施中，有时测量与计算部门先将获得数值按指定的修约数位多一位或几位报出，而后由其他部门判定。为避免产生连续修约的错误，应按下列步骤进行。

① 报出数值最右的非 0 数字为 5 时，应在数值后面加"（＋）"号或"（－）"号或不加符号，以分别表明已进行过舍、进或未舍、未进。

例如：15.50（＋）表示实际值大于 15.50，经修约舍弃成为 15.50；15.50（－）表示实际值小于 15.50，经修约进 1 成为 15.50。

② 如果判定报出值需要进行修约，当拟舍弃数字的最左一位数字为 5 而后面无数字或全部为 0 时，数值后面有（＋）号者进 1，数值后面有（－）号者舍去，其他仍按进舍规则进行。

【学习案例 2－13】

将下列数字修约到个数位后进行判定（报出值多留一位到一位有效小数）。

实测值	报出值	修约值
15.4546	15.5（－）	15
15.5203	15.5（＋）	16
16.5000	16.5	16
－14.4546	－14.5（－）	－14

任务 2-3 可疑数据的取舍方法

【学习要求】

1. 了解可疑数据的概念；
2. 掌握常用的甄别可疑数据的方法。

【学习内容】

对于任何一种产品,不可能也没有必要要求每件产品的质量完全一样。同样,对于公路工程中所有材料的质量或者构造物的修建质量,也不可能丝毫不差的。例如,在水泥混凝土路面施工中,同一批混凝土的质量特征是参差不齐的,但只要这些数据以一定的概率落在规定的范围之内,就可以认为这批混凝土是合格产品。又如,在路基施工中,对某段路基测得几组压实度数据有一定的偏差,但只要这些数据均不低于所要求的压实度,则认为是合格的。

我们在检测产品是否合格的过程当中,就要采集各种必要的数据,这些数据往往并非一目了然。例如,在新修建好的路基上进行弯沉测定,所测得的弯沉数据往往是参差不齐的,这就要求我们从大量的数据中去粗取精、去伪存真,对数据进行科学的整理和分析,尽可能充分和正确地从中提取有用的结果。因此,所谓数据,就是只能客观地反映事实的资料和数字。由于质量的波动,必然引起质量检测数据的参差不齐,有时会出现一些明显过大或过小的数据,我们称这些数据为可疑数据。如果有可疑数据混入整个检测质量数据之中,将可能导致对检测结果的分析判断出完全不同的结论。因此,在进行数据分析之前,必须对这些可疑数据作甄别,或将其从整个数据中剔除,甄别可疑数据的准则如下。

一、3σ 准则

如果检验质量数据的总体服从正态分布,由 3σ 原则可知,对于每个质量数据落在区间 $(\mu-3\sigma,\mu+3\sigma)$ 内的概率为 99.73%,而落在这个区间外面的概率为 0.27%,即 $1\,000$ 次测量中只可能出现 3 次。因此,在有限的测量中发生这种情况的可能性是很小的,而一旦有这样的数据出现,则可认为它是可疑数据,应予以剔除。

判断方法如下:

设 $x_1,x_2,\cdots,x_k,\cdots,x_n$ 是从总体中抽取的样本,其中 x_k 为过大或者过小值。

(1)计算数据的平均值 $\bar{x}$,如总体标准差 σ 未知时,同时求出样本标准差 s；

(2)计算 $|x_k-\bar{x}|$,如果

$$|x_k-\bar{x}|>3\sigma(\sigma\text{ 未知时以 }s\text{ 估计 }\sigma)$$

则将 x_k 剔除,否则保留。

3σ 准则应用比较广泛,我国有关混凝土试验过程中对混凝土一组 3 块试件抗压强度值的取舍原则就是按 3σ 准则制定的。混凝土试件的抗压强度值按以下原则取舍:当 3 块试件的抗压强度最大值或最小值与 3 块试件的中间值之差超过中间值时,将该最大值或最小

值予以剔除，并以中间值作为该组试件的抗压强度代表值。

二、肖维勒准则

设 $x_1, x_2, \cdots, x_i, \cdots, x_n$ 是从总体中抽取的样本，判断方法如下：

(1)计算数据的平均值 $\bar{x}$，如总体标准差 σ 未知时，同时求出样本标准差 s；

(2)对每个样本值 x_i，计算 $|x_i - \bar{x}|$，如果

$$|x_i - \bar{x}| > k_n \sigma \,(\sigma \text{ 未知时以 } s \text{ 估计 } \sigma)$$

则将 x_i 剔除，否则保留。上式中 k_n 是与样本容量 n 有关的系数，可查下表。

表 2-1　肖维勒准则 k_n 数值表

n	k_n	n	k_n	n	k_n
5	1.65	19	2.22	50	2.58
6	1.73	20	2.24	60	2.64
7	1.79	21	2.26	70	2.69
8	1.8	22	2.28	80	2.73
9	1.92	23	2.3	90	2.78
10	1.96	24	2.31	100	2.81
11	2	25	2.33	150	2.93
12	2.04	26	2.34	185	3
13	2.07	27	2.35	200	3.02
14	2.1	28	2.37	250	3.11
15	2.13	29	2.38	500	3.29
16	2.16	30	2.39	1000	3.48
17	2.18	35	2.45	2000	3.66
18	2.2	40	2.5	5000	3.89

三、拉格布斯准则

设 $x_1, x_2, \cdots, x_i, \cdots, x_n$ 是从总体中抽取的样本，判断方法如下：

(1)计算数据的平均值 $\bar{x}$，如总体标准差 σ 未知时，同时求出样本标准差 s；

(2)对每个样本值 x_i，计算 $|x_i - \bar{x}|$，如果

$$|x_i - \bar{x}| > g_0(\alpha, n) \sigma \,(\sigma \text{ 未知时以 } s \text{ 估计 } \sigma)$$

则将 x_i 剔除，否则保留。

上式中 $g_0(\alpha, n)$ 是与样本容量 n 及给定的检验水平 α（即把不是可疑的数据错判为可疑数据而被剔除的概率）有关的系数，α 通常取 0.01 和 0.05，$g_0(\alpha, n)$ 的值可查下表。

表2-2 拉格布斯准则 $g_0(\alpha, n)$ 数值表

n＼α	0.01	0.05	n＼α	0.01	0.05	n＼α	0.01	0.05
3	1.15	1.15	12	2.55	2.28	21	2.91	2.58
4	1.49	1.46	13	2.61	2.33	22	2.94	2.60
5	1.75	1.67	14	2.66	2.37	23	2.96	2.62
6	1.94	1.82	15	2.70	2.41	24	2.99	2.64
7	2.10	1.94	16	2.75	2.44	25	3.01	2.66
8	2.22	2.03	17	2.78	2.48	30	3.10	2.74
9	2.32	2.11	18	2.32	2.50	35	3.18	2.81
10	2.41	2.18	19	2.35	2.53	40	3.24	2.87
11	2.48	2.23	20	2.38	2.56	50	3.34	2.99

应用上述三种判断准则时应注意以下几点：

(1)剔除可疑数据时,首先应对样本观测值中的最小值和最大值进行判断,因为这两个值有可能是可疑数据;

(2)可疑数据每次只能剔除一个,然后按剩下的样本观测值重新计算,再做第二次判断,如此逐个地剔除,直到所剩下的值不再是可疑数据为止,不允许一次同时剔除多个样本观测值;

(3)采用不同准则对可疑数据进行判断时,可能会出现不同的结论,此时要对所选用准则的适用范围、给定的检验水平的合理性以及产生可疑数据的原因等做进一步的分析。

【学习案例2-14】

对一盘混凝土,取15个试件进行抗压试验,测试结果如下(单位:MPa)

31.2 33.1 30.5 31.0 32.3 31.2 29.4 24.0 30.4 33.0 32.2 31.0
28.6 29.2 30.3

试判断这些数据中是否混有可疑数据。

解:分别用不同准则进行判断,以做比较

(1)3σ 准则

$$n=15, x_{max}=33.1, x_{min}=24.0$$

首先,怀疑最小值24.0,对数据进行统计计算,得 $\bar{x}=30.49, s=2.23, 3s=6.69$

$$|24.0-30.49|=6.49<6.69$$

说明此值在 $3s$ 内,不应剔除;

其次,怀疑最大值33.1,同上计算,得

$$|33.1-30.49|=2.61<6.69$$

故 33.1 应保留，全部数据中均无需剔除。

（2）肖维勒准则

由 $n=15$，查表 2-1 得 $k_{15}=2.13$，并计算出：$\bar{x}=30.49$，$s=2.23$

$$k_{15}s=2.13\times2.23=4.75$$

首先，怀疑最小值 24.0，由于

$$|24.0-30.49|=6.49>4.75$$

故认为特异数据 24.0 应剔除；

对剩下的 14 个数据重新计算得 $\bar{x}'=30.96$，$s'=1.37$，由 $n=14$ 在表 2-1 中查出 $k_{14}=2.10$，并算出 $k_{14}s'=2.10\times1.37=2.88$，再对最大值 33.1 和最小值 28.6 怀疑，因

$$|33.1-30.96|=2.14<2.88$$

$$|28.6-30.96|=2.36<2.88$$

所以认为 33.1 和 28.6 应保留，至此全部数据中已不含有可疑数据。

采用拉格布斯准则也可得出应剔除特异数据 24.0 而保留其他数据的结论。

由此案例计算结果表明，3σ 准则相对于其他准则在特异数据取舍方面偏于保守。

任务 2-4　质量数据的统计方法

【学习要求】

1. 理解置信区间的概念；
2. 掌握置信区间的求法。

【学习内容】

当样本的试验结果为计量值时（如强度、变形等），一般是以试验特性值的平均值来判断检验批是否合格的问题。这时往往需要解决两个问题：一是抽取样本的试验结果的平均值是否能代表总体质量特性值的平均值，可行度有多高？二是当样本容量为多大时，才能使样本平均值达到能代表总体平均值的要求？下面介绍与这两个问题有关的内容。

一、置信区间的概念

对于一组观测值，可以计算出它们的平均值 $\bar{x}$ 和标准差 S，那么对于同一批容量中，当按随机抽样的方法，分别抽取多组进行观测时，则各组观测值所得 $\bar{x}_1, \bar{x}_2, \bar{x}_3, \cdots, \bar{x}_n$ 和 S_1, $S_2, S_3, \cdots, S_n$，它们是不可能完全相同的，在 $\bar{x}_1, \bar{x}_2, \bar{x}_3, \cdots, \bar{x}_n$ 之间或 $S_1, S_2, S_3, \cdots, S_n$ 之间必然存在大小不同的差异。这些差异的出现有多种原因，但其中的主要原因往往是由于观测对象（批容量）中存在某些不均匀性。例如，由同一施工队伍用相同设备和方法，采用同一地点的土填筑路基，所得路基压实度绝非均匀一致。如果在 200m 路基范围内，每次抽测 10 个点的压实度，共抽测 10 次，则按每次测定结果计算的压实度平均值 $\bar{K}_1, \bar{K}_2, \bar{K}_3$, $\cdots, \bar{K}_n$ 均有不同。若测定方法是统一的且不含系统误差，则引起差异的主要原因则是由于土质的不均匀性、填筑层厚度不同、平整性不同、压路机行走位置等使得路基各部分所受压力或压实功以及压实效果不同所致。

根据概率理论，上例中 100 个或更多个测定的结果的总平均值可以接近于该段路基压实度的真值，即所谓总体平均值。但是，每组测定的结果的平均值 $\bar{K}_i$ 接近总体平均值 μ 或 $\bar{K}_总$ 的程度如何？这个问题可以通过数学计算，看看 $\bar{K}_i$ 作为 $\bar{K}_总$ 的估计值落在一个什么样的区间来解决。这个区间即称为置信区间。

区间总是由两个界限范围来划定的。置信区间也有两个界限，称为置信界限。利用算术平均值的标准差，对于任一对选定的置信界限，可以计算得一个量来说明观测在多大程度上确信这两个界限将包括真值在内。表示这个程度的量就是概率。用通俗的话说，即要说明根据观测值的平均值的标准划定的数值范围，有多大的可能性将真值（即总体平均值）包括在内，是 90% 的可能性，是 95% 的可能性，还是 80% 的可能性？但是，实际工作中，往往不是先选定界限，而是先选定一个概率标准，然后再计算相当的置信界限。置信区间的概念如图 2-4 所示。

平均值的置信界限可按下面方法计算：

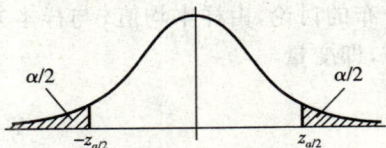

图 2-4　平均值的置信区间（方差已知）

(1)当总体方差 σ^2 已知时

用 $\bar{x}$ 作为 μ 的点估计,由于 $\bar{x} \sim N\left(\mu, \dfrac{\sigma^2}{n}\right)$,从而 $\dfrac{\bar{x}-\mu}{\sqrt{\sigma^2/n}} \sim N(0,1)$,将该随机变量记为 U:

$$U=\frac{\bar{x}-\mu}{\sqrt{\sigma^2/n}} \sim N(0,1)$$

按照标准正态分布上侧分位数的定义,对给定的置信度 $1-\alpha:0<\alpha<1$,

$$P(|U|<z_{\frac{\alpha}{2}})=P\left(\left|\frac{\bar{x}-\mu}{\sqrt{\sigma^2/n}}\right|<z_{\frac{\alpha}{2}}\right)=1-\alpha$$

由上式得到

$$P\left(-z_{\frac{\alpha}{2}}<\frac{\bar{x}-\mu}{\sqrt{\sigma^2/n}}<z_{\frac{\alpha}{2}}\right)=1-\alpha$$

即

$$P\left(\bar{x}-z_{\frac{\alpha}{2}}\sqrt{\frac{\sigma^2}{n}}<\mu<\bar{x}+z_{\frac{\alpha}{2}}\sqrt{\frac{\sigma^2}{n}}\right)=1-\alpha$$

这样就得到置信度为 $1-\alpha$ 的置信区间 $\left(\bar{x}-z_{\frac{\alpha}{2}}\sqrt{\dfrac{\sigma^2}{n}}, \bar{x}+z_{\frac{\alpha}{2}}\sqrt{\dfrac{\sigma^2}{n}}\right)$。同理我们可以得到单边置信下界和单边置信上界

$$P(U<z_{\alpha})=P\left(\frac{\bar{x}-\mu}{\sqrt{\sigma^2/n}}<z_{\alpha}\right)=1-\alpha$$

$$P(\bar{x}-z_{\alpha}\sqrt{\sigma^2/n}<\mu)=1-\alpha$$

即 $\bar{x}-z_{\alpha}\sqrt{\sigma^2/n}<\mu$(单边下界)

$$P(U>z_{\alpha})=P\left(\frac{\bar{x}-\mu}{\sqrt{\sigma^2/n}}>z_{\alpha}\right)=1-\alpha$$

$$P(\mu<\bar{x}+z_{\alpha}\sqrt{\sigma^2/n})=1-\alpha$$

即 $\mu<\bar{x}+z_{\alpha}\sqrt{\sigma^2/n}$(单边上界)

(2)当总体方差 σ^2 未知时

在施工质量评价中,常需要解决总体标准偏差 σ 未知,如何估计平均置信区间的问题。假设已知正态总体 X 的数学期望 μ,那么哪个区间以概率 $\alpha(0<\alpha<1)$ 盖住它?这时根据抽样分布的讨论,由样本均值 $\bar{x}$ 与样本方差 S^2 构造的统计量 T 变量服从自由度为 $n-1$ 的 t 分布,即变量

$$T=\frac{\bar{x}-\mu}{S}\sqrt{n} \sim t(n-1)$$

对于给定的置信度 $1-\alpha$ 即检验水平 $\alpha(0<\alpha<1)$,存在 t 分布双侧分位数 $t_{\frac{\alpha}{2}}$ 使得概率

等式

$$P(|T| < t_{\frac{\alpha}{2}}(n-1)) = P\left(\left|\frac{\bar{x}-\mu}{S}\sqrt{n}\right| < t_{\frac{\alpha}{2}}(n-1)\right) = 1-\alpha$$

由上式得

$$P\left(-t_{\frac{\alpha}{2}}(n-1) < \frac{\bar{x}-\mu}{S}\sqrt{n} < t_{\frac{\alpha}{2}}(n-1)\right) = 1-\alpha$$

即

$$P\left(\bar{x} - \frac{t_{\frac{\alpha}{2}}(n-1)S}{\sqrt{n}} < \mu < \bar{x} + \frac{t_{\frac{\alpha}{2}}(n-1)S}{\sqrt{n}}\right) = 1-\alpha$$

得到置信度为 $1-\alpha$ 的置信区间是 $\left(\bar{x} - \dfrac{t_{\frac{\alpha}{2}}(n-1)S}{\sqrt{n}}, \bar{x} + \dfrac{t_{\frac{\alpha}{2}}(n-1)S}{\sqrt{n}}\right)$

利用 T 变量求正态总体数学期望 μ 的置信区间的步骤如下：

步骤 1：明确所给正态总体样本容量 n 的值；

步骤 2：明确或计算样本均值 $\bar{x}$、样本方差 S^2；

步骤 3：根据所给置信度 $1-\alpha$ 的值，即检验水平 α 的值，查 t 分布表得到对应的 t 分布双侧分位数 $t_{\frac{\alpha}{2}}$ 的值；

步骤 4：计算分式 $\dfrac{t_{\frac{\alpha}{2}}S}{\sqrt{n}}$ 的值，从而得到置信下限 $\bar{x} - \dfrac{t_{\frac{\alpha}{2}}S}{\sqrt{n}}$ 的值与置信上限 $\bar{x} + \dfrac{t_{\frac{\alpha}{2}}S}{\sqrt{n}}$ 的值，所以所求 μ 的置信区间为

$$\left(\bar{x} - \frac{t_{\frac{\alpha}{2}}S}{\sqrt{n}}, \bar{x} + \frac{t_{\frac{\alpha}{2}}S}{\sqrt{n}}\right)$$

同理我们可以得到单边置信下界和单边置信上界

$$P(T < t_\alpha) = P\left(\frac{\bar{x}-\mu}{\frac{S}{\sqrt{n}}} < t_\alpha\right) = 1-\alpha$$

$$P(\bar{x} - t_\alpha\sqrt{S^2/n} < \mu) = 1-\alpha$$

即 $\bar{x} - t_\alpha\sqrt{S^2/n} < \mu$（单边下界）

$$P(T > t_\alpha) = P\left(\frac{\bar{x}-\mu}{\sqrt{S^2/n}} > t_\alpha\right) = 1-\alpha$$

$$P(\mu < \bar{x} + t_\alpha\sqrt{S^2/n}) = 1-\alpha$$

即 $\mu < \bar{x} + t_\alpha\sqrt{S^2/n}$（单边上界）

【学习案例 2 - 15】

检查某段路基压实度，共测 30 个点，得压实度的平均值 $\bar{K} = 93.5\%$，标准偏差 $S =$

3.0%，现推定其保证率为 99% 的平均值置信区间。

解：本题按单边和双边置信分别计算。

1. 由公式知，以 $n-1=30-1=29$ 查 t 分布表得 $t_{1-\alpha}=t_{0.01}=2.462$。所以，上置信界限为

$$\mu < \overline{K} + \frac{t_{0.01}}{\sqrt{n}}S$$

故有

$$\mu < 93.5\% + \frac{2.462}{\sqrt{30}} \times 3.0\% = 94.85\%$$

下置信界限为

$$\mu > \overline{K} - \frac{t_{0.01}}{\sqrt{n}}S$$

故有

$$\mu > 93.5\% - \frac{2.462}{\sqrt{30}} \times 3.0\% = 92.15\%$$

这说明，平均压实度的"真值"小于 94.85% 的概率为 99%，即大于 94.85% 的概率为 1%；平均压实度的"真值"大于 92.15% 的概率为 99%，即小于 92.15% 的概率为 1%。

2. 双边置信：

由所给置信度 $1-\alpha=0.99$ 知检验水平 $\alpha=0.01$，查 t 分布表得对应的 t 分布双侧分位数 $t_{\frac{\alpha}{2}}=2.756$，计算公式

$$\frac{t_{\frac{\alpha}{2}}S}{\sqrt{n}} = \frac{2.756 \times 3.0\%}{\sqrt{30}} = 1.51\%$$

从而得到置信下限

$$\overline{K} - \frac{t_{\frac{\alpha}{2}}S}{\sqrt{n}} = 93.5\% - 1.51\% = 91.99\%$$

与置信上限

$$\overline{K} + \frac{t_{\frac{\alpha}{2}}S}{\sqrt{n}} = 93.5\% + 1.51\% = 95.01\%$$

即　$91.99\% < \mu < 95.01\%$

这说明该路基平均压实度的真值在 $91.99\% < \mu < 95.01\%$ 范围的概率有 99%。

究竟采用双边置信区间还是单边置信区间，应由质量特性值的控制要求来定。如对混凝土强度，如果只要求控制最小强度，则采用单边置信区间；如果既要求混凝土的强度不小于某一指标，又要求混凝土强度不能过大，则可采用双边置信区间。

二、抽样检验时样本最小容量的确定

对于方差已知的正态总体或非正态总体，置信度为 $1-\alpha$ 的置信区间为

$$\left(\overline{x} - Z_{\frac{\alpha}{2}}\frac{\sigma}{\sqrt{n}}, \overline{x} + Z_{\frac{\alpha}{2}}\frac{\sigma}{\sqrt{n}} \right)$$

从估计量 $\overline{x}$ 的取值到点 $Z_{\frac{\alpha}{2}}\frac{\sigma}{\sqrt{n}}$ 的距离实际上为置信区间长度的一半。这段距离表示在

一定的置信水平 $1-\alpha$ 下，样本均值及总体均值所允许的最大绝对误差即允许抽样误差 $|\bar{x}-\mu|=\Delta_r$。显然允许抽样误差 Δ_r 可表示为 $\Delta_r = Z_{\frac{\alpha}{2}}\dfrac{\sigma}{\sqrt{n}}$，于是得到样本容量的计算公式

$$n = \frac{\sigma^2 Z_{\frac{\alpha}{2}}^2}{\Delta_r^2}$$

在不重复抽样的条件下，允许抽样误差为 $\Delta_r = |\bar{x}-\mu| = Z_{\frac{\alpha}{2}}\sqrt{\dfrac{\sigma}{n}\left(1-\dfrac{n}{N}\right)}$

因此，不重复抽样条件下的样本容量公式为

$$n = \frac{Z_{\frac{\alpha}{2}}^2 \sigma^2 N}{\Delta_r^2 N + Z_{\frac{\alpha}{2}}^2 \sigma^2}$$

在计算样本容量时，必须知道总体方差，而实际抽样调查之前，总体的方差往往是未知的。在实际操作时，可以用过去的资料，若过云曾有若干个方差，应该选择最大的，以保证抽样估计的精度；亦可以进行一次小规模的调查，用调查所得到的样本方差来替代总体方差。

任务 2-5　抽样检验基础

【学习要求】

1. 了解检验的基本概念;
2. 了解随机抽样方法;
3. 掌握抽样检验评定方法。

【学习内容】

一、检验的一般概念

检验是指通过测量、试验等质量检测方法,将工程产品与其质量要求相比较并做出质量评判的过程。工程质量检验是工程质量控制的一个重要环节,是保证工程质量的必要手段。检验按阶段分类可分为接收检验、工序检验和最终检验三类;按检验的性质分类可分为非破坏性检验和破坏性检验;检验按方法分类可分为全数检验和抽样检验两大类。全数检验是对一批产品中的每一个产品进行检验,从而判断该批产品质量状况;抽样检验是从一批产品中抽出少量的单个产品进行检验,从而推断该批产品质量状况。全数检验较抽样检验可靠性好,但检验工作量非常大,往往难以实现;抽样检验方法以数理统计学为理论依据,具有很强的科学性和经济性,在许多情况下,只能采用抽样检验方法。公路工程不同于一般产品,它是一个连续的整体且采用的质量检测手段又多属于破坏性的。所以,就公路工程质量检验而言,不可能采用全数检验,而只能采用抽样检验。即从待检工程中抽取样本,根据样本的质量检查结果,推断整个待检工程的质量状况。

质量检验的目的在于准确判断工程质量状况,以促进工程质量的提高。

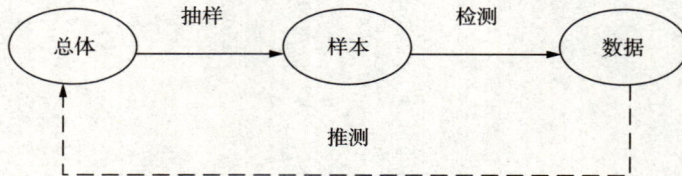

图 2-5　总体与样本的关系

下面 3 个因素密切相关:
(1)质量检测手段的可靠性;
(2)抽样检验方法的科学性;
(3)抽样检验方案的科学性。
在质量检验过程中,必须全面考虑上述 3 个因素,以提高质量检验的可靠性。
本学习任务仅讨论抽样检验方法,至于检测手段将在其他各学习项目中讨论。

二、抽样检验的类型

抽样是从总体中抽取样本的过程,并通过样本了解总体。总的来说,抽样检验分为非随机抽样与随机抽样两大类。

1. 非随机抽样

进行人为的有意识的挑选取样即为非随机抽样。在非随机抽样中,人的主观因素占主导作用,由此所得到的质量数据往往会对总体做出错误的判断。因此,采用非随机抽样方法所得的检验结论,其可信度较低。

2. 随机抽样

随机抽样排除了人的主观因素,使待检总体中的每一个产品具有同等被抽取到的机会。只有随机抽取的样本才能客观地反映总体的质量状况。这类方法所得到的数据代表性强,质量检验的可靠性得到了基本保证。因此,随机抽样是以数理统计的原理,根据样本取得的质量数据来推测、判断总体的一种科学抽样检验方法,因而被广泛使用。

三、随机抽样的方法

先举一个例子,说明随机抽样的方法。假如有一批产品,共 100 箱,每箱 20 件,从中选择 200 个样品。一般有以下几种抽样方法:

(1)从整批中,任意抽取 200 件;

(2)从整批中,先分成 10 组,每组为 10 箱,然后分别从各组中任意抽取 20 件;

(3)从整批中,分别从每箱中任意抽取 2 件;

(4)从整批中,任意抽取 10 箱,对这 10 箱进行全数检验。

上述四种方法,分别称为单纯随机抽样、系统抽样、分层抽样、密集群抽样。因此,随机抽样的方法有多种,适合公路工程质量检验的随机抽样方式一般采用以下 3 种:

1. 单纯随机抽样

在总体中,直接抽取样本的方法即为单纯随机抽样。这是一种完全随机化的抽样方法。

要实现单纯随机抽样,应对总体中各个个体进行编码。随机抽样并不意味着随机地、任意地取样,而是应采取一定的方式获取随机数,以确保抽样的随机性。而随机数可以利用随机数表获得,也可以利用掷骰子和抽签的方法获得。

2. 系统抽样

有系统地将总体分成若干部分,然后从每一个部分抽取一个或若干个个体,组成样本。这一方法称之为系统抽样。在工程质量控制中,系统抽样的实现主要有 3 种方式。

(1)将比较大的工程分为若干部分,再根据样本容量的大小,每部分按比例进行单纯随机抽样,将各部分抽取的样品组合成一个样本。

(2)间隔定时法:每隔一定的时间,从工作面抽取一个或若干个样品。该方法适合工序质量控制。

(3)间隔定量法:每隔一定数量的产品,抽取一个或若干个样品。该方法主要适合工序质量控制。

3. 分层抽样

一项工程或工序往往是由若干个不同的班组施工的。分层抽样法就是根据此类情况，将工程或工序分为若干层。例如，同一个班组施工的工程或工序作为一层，若某项工程或工序是由 3 个不同的班组施工的，则可分为 3 层，然后按一定比例确定每层应抽取样品数，对每层则按单纯随机抽样法抽取样品。分层时，应尽量使层内均匀，而层间不均匀。分层抽样法便于了解每层的质量状况，分析每层产生质量问题的原因。

四、抽样检验的评定方法

抽样检验的目的，就是根据样本取得的质量数据来推测样本所属的一批产品或工序的质量状况，并判断该批产品或该工序是否合格。抽样检验评定基本原理可以用图 2－6 表示。

图中，N 为一批产品数量（即批量）；n 为从批量中随机抽取的样本数；d 为抽出样本中不合格品数；c 为抽样中允许不合格品数（或称合格判定数）。若 $d \leqslant c$，则认为该批产品合格，可以接受；若 $d > c$，则说明该批产品不合格，应拒绝接收。

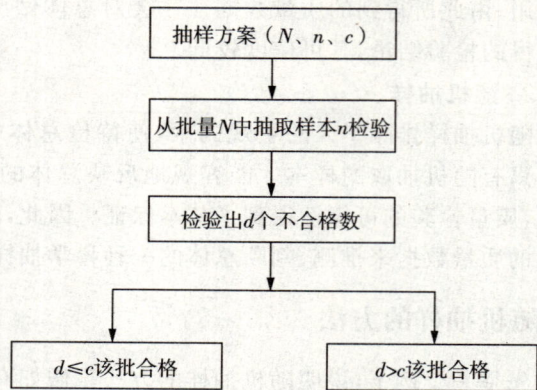

图 2－6　抽样检验评定原理

抽样方案（N、n、c）
↓
从批量N中抽取样本n检验
↓
检验出d个不合格数
↓
$d \leqslant c$该批合格　　　$d > c$该批合格

根据《公路工程质量检验评定标准》(JTG80/1—2004)，公路工程质量评定采用合格率与评分的方法，也就是根据检测值是否符合质量标准进行评定，按合格率计分。

对于路基路面压实度、弯沉值，路面结构层厚度，半刚性基层材料强度，水泥混凝土抗折强度等检验项目，应采用数理统计的方法进行评定计分。下面以例说明上述检验项目的评定方法，具体的评定方法请参阅《公路工程质量检验评定标准》(JTG80/1—2004)。

【学习案例 2－16】

某新建高速公路竣工后，在不利季节测得某路段路面的弯沉值见表 2－3 所列，路面设计弯沉值为 40(0.01mm)，试判断该路段的弯沉值是否符合要求。取保证率系数 $Z_a = 1.645$。

表 2－3　弯沉值检测结果

序号	1	2	3	4	5	6	7	8	9	10	11
l_i(0.01mm)	30	29	31	28	27	26	33	32	30	30	31
序号	12	13	14	15	16	17	18	19	20	21	22
l_i(0.01mm)	29	27	26	32	31	33	31	30	29	28	28

解：经计算：$\bar{l} = 29.6(0.01\text{mm})$　　$S = 2.09(0.01\text{mm})$

代表弯沉值为弯沉检测值的上波动界限，即：

$$l = \bar{l} + Z_a \cdot S = 29.6 + 1.645 \times 2.09$$

$$= 33.0(0.01\text{mm})$$

因为代表弯沉值 $l < l_d = 40(0.01\text{mm})$，所以该路段的弯沉值是满足要求的。

【学习案例 2 - 17】

某路段水泥混凝土路面板厚度检测数据见表 2 - 4 所列。保证率为 95%，设计厚度 $h_d = 25\text{cm}$，代表值允许偏差 $\Delta h = 5\text{mm}$，试对该路段的板厚进行评价。

表 2 - 4　水泥混凝土路面板厚度检测结果

序号	1	2	3	4	5	6	7	8	9	10
厚度 h_i(cm)	25.1	24.8	25.1	24.6	24.7	25.4	25.2	25.3	24.7	24.9
序号	11	12	13	14	15	16	17	18	19	20
厚度 h_i(cm)	24.9	24.8	25.3	25.3	25.2	25.0	25.1	24.8	25.0	25.1
序号	21	22	23	24	25	26	27	28	29	30
厚度 h_i(cm)	24.7	24.9	25.0	25.4	25.2	25.1	25.0	25.0	25.5	25.4

解：经计算：$\bar{h} = 25.05\text{cm}$　$S = 0.24\text{cm}$

根据 $n = 30, a = 0.95$，查附表 2 得：

$$t_a / \sqrt{n} = 0.310$$

代表性厚度 h 为算术平均值的下置信界限，即：

$$h = \bar{h} - t_a / \sqrt{n} \cdot S$$

$$= 25.05 - 0.31 \times 0.24 = 24.95(\text{cm})$$

因为 $h > h_d - \Delta h = 24.5\text{cm}$，所以该路段的代表性厚度满足要求。

应该指出，路面的结构层厚度评定中，当代表性厚度满足要求后，按单个检测值来评定合格率和计算评分。

【学习案例 2 - 18】

某新建公路路基施工中，对其中的一段压实质量进行检查，压实度检测结果见表 2 - 5 所列，压实度标准 $K_0 = 95\%$。请按保证率 95% 计算该路段的代表性压实度并进行质量评定。

表 2 - 5　压实度检测结果

序号	1	2	3	4	5	6	7	8	9	10
压实度(%)	96.4	95.4	93.5	97.3	96.3	95.8	95.9	96.7	95.3	95.6
序号	11	12	13	14	15	16	17	18	19	20
压实度(%)	97.6	95.8	96.8	95.7	96.1	96.3	95.1	95.5	97	95.3

解: 经计算:$\overline{K} = 95.97\%$　　$S = 0.91\%$

代表性压实度 K 为算术平均值的下置信界限,即:

$$K = \overline{K} - t_a / \sqrt{n} \cdot S$$

$$= 95.97 - 0.387 \times 0.91 = 95.62\%$$

由于代表性压实度 $K > K_o = 95\%$,所以该路段的压实质量是合格的。

【学习实践】

1. 何谓有效数字、有效位数?

2. 何谓总体、样本?

3. 什么叫抽样检验? 随机抽样方法有哪几种?

4. 弯沉检测时,某测点的百分表初读数为 62.5(0.01mm),终读数为 29.0(0.01mm),请问读数的有效数字有几个? 该测点弯沉值又有几个有效数字?

5. 某路段路基施工质量检查中,用标准轴载测得 10 点的弯沉值(单位:0.01mm)分别为 100、101、102、110、95、98、93、96、103、104,试计算该路段路基弯沉值的算术平均值、中位数、极差、标准偏差和变异系数,并计算该路段的代表性弯沉值(保证率系数 $z_a = 2.0$)。

6. 某新建高速公路路基施工中,对其中某一路段压实质量进行检查,压实度检测结果分别为 96.57%、95.39%、93.85%、97.32%、96.28%、95.86%、95.93%、96.87%、95.34%、95.93%,请按保证率 95% 计算该路段的代表性压实度,并判断该路段的压实质量是否符合要求。(压实度标准为 $K_o = 95\%$)

7. 某一级公路水泥稳定砂砾基层压实厚度检测值为 21cm、22cm、20cm、19cm、18cm、20cm、21cm、21cm、22cm、19cm,试计算其厚度代表值(保证率为 99%)。

8. 某路段二灰碎石基层无侧限抗压强度试验结果(单位:MPa)为:0.792、0.306、0.968、0.804、0.447、0.894、0.702、0.424、0.498、1.075、0.815,请分别用拉依达法、肖维纳特法对上述数据进行取舍判别。

学习项目三　道路常用面层和基层试验检测

任务 3-1　路面基层材料试验检测方法

【学习要求】

1. 了解基层材料的类型、级配要求、适用范围；水泥、石灰、粉煤灰、土等半刚性基层原材料技术要求。

2. 熟悉基层混合料组成设计的目的和要点；EDTA 滴定法的目的、适用范围、试验步骤；无机结合料稳定材料试件制作方法（圆柱形）；无侧限抗压强度试验方法；承载比（CBR）试验方法。

3. 掌握 EDTA 滴定法的试验步骤；无机结合料稳定土的击实试验步骤与计算；无机结合料稳定材料养生试验方法。

【学习内容】

一、概述

公路路面常用的基层与底基层材料可分为三大类：柔性基层、半刚性基层、刚性基层。也可以分为：无机结合料稳定类、有机结合料稳定类和粒料类。我国常用的基层材料包括：水泥稳定土、石灰稳定土、石灰工业废渣稳定土、级配碎石、级配砾石或级配砂砾、填隙碎石、沥青稳定碎石、乳化沥青碎石、沥青贯入式碎石等类型。本节主要讨论无机结合料稳定类基层材料的试验检测方法。

（一）无机结合料稳定土的概念

在经过粉碎的或原来松散的材料中，掺入足量的水泥和水，经拌和得到的混合料，在压实和养生后，当其抗压强度符合规定的要求时，称为水泥稳定材料。水泥稳定材料包括水泥稳定级配碎石、级配砂砾、未筛分碎石、石屑、土、碎石土、砂砾土以及经加工、性能稳定的钢渣和矿渣等。在粉碎的或原来松散的材料（包括各种粗、中、细土）中，掺入足量的石灰和水，经拌和得到的混合料，经压实及养生后，当其抗压强度符合规定的要求时，称为石灰稳定材料。石灰稳定材料包括石灰稳定土（石灰土）、天然砂砾土（石灰砂砾土）、天然碎石土（石灰碎石土）以及石灰土稳定级配砂砾（砂砾中无土）、级配碎石和矿渣等。两种或两种以上无机结合材料稳定的强度符合要求的混合料称为综合稳定材料。石灰工业废渣材料包括石灰粉煤灰碎石（二灰碎石）、石灰粉煤灰砂砾（二灰砂砾）、石灰粉煤灰土（二灰土）、石灰粉煤灰（二灰）、石灰粉煤灰砂（二灰砂）、石灰粉煤灰矿渣（二灰矿渣、石灰钢渣）等。其中水泥稳定材料、石灰粉煤灰稳定材料适用于各级公路的基层、底基层，但水泥或石灰、粉煤灰稳定细粒土不能用作高等级路面的基层。冻雨地区、多雨潮湿地区，石灰粉煤灰稳定材料宜用于高速公路、一级公路的下基层或底基层。石灰稳定材料宜用于各级公路的底基层以及三、四级公路的基层。

半刚性基层、底基层按其混合料结构状态分为骨架密实型、骨架空隙型、悬浮密实型和均匀密实型四种类型。高速公路、一级公路的基层或上基层宜选用骨架密实型混合料。二级及二级以下公路的基层和各级公路的底基层可采用悬浮密实型混合料。均匀密实型混合料适用于高速公路、一级公路的底基层，二级及二级以下公路的基层。骨架空隙型混合料具有较高的空隙率，适用于需考虑路面内部排水要求的基层。

在粉碎的或原来松散的土（包括各种粗、中、细粒土）中，掺入足量的水泥和水，经拌和得到的混合料在压实及养生后，当其抗压强度符合规定的要求时，称为水泥稳定土。如果用石灰代替水泥掺入土中，则称石灰稳定土。同时用水泥和石灰稳定某种土得到的混合料，简称综合稳定土。一定数量石灰和粉煤灰或石灰和煤渣与其他集料相配合，加入适量的水（通常为最佳含水量），经拌和、压实及养生后得到的混合料，当其抗压强度符合规定的要求时，称为石灰工业废渣稳定土（简称石灰工业废渣）。

（二）无机结合料稳定土组成材料要求

1. 土

（1）水泥稳定土

凡能被经济地粉碎的土都可用水泥稳定，其最大颗粒和颗粒组成应满足规范的要求。对细粒土而言，土的均匀系数应大于5，液限不应超过40，塑性指数不应大于17。

集料的压碎值要求为：

① 对于二级和二级以下公路基层不大于35%；

② 对于二级和二级以下公路底基层不大于40%；

③ 对于高速公路和一级公路不大于30%。

（2）石灰稳定土

塑性指数15～20的黏性土以及含有一定数量黏性土的中粒土和粗粒土（如天然砂砾上和砾石土、旧级配砾石和泥结碎石路面等）均适宜用石灰稳定。

用石灰稳定不含黏性土或无塑性指数的级配砂砾、级配碎石和未筛分碎石时，应添加15%左右的黏性土。硫酸盐含量超过0.8%的土和有机质含量超过10%的土，不宜用石灰稳定。

石灰稳定土中集料压碎值要求：

① 一般公路的底基层不大于40%；

② 高速公路和一级公路的底基层、二级以下公路的基层不大于35%；

③ 二级公路的基层不大于30%。

（3）石灰工业废渣稳定土

宜采用塑性指数12～20的黏性土（亚黏土），有机质含量超过10%的土不宜选用。最大颗粒和颗粒组成应满足规范的要求，集料压碎值要求同水泥稳定土。

2. 水泥

普通水泥、矿渣水泥、火山灰水泥等都可使用，但应选用终凝时间较长（宜在6h以上）

的水泥,快硬水泥、早强水泥以及已受潮变质的水泥不应使用。宜采用强度等级较低(如标号为 32.5MPa)的水泥。

3. 石灰

石灰质量应符合规定的Ⅲ级以上的生石灰或消石灰的技术指标,要尽量缩短石灰的存放时间,石灰在野外堆放时间较长时,应覆盖防潮。

使用等外石灰、贝壳石灰、珊瑚石灰等,应通过试验,只要石灰稳定土混合料的强度符合标准,就可以使用。

对于高速公路和一级公路,宜采用磨细生石灰粉。

4. 粉煤灰

粉煤灰中 SiO_2、Al_2O_3 和 Fe_2O_3 的总含量应大于 70%,烧失量不应超过 20%;其比面积宜大于 2 500 cm^2/g。

干粉煤灰和湿粉煤灰都可以应用。干粉煤灰如堆在空地上应加水,防止飞扬造成污染。湿粉煤灰的含水量不宜超过 35%。使用时应将凝固的粉煤灰块打碎或过筛,同时清除有害杂质。

5. 煤渣

煤渣是煤经锅炉燃烧后的残渣,它的主要成分是 SiO_2 和 Fe_2O_3,它的松干密度在 700～1 100kg/m^3之间。煤渣的最大粒径不应大于 30mm,颗粒组成宜有一定级配且不宜含杂质。

6. 强度标准

无机结合料稳定土强度标准应符合有关规范的要求。

(三)组成设计步骤

无机结合料稳定类材料的组成设计步骤是:首先对原材料(各种土和稳定剂)的技术性质进行测定,对于粗粒土和中粒土,应做筛分或压碎值试验;对于稳定剂,主要测定石灰的有效氧化钙和氧化镁含量和水泥的胶砂强度及凝结时间。然后,拟定混合料配合比。按规范建议的剂量(表 3-1、表 3-2)制备同一种土样的混合料试件若干个(至少做三组不同石灰或水泥剂量,即最小剂量、中间剂量和最大剂量),通过击实试验确定混合料的最佳含水率和最大干密度。按最佳含水率和最大干密度与工地预定达到的压实度制备试件,进行7d 无侧限抗压强度试验,然后根据规范中规定的强度标准选定合适的石灰或水泥剂量。

表 3-1　混合料的配制水泥剂量

层　位	土　类	水泥稳定土				
基层	中、粗粒土	3	4	5	6	7
	塑性指数小于 12 的细粒土	5	7	8	9	11
	其他细粒土	8	10	12	14	16
底基层	中、粗粒土	3	4	5	6	7
	塑性指数小于 12 的细粒土	4	5	7	8	9
	其他细粒土	6	8	9	10	12

表 3-2 混合料的配制石灰剂量

层　位	土　类	水泥稳定土				
基层	砂砾土和碎石土	3	4	5	6	7
	塑性指数小于 12 的细粒土	10	12	13	14	16
	塑性指数大于 12 的细粒土	5	7	9	11	13
底基层	塑性指数小于 12 的细粒土	8	10	11	12	14
	塑性指数大于 12 的细粒土	5	7	8	9	11

二、水泥或石灰剂量测定方法 EDTA 滴定法

1. 目的和适用范围

（1）本试验方法适用于在工地快速测定水泥和石灰稳定土中水泥和石灰的剂量，并可用以检查拌和的均匀性；适用于在水泥终凝之前的水泥含量测定。现场土样的石灰剂量应在路拌后尽快测试，否则需要用相应龄期的 EDTA 二钠标准溶液消耗量的标准曲线确定。

（2）本方法也可以用来测定水泥和石灰综合稳定材料中结合料的剂量。

2. 仪器设备

（1）滴定管（酸式）50ml，1 支；

（2）滴定台，1 个；

（3）滴定管夹，1 个；

（4）大肚移液管：10ml，10 支；

（5）锥形瓶（即三角瓶）：200ml，20 个；

（6）烧杯：2 000ml（或 1 000ml），1 只；300ml，10 只；

（7）容量瓶：1 000ml，1 个；

（8）搪瓷杯：容量大于 1 200ml，10 只；

（9）不锈钢棒（或粗玻璃棒），10 根；

（10）量筒：100ml 和 5ml 各 1 只；50ml，2 只；

（11）棕色广口瓶：60ml，1 只（装钙红）；

（12）电子天平，量程不小于 1 500g，感量 0.01g；

（13）秒表 1 只；

（14）表面皿：ϕ9cm，10 个；

（15）研钵：ϕ12～ϕ13cm，1 个；

（16）土样筛：筛孔 2.0mm 或 2.5mm，1 个；

（17）洗耳球（1 两或 2 两），1 个；

（18）精密试纸：pH12～14；

（19）聚乙烯桶 20L，1 个（装蒸馏水）；10L，2 个（装氯化铵及 EDTA 二钠标准液）；5L，1

个(装氢氧化钠)。

3. 试剂

(1)0.1mol/m³乙二胺四乙酸二钠(简称 EDTA 二钠)标准溶液(简称 EDTA 二钠标准溶液):准确称取 EDTA 二钠(分析纯)37.23g,用 40℃~50℃的无二氧化碳蒸馏水溶解,待全部溶解并冷至室温后,定容至 1 000ml。

(2)10％氯化铵(NH_4Cl)溶液:将 500g 氯化铵(分析纯或化学纯)放在 10L 聚乙烯桶内,加蒸馏水 4 500ml,充分振荡,使氯化铵完全溶解。也可以分批在 1 000ml 的烧杯内配制,然后倒入塑料桶内摇匀。

(3)1.8％氢氧化钠(内含三乙醇胺)溶液:用电子天平称 18g 氢氧化钠(NaOH)(分析纯),放入洁净干燥的 1 000ml 烧杯中,加入 1 000ml 蒸馏水使其全部溶解,待溶解并冷至室温后,加入 2ml 三乙醇胺(分析纯),搅拌均匀后储于塑料桶。

(4)钙红指示剂:将 0.2g 钙试剂羟酸钠(分子式 $C_{21}H_{13}N_2NaO_7S$,分子量 460.39)与 20g 预先在 105℃烘箱中烘 1h 的硫酸钾混合,一起放入研钵中,研成极细粉末,储于棕色广口瓶中,以防吸潮。

4. 准备标准曲线

(1)取样:取工地用石灰和土,风干后用炼干法测其含水量(如为水泥,可假定其含水量为 0％)。

(2)混合料组成的计算:

公式:干料质量＝湿料质量/(1＋含水量)

计算步骤:

① 干混合料质量＝湿混合料质量/(1＋最佳含水量)

② 干土质量＝干混合料质量/(1＋石灰或水泥剂量)

③ 干石灰或水泥质量＝干混合料质量－干土质量

④ 湿土质量＝干土质量×(1＋土的风干含水量)

⑤ 湿石灰质量＝干石灰质量×(1 ＋石灰的风干含水量)

⑥ 石灰土中应加入的水＝湿混合料质量－湿土质量－湿石灰质量

(3)准备 5 种试样,每种两个样品(以水泥稳定材料为例),如为水泥稳定中、粗粒土,每个样品取 1 000g 左右(如为细粒土,则可称取 300g 左右)准备试验。为了减少中、粗粒土的离散,宜按设计级配单份掺配的方法备料。

5 种混合料的水泥剂量应为:水泥剂量为 0％,最佳水泥剂量左右、最佳水泥剂量±2％和 4％[①],每种剂量取两个(为湿质量)试样,共 10 个试样,并分别放在 10 个大口聚乙烯桶(如为稳定细粒土,可用搪瓷杯或 1 000ml 具塞三角瓶;如为粗粒土,可用 5L 的大口聚乙烯桶)内。土的含水量应等于工地预期达到的最佳含水量,土中所加的水应与工地所用的水相同。

注①:在此,准备标准曲线的水泥剂量可为 0、2％、4％、6％、8％。如水泥剂量较高或较低,应保证工地实际所用水泥或石灰剂量位于标准曲线所用剂量的中间。

(4)取一个盛有试样的盛样器,在盛样器为加入两倍试样质量(湿料质量)体积的 10％氯化铵溶液(如湿料质量为 300g,则氯化铵溶液为 600ml;如湿料质量为 1 000g,则氯化铵溶液为 2 000ml)。料为 300g,则搅拌 3min(每分钟搅拌 110～120 次);料为 1 000g,则搅拌

5min。如用 1 000ml 具塞三角瓶,则手握三角瓶(瓶口向上)用力振荡 3min(每分钟 120 次±5 次),以代替搅拌棒搅拌。放置沉淀 10min[②],然后将上部清液转移到 300ml 烧杯内,搅匀,加盖表面皿待测。

注②:如 10min 后得到的是浑浊悬浮液,则应增加放置沉淀时间,直到出现无明显悬浮液为止,并记录所需时间。以后所有该种水泥(或石灰)稳定材料的试验,均应以同一时间为准。

(5)用移液管吸取上层(液面上 1~2cm)悬浮液 10.0ml 放入 200ml 的三角瓶内,用量管量取 1.8%氢氧化钠(内含三乙醇胺)溶液 50ml 倒入三角瓶中,此时溶液 pH 值为 12.5~13.0(可用 pH 12~14 精密试纸检验),然后加入钙红指示剂(质量约为 0.2g),摇匀,溶液呈玫瑰红色。记录滴定管中 EDTA 二钠标准溶液体积 V_1,然后用 EDTA 二钠标准溶液滴定,边滴定边摇匀,并仔细观察溶液的颜色;在溶液颜色变为紫色时,放慢滴定速度,并摇匀;直到纯蓝色为终点,记录滴定管中 EDTA 二钠标准溶液体积 V_2(以 ml 计,读至 0.1ml)。计算 $V_1 - V_2$,即为 EDTA 二钠标准溶液的消耗量。

(6)对其他几个盛样器中的试样,用同样的方法进行试验,并记录 EDTA 二钠标准溶液的消耗量。

(7)以同一水泥或石灰剂量稳定材料 EDTA 二钠标准溶液消耗量(ml)的平均值为纵坐标,以水泥或石灰剂量(%)为横坐标制图。两者的关系应是一根顺滑的曲线。如图 3-1 所示,如素土、水泥或石灰改变,必须重做标准曲线。

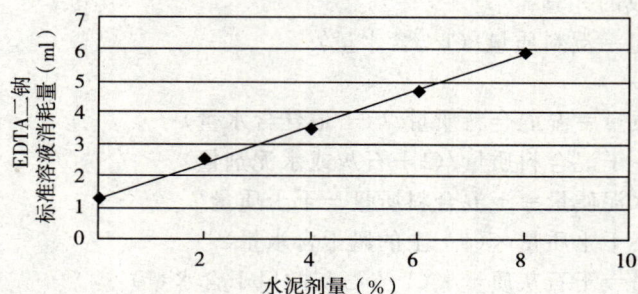

图 3-1 标准曲线图

5. 试验步骤

(1)选取有代表性的无机结合料稳定材料,对稳定中、粗粒土取试样约 3 000g,对稳定细粒土取试样约 1 000g。

(2)对水泥或石灰稳定细粒土,称 300g 放在搪瓷杯中,用搅拌棒将结块搅散,加 10%氯化铵溶液 600ml,然后如前述步骤那样进行试验。

(3)利用所绘制的标准曲线,根据所消耗的 EDTA 二钠标准溶液,确定混合料中的水泥或石灰剂量。

6. 结果整理

本试验应进行两次平行测定,取算术平均值,精确至 0.1ml。允许重复性误差不得大于均值的 5%,否则,重新进行试验。

【学习案例 3－1】

表 3-3　石灰(水泥)剂量标准曲线试验报告

试验单位	××工程 NO.2.1 标工地试验室		试验规程	JTG E51—2009
工程名称	×××工程		试验者	
取样地点	k14+850		校核者	

<table>
<tr><td rowspan="2">土料</td><td colspan="4">液限 W_L=48.2　塑限 W_P=19.4　塑性指数 I_P=28.8</td></tr>
<tr><td colspan="4">土壤定名:低液限黏土</td></tr>
<tr><td rowspan="2">水泥</td><td colspan="2">品种、强度等级</td><td>—</td><td>生产厂家</td><td>—</td></tr>
<tr><td colspan="2"></td><td></td><td></td><td></td></tr>
<tr><td rowspan="2">石灰</td><td colspan="2" rowspan="2">产　地</td><td colspan="2">(MgO+CaO)含量=62.5%</td></tr>
<tr><td>消石灰等级:Ⅱ级</td><td>生石灰等级:Ⅱ级</td></tr>
<tr><td rowspan="7">配料</td><td colspan="3">土的含水量 4.8%</td><td colspan="2">(石灰)水泥含水量 0%</td></tr>
<tr><td>剂　量(%)</td><td>干土质量(g)</td><td>湿土质量(g)</td><td>干石灰(水泥)重量(g)</td><td>湿石灰(水泥)重量(g)</td></tr>
<tr><td>0</td><td>251.78</td><td>263.87</td><td>0.00</td><td>—</td></tr>
<tr><td>2</td><td>251.99</td><td>264.09</td><td>5.28</td><td>—</td></tr>
<tr><td>4</td><td>250.12</td><td>262.13</td><td>10.49</td><td>—</td></tr>
<tr><td>6</td><td>249.63</td><td>261.61</td><td>15.70</td><td>—</td></tr>
<tr><td>8</td><td>249.78</td><td>261.77</td><td>20.94</td><td>—</td></tr>
<tr><td rowspan="7">滴定结果</td><td rowspan="2">剂　量(%)</td><td colspan="3">EDTA 溶液消耗量(ml)</td><td>平　均　值</td></tr>
<tr><td>1</td><td>2</td><td>3</td><td></td></tr>
<tr><td>0</td><td>3.2</td><td>3.3</td><td>—</td><td>3.2</td></tr>
<tr><td>2</td><td>10.5</td><td>10.7</td><td>—</td><td>10.6</td></tr>
<tr><td>4</td><td>18.2</td><td>17.8</td><td>—</td><td>18.0</td></tr>
<tr><td>6</td><td>26.2</td><td>26.2</td><td>—</td><td>26.2</td></tr>
<tr><td>8</td><td>33.3</td><td>33.6</td><td>—</td><td>33.4</td></tr>
</table>

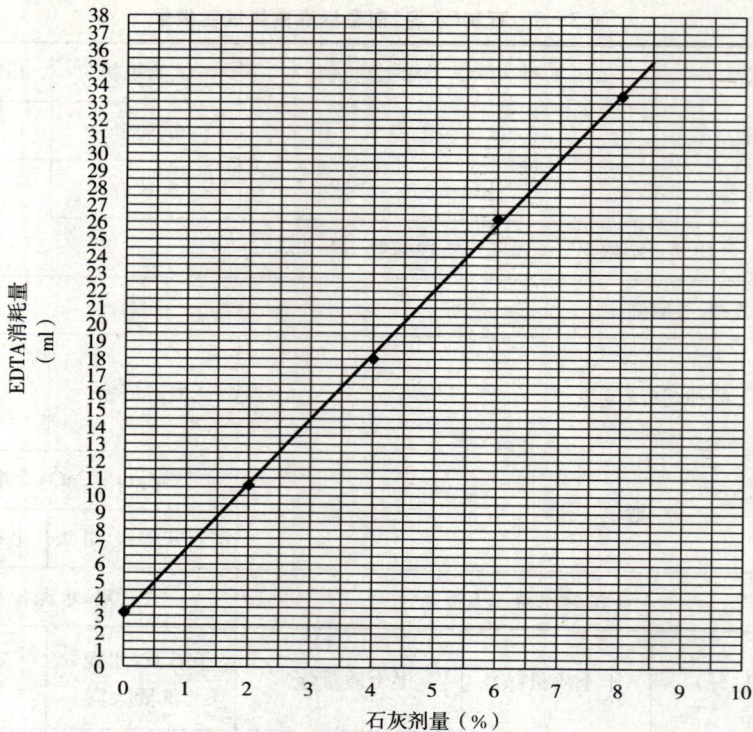

纵坐标：EDTA消耗量（ml）　横坐标：石灰剂量（%）

三、无机结合料稳定材料的取样、成型和养生试验

（一）无机结合料稳定材料取样方法

1. 适用范围

本方法适用于无机结合料稳定材料室内试验、配合比设计以及施工过程中的质量抽查等。本方法规范了无机结合料及稳定材料的现场取样操作。

2. 分料

可以用下列方法之一将整个样品缩小到每个试验所需材料的合适质量。

（1）四分法

需要时应加清水使主样品变湿。充分拌和主样品：在一块清洁、平整、坚硬的表面上将试样堆成一个圆锥体，用铲翻动此锥体并形成一个新锥体，这样重复进行3次。在形成每一个锥体堆时，铲中的料要放在锥顶，使滑落到边的那部分料尽可能分布均匀，使锥体的中心不移动。

将平头铲反复交错垂直插入最后一个锥体的顶部，使锥体顶变平，每次插入后提起铲时不要带有试料。沿两个垂直的直径，将已变成平顶的锥体料堆分成四部分，尽可能使这四部分料的质量相同。

将对角的一对料(如一、三象限为一对,二、四象限为另一对)铲到一边,将剩余的一对料铲到一块。重复上述拌和以及缩小的过程,直到达到要求的试样质量。

(2)分料器法

如果集料中含有粒径 2.36mm 以下的细料,材料应该是表面干燥的。将材料充分拌和后通过分料器,保留一部分,将另一部分再次通过分料器。这样重复进行,直到将原样品缩小到需要的质量。

3. 料堆取料

在料堆的上部、中部和下部各取一份试样,混合后按四分法分料取样。

4. 试验室分料

目标配合比阶段各种石料应逐级筛分,然后按设定级配进行配料。

生产配合比阶段可采用四分法分料,并且取料总质量应大于分料取样后每份质量的 4~8 倍。

5. 施工过程中混合料取样

在进行混合料验证时,宜在摊铺机后取料,且取料应分别来源于 3~4 台不同的料车,然后混合到一起进行四分法取样,进行无侧限抗压强度成型及试验。

在评价施工离散性时,宜在施工现场取料。应在施工现场的不同位置按随机性取样原则分别取样品,对于结合科剂量还需要在同一位置的上层和下层分别取样,试验应单独成型。

四、无机结合料稳定材料击实试验方法

1. 适用范围

本方法适用于在规定的试筒内,对水泥稳定材料(在水泥水化前)、石灰稳定材料及石灰(或水泥)粉煤灰稳定材料进行击实试验,以绘制稳定材料的含水量-干密度关系曲线,从而确定其最佳含水量和最大干密度。

试验集料的公称最大粒径宜控制在 37.5mm 以内(方孔筛)。

试验方法类别。本试验方法分三类,各类击实方法的主要参数列于表 3-4 中。

表 3-4 试验方法类别

类别	锤的质量(kg)	锤击面直径(cm)	落高(cm)	试筒尺寸			锤击层数	每层锤击次数	平均单位击实功(J)	容许最大公称粒径(mm)
				内径(cm)	高(cm)	容积(cm)				
甲	4.5	5.0	45	10.0	12.7	997	5	27	2.687	19.0
乙	4.5	5.0	45	15.2	12.0	2177	5	59	2.687	19.0
丙	4.5	5.0	45	15.2	12.0	2177	3	98	2.687	37.5

2. 仪器设备

(1)击实筒:小型,内径 100mm、高 127mm 的金属圆筒,套环高 50mm,底座;大型,内径 152mm、高 170mm 的金属圆筒,套环高 50mm,直径 151mm 和高 50mm 的筒内垫块,

底座。

（2）多功能自控电动击实仪：击锤的底面直径50mm，总质量4.5kg。击锤在导管内的总行程为450mm。可设置击实次数，并保证击锤自由垂直落下，落高应为450mm，锤迹均匀分布于试样面。如图3-2所示。

（3）电子天平：量程4 000g，感量0.01g。

（4）电子天平：量程15kg，感量0.1g。

（5）方孔筛：孔径53mm、37.5mm、26.5mm、19mm、4.75mm、2.36mm的筛各1个。

（6）量筒：50ml、100ml和500ml的量筒各1个。

（7）直刮刀：长200～250mm、宽30mm和厚3mm，一侧开口的直刮刀，用以刮平和修饰粒料大试件的表面。

图3-2 电动击实仪

（8）刮土刀：长150～200mm、宽约20mm的刮刀，用以刮平和修饰小试件的表面。

（9）工字型刮平尺：30mm×50mm×310mm，上下两面和侧面均刨平。

（10）拌合工具：约400mm×600mm×70mm的长方形金属盒，拌合用平头小铲等。

（11）脱模器。

（12）测定含水量用的铝盒、烘箱等其他用具。

（13）游标卡尺。

3. 试验准备

（1）将具有代表性的风干试料（必要时，也可以在50℃烘箱内烘干）用木槌捣碎或用木碾碾碎。土团均应破碎到能通过4.75mm的筛孔。但应注意不使粒料的单个颗粒破碎或不使其破碎程度超过施工中拌合机械的破碎率。

（2）如试料是细粒土，将已破碎的具有代表性的土过4.75mm筛备用（用甲法或乙法做试验）。

（3）如试料中含有大于4.75mm的颗粒，则先将试料过19mm筛，如存留在19mm筛上的颗粒的含量不超过10%，则过26.5mm筛，留做备用（用甲法或乙法做试验）。

（4）如试料中粒径大于19mm的颗粒含量超过10%，则将试料过37.5mm筛；如果存留在37.5mm筛上的颗粒含量不超过10%，则过53mm筛备用（用丙法试验）。

（5）每次筛分后，均应记录超尺寸颗粒的百分率P。

（6）在预定做击实试验的前一天，取有代表性的试料测定其风干含水量。对于细粒土，试样应不少于100g；对于中粒土，试样应不少于1 000g；对于粗粒土的各种集料，试样应不少于2 000g。

（7）在试验前用游标卡尺准确测量试模的内径、高和垫块的厚度，以计算试筒的容积。

4. 试验步骤

（1）准备工作

在试验前应将试验所需要的各种仪器准备齐全，测量设备应满足精度要求；调试击实仪器,检查其运转是否正常。

(2)甲法

① 将已筛分的试样用四分法逐次分小,至最后取出约 10~15kg 试料。再用四分法将已取出的试料分成 5~6 份,每份试料的干质量为 2.0kg(对于细粒土)或 2.5kg(对于各种中粒土)。

② 预定 5~6 个不同含水量,依次相差 0.5%~1.5%,并且其中至少有两个大于和两个小于最佳含水量。

注:对于中、粗粒土,在最佳含水量附近取 0.5%,其余取 1%,对于细粒土,取 1%,但对于黏土,特别是重黏土,可能要取 2%。

③ 按预定含水量制备试样。将 1 份试样平铺于金属盘内,将事先计算好的该份试料中应加水量均匀地喷洒在试料上,用小铲将试料充分拌合到均匀状态(如为石灰稳定材料、石灰粉煤灰综合稳定材料、水泥粉煤灰综合稳定材料和水泥、石灰综合稳定材料,可将石灰、粉煤灰和试料一起拌匀),然后装入密闭容器或塑料口袋内浸润备用。

浸润时间要求:黏质土 12~24h,粉质土 6~8 小时,砂类土、砂砾土、红土砂砾、级配砂砾等可以缩短到 4h 左右,含土很少的未筛分碎石、砂砾和砂可缩短到 2h。浸润时间一般不超过 24h。

应加水量可按式(3-1)计算。

$$m_w = \left(\frac{m_n}{1+0.01w_n} + \frac{m_c}{1+0.01w_c} \right) \times 0.01w - \frac{m_n}{1+0.01w_n} \times 0.01w_n - \frac{m_c}{1+0.01w_c} \times 0.01w_c$$

$$(3-1)$$

式中:m_w——混合料中应加的水量,g;

  m_n——混合料中素土(或集料)的质量,g,其原始含水量为 w_n,即风干含水量,%;

  m_c——混合料中水泥或石灰的质量,g,其原始含水量为 w_c,%;

  w——要求达到的混合料含水量,%。

④ 将所需要的稳定剂水泥加到浸润后的试样中,并用小铲、泥刀或其他工具充分拌和到均匀状态。水泥应在土样击实前逐个加入。加有水泥的试样拌和后,应在 1h 内完成下述击实试验。拌和后超过 1h 的试样,应予作废(石灰稳定材料和石灰粉煤灰稳定材料除外)。

⑤ 试筒套环与击实底板应紧密联结。将击实筒放在坚实地面上,用四分法取制备好的试样 400~500g(其质量应使击实后的试样等于或略高于筒高的 1/5)倒入筒内,整平其表层并稍加压紧,然后将其安装到多功能自控电动击实仪上,设定所需锤击次数,进行第 1 层试样的击实。第 1 层击实完后,检查该层高度是否合适,以便调整以后几次的试样用量。用刮土刀或螺丝刀将已击实层的表面"拉毛",然后重复上述做法,进行其余 4 层试样的击实。最后一层试样击实后,试样超出筒顶的高度不得大于 6mm,超出高度过大的试件应作废。

⑥ 用刮土刀沿套环内壁削挖(使试样于套环脱离)后,扭动并取下套环。齐筒顶细心刮平试样,并拆除底板。如试样底面略突出筒外或有孔洞,则应细心刮平或修补。最后用工字形刮平尺齐筒顶和筒底将试样刮平。擦净试筒的外壁,称其质量 m_1。

⑦ 用脱模器推出筒内试样。从试样内部从上至下取两个有代表性的样品（可将脱出试件用锤打碎后，用四分法采取），测定其含水量，计算至 0.1%。两个试样的含水量的差值不得大于 1%。所取样品的数量见表 3-5（如只取一个样品测定含水量，则样品的质量应为表列数值的两倍）所列。擦净试筒，称其质量 m_2。

烘箱的温度应事先调整到 110℃ 左右，以使放入的试样能立即在 105℃～110℃ 的温度下烘干。

⑧ 按本方法③～⑦的步骤进行其余含水量下稳定材料的击实和测定工作。凡已用过的试样，一律不再重复使用。

表 3-5　检测稳定材料含水量的样品数量

公称最大粒径(mm)	样品质量(g)
2.36	约 50
19	约 300
37.5	约 1000

（3）乙法

在缺乏内径 10cm 的试筒时以及在需要与承载比试验结合起来进行时，采用乙法进行击实试验。本法更适宜公称最大粒径达 19mm 的集料。

① 将已过筛的试料用四分法逐次分小，至最后取出约 30kg 试料。再用四分法将所取的试料分成 5～6 份，每份试料的干质量约为 4.4kg（细粒土）或 5.5kg（中粒土）。

② 以下各步的做法与本方法（2）甲法相同，但应该先将垫块放入筒内底板上，然后加料击实。所不同的是，每层需取制备好的试样约 900g（对于水泥或石灰稳定细粒土）或 1 100g（对于稳定中粒土），每层锤击次数为 59 次。

（4）丙法

① 将已过筛的试料用四分法逐次分小，至最后取约 33kg 试料，再用四分法将所取试料分成 6 份（至少要 5 份），每份质量约 5.5kg（风干质量）。

② 预定 5～6 个不同含水量，依次相差 0.5%～1.5%。在估计最佳含水量左右可只差 0.5%～1%。

注：对于水泥稳定类材料，在最佳含水量附近取 0.5%；对于石灰、二灰稳定类材料，根据具体情况在最佳含水量附近取 1%。

③ 同（2）甲法③。

④ 同（2）甲法④。

⑤ 将试筒、套环与夯击底板紧密的联结在一起，并将垫块放在筒内底板上。击实筒应放在坚实地面上，取制备好的试样 1.8kg 左右[其量应使击实后的试样略高于（高出 1～2mm）筒高的 1/3]倒入筒内，整平其表面，并稍加压紧。然后将其安装到多功能自控电动击实仪上，设定所需锤击次数，进行第 1 层试样击实。第 1 层击实完后检查该层的高度是否合适，以便调整以后两层的试样用量。用刮土刀或螺丝刀将已击实的表面"拉毛"，然后重复上述做法，进行其余两试样的击实。最后一层试样击实后，试样超出试筒顶的高度不

得大于 6mm。超出高度过大的试件应该作废。

⑥ 用刮土刀沿套环内壁削挖(使试样于套环脱离)后,扭动并取下套环。齐筒顶细心刮平试样,并拆除底板,取走垫块。擦净试筒的外壁,称其质量 m_1。

⑦ 用脱模器推出筒内试样。从试样内部从上至下取两个有代表性的样品(可将脱出试件用锤打碎后,用四分法采取),测定其含水量,计算至 0.1%。两个试样的含水量的差值不得大于 1%。所取样品的数量不应少于 700g,如只取一个样品测定含水量,则样品的质量应不少于 1 400g。烘箱的温度应事先调整到 110℃ 左右,以使放入的试样能立即在 105℃~110℃ 的温度下烘干。擦净试筒,称质量 m_2。

⑧ 按本方法③~⑦的步骤进行其余含水量下稳定材料的击实和测定工作。凡已用过的试样,一律不再重复使用。

5. 计算

(1)稳定材料湿密度计算

按式(3-2)计算每次击实后稳定材料的湿密度。

$$\rho_w = \frac{m_1 - m_2}{V} \tag{3-2}$$

式中:ρ_w——稳定材料的湿密度,g/cm³;

　　　m_1——试筒与湿试样的总质量,g;

　　　m_2——试筒的质量,g;

　　　V——试筒的容积,cm³。

(2)稳定材料干密度计算

按式(3-3)计算每次击实后稳定材料的干密度。

$$\rho_d = \frac{\rho_w}{1 + 0.01w} \tag{3-3}$$

式中:ρ_d——试样的干密度,g/cm³;

　　　w——试样的含水量,%。

(3)制图

① 以干密度为纵坐标、含水量为横坐标,绘制含水量-干密度曲线。曲线必须为凸形的,如试验点不足以连成完整的凸形曲线,则应进行补充试验。

② 将试验各点采用二次曲线方法拟合曲线,曲线的峰值点对应的含水量和干密度即为最佳含水量和最大干密度。

6. 结果整理

(1)应做两次平行试验,取两次试验的平均值作为最大干密度和最佳含水量。两次重复性试验最大干密度的差不应超过 0.05g/cm³(稳定细粒土)和 0.08 g/cm³(稳定中和粗粒土粒土),最佳含水量的差不应超过 0.5%(最佳含水量小于 10%)和 1.0%(最佳含水量大于 10%)。超过上述规定值,应重做试验,直到满足精度要求。

(2)混合料密度计算应保留小数点后 3 位有效数字,含水量应保留小数点后 1 位有效数字。

【学习案例 3-2】

某新建省道灰土层施工之前,需要对取土场的土样进行击实试验,以确定灰剂量为3‰的灰土层施工所需的最大干密度及最佳含水量,试验步骤按照无机结合料稳定材料击实试验方法进行,试验结果如下:

表 3-6　路基、结构物、路面击实试验记录

试验单位		××工地试验室					试验规程		JTG E51—2009	
取样地点		k10+600					试验者			
试样说明		3‰灰土、洁净、无杂质					报告日期			
试样用途		路基填料					试验设备		标准击实仪、天平、烘箱	
筒号	1	筒容积(cm³)	997		击实方法		重型		击锤质量	4.5kg
落距	45cm	击实层数和次数		5层27次				结合料剂量		3‰
	试验次数		1	2		3		4	5	6
干密度	预计含水量(%)		12	14		16		18	20	
	筒+湿试样质量(g)		3670	3773		3849		3829	3804	
	筒质量(g)		1812	1812		1812		1812	1812	
	湿试样质量(g)		1858	1961		2037		2017	1992	
	湿密度(g/cm³)		1.86	1.97		2.04		2.02	2.00	
	干密度(g/cm³)		1.66	1.72		1.76		1.71	1.67	
含水率	盒号		19	4	15	21	16	23	17	41	35	20
	盒+湿试样质量	g	69.95	68.73	70.57	65.31	73.07	67.51	68.82	75.44	66.82	70.17
	盒+干试样质量	g	64.13	62.89	63.73	59.21	65.13	60.50	60.76	66.35	58.54	61.19
	盒质量	g	16.81	14.22	15.92	16.25	15.47	16.41	16.93	15.88	16.06	15.36
	水质量	g	5.82	5.84	6.84	6.10	7.94	7.01	8.06	9.09	8.28	8.98
	干试样质量	g	47.32	48.67	47.81	42.96	49.66	44.09	43.83	50.47	42.48	45.83
	含水率	%	12.3	12.0	14.3	14.2	16.0	15.9	18.4	18.0	19.5	19.6
	平均含水率	%	12.2		14.3		16.0		18.2		19.6	

最佳含水率:16.0%

最大干密度:1.76g/cm³

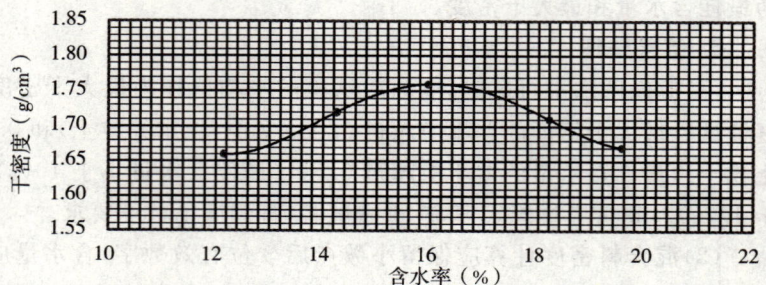

五、无机结合料稳定材料养生试验方法

1. 适用范围

(1)本方法适用于水泥稳定材料和石灰、二灰稳定材料类的养生。

(2)标准养生方法是指无机结合料稳定类材料在规定的标准温度和湿度环境下强度增长的过程。快速养生是为了提高试验效率，采用提高养生温度缩短养生时间的养生方法。

(3)本方法规定了无机结合料稳定类材料在规定的标准温度和湿度环境下强度增长的过程。快速养生是为了提高试验效率，采用提高养生温度缩短养生时间的养生方法。

2. 仪器设备

(1)标准养护室：标准养护室温度20℃±2℃，相对湿度在95％以上。

(2)高温养护室：能保持试件养生温度60℃±1℃，相对湿度95％以上。容积能满足试验要求。

3. 试验步骤

(1)标准养生方法

① 试件从试模内脱出并量高、称质量后，中试件和大试件应装入塑料袋内。试件装入塑料袋后，将袋内的空气排除干净，扎紧袋口，将包好的试件放入养护室。

② 标准养生的温度为20℃±2℃，相对湿度≥95％。试件宜放在铁架或木架上，间距至少10～20mm。试件表面应保持一层水膜，并避免用水直接冲淋。

③ 对无侧限抗压强度试验，标准养生龄期是7d，最后一天浸水。对弯拉强度、间接抗拉强度试验，水泥稳定材料类的标准养生龄期是90d，石灰稳定类材料类的标准养生龄期是180d。

④ 在养生期的最后一天，将试件取出，观察试件的边角有无磨损和缺块，并量高、称质量，然后将试件浸泡于20℃±2℃水中，应使水面在试件顶部约2.5cm。

(2)快速养生方法

① 快速养生龄期的确定

将一组无机结合料稳定材料，在标准养生条件(20℃±2℃，湿度≥95％)下养生180d(石灰稳定类材料养生180d，水泥稳定材料类养生90d)测试抗压强度值。

将同一组无机结合料稳定材料，在高温养生条件(60℃±1℃，湿度≥95％)下养生7d、14d、21d、28d等，进行不同龄期的抗压强度试验，建立高温养生条件下强度-龄期的相关关系。

在强度-龄期的关系曲线上，找出标准养生长龄期强度对应的高温养生的短龄期。并以此作为快速养生的龄期。

② 快速养生试验步骤

将高温养护室的温度调至规定的温度60℃±1℃，湿度也保持在95％以上，并能自动控温、控湿。

将制备的试件量高、称质量后，小心装入塑料袋内，试件装入塑料袋后，将袋内的空气排除干净，并将袋口扎紧，将包好的试件放入养护箱中。

养生期的最后一天，将试件从高温养护室内取出，晾至室温(约2h)，再打开塑料袋取

出试件,观察试件有无缺损,量高、称质量后,浸入 20℃±2℃ 恒温水槽中,水面高出试件顶 2.5cm。浸水 24h 后,取出试件,用软布擦去可见自由水,称质量、量高后,立即进行相关试验。

4. 结果整理

(1)如养生期间有明显的边角缺损,试件应该作废。

(2)对养生 7d 的试件,在养生期间,试件质量损失应符合下列规定:小试件不超过 1g;中试件不超过 4g;大试件不超过 10g。质量损失超过此规定的试件,应予作废。

(3)对养生 90d 和 180d 的试件,在养生期间,试件质量损失应符合下列规定:小试件不超过 1g;中试件不超过 10g;大试件不超过 20g。质量损失超过此规定的试件,应予作废。

六、无机结合料稳定材料无侧限抗压强度试验方法

1. 适用范围

本试验方法适用于测定无机结合料稳定土(包括稳定细粒土、中粒土和粗粒土)试件的无侧限抗压强度。

2. 仪器设备

(1)标准养护室。

(2)水槽:深度应大于试件高度 50mm。

(3)压力机或万能试验机(也可用路面强度试验仪和测力计):压力机应符合现行《液压式压力试验机》(GB/T 3722)及《试验机通用技术要求》(GB/T 2611)中的要求,器测量精度为±1%,同时应具有加载速度指示装置或加载速率控制装置。上下压板平整并有足够刚度,可以均匀地连续加载卸载,可以保持固定荷载。开机停机均灵活自如,能够满足试件吨位要求且压力机加载速率可以有效控制在 1mm/min。

(4)电子天平:量程 15kg,感量 0.1g;量程 4 000g,感量 0.01g。

(5)量筒、拌和工具、漏斗、大小铝盒、烘箱等。

(6)球型支座。

(7)机油:若干。

3. 试件制备和养护

(1)细粒土,试模的直径×高=φ50mm×50mm;中粒土,试模的直径×高=φ100mm×100mm;粗粒土,试模的直径×高=φ150mm×150mm。

(2)按照本章无机结合料稳定材料试件制作方法成型径高比为 1:1 的圆柱体试件。

(3)按照本章无机结合料稳定材料试件的标准养生方法进行 7d 的标准养生。

(4)将试件两顶面用刮刀刮平,必要时可用快凝水泥砂浆抹平试件顶面。

(5)为保证试验结果的可靠性和准确性,每组试件的数目要求为:小试件不少于 6 个;中试件不少于 9 个;大试件不少于 13 个。

4. 试验步骤

(1)根据试验材料的类型和一般的工程经验,选择合适量程的测力环和压力机,试件破坏荷载应大于测力量程的 20% 且小于测力量程的 80%。球形支座和上下顶板涂上机油,

使球形支座能够灵活转动。

(2)将已浸水一昼夜的试件从水中取出，用软布吸试件表面的可见自由水，并称试件的质量 m_4。

(3)用游标卡尺量试件的高度 h，准确到 0.1mm。

(4)将试件放到路面材料强度试验仪或压力机上，并在升降台上先放一扁球座，进行抗压试验。试验过程中，应保持加载速率约为 1mm/min。记录试件破坏时的最大压力 P(N)。

(5)从试件内部取有代表性的样品(经过打破)测定其含水量 w。

5. 计算

试件的无侧限抗压强度按式(3-4)计算。

$$R_c = \frac{P}{A} \tag{3-4}$$

式中：R_c——试件的无侧限抗压强度，MPa；

   P——试件破坏时的最大压力，N；

   A——试件的截面积，$A = \frac{\pi}{4}D^2$；

   D——试件的直径，mm。

6. 结果整理

(1)抗压强度保留 1 位小数。

(2)同一组试件试验中，采用 3 倍均方差方法剔除异常值，小试件可以允许有 1 个异常值，中试件 1~2 个异常值，大试件 2~3 个异常值。异常值数量超过上述规定的试验重做。

(3)同一组试验的变异系数 C_v(%)符合下列规定，方为有效试验：小试件 $C_v \leqslant 6\%$；中试件 $C_v \leqslant 10\%$；大试件 $C_v \leqslant 15\%$。如不能保证试验结果的变异系数小于规定的值，则应按允许误差 10% 和 90% 概率重新计算所需的试件数量，增加试件数量并另做新试验。新试验结果与老试验结果一并重新进行统计评定，直到变异系数满足上述规定。

7. 强度评定

如为现场检测，需按下述方法对无侧限抗压强度进行评定。

(1)评定路段试样的平均强度 $\bar{R}_c$ 应满足规范要求。

$$\bar{R}_c \geqslant \frac{R_d}{(1 - Z_a C_v)} \tag{3-5}$$

式中：R_d——设计抗压强度，MPa；

   C_v——试验结果的偏差系数(以小数计)；

   Z_a——标准正态分布表中随保证率而变的系数。高速公路、一级公路：保证率 95%，$Z_a = 1.645$；其他公路：保证率 90%，$Z_a = 1.282$。

(2)评定路段内无机结合料稳定材料强度评为合格时得满分，若强度评为不合格时相应分项工程为不合格，不合格时得零分。

【学习案例 3-3】

表 3-7 无机结合料稳定土无侧限抗压强度

试验单位	××工地试验室		试验规程		JTG F51—2009	
试样名称	3％水泥稳定粒料		试验者			
试样描述	芯样完整、芯壁光滑		试验日期			
试样环境			试验设备		路强仪、电子天平	
工程部位	K0+800～K1+280 段右幅下基层		结合料剂量	4.5	试件直径(mm)	150
最大干密度	2.25		成型含水量	6	设计强度(MPa)	2.5
制件日期			应力环系数			

试件编号	试件成型后		养生后质量(g)	质量损失(g)	试件浸水后			无侧限抗压试验		
	质量(g)	高度(mm)			质量(g)	高度(mm)	吸水量(g)	应力环读数(kN/0.01mm)	轴向荷载(kN)	强度(MPa)
1	6401.6	151	6398.3	3.3	6469.0	153	70.7	254	60.8	3.4
2	6401.4	150	6397.2	4.2	6484.4	152	87.2	241	55.7	3.2
3	6402.8	152	6399.2	3.6	6487.4	153	88.1	248	58.4	3.3
4	6400.9	151	6397.6	3.3	6476.0	152	78.9	239	54.9	3.1
5	6402.8	151	6398.8	4.0	6483.5	152	85.1	247	58.1	3.3
6	6401.3	151	6396.7	4.6	6474.3	153	77.6	259	62.8	3.6

强度平均值 R(MPa)	3.3	均方差 σ(MPa)	0.188	偏差系数 C_v(％)	0.057
保证率系数 Z_a	1.282	强度代表值 $R_{代}$(MPa)		2.7	

七、承载比(CBR)试验方法

1. 目的和适用范围

(1)本试验方法只适用于在规定的试筒内制件后，对各种土和路面基层、底基层材料进行承载比试验。

(2)试样的最大粒径宜控制在 20mm 以内，最大不得超过 40mm 且含量不超过 5％。

2. 仪器设备

(1)直圆孔筛:孔径 40mm、20mm 及 5mm 筛各 1 个。

(2)试筒:内径 152mm、高 170mm 的金属圆筒;套环:高 50mm;筒内垫块:直径 151mm、高 50mm;夯击底板:同击实仪。也可用击实试验的大击实筒。

(3)夯锤和导管:夯锤的底面直径 50mm。总质量

图 3-3 CBR 承载比试验装置实物图

4.5kg。夯锤在导管内的总行程为 50mm,夯锤的形式和尺寸与重型击实试验法所用的相同。

（4）贯入杆:端面直径 50mm、长约 100mm 的金属柱。

（5）路面材料强度仪或其他载荷装置:能量不小于 50kN,能调节贯入速度至每分钟贯入 1mm,可采用测力计式。

（6）百分表:3 个。

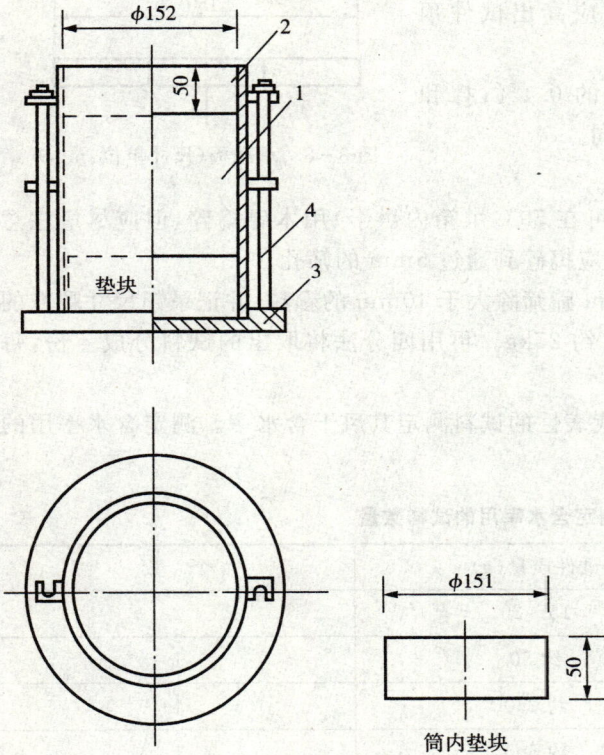

图 3-4　试筒尺寸示意图（尺寸单位:mm）

1—试筒;2—套环;3—拉杆;4—夯击底板

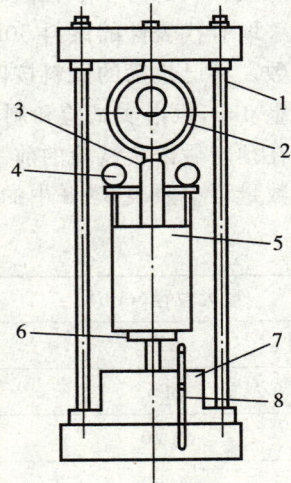

图 3-5　路面材料强度试验仪

1—框架;2—量力环;3—贯入杆;

4—百分表;5—试件;6—升降台;

7—蜗轮蜗杆箱;8—摇把

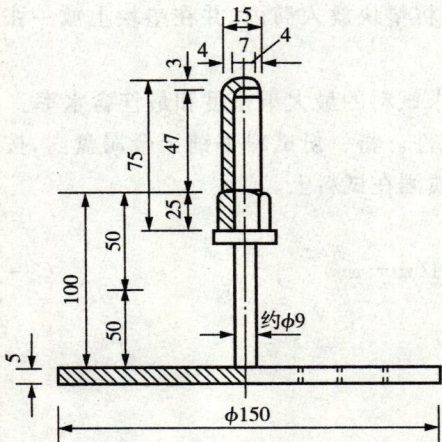

图 3-6　带调节杆的多孔板（尺寸单位:mm）

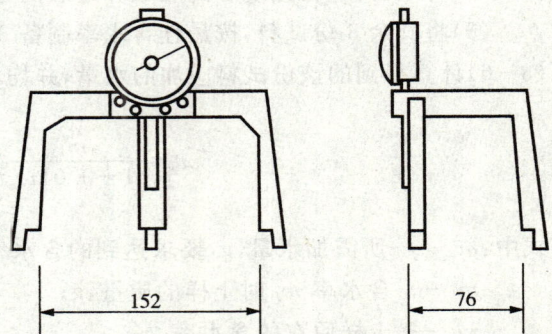

图 3-7　百分表架（尺寸单位:mm）

(7)试件顶面上的多孔板(测试件吸水时的膨胀量)。

(8)多孔底板(试件放上后浸泡水中)。

(9)测膨胀量时支承百分表的架子。

(10)荷载板:直径 150mm,中心孔眼直径 52mm,每块质量 1.25kg,共 4 块,并沿直径分为两个半圆块。

(11)水槽:浸泡试件用,槽内水面应高出试件顶面 25mm。

(12)其他:台称,感量为试件用量的 0.1%;拌和盘、直尺、滤纸、脱模器等与击实试验相同。

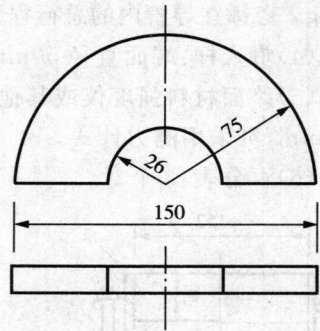

图 3-8　承载板(尺寸单位:mm)

3. 试样

将具有代表性的风干试料(必要时可在 50℃烘箱内烘干)用木碾捣碎,但应尽量注意不使土或粒料的单个颗粒破碎。土团均应捣碎到通过 5mm 的筛孔。

采取有代表性的试料 50kg,用 40mm 筛筛除大于 40mm 的颗粒,并记录超尺寸颗粒的百分数。将已过筛的试料按四分法取出约 25kg。再用四分法将取出的试料分成 4 份,每份质量 6kg,供击实试验和制试件之用。

在预定做击实试验的前一天,取有代表性的试料测定其风干含水率。测定含水率用的试样数量可参照表 3-8 中的数量。

表 3-8　测定含水率用的试样数量

最大粒径(mm)	试件质量(g)	个　数
<5	15~20	2
约 5	约 50	1
约 20	约 250	1
约 40	约 500	1

4. 试验步骤

(1)称试筒本身质量 m_1,将试筒固定在底板上,将垫块放入筒内,并在垫块上放一张滤纸,安上套环。

(2)将 1 份试料,按规定的层数和每层的击数,求试料的最大干密度和最佳含水率。

(3)将其余 3 份试料,按最佳含水率制备 3 个试件。将一份试料平铺于金属盘内,按式(3-6)计算得到的该份试料应加的水量,并均匀地喷洒在试料上。

$$m_w = \frac{m_i}{1+0.01w_i} \times 0.01(w-w_i) \qquad (3-6)$$

式中:m_w——所需加水量,g,要求达到的含水率;

　　　m_i——含水率 w_i 时土样的质量,g;

　　　w_i——土样原有的含水率,%;

　　　w——要求达到的含水率,%。

用小铲将试料充分拌和到均匀状态,然后装入密闭容器或塑料口袋内浸润备用。浸润时间:重黏土不得少于 24h,轻黏土可缩短到 12h,砂土可缩短到 1h,天然砂砾可缩短到 2h左右。

制每个试件时,都要取样测定试料的含水率。

注:需要时,可制备三种干密度试件。如每种干密度试件制 3 个,则共制 9 个试件。每层击数分别为30、50 和 98 次,使试件的干密度从 95% 到等于 100% 的最大干密度。这样,9 个试件共需试料约 55kg。

(4)将试筒放在坚硬的地面上,取备好的试样 3～5 次倒入筒内(视最大料径而定)。按五层法时,每层需试样约 900(细粒土)～1 100g(粗粒土)。按三层法时,每层需试样1 700g左右(其量应使击实后的试样高出 1/3 筒高 1～2mm)。整平表并稍加压紧,然后按规定的击数进行第一层试样的击实,击实时锤应自由垂直落下,锤迹必须均匀分布于试样面上。第一层击实完后,检查该层的高度是否合适,以便调整以后两层的试样用量。用刮土刀或螺丝刀将已击实层的表面"拉毛"。然后,重复上述做法,进行其余两层试样的击实。最后一层试样击实后,试样超出试筒顶的高度不得大于 10mm,超出高度过大的试件应该作废。

(5)卸下套环,用直刮刀沿试筒顶修平压实的试件,表面不平整处用细粒土修补。取出垫块,称试筒和试件的质量 m_2 并进行湿气养生(如不是石灰或水泥稳定土,则不需要养生)。

(6)泡水测膨胀量的步骤如下:

① 在试件制成后,取下试件顶面的破残滤纸,放一张好滤纸,并在上安装附有调节杆的多孔板,在多孔板上加 4 块荷载板。

② 将试筒与多孔板一起放入槽内(先不放水),并用拉杆将模具拉紧,安装百分表,并读取初读数。

③ 向水槽内放水,使水自由进到试件的顶部和底部。在泡水期间,槽内水面应保持在试件顶面以上大约 25mm。通常试件要泡水 4 昼夜。

④ 泡水终了时,读取试件上百分表底终读数,并用下式(3-7)计算膨胀量:

$$膨胀量 = \frac{泡水试件高度的变化}{原试件高度(120mm)} \times 100 \qquad (3-7)$$

⑤ 从水槽中取出试件,倒出试件顶面的水,静置 15min 让其排水,然后卸去附加荷载和多孔板、底板及滤纸,并称量其质量 m_4 以计算试件的湿度和密度的变化。

(7)贯入试验

① 将泡水试验终了的试件放到路面材料强度试验仪的升降台上,调整扁球座,使贯入杆与此试件顶面全部接触,在贯入杆周围放置预 4 块荷载板。

② 先在贯入杆上施加 45N 荷载,然后将测力和测变形的百分表指针都调到零点。

③ 加荷使贯入杆以 1～1.25mm/min 的速度压入试件。记录测力环内百分表某些整读数(如 20、40、60……)时的贯入量,并注意使贯入量为 250×10^2 mm 时,能有 5 个以上的读数。因此,测力环内百分表的第一个读数应是贯入量为 30×10^2 mm 左右。

5. 结果整理

(1)以单位压力(p)为横坐标,贯入量(l)为纵坐标,绘制 p-l 关系曲线,如图 3-9 所示。图上曲线 1 是合适的。曲线 2 开始段是凹曲线,需进行修正。修正时,在变曲率点引一切线,与纵坐标交于 O' 点,O' 即为修正后的原点。

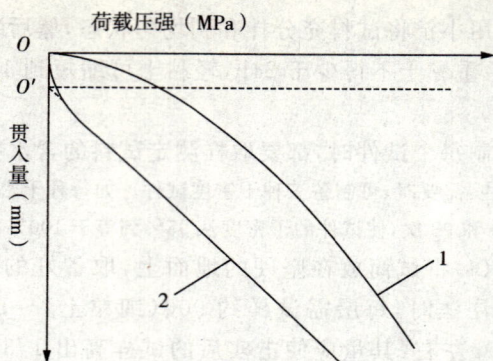
图 3-9 荷载压强-贯入量关系曲线

(2)一般采用贯入量为 2.5mm 时的单位压力与标准压力之比作为材料的承载比(CBR),即:

$$CBR = p/7000 \times 100 \quad (3-16)$$

式中:CBR——承载比,%;

　　　　p——单位压力,kPa。

同时计算贯入量为 5mm 时的承载比:

$$CBR = (p/10500) \times 100 \qquad (3-8)$$

如贯入量为 5mm 时的承载比大于 2.5mm 时的承载比,则试验要重做。如结果仍然如此,则采用 5mm 时的承载比。

(3)试件的湿密度用下式计算:

$$\rho = \frac{m_2 - m_1}{2177} \qquad (3-9)$$

式中:ρ——试件的湿密度,g/cm³;

　　　　m_2——试筒和试件的合质量,g;

　　　　m_1——试筒的质量,g;

　　　　2177——试筒的容积,cm³。

(4)泡水后试件的吸水量按下式计算:

$$w_a = m_3 - m_2 \qquad (3-10)$$

式中:w_a——泡水后试件的吸水量,g;

　　　　m_3——泡水后试筒和试件的合质量,g;

　　　　m_2——试筒和试件的合质量,g。

6. 精度要求

如根据 3 个平行试验结果计算得的承载比变异系数 C_v 大于 12%,则去掉一个偏离大的值,取其余 2 个结果的平均值。如 C_v 小于 12% 且 3 个平行试验结果计算的干密度偏差小于 0.03g/cm³,则取 3 个结果的平均值。如 3 个试件结果计算的干密度偏差超过 0.03g/cm³,则去掉一个偏离大的值,取其余 2 个结果的平均值。

承载比小于 100,相对偏差不大于 5%;承载比大于 100,相对偏差不大于 10%。

【学习案例 3-4】

某在建高速公路下基层施工,土样为 3% 的石灰稳定土,按规范要求进行 CBR 试验,试验结果见下表所列:

表 3-9　土的承载比(CBR)试验贯入记录

土样编号	TG20121020—1		试验规程	JTG E40—2007	
试样编号	TG—20121020—1		试验者		
试样说明	3%灰土、洁净、无杂质		校核者		
取样地点	k10+600	每层击数	98	试验日期	
量力环校正系数 C(KN/0.01mm)		0.0219	贯入杆面积 A(mm²)		1963.5
$l=2.5mm$ 时,单位压力 p(kPa)		416.4	$CBR_{2.5}=p/7000×100$		5.9
$l=5.0mm$ 时,单位压力 p(kPa)		520.2	$CBR_{5.0}=p/10500×100$		5.0

荷载测力计百分表读数 (0.01mm)		单位压力 p(kPa)	灌入贯入量百分表读数(0.01mm)				贯入量 (mm)
			左表		右表		
读数	变形值		读数	位移值	读数	位移值	
0			0		0		
	3.5	39.0		20.0		19.0	0.20
3.5			20		19		
	7.8	87.0		40.0		36.0	0.38
7.8			40		36		
	12.5	139.4		60.0		58.0	0.59
12.5			60		58		
	17.0	189.6		80.0		76.0	0.78
17.0			80		76		
	21.5	239.8		100.0		98.0	0.99
21.5			100		98		
	26.4	294.5		150.0		144.0	1.47
26.4			150		144		
	32.4	361.4		200.0		190.0	1.95
32.4			200		190		
	37.3	416.0		250.0		243.0	2.47
37.3			250		243		
	40.0	446.1		300.0		298.0	2.99
40.0			300		298		
	42.1	469.6		350.0		359.0	3.55
42.1			350		344		
	44.2	493.0		400.0		410.0	4.05
44.2			400		396		
	46.8	522.0		500.0		501.0	5.01
46.8			500		501		
	49.2	548.8		600.0		598.0	5.99
49.2			600		598		

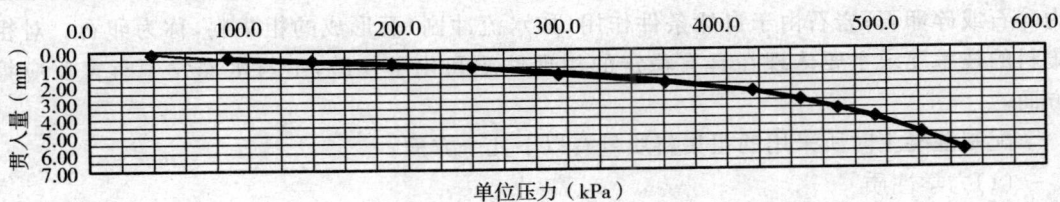

贯入量(mm) — 单位压力(kPa) 曲线

横坐标：0.0　100.0　200.0　300.0　400.0　500.0　600.0　单位压力(kPa)

纵坐标：0.00　1.00　2.00　3.00　4.00　5.00　6.00　7.00　贯入量(mm)

任务 3-2 水泥混凝土拌和物试验检测方法

【学习要求】

1. 熟悉水泥混凝土原材料要求、水泥混凝土凝结时间测试步骤；
2. 掌握水泥混凝土工作性的影响因素及试验步骤。

【学习内容】

一、水泥混凝土原材料要求

（一）水泥

配制水泥混凝土一般可采用硅酸盐水泥、普通硅酸盐水泥、矿渣硅酸盐水泥、火山灰质硅酸盐水泥和粉煤灰硅酸盐水泥，必要时也可采用快硬硅酸盐水泥或其他水泥。采用何种水泥，应根据混凝土工程的特点和所处的环境条件进行选择。如大坝工程，宜用中热硅酸盐水泥或低热矿渣硅酸盐水泥。

水泥强度等级的选择应与混凝土的设计强度等级相适应。原则上，配制高强度等级的混凝土应选用强度等级高的水泥；配制低强度等级的混凝土应选用强度等级低的水泥。如采用强度等级高的水泥配制低强度等级的混凝土，会使水泥用量偏少，影响和易性、密实性和耐久性，必须掺一定数量的掺和料。如采用强度等级低的水泥配制高强度等级的混凝土，会使水泥用量过多，不经济，而且会影响混凝土的其他技术性质，如收缩加大、耐磨性降低等，造成不良后果。根据经验，水泥强度等级和普通混凝土强度等级之间大致有 1.0～1.5 倍的匹配关系。

（二）集料

集料总体积占混凝土体积的 60%～80%，按粒径大小分为粗集料和细集料。

1. 集料的技术性质

集料的各项性能指标将直接影响到混凝土的施工性能和使用性能。集料的主要技术性质包括：颗粒级配及粗细程度、颗粒形态和表面特征、强度、坚固性、含泥量、泥块含量、有害物质及碱集料反应等。

2. 粗集料

普通混合料用的粗集料有碎石和卵石。由天然岩石或卵石经破碎、筛分而得的粗集料为碎石或碎卵石；岩石由于自然条件作用（如水流冲刷）而形成的粗集料，称为卵石。对粗集料的技术要求主要体现在具有稳定的物理性质和化学性质，不与水泥发生有害反应等方面。

配制混凝土时所采用的粗集料质量有以下几个方面。

（1）力学性质

水泥混凝土强度等级与碎石、卵石技术等级应符合表 3-10 要求。

表 3-10 混凝土强度等级与碎石、卵石技术等级

混凝土强度等级	≥C60	C30～C60	C30
碎石、卵石技术等级	Ⅰ 级	Ⅱ 级	Ⅲ 级

(2)粒径、颗粒形状及级配

混凝土用粗集料的最大粒径应不大于结构截面最小尺寸的 1/4,并且不超过钢筋最小净距的 3/4;对于实心混凝土板,集料的最大粒径不宜超过板厚的 1/3 且不得超过 31.5mm。应针对不同强度等级混凝土,对最大粒径和针、片状颗粒含量均需作不同的限定。不同的级配类型配制的混凝土,将带来不同的影响。连续级配矿料配制的混凝土较为密实,并具有优良的工作性,不易产生离析,是经常采用的级配形式。但连续级配与间断级配相比,配制相同强度的混凝土,所需的水泥消耗量较高。采用间断级配矿料配制的混凝土,水泥消耗量较少,并且可以得到密实高强的混凝土,但间断级配混凝土拌和物容易产生离析现象。根据工程要求,连续粒级可与单粒级配合使用,也允许直接采用单粒级,但必须避免混凝土离析。

(3)有害物质

粗集料中有害物质主要有黏土、泥块、硫化物及硫酸盐、有机质等,这些杂质会影响到水泥与集料之间的黏结性,对水泥水化效果产生消极作用。另外,粗集料中的一些活性成分,如活性氧化硅、活性炭酸盐等,在水存在条件下,可以与水泥中的碱性成分发生反应,引起混凝土膨胀、开裂,甚至造成严重的破坏,这就是所谓的碱集料反应。对这些有害物质要加以限制,防止这些消极作用的发生。

3. 细集料

(1)混凝土所用细集料也应具备一定的强度和坚固性等力学要求,不同强度等级的混凝土应选用不同技术等级的细集料,二者关系见表 3-11 所列。

表 3-11 混凝土强度等级与细集料技术等级

混凝土强度等级	≥C60	C30～C60	C30
细集料技术等级	Ⅰ 级	Ⅱ 级	Ⅲ 级

(2)分类、等级和规格

用于水泥混凝土中的砂是指粒径小于 4.75mm 的岩石碎屑,主要是在江河湖海水域中水流冲刷自然形成的,也可以是破碎岩石过程中形成的岩石碎屑(称作人工砂)。按国家标准,用于水泥混凝土中的砂按其细度模数分为三大类,见表 3-12 所列。

表 3-12 水泥混凝土中的砂按其细度模数分类

分 类	粗 砂	中 砂	细 砂
细度模数 M_x	3.7～3.1	3.0～2.3	2.2～1.6

注:细度模数主要反映全部颗粒的粗细程度,不完全反映颗粒的级配情况,混凝土配制时应同时考虑砂的细度模数和级配情况。

（3）颗粒级配

对用于水泥混凝土中细度模数为 3.7～1.6 的砂，其颗粒级配应处于表 3-13 中任何一个级配区内。

表 3-13 砂颗粒级配区

级配区	筛孔尺寸(mm)						
	9.5	4.75	2.36	1.18	0.6	0.3	0.15
	累计筛余(%)						
Ⅰ区	0	10～0	35～5	65～35	85～71	95～80	100～90
Ⅱ区	0	10～0	25～0	50～10	70～41	92～70	100～90
Ⅲ区	0	10～0	15～0	25～0	40～16	85～55	100～90

注：① 砂的实际颗粒级配，除 4.75mm、0.60mm 筛孔外，其余各筛孔累计筛余允许超出本表的规定界限，但不应超出 5%。

② Ⅰ区人工砂 0.15mm 筛孔的累计筛余可以放宽到 100～85；Ⅱ区人工砂 0.15mm 筛孔的累计筛余可以放宽到 100～80；Ⅲ区人工砂 0.15mm 筛孔的累计筛余可以放宽到 100～75。

工程用砂是把细度模数在 1.6～3.7 范围内的砂按 0.60mm 筛孔的累计筛余百分率分为三个级配区，若混凝土用砂的级配曲线完全处于三个区的某一个区中（具体按 0.60mm 筛孔累计筛余百分率确定），说明其级配符合混凝土用砂的级配要求。Ⅰ区的砂属粗砂范畴，当采用Ⅰ区砂配制混凝土时，应比Ⅱ区的砂有较高的砂率，否则混凝土拌和物的内摩擦力较大，保水性差，不易捣实成型；Ⅲ区的砂是由细砂和部分偏细的中砂组成，当采用Ⅲ区砂配制混凝土时，应比Ⅱ区的砂适当降低砂率，此时的拌和物较黏聚，易于捣实成型，但由于比表面积大，要求适当提高水泥用量且对工作性影响较为敏感。配制混凝土优先选用级配符合Ⅱ区级配要求的砂，Ⅱ区砂由中砂和一部分偏粗的细砂组成，用Ⅱ区砂拌制的混凝土拌和物其内摩擦力、保水性及捣实性都较Ⅰ区和Ⅲ区砂要好，并且混凝土的收缩小，耐磨性高。

（4）有害杂质

细集料中的有害杂质对混凝土的危害作用同粗集料中的有害杂质，其含量应限制在规定范围内。国家标准《建筑用砂》（GB/T 14684—2001）规定了建筑用砂的技术要求。

（三）水泥混凝土用水

混凝土拌制和养护用水不得含有影响水泥正常凝结硬化的有害物质。凡是能饮用的自来水及清洁的天然水都能用来拌制和养护混凝土。污水、pH 值小于 4 的酸性水、含硫酸盐（按 SO_2 计）超过 1% 的水均不能使用。当对水质有疑问时，可用该水与洁净水分别配制混凝土，做强度对比实验，如强度不低于用洁净水拌制的混凝土，则此水可以用。一般情况下不得用海水拌制混凝土，因海水中含有的硫酸盐、镁盐和氯化物会侵蚀水泥石和钢筋。

二、水泥混凝土拌和物的拌制和控制

（一）概述

水泥混凝土拌和物的拌制有人工拌制和机械拌制两种。

（二）试验室水泥混凝土拌和物的拌制和控制

1. 人工拌制和控制

(1)仪器设备

① 拌板:1m×2m 的金属板;

② 铁铲:手工拌和用;

③ 量具:装水泥及各种集料用;

④ 量筒:1 000ml;

⑤ 抹布;

③ 台秤:称量 50kg,分度值 0.5kg。

(2)拌制步骤

① 清除拌板上黏着的混凝土,并用湿布润湿,然后按计算结果称取各种材料,分别装在各容器中。

② 按配合比称好各种材料:称量的精确度:粗集料为±1%,水、水泥及细集料为±0.5%。

③ 将称好的砂置于拌板上,然后倒上所需数量的水泥;用铲子拌和至呈均一颜色为止。

④ 加入所需数量的粗集料拌和,使粗集料在整个拌和物中分配均匀为止。

⑤ 使该拌和物成细长、椭圆形的堆,在堆的中心仔细扒一凹穴,将所需水的一半注入凹穴中,小心拌和,不使水流散,重新将材料堆集成堆,并将剩下的水渐渐加入,继续用铲拌和(至少拌 6 遍),直至彻底拌匀为止。

2. 机械拌制和控制

(1)仪器设备

① 试验室用混凝土拌和机:容积为 75~100L;转速为 18~22r/min。

② 其他仪器设备均同人工拌制用的仪器设备。

(2)拌制步骤

① 按计算结果将所需材料分别称好,装在各容器中,各材料称量精度同人工拌和。

② 使用拌和机前,应先用少量砂浆进行刷膛,再刮去膛砂浆,以避免正式拌和混凝土时,水泥浆(黏附筒壁)损失。涮膛砂浆的水灰比及砂灰比与混凝土相同。

③ 将称好的各种原材料,往拌和机按顺序加入(石子、砂和水泥),开动拌和机,将材料拌和均匀,在拌和过程中,将水徐徐加入,全部加料时间不宜超过 2min。水全部加入后,继续拌和 2min,然后将拌和物倾于拌和板上。再经人工翻拌 1~2min,务使拌和物均匀一致。所得混凝土拌和物可供工作性试验或水泥混凝土强度等试验使用。拌制混凝土拌和物的拌和机及拌板等其他仪器在使用后必须立即清洗干净。

（三）工地混凝土拌和物的拌制控制和取样方法

1. 拌制和控制

工地混凝土拌和物的拌制和控制方法基本与试验室混凝土拌和物拌制和控制相同。只是工地使用的拌和机容量大,而且是控制上水器加水;所以混凝土拌和物中的砂、石、水泥原材料拌制前要计量准确外,还应详细阅读所用拌和机说明书,对拌和机的上水器做专门的校验。

2. 工地混凝土拌和物有关指标的抽检和取样方法

进行工地混凝土拌和物的工作性试验或水泥混凝土强度等试验时,取样应有代表性。凡由搅拌机、料斗、运输小车以及浇制的构件中取样的,均须从三处以上的不同部位抽取大致相同分量的代表性样品(不要抽取已经分离的混凝土),集中用铁铲翻拌均匀,而后立即进行拌和物的试验。试样数量应在 20L 以上或较试验所需的数量多 5L 以上。试样从抽取至试验完毕过程中,不要风吹日晒,必要时应采取保护措施。

三、水泥混凝土拌和物的工作性试验检测方法

(一)概述

新拌混凝土拌和物,必须具备有一定流动性、均匀不离析、不渗水、容易抹平等性质,以适合运送、灌筑、捣实等施工要求,这些性质总称为和易性,通常用稠度表示。测定稠度的方式有坍落度和维勃稠度。

坍落度试验方法适用于骨料最大粒径不大于 37.5mm、坍落度值不小于 10mm 的混凝土拌和物稠度测定;维勃稠度试验方法适用于最大粒径不大于 37.5mm、维勃稠度在 5~30s 的混凝土拌和物测定。

(二)坍落度试验

1. 仪器设备

(1)坍落度筒(图 3-10):

坍落度筒为铁板制成的截头圆锥筒,厚度应不小于 1.5mm,内侧平滑,没有铆钉头之类的突出物,在筒的上方约 2/3 高度处安装两个把手,近下端两侧焊两个踏脚板,以保证坍落度筒可以稳定。

(2)捣棒:直径 16mm,长约 650mm,并具有半球形端头的钢质圆棒。

(3)其他:小铲、钢尺、喂料斗、镘刀和钢平板等。

图 3-10 坍落度筒

2. 试验方法

(1)试验前将坍落度筒内冲洗净,放在水润湿过的平板上(平板吸水时应垫以塑料布),踏紧踏脚板。

（2）将代表样分 3 层装入筒内：每层装入高度稍大于筒高的 1/3 ,用捣棒在每一层的截面上均匀插捣 25 次,在全部面积上沿螺旋线由边缘至中心进行插捣。插捣底层时插至底部,插捣其他两层时,应插透本层并插入下层约 20～30mm,插捣棒须垂直压下（边缘部分除外）,不得冲击。

在插捣顶层时,装入的混凝土应高出坍落筒,随插捣过程随时添加拌和物,当顶层插捣完毕后,用捣棒作锯和滚的动作,以清除掉多余的混凝土,用镘刀抹平筒口,刮净筒底周围的拌和物,而后立即垂直地提起坍落度筒,提筒在 5～10s 内完成,并使混凝土不受横向力及扭力作用。

从开始装筒至提起坍落度筒的全过程,不应超过 2.5min。

（3）将坍落度筒放在锥体混凝土试样一旁,筒顶平放木尺,用小钢尺量出目标尺底面至试样顶面中心的垂直距离,即为该混凝土拌和物的坍落度,以 mm 计,精确至 5mm。

（4）同一次拌和的混凝土拌和物,必要时,宜测两次坍落度,取其平均值作为测定值。每一次必须换新的拌和物,如两次结果相差 20mm 以上,须做第三次试验;如第三次结果与前两次结果均相差 20mm 以上时,则整个试验重做。

（5）坍落度试验的同时,可用目测方法评定混凝土拌和物的下列性质,并做记录。

① 棍度:

上:表示插捣容易;

中:表示插捣时稍有石子阻滞的感觉;

下:表示很难插捣。

② 含砂情况,按拌和物外观含砂多少而评定,分多、中、少三级。

多:表示用镘刀抹拌和物表面时,一两次即可使拌和物表面平整无蜂窝;

中:表示抹五六次才使表面平整无峰窝;

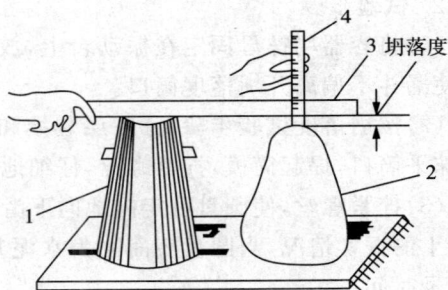

图 3-11 混凝土坍落度试验
1—坍落度桶;2—拌合物;3—木尺;4—钢尺

少:表示抹面困难,不易抹平,有空隙及石子外露等现象。

③ 黏聚性:观测拌和物各组成成分相互粘聚情况。评定方法用捣棒在已坍落的混凝土锥体一侧轻打,如锥体在轻打后渐渐下沉,表示黏聚性良好;如锥体突然倒坍,部分崩裂或发生石子离析现象,则表示粘聚性不好。

④ 保水性:指水分从拌和物中析出情况,分多量、少量、无三级评定。

多量:表示提起坍落筒后,有较多水分从底部析出;

少量:表示提起坍落筒后,有少量水分从底部析出;

无:表示提起坍落度筒后,没有水分从底部析出。

（三）混凝土拌和物维勃稠度试验

1. 仪器设备

（1）维勃稠度仪:

① 容器:为金属圆筒;内径（240±3）mm,高 200mm,壁厚 3mm,底厚 7.5mm,容器应不漏水并有足够刚度,上有把手,底部外伸部分可用螺母将其固定在振动台上。

② 坦落度筒:为截头圆锥,筒底部直径(200±2)mm,顶部直径(100±2)mm,高度(300±2)mm,壁厚不小于1.5mm,上下开口并与锥体轴线垂直,内壁光滑外安有把手。

③ 圆盘:用透明塑料制成,上装有滑棒,滑棒可以穿过套筒垂直滑动,套筒装在一个可用螺栓固定位置的旋转悬臂上。悬臂上还装有一个漏斗,坦落筒在容器中放好后,转动旋臂,使漏斗底部套在坦落筒上口,旋臂装在支柱上,可用定位螺丝固定位置。滑棒和漏斗的轴线应与容器的轴线重合。圆盘直径(230±2)mm,厚(10±2)mm,圆盘、滑棒及荷重在一起滑动部分质量为(2 750±50)g,滑棒刻度可测量坦落度值。

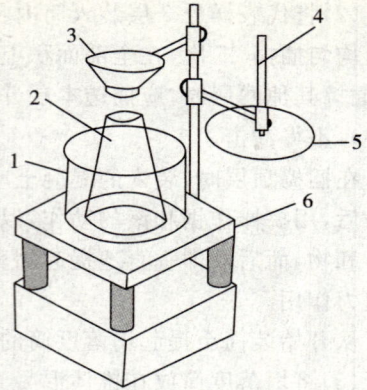

图 3-12　维勃稠度仪
1—圆柱形容器;2—坦落度桶;3—漏斗;
4—测杆,5—透明圆盘;6—振动台

④ 振动台:工作频率50Hz,空载振幅0.5mm,上有固定螺丝。

(2)捣棒、秒表、镘刀等。

2. 试验步骤

(1)将容器用螺母固定在振动台上,放入坦落度筒,把漏斗转到坦落度筒上口,拧紧螺丝,使漏斗不偏离开坦落度筒口。

(2)按坦落度试验步骤,分三层装拌和物,每层捣25次,捣毕第三层混凝土后,移去漏斗,抹平筒口,提起筒模,拧紧螺栓,仔细地放下圆盘,读出滑棒上的刻度即为坦落度值。

(3)拧紧螺丝,使圆盘可定向地向下滑动,开动振动台,并按动秒表,通过透明圆盘观察混凝土的振实情况,当圆盘底面刚为水泥浆布满时,立即按停秒表,关闭振动台,记下秒表所记录时间。

(4)仪器每测试一次后,必须将容器、筒模及透明圆盘洗净擦干,并在滑棒等处涂薄层黄油,以备下次使用。

(5)结果表示方法:秒表所记录时间即为混凝土拌和物稠度的维勃时间。

四、水泥混凝土拌和物表观密度试验检测方法

(一)概述

本试验适用于测定混凝土拌和物捣实后的表观密度,以备修正、核实混凝土配合比计算中的材料用量。

(二)仪器设备

1. 试样筒:试样筒为刚性金属圆筒,两侧装有把手,筒壁坚固且不漏水,对于集料公称最大粒径不大于31.5mm的拌合物采用5L的试样筒,其内径与内高均为186mm±2mm,壁厚为3mm。对于集料公称最大粒径大于31.5mm的拌合物所采用的试样筒,其内径与内高均应大于集料公称最大粒径的4倍。

2. 弹头形捣棒:同坦落度试验捣棒。

3. 磅秤:称量100kg,感量50g。

4. 其他:振动台、金属直尺、馒刀、玻璃板等。

(三)试验步骤

1. 试验前用湿布将量筒内外擦拭干净,称出质量(m_1),精确至 50g。

2. 当坍落度不小于 70mm 时,宜用人工捣固:

对于 5L 试样筒,可将混凝土拌合物分两层装入,每层插捣次数为 25 次。

对于大于 5L 的试样筒,每层混凝土高度不应大于 100mm,每层插捣次数按每 10 000mm^2 截面不小于 12 次计算。用捣棒从边缘到中心沿螺旋线均匀插捣。捣棒应垂直压下,不得冲击,捣底层应至筒底,捣上两层时,须插入其下一层约 20~30mm。每捣毕一层,应在量筒外壁拍打 5~10 次,直至拌和物表面不出现气泡为止。

3. 当坍落度小于 70mm 时,宜用振动台振实,应将试样筒在振动台上夹紧,一次将拌和物装满量筒,立即开始振动,振动过程中如混凝土低于筒扣,应随时添加混凝土,振动直至拌和物出现水泥浆为止。

4. 用金属直尺齐筒口刮去多余的混凝土,仔细用馒刀抹平表面,并用玻璃板检验,而后擦净量筒外部并称其质量(m_2),精确至 50g。

(四)结果处理

(1)试验结果计算

按下式计算拌和物表观密度 ρ_h,试验结果精确至 10kg/m^3。

$$\rho_h = \frac{m_2 - m_1}{V} \times 1000 \tag{3-11}$$

式中:ρ_h——拌和物表观密度,kg/m^3;

m_1——量筒质量,kg;

m_2——捣实或震实后混凝土和量筒总质量,kg;

V——试样筒容积,L。

(2)以两次试验结果的算术平均值作为测定值,试样不得重复使用。

注:应经常校正试样筒容积,将干净的试样筒和玻璃板合并称其质量,再将量筒加满水,盖上玻璃板,勿使筒内存有气泡,擦干外部水分,称出水的质量,即为试样筒容积。

【学习案例 3-5】

表 3-14　混凝土稠度及表观密度试验记录

试验单位	××检测试验室		试验规程	JTG E30—2005
试验环境	温度 24℃　湿度 50%		试验设备	坍落度筒(CLSN0123)

一、坍落度/坍落度扩展度试验

坍落度(mm)		坍落扩展度(mm)		棍度	含砂情况	粘聚性	保水性	备注
单个值	平均值	单个值	平均值					
45	43			中	中	良好	良好	
40				中	中	良好	良好	

二、维勃稠度试验		
维勃稠度测值（S）	维勃稠度（S）	备注

三、表观密度试验		
容量筒质量 m_1（kg）		
容量筒和试样总质量 m_2（kg）		
试样质量 m_2-m_1（kg）		
容量筒体积 V（L）		
表观密度 ρ_h（kg/m³） 单个值		
表观密度 ρ_h（kg/m³） 平均值		

五、水泥混凝土拌和物凝结时间试验检测方法

（一）概述

本试验规定了测定混凝土拌和物凝结时间的方法，以控制现场施工流程，本方法适用于各类水泥和常见外加剂以及不同水泥混凝土配合比、坍落度值不为零的水泥混凝土拌合物的凝结时间测定。

（二）仪器设备

1. 贯入阻力仪：最大测量值不小于 1 000N，刻度盘分度值为 10N。

2. 测针：长约 100mm，平面针头圆面积分 100mm²、50mm² 和 20mm² 三种，在距离贯入端 25mm 处刻有标记。

3. 试模：上口径为 160mm、下口径为 150mm、净高 150mm 的刚性容器并配有盖子。

4. 捣棒：直径 16mm，长 650m，一端为半球形。

5. 标准筛：孔径 4.75mm。

6. 其他：铁制拌和板、吸液管和玻璃片。

（三）试样制备

1. 取混凝土拌和物代表样，用 4.75mm 筛尽快地筛出砂浆，再经人工翻拌后，装入一个试模。每批混凝土拌和物取一个试样，共取三个试样，分装三个试模。

2. 对于坍落度不大于 70mm 的混凝土宜用振动台振实砂浆，振动应持续到表面出浆为止且应避免过振；对于坍落度大于 70mm 的宜用捣棒人工捣实，沿螺旋方向由外到中心均匀插捣 25 次，然后用橡皮锤轻击试模侧面以排除在捣实过程中留下的空洞。进一步整平砂浆的表面，使其低于

图 3-13　贯入阻力仪示意图

试模上沿约 10mm,砂浆试样桶应立即加盖。

3. 试件静置于温度 20℃±2℃ 或尽可能与现场相同的环境中,并在以后的试验中,环境温度始终保持 20℃±2℃。在整个测试过程中,除在吸取泌水或贯入试验外,试筒应始终加盖。

4. 约 1h 后,将试件一侧稍微垫高约 20mm,使其倾斜静置约 2min,用吸管吸去泌水。以后每次测试前约 2min,同上步骤用吸管吸去泌水(低温或缓凝的混凝土拌和物试样,静置与吸水间隔时间可适当延长)。若在贯入测试前还有泌水,也应吸干。

（四）试验步骤

1. 将试件放在贯入阻力仪底座上,记录刻度盘上显示的砂浆和容器总质量。

2. 根据试样的贯入阻力大小选择适宜的测针。一般当砂浆表面测孔边出现微裂缝时,应立即改换较小截面积的测针,见表 3-15 所列。

表 3-15　测针选用参考表

单位面积贯入阻力（MPa）	0.2～3.5	3.5～20.0	20.0～28.0
平头测针圆面积（mm²）	100	50	20

3. 先使测针端面刚刚接触砂浆表面,然后转动手轮,使测针在 10s±2s 内垂直且均匀的插入试样内,深度为 25mm±2mm,记下刻度盘显示的增量,精确至 10N。并记下从开始加水拌和起所经过的时间(精确至 1min)及环境温度(精确至 0.5℃)。

测定时,测针应距试模边缘至少 25mm,测针贯入砂浆各点间净距至少为所用测针直径的两倍且不小于 15mm。三个试模每次各测 1～2 点,取其算术平均值为该时间的贯入阻力值。

4. 每个试样做贯入阻力试验应在 0.2MPa～28MPa,并且不小于 6 次,最后一次的单位面积贯入阻力应不低于 28MPa。从加水拌和时算起,常温下普通混凝土 3h 后开始测定,以后每次间隔为 0.5h;早强混凝土或气温较高的情况下,则宜在 2h 后开始测定,以后每隔 0.5h 测一次;缓凝混凝土或低温情况下,可从 5h 后开始测定,以后可每隔 2h 测一次。在临近初凝、终凝时可增加测定次数。

（五）试验结果计算

1. 计算单位面积贯入阻力 f_{PR} 按下式计算:

$$f_{PR} = \frac{p}{A} \qquad (3-12)$$

式中:f_{PR}——单位面积贯入阻力,MPa;

　　p——测针贯入深度为 25mm 时的贯入压力,N;

　　A——贯入测针截面面积,mm²。

计算应精确至 0.1MPa。

2. 以单位面积贯入阻力为纵坐标,测试时间为横坐标,绘制单位面积贯入阻力与测试时间关系曲线。经 3.5MPa 及 28MPa 画两条平行于横坐标的直线,则直线与曲线相交点的横坐标即为初凝时间和终凝时间。如图 3-14 所示。

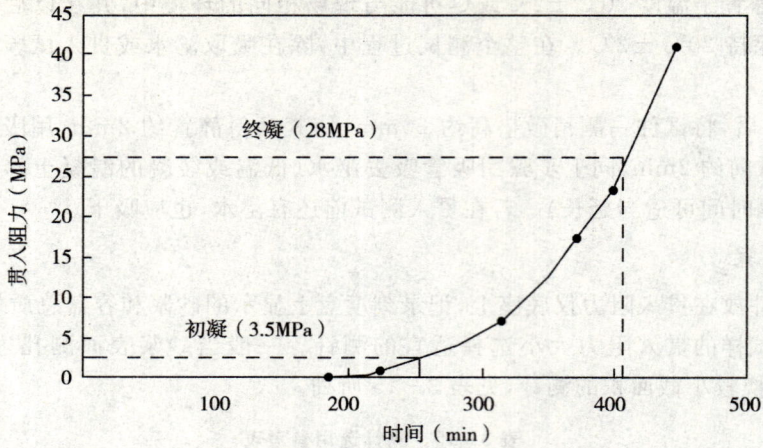

图 3-14 时间-贯入阻力曲线

3. 凝结时间取三个试样的平均值。三个测定值中的最大值或最小值,如果有一个与中间值之差超过中间值的 10%,则以中间值为试样结果;如果最大值和最小值与中间值之差均超过中间值的 10% 时,则此试验无效。

凝结时间用 h(min)表示,并精确至 5min。

任务 3-3 水泥混凝土强度试验检测方法

【学习要求】

1. 了解水泥混凝土强度试验的几种测定方法；
2. 掌握水泥混凝土强度试验步骤及结果处理。

【学习内容】

一、水泥混凝土试件制作

(一)目的、适用范围和引用标准

本方法规定了在常温环境中室内试验时水泥混凝土试件制作与硬化水泥混凝土现场取样方法。

轻质水泥混凝土、防水水泥混凝土、碾压混凝土等其他特种水泥混凝土的制作与硬化水泥混凝土现场取样方法，可参照本方法进行，但因其特殊性所引起的对试验设备及方法的特殊要求，均应遵照对这些水泥混凝土试件制作和取样的有关技术规定进行。

引用标准：

GB/T 2611—2007《试验机通用技术要求》

GB/T 3159—2008《液压式万能试验机》

GB/T 50081—2002《普通混凝土力学性能试验方法标准》

JG 3019—1994《混凝土试模》

JG/T 3020—1994《混凝土试验用振动台》

JG 3021—1994《水泥混凝土坍落度仪》

T 0521—2005《水泥混凝土拌合物的拌和与现场取样方法》

图 3-15 平板振动台

(二)仪器设备

1. 搅拌机：自由式或强制式。

2. 振动台：标准振动台，应符合《混凝土试验用振动台》要求。

3. 压力机或万能试验机：压力机除符合《液压式万能试验机》(GB/T 3159—2008)及《试验机通用技术要求》(GB/T 2611—2007)中的要求外，其测量精度为 $\pm 1\%$，试件破坏荷载应大于压力机全量程的 20% 且小于压力机全量程的 80%。同时应具有加荷速度指示装置或加荷速度控制装置。上下压板平整并有足够刚度，可以均匀的连续加荷、卸荷，可以保持固定荷载，开机停机均灵活自如，能够满足试件破型吨位要求。

4. 球座：钢制坚硬，面部平整度要求在 100mm 距离内高低差值不超过 0.05mm，球面及球窝粗糙度 $R_a = 0.32\mu m$，研磨、转动灵活。不应在大球座上做小试件破型试验，球座最好放置在试件顶面(特别是棱柱试件)且凸面朝上，当试件均匀受力后，一般不宜再敲动

球座。

表 3 - 16　试件尺寸

试件名称	标准尺寸(mm)	非标准尺寸(mm)
立方体抗压强度试件	150×150×150(31.5)	100×100×100(26.5) 200×200×200(53)
圆柱抗压强度试件	ϕ150×300(31.5)	ϕ100×200(26.5) ϕ200×400(53)
芯样抗压强度试件	ϕ150×l_m(31.5)	ϕ100×l_m(26.5)
立方体劈裂抗拉强度试件	150×150×150(31.5)	100×100×100(26.5)
圆柱劈裂抗拉强度试件	ϕ150×300(31.5)	ϕ100×200(26.5) ϕ200×400(53)
芯样劈裂强度试件	ϕ150×l_m(31.5)	ϕ100×l_m(26.5)
轴心抗压强度试件	150×150×300(31.5)	200×200×200(53) 100×100×300(26.5)
抗压弹性模量试件	150×150×300(31.5)	200×200×200(53) 100×100×300(26.5)
圆柱体抗压弹性模量试件	ϕ150×300(31.5)	ϕ100×200(26.5) ϕ200×400(53)
抗弯拉强度试件	150×150×600(31.5) 150×150×550(31.5)	100×100×400(26.5)
抗弯拉弹性模量试件	150×150×600(31.5) 150×150×550(31.5)	100×100×400(26.5)
水泥混凝土干缩试件	100×100×515(19)	150×150×515(31.5) 200×200×515(50)
抗渗试件	上口直径 175mm,下口直径 185mm,高 150mm 的锥台	上下直径与高均为 150mm 的圆柱体

注:括号中的数字为试件中集料公称最大粒径,单位 mm。标准试件的最短尺寸大于公称最大粒径 4 倍。

5. 试模

(1)非圆柱试模:应符合《混凝土试模》(JG 3019—1994),内表面抛光磨光(粗糙度 R_a = 3.2μm)。内部尺寸允许偏差为±0.2%;相邻面夹角为 90°±0.3°。试件边长的尺寸公差为 1mm。

(2)圆柱试模:直径误差小于 $\frac{1}{200}d$,高度误差应小于 $\frac{1}{100}h$。试模底板的平面度公差不超过 0.02mm。组装试模时圆桶纵轴与底板应成直角,允许公差为 0.5°。

为了防止接缝处出现渗漏,要使用合适的密封剂,如黄油。并采取紧固方法使底板固定在模具上。常用的几种试件尺寸(试件内部尺寸)规定见表 3-16 所列。所有试件承压面的平面度公差不超过 $0.005d$（d 为边长）。

6. 捣棒：直径 16mm、长约 600mm 并具有半球形端头的钢制圆棒。

7. 压板：用于圆柱试件的顶端处理，一般为厚 6mm 以上的毛玻璃，压板直径应比试模直径大 25mm 以上。

8. 橡皮锤：应带有质量约 250g 的橡皮锤头。

9. 钻孔取样机：钻机一般用金刚石钻头，从结构表面垂直钻取，钻机应具有足够刚度，保证钻取的芯样周面垂直且表面损伤最少。钻芯时，钻头应做无显著偏差的同心运动。

10. 锯：用于切割适于抗弯拉试验的试件。

11. 游标卡尺。

（三）非圆柱体试模成型

1. 成型前试模内壁涂一层矿物油。

2. 取拌合物的总量至少应比所需量高 20% 以上，并取出少量混凝土拌合物代表样，在 5min 内进行坍落度或维勃稠度试验，认为品质合格后，应在 15min 内开始制件或做其他试验。

3. 对于坍落度小于 25mm 时，可采用 ϕ25mm 的插入式振捣棒成型。将混凝土拌合物一次装入试模，装料时应用抹刀沿各试模壁插捣，并使混凝土拌合物高出试模口；振捣时振捣棒距底板 10~20mm 且不要接触底板。振捣直到表面出浆为止且应避免过振，以防止混凝土离析，一般振捣时间为 20s。振捣棒拔出时要缓慢，拔出后不得留有孔洞。用刮刀刮去多余的混凝土，在临近初凝时，用抹刀抹平。试件抹面与试模边缘高低差不得超过 0.5mm。

注：这里不适于用水量非常低的水泥混凝土：同时不适于直径或高度不大于 100mm 的试件。

4. 当坍落度大于 25mm 且小于 70mm 时，用标准振动台成型。将试模放在振动台上夹牢，防止试模自由跳动，将拌合物一次装满试模并稍有富余，开动振动台至混凝土表面出现乳状水泥浆为止，振动过程中随时添加混凝土使试模常满，记录振动时间（约为维勃秒数的 2~3 倍，一般不超过 90s）。振动结束后，用金属直尺沿试模边缘刮去多余混凝土，用镘刀将表面初次刮平，待试件收浆后，再次用镘刀将试件仔细抹平，试件表面与试模边缘高低差不得超过 0.5mm。

5. 当坍落度大于 70mm 时，用人工成型。拌合物分厚度大致相等的两层装入试模。捣固时按螺旋方向从边缘到中心均匀地进行。插捣底层混凝土时，捣棒应达到模底；插捣上层时，捣棒应贯穿上层后插入下层 20~30mm 处。插捣时应用力将捣棒压下，保持捣棒垂直，不得冲击，捣完一层后，用橡皮锤轻轻击打试模外端面 10~15 下，以填平插捣过程中留下的孔洞。

每层插捣次数为 100cm² 截面积内不得少于 12 次。试件抹面与试模边缘高低差不得超过 0.5mm。

（四）圆柱体试件制作

1. 成型前试模内壁涂一层矿物油。

2. 取拌合物的总量至少应比所需量高 20% 以上，并取出少量混凝土拌合物代表样，在 5min 内进行坍落度或维勃稠度试验，认为品质合格后，应在 15min 内开始制件或做其他试验。

3. 对于坍落度小于 25mm 时，可采用 ϕ25mm 的插入式振捣棒成型。拌合物分厚度大致相等的两层装入试模。以试模的纵轴为对称轴，呈对称方式填料。插入密度以每层分三次插入。振捣底层时,振捣棒距底板10～20mm且不要接触底板;振捣上层时,振捣棒插入该层底面下15mm深。振捣直到表面出浆为止且应避免过振,以防止混凝土离析。一般振捣时间为20s。捣完一层后,如有棒坑留下,可用橡皮锤敲击试模侧面10～15下。振捣棒拔出时要缓慢。用刮刀刮去多余的混凝土,在临近初凝时,用抹刀抹平。使表面略低于试模边缘1～2mm。

注:这里不适于用水量非常低的水泥混凝土;同时不适于直径或高度不大于100mm的试件。

4. 当坍落度大于25mm且小于70mm时,用标准振动台成型。将试模放在振动台上夹牢,防止试模自由跳动,将拌合物一次装满试模并稍有富余,开动振动台至混凝土表面出现乳状水泥浆为止,振动过程中随时添加混凝土使试模常满,记录振动时间(约为维勃秒数的2～3倍,一般不超过90s)。振动结束后,用金属直尺沿试模边缘刮去多余混凝土,用镘刀将表面初次刮平,待试件收浆后,再次用镘刀将试件仔细抹平,使表面略低于试模边缘1～2mm。

5. 当坍落度大于70mm时,用人工成型。

对于试件直径为200mm时,拌合物分厚度大致相等的三层装入试模。以试模的纵轴为对称轴,呈对称方式填料。每层插捣25下,捣固时按螺旋方向从边缘到中心均匀地进行。插捣底层混凝土时,捣棒应达到模底;插捣上层时,捣棒应贯穿上层后插入下层20～30mm处。插捣时应用力将捣棒压下,保持捣棒垂直,不得冲击,捣完一层后,用橡皮锤轻轻击打试模外端面10～15下。用镘刀将试件仔细抹平,使表面略低于试模边缘1～2mm。

对于试件直径为100mm或150mm时,分两层装料,各层厚度大致相等。试件直径为150mm时,每层插捣15下;试件直径为100mm时,每层插捣8下。捣固时按螺旋方向从边缘到中心均匀地进行。插捣底层混凝土时,捣棒应达到模底;插捣上层时,捣棒应插入该层底面下15mm深。用镘刀将试件仔细抹平,使表面略低于试模边缘1～2mm。

当所确定的插捣次数使混凝土拌合物出现离析现象时,可酌情减少插捣次数至拌合物不产生离析的程度。

6. 对试件端面应进行整平处理,但加盖层的厚度应尽量薄。

(1)拆模前当混凝土具有一定强度后,用水洗去上表面的浮浆,并用干抹布吸去表面水之后,抹上干硬性水泥净浆,用压板均匀地盖在试模顶部。加盖层应与试件的纵轴垂直。为防止压板和水泥浆之间的黏结,应在压板下垫一层薄纸。

(2)对于硬化试件的端面处理,可采用硬石膏或硬石膏和水泥的混合物,加水后平铺在端面,并用压板进行整平。在材料硬化之前,应用湿布覆盖试件。

(3)对不采用端部整平处理的试件,可采用切割的方法达到端面和纵轴垂直。

整平后的端面应与纵轴相垂直,端面的平整度公差在±0.1mm以内。

(五)养护

1. 试件成型后,用湿布覆盖表面(或其他保持湿度办法),在室温20℃±5℃,相对湿度大于50%的环境下,静放一到两个昼夜,然后拆模并做第一次外观检查、编号,对有缺陷的试件应除去,或加工补平。

2. 将完好的试件放入标准养护室进行养护,标准养护室温度20℃±2℃,相对湿度在95%以上,试件宜放在铁架或木架上,间距至少10～20mm,试件表面应保持一层水膜,并避免用水直接冲淋。当无标准养护室时,将试件放入温度 20℃±2℃的不流动的Ca(OH)$_2$饱和溶液中养护。

3. 标准养护龄期为 28d(以搅拌加水开始),非标准龄期为 1d、3d、7d、60d、90d、180d。

二、水泥混凝土立方体抗压强度试验方法

(一)概述

本试验规定了测定混凝土极限抗压强度的方法和步骤,以确定混凝土强度等级,作为评定混凝土品质的主要指标。本试验适用于各类水泥混凝土立方体试件的极限抗压强度试验。

目前混凝土抗压强度试件以边长为 150mm 的正立方体试件为标准试件。混凝土强度以该试件在标准养护条件下养护 28d,按规定方法测得的强度为准。

当混凝土抗压强度采用非标准试件时,应根据其集料粒径要求及抗压强度尺寸换算系数得到标准试件强度。

表 3-17　集料粒径要求及抗压强度尺寸换算系数

集料最大粒径(mm)	试件尺寸(mm)	尺寸换算系数
30	100×100×100	0.95
40	150×150×150	1.00
60	200×200×200	1.05

(二)仪器设备

1. 压力试验机或万能试验机:压力机除符合《液压式万能试验机》(GB/T 3159—2008)及《试验机通用技术要求》(GB/T 2611—2007)中的要求外,其测量精度为±1%,试件破坏荷载应大于压力机全量程的 20% 且小于压力机全量程的 80%。同时应具有加荷速度指示装置或加荷速度控制装置。上下压板平整并有足够刚度,可以均匀的连续加荷、卸荷,可以保持固定荷载,开机停机均灵活自如,能够满足试件破型吨位要求。

2. 球座:钢制坚硬,面部平整度要求在 100mm 距离内高低差值不超过 0.05mm,球面及球窝粗糙度 $R_a=0.32\mu m$,研磨、转动灵活。不应在大球座上做小试件破型试验,球座最好放置在试件顶面(特别是棱柱试件)且凸面朝上,当试件均匀受力后,一般不宜再敲动球座。

3. 混凝土强度等级大于等于 C60 时,试验机上、下压板之间应各垫一钢板,平面尺寸应不小于试件的承压面,其厚度至少为 25mm。钢垫板应机械加工,其平面度的允许偏差为±0.04mm;表面硬度大于等于 55HRC,硬化层厚度约为 5mm。试件周围应设置防崩裂网罩。

4. 钢尺:分度值为 1mm。

(三)试验步骤

1. 按上文(水泥混凝土试件制作与硬化水泥混凝土现场取样方法)所述成型试件和养护方法养护到规定的龄期。自养护室取出试件,应尽快试验,避免其湿度变化。

2. 取出试件,先检查其尺寸及形状,相对两面应平行。量出棱边长度,精确至 1mm。试件受力截面积按其与压力机上下接触面的平均值计算。在破型前,保持试件原有湿度,在试验时擦干试件。

3. 以成型时侧面为上下受压面,试件中心应与压力机几何对中。

4. 强度等级小于 C30 的混凝土取 0.3～0.5MPa/s 的加荷速度;强度等级大于 C30 小于 C60 时,则取 0.5～0.8MPa/s 的加荷速度;强度等级大于 C60 的混凝土取 0.8～1.0MPa/s 的加荷速度。当试件接近破坏而开始迅速变形时,应停止调整试验机油门,直至试件破坏,记下破坏极限荷载 F(N)。

（四）试验结果计算

1. 混凝土立方体试件抗压强度按下式计算:

$$f_{cu} = \frac{F}{A} \tag{3-13}$$

式中:f_{cu}——水泥混凝土抗压强度,MPa;

　　　F——极限荷载,N;

　　　A——试件受压面积,mm^2。

2. 以 3 个试件测值的算术平均值为测定值,计算结果精确至 0.1MPa。三个测值中的最大值或最小值中如有一个测值与中间值之差超过中间值的 15%,则取中间值为测定值;如最大值和最小值与中间值之差均超过中间值的 15%,则该组试验结果无效。

3. 强度等级小于 C60 时,非标准试件的抗压强度应乘以尺寸换算系数(表 3-5),并应在报告中注明。当混凝土强度等级大于等于 C60 时,宜用标准试件,使用非标准试件时,换算系数由试验确定。

【学习案例 3-6】

表 3-18　混凝土抗压强度试验记录

试验单位	×××工程检测试验室						试验规程	JTG E30—2005	
结构物名称	盖板涵						评定标准		
结构部位	盖 板						试验者		
试验环境	温度:23 ℃　湿度:50%						试验日期		
养护方式	标准养护						试验设备	200T 压力机(CLSN0117)	
试件编号	设计强度(MPa)	试件尺寸(mm)	制作日期	龄期(d)	极限荷载 F(kN)	受压面积(mm^2)	抗压强度 f_{cu}(MPa)		尺寸换算系数
							单个值	平均值	
1	30	150×150×150		28	729	150×150	32.4	32.7	1
					758		33.7		
					718		31.9		

三、水泥混凝土抗弯拉强度试验方法

（一）概述

本试验规定了测定混凝土抗弯拉极限强度的方法,以提供水泥混凝土路面设计参数,检查水泥混凝土路面施工品质和确定抗折弹性模量试验加荷标准,适用于各类水泥混凝土棱柱体试件。

水泥混凝土抗折强度是以 150mm×150mm×550mm 的梁形试件在标准养护条件下达到规定龄期后,在双支点荷载作用下的弯拉破坏,并按规定的计算方法得到强度值。

(二)仪器设备

1. 压力试验机或万能试验机:压力机除符合《液压式万能试验机》(GB/T 3159—2008)及《试验机通用技术要求》(GB/T 2611—2007)中的要求外,其测量精度为±1%,试件破坏荷载应大于压力机全量程的 20% 且小于压力机全量程的 80%。同时应具有加荷速度指示装置或加荷速度控制装置。上下压板平整并有足够刚度,可以均匀的连续加荷、卸荷,可以保持固定荷载,开机停机均灵活自如,能够满足试件破型吨位要求。

2. 抗弯拉试验装置(即三分点处双点加荷和三点自由支承式混凝土抗折强度与抗折弹性模量试验装置):如图 3-16 所示。

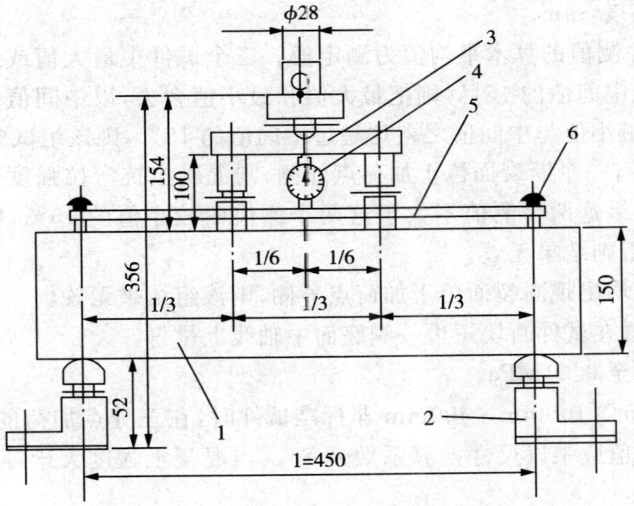

图 3-16 抗弯拉试验装置(尺寸单位:mm)

1、2——一个钢球;3、5——两个钢球;4——试件;6——固定支座;7——活动支座;8——机台;9——活动船型

(三)试件制备及养护

1. 试件标准尺寸为:150mm×150mm×600mm 或 150mm×150mm×550mm,在试件长向中部 1/3 区段内表面不得有直径超过 5mm、深度超过 2mm 的孔洞。

2. 混凝土抗弯拉强度试件应取同龄期者为一组,每组 3 根同条件制作和养护的试件。

(四)试验步骤

1. 试件取出后,用湿毛巾覆盖并及时进行试验,保持试件干湿状态不变。在试件中部量出其宽度和高度,精确至 1mm。

2. 调整两个可移动支座,将试件安放在支座上,试件成型时的侧面朝上,几何对中后,务必使支座及承压面与活动船型垫块的接触面平稳、均匀,否则应垫平。

3. 加荷时,应保持均匀、连续。当混凝土强度等级小于 C30 时,加荷速度为 0.02～

0.05MPa/s；当混凝土强度等级大于等于 C30 且小于 C60 时，加荷速度为 0.05～0.08MPa/s；当混凝土强度等级大于 C60 时，加荷速度为 0.08～0.10MPa/s。当试件接近破坏而开始迅速变形时，不得调整试验机油门，直至试件破坏，记下最大荷载 F(N)。

4. 记录下最大荷载和试件下边缘断裂的位置。

（五）试验结果

1. 当断面发生在两个加荷点之间时，抗折强度 f_f 按下式计算：

$$f_f = \frac{FL}{bh^2} \qquad\qquad (3-14)$$

式中：f_f——抗弯拉强度，MPa；

F——极限荷载，N；

L——支座间距，$L=450$mm；

b——试件宽度，mm；

h——试件高度，mm。

2. 以 3 个试件测值的算术平均值为测定值。三个试件中最大值或最小值中如有一个与中间值之差超过中间值的 15%，则把最大值和最小值舍去，以中间值作为试件的抗弯拉强度；如最大值和最小值与中间值之差均超过中间值的 15%，则该组试验结果无效。

3 个试件中如有一个断裂面位于加荷点外侧，则混凝土抗弯拉强度按另外两个试件的试验结果计算。如果这两个测值不大于这两个测值中较小值的 15%，则以两个测值的平均值为测试结果，否则结果无效。

如有两根试件均出现断裂面位于加荷点外侧，则该组结果无效。

注：断裂面位置在试件断块短边一侧底面中轴线上量得。

计算结果精确至 0.01MPa。

3. 采用 100mm×100mm×400mm 非标准试件时，在三分点加荷的试验方法同前，但所取得的抗折强度值应乘以尺寸换算系数 0.85。当混凝土强度大于等于 C60 时，应采用标准试件。

【学习案例 3-7】

表 3-19　混凝土抗弯拉强度试验记录

试验单位		×××工地实验室					试验规程		JTG E30—2005	
试验环境		温度 24℃　湿度 50%					试验日期			
试件编号	设计强度（MPa）	试件尺寸（mm）		制作日期	龄期（d）	断裂面位置描述	极限荷载 F(kN)	抗压强度 f_f(MPa)		尺寸换算系数
		高度 b	宽度 h					单个值	平均值	
1	4.5	150	150		28		35.52	4.74	5.05	1.0
		150	150				37.65	5.02		
		150	150				40.53	5.40		

四、水泥混凝土强度评定方法

1. 水泥混凝土抗压强度评定

评定水泥混凝土的抗压强度。应以标准养护 28d 龄期的试件为准。试件为边长 150mm×150mm×150mm 的立方体。3 件试件为 1 组，制取组数应符合下列规定：

(1)不同强度等级及不同配合比的混凝土应在浇筑地点或拌和地点分别随机制取试件。

(2)浇筑一般体积的结构物(如基础、墩台等)时，每一单元结构物应制取 2 组。

(3)连续浇筑大体积结构物时，每 80~200m³ 或每一工作班应制取 2 组。

(4)上部结构，主要构件长 16m 以下应制取 1 组，16~30m 制取 2 组，31~50m 制取 3 组，50m 以上者不少于 5 组，小型构件每批或每工作班至少应制取 2 组。

(5)每根钻孔桩至少应制取 2 组；桩长 20m 以上者不少于 3 组；桩径大，浇筑时间很长时，不少于 4 组。换工作班时，每工作班应制取 2 组。

(6)构筑物(小桥涵、挡土墙)每座、每处或每工作班制取不少于 2 组。当原材料和配合比相同，并由同一拌和站拌制时，可几座或几处合并制取 2 组。

(7)应根据施工需要，只制取几组与结构物同条件养护的试件，作为拆模、吊装、张拉预应力、承受荷载等施工阶段的强度依据。

只要材料和配合比不变，混凝土构件如桩盖梁和梁等的混凝土强度都应尽可能采用数理统计评定。梁可以每孔或每两孔、三孔(较窄桥时)作为一批评定，中、小跨径桥的桩、盖梁，可以数孔作为一批评定。每批的混凝土试件组数也不宜太多，一般不超过 80~100 组。

如果在一些构件浇筑后较长时间才浇筑另一些同类构件，或者虽然时间不久，但温度等气候条件变化较大时，则不应视作同批，而应分别评定。

2. 水泥混凝土抗压强度的合格标准

(1)试件≥10 组时，应以数理统计方法按下述条件的规定进行判断。

$$\overline{f}_{cu} - \lambda_1 S_{fcu} \geqslant 0.09 f_{cu,k} \tag{3-15}$$

$$f_{cu,min} \geqslant \lambda_2 f_{cu,k} \tag{3-16}$$

式中：$\overline{f}_{cu}$——同一验收批混凝土立方体抗压强度的平均值，MPa；

$f_{cu,k}$——混凝土立方体抗压强度标准值，MPa；

$f_{cu,min}$——同一验收批混凝土立方体抗压强度最小值，MPa；

λ_1、λ_2——合格判定系数，见表 3-20 所列；

S_{fcu}——同一验收批混凝土立方体抗压强度的标准差，由式(3-17)计算，当计算值小于 $0.06 f_{cu,k}$ 时，取 $0.06 f_{cu,k}$ MPa。

表 3-20　合格判定系数 λ_1、λ_2 值

n	10~14	15~24	≥25
λ_1	1.70	1.65	1.60
λ_2	0.90	0.85	0.85

$$S_{fcu} = \sqrt{\frac{\sum\limits_{i=1}^{n} f_{cu,i}^2 - n\overline{f}_{cu}^2}{n-1}} \qquad (3-17)$$

式中：$f_{cu,i}$——第 i 组混凝土试件的抗压强度，MPa；

n——统计周期内相同等级混凝土试件组数，该值不得少于 25 组。

(2)试件少于 10 组时，可按非统计方法进行评定：

$$\overline{f}_{cu} \geqslant 1.15 f_{cu,k} \qquad (3-18)$$

$$f_{cu,min} \geqslant 0.95 f_{cu,k} \qquad (3-19)$$

式中：$f_{cu,k}$——混凝土立方体抗压强度的标准值，MPa；

$\overline{f}_{cu}$——同一验收批混凝土立方体抗压强度的平均值，MPa；

$f_{cu,min}$——同一验收批混凝土立方体抗压强度最小值，MPa。

当验收满足上述要求时，则该批混凝土强度判为合格；当不满足上述要求时，该批混凝土强度判为不合格。

(二)水泥混凝土抗弯拉强度评定

1. 混凝土抗弯拉强度试验方法可用小梁法或劈裂法，试件标准养护时间为 28d。每工作班留 2～4 组试件，日进度＜500m，取 2 组；≥500m 取 3 组；≥1 000m 取 4 组。每组以 3 个试件的平均值作为一个统计数据。

2. 混凝土抗弯拉强度的合格标准

(1)试件组数大于 10 组时，平均强度合格判断以数理统计方法进行判定。

$$\overline{R} = R_{sz} + K\sigma \qquad (3-20)$$

式中：$\overline{R}$——混凝土合格判定平均弯拉强度，MPa；

R_{sz}——设计弯拉强度标准，MPa；

K——合格判断系数，见表 3-21 所列；

σ——强度标准差。

当试件组数为 11～19 组时，允许有一组最小弯拉强度小于 $0.85R_{sz}$，但不得小于 $0.80R_{sz}$；当试件组数大于 20 组时，高速公路和一级公路最小弯拉强度不得小于 $0.85R_{sz}$，其他公路允许有一组强度小于 $0.85R_{sz}$，但不得小于 $0.75R_{sz}$。

表 3-21　合格判断系数 K 值

n	11～14	15～19	≥20
K	0.75	0.70	0.65

(2)试件组数等于或少于 10 组时，试件平均强度不得小于 $1.05 R_{sz}$，但任一组强度均不得小于 $0.85 R_{sz}$。

任务 3-4　沥青混合料试验检测方法

【学习要求】

1. 了解沥青混合料高温稳定性、水稳定性的概念。

2. 熟悉马歇尔试件常用的密度试验方法；车辙试验的操作步骤；矿料与沥青的黏附性试验方法。

3. 掌握马歇尔试件的成型方法，影响试件制备的关键因素；确定一个标准马歇尔试件混合料用量计算方法；马歇尔试件密度试验操作步骤；马歇尔稳定度试验操作步骤。

【学习内容】

沥青混合料是一种典型的流变性材料，它的强度和劲度模量随温度升高而降低。所以沥青路面在夏季高温时，在重交通荷载重复作用下，由于交通的渠化，在轮迹带逐渐形成变形下凹、两侧鼓起的所谓"车辙"，这是现代高等级沥青路面质量通病。

沥青混合料高温稳定性是指沥青混合料在夏季高温（通常为 60℃）条件下，经车辆荷载长期重复作用后，不产生车辙和波浪等病害的性能。

我国现行规范规定，采用马歇尔试验进行沥青混合料级配设计，对高速公路、一级公路、城市快速路采用的沥青混合料，还应通过车辙试验测定动稳定度指标用来检验其抗车辙性能。

一、沥青混合料使用性能

对用于高速公路和一级公路的公称最大粒径等于或小于 19mm 的密级配沥青混合料（AC）及 SMA、OGFC 混合料，需在配合比设计的基础上进行高温稳定性、低温抗裂性和水稳定性等使用性能检验，不符合要求的沥青混合料，必须更换材料或重新进行配合比设计。二级公路参照此要求执行。

1. 高温稳定性

高温稳定性指沥青混合料在夏季高温（通常 60℃）条件下，沥青混合料能够抵抗车辆反复作用，不会产生显著永久变形，保证沥青路面平整的特性。我国规范要求必须在规定的试验条件下进行车辙试验，并符合表 3-22 的要求。

表 3-22　沥青混合料车辙试验动稳定度技术要求

气候条件与技术指标	相应于下列气候分区所要求的动稳定值（次/mm）							
七月平均最高气温(℃)及气候分区	>30				20～30		<20	
	1. 夏炎热区				2. 夏热区		3. 夏凉区	
	1-1	1-2	1-3	1-4	2-1	2-1	2-3	2-4	3-2
普通沥青混合料 ≥	800		1000		500		800		600
改姓沥青混合料 ≥	2400		2800		2000		2400		1800

气候条件与技术指标		相应于下列气候分区所要求的动稳定值（次/mm）
SMA 混合料	非改性≥	1500
	改性 ≥	3000
OGFC 混合料		1500（一般交通路段）、3000（重交通路段）

注：① 如果其他月份的平均最高气温高于七月，可使用该月平均最高气温。
　　② 在特殊情况下，如钢桥面铺装、重载车特别多或纵坡较大的长距离上坡路段、厂矿专用道路，可酌情提高动稳定度的要求。
　　③ 对因气候寒冷确需使用针入度很大的沥青，动稳定度难以达到要求，或因采用石灰岩等不很坚硬的石料，改性沥青混合料的动稳定度难以达到要求等特殊情况，可酌情降低要求。
　　④ 为满足炎热地区及重载车要求，在配合比设计时采取减少最佳沥青用量的技术措施时，可适当提高试验温度或增加试验荷载进行试验，同时增加试件的碾压成型密度和施工压实度要求。
　　⑤ 车辙试验不得采用二次加热的混合料，试验必须检验其密度是否满足试验规程要求。
　　⑥ 如需要对公称最大粒径等于和大于 26.5mm 的混合料进行车辙试验，可适当增加试件的厚度，但不宜作为合格与否的依据。

表 3-23　沥青混合料水稳性检验技术要求

气候条件与技术指标		相应于下列气候分区的技术要求（%）			
年降雨量（mm） 及气候分区		>1000	500～1000	250～500	<250
		1. 潜湿区	2. 湿润区	3. 半干区	4. 干旱区
气候条件与技术指标		相应于下列气候分区的技术要求（%）			
潜水马歇尔试验残留稳定度（%），不小于					
普通沥青混合料		80		75	
改性沥青混合料		85		80	
SMA 混合料	普通沥青	75			
	改性沥青	80			
冻融劈裂试验的残留强化比（%），不小于					
普通沥青混合料		75		70	
改性沥青混合料		80		75	
SMA 混合料	普通沥青	75			
	改性沥青	80			

注：调整沥青用量后，马歇尔试件成型可能达不到要求的空隙率条件。当需要添加消石灰、水泥、抗剥落剂时，需重新确定最佳沥青用量后试验。

2. 水稳定性

水稳定性指沥青与矿料形成黏附层后，遇水时对沥青的置换作用而引起沥青剥落的抵抗程度。必须在规定的试验条件下进行浸水马歇尔试验和冻融劈裂试验检验沥青混合料的水稳定性，并同时符合表 3-24 中的两个要求。达不到要求时必须采取抗剥落措施，调整最佳沥青用量后再次试验。

为保证沥青路面具有良好的防渗水性，宜利用轮碾机成型的车辙试验试件，脱模架起进行渗水试验，并符合表 3-24 的要求。

表 3-24　沥青混合料试件渗水系数(ml/min)技术要求

级配类型	渗水系数要求(ml/min)
密级配沥青混凝土，不小于	120
SMA 混合料，不大于	80
OGFC 混合料，不小于	实测

3. 低温性能

冬季低温时沥青混合料将产生体积收缩，但在周围材料的约束下，沥青混合料不能自由收缩，从而在结构层内部产生温度应力。由于沥青材料具有一定的应力松弛能力，当降温速率较为缓慢时，所产生的温度应力会随时间逐渐松弛减小，不会对沥青路面产生明显的消极影响。但当气温骤降时，这时产生的温度应力就来不及松弛，当温度应力超过混合料允许应力值时，沥青混合料被拉裂，导致沥青路面出现裂缝造成路面破坏。因此，要求沥青混合料应具备一定的低温抗裂性能。宜对密级配沥青混合料在温度 $-10℃$、加载速率 $50mm/min$ 的条件下进行弯曲试验，测定破坏强度、破坏应变、破坏劲度模量，并根据应力应变曲线的形状，综合评价沥青混合料的低温抗裂性能。其中，沥青混合料的破坏应变不宜小于表 3-25 的要求。

表 3-25　沥青混合料低温弯曲试验破坏应变($\mu\varepsilon$)技术要求

气候条件与技术指标	相应于下列气候分区所要求的破坏应变($\mu\varepsilon$)								
年级端最低气温(℃)及气候分区	<-37.0		$-21.5\sim-37.0$			$-9.0\sim-21.5$		>-0.9	
	1. 冬严寒区		2. 冬寒区			3. 冬冷区		4. 冬温区	
	1-1	2-1	1-2	2-2	3-2	1-3	2-3	1-4	2-4
普通沥青混合料　≥	2600		2300			2000			
改性沥青混合料　≥	3000		2800			2500			

二、沥青混合料取样法

(一)目的与适用范围

本方法适用于在拌合场和道路施工现场采集热拌沥青混合料或常温沥青混合料试样，供施工过程中的质量检验或在试验室测定混合料的各项物理力学性质。所取的试样应有充分的代表性。

(二)仪具与材料

1. 铁锹。

2. 手铲。

3. 搪瓷盘或其他金属盛样器皿、塑料编织袋。

4. 温度计:分度为1℃。宜采用有金属插杆的热电偶沥青温度计,金属插杆的长度应不小于300mm。量程0℃～300℃,数字显示或度盘指针的分度0.1℃且要留置读数功能。

5. 其他:标签、溶剂(汽油)、棉纱等。

(三)取样方法

1. 取样数量

取样数量应符合下列要求:

(1)试样数量根据试验目的决定,宜不少于试验数量的2倍。按现行规范规定进行沥青混合料试验的每一组代表性取样见表3-26所列。

表3-26 常用沥青混合料试验项目的样品数量

试 验 项 目	目 的	最少试样量(kg)	取样量(kg)
马歇尔试验、抽提筛分	施工质量检验	12	20
车辙试验	高温稳定性检验	40	60
浸水马歇尔试验	水稳定性检验	12	20
冻融劈裂试验	水稳定性检验	12	20
弯曲试验	低温性能检验	15	25

平行试验应加倍取样,在现场取样直接装入试模或盛样盒成型时,也可等量取样。

(2)根据沥青混合料集料公称最大粒径,取样应不小于下列数量:

① 细粒式沥青混合料,不少于4kg;

② 中粒式沥青混合料,不少于8kg;

③ 粗粒式沥青混合料,不少于12kg;

④ 特粗式沥青混合料,不少于16kg。

(3)取样材料用于仲裁试验时,取样数量除应满足本取样方法规定外,还应保留一份有代表性试样,直到仲裁结束。

2. 取样方法

沥青混合料取样应是随机的,并具有充分的代表性。以检查拌和质量(如油石比、矿料级配)为目的时,应从拌和机一次放料的下方或提升斗中取样,不得多次取样混合后使用;以评定混合料质量为目的时,必须分几次取样,拌和均匀后作为代表性试样。

(1)在沥青混合料拌合厂取样

在拌和厂取样时,宜用专用的容器(一次可装5～8kg)装在拌和机卸料斗下方,每次放一次料取一次样,顺次装入试验容器中,每次倒在清扫干净的平板上,连续几次取样,混合均匀,按四分法取样至足够数量。

(2)在沥青混合料运料车上取样

在运料汽车上取沥青混合料样品时,宜在汽车装料一半后开出去于汽车车厢内,分别用铁锹从不同方向的3个不同高度处取样,然后混在一起用手铲适当拌和均匀,取出规定数量。这种车到达施工现场后取样时,应在卸掉一半后将车开出去从不同方向的 3 个不同高度处取样。宜从 3 辆不同的车上取样混合侹用。

注:在运料车上取样时不得仅从满载的运料车车顶取样,且不允许只在一辆车上取样。

(3)在道路施工现场取样

在道路施工现场取样时,应在摊铺后未碾压前于摊铺宽度的两侧 $\frac{1}{2} \sim \frac{1}{3}$ 位置处取样,用铁锹将摊铺层的全厚铲出,但不得将摊铺层下的其他层料铲入。每摊铺一车料取一次样,连续 3 车取样后,混合均匀按四分法取样至足够数量。对现场制作的细粒式沥青混合料,也可在摊铺机经螺旋拌料杆拌匀的一端一边前进一边取样。

(4)对热拌沥青混合料每次取样时,都必须用温度计测量温度,精确至 1℃。

(5)乳化沥青常温混合料试样的取样方法与热拌沥青混合料相同,但宜在乳化沥青破乳水分蒸发后装袋,对袋装常温沥青混合料亦可直接从储存的混合料中随机取样。取样袋数不少于 3 袋,使用时将 3 袋混合料倒出作适当拌和,按四分法取出规定数量试样。

(6)液体沥青常温沥青混合料的取样方法同上,当用汽油稀释时,必须在溶剂挥发后方可封袋保存。当用煤油或柴油稀释时,可在取样后即装袋保存,保存时应特别注意。

三、压实沥青混合料密度试验

(一)密度测定方法

我国规程规定的沥青混合料密度的四种测定方法中,最基本的方法是表干法测定的毛体积密度。所谓毛体积是指试件饱和面干状态下,表面轮廓水膜所包裹的全部体积,试件内与外界流通的所有开孔隙均已被水充满。试件的体积包括矿质实体和沥青体积,集料内部的闭孔隙和集料之间已被沥青封闭的闭孔隙,与外流通的开孔隙都计入了体积。但是试件轮廓以外的试件表面的凹陷是不包括在毛体积中的。用表干法测定时,关键是用拧干的湿毛巾擦试件表面时要制造一种真正的饱和面干状态。表面既不能有多余的水膜,又不能把吸入孔隙中的水分擦走,得到真正的毛体积。但是当沥青混合料的空隙很大,即开口孔隙较多时,沥青混合料的饱和面干状态便很难形成。当试件从水中取出时,开口孔隙中的水即会跟着流出,用毛巾擦的时候,也会将开口孔隙中的水吸出。为了解决这个问题,于是又提出了蜡封法。

蜡封法是用蜡把开口孔隙封闭起来成为假想的饱和面干状态。所以它与表干法是一个意思,都是以包括开口孔隙及闭口孔隙在内的毛体积作为计算密度的体积用的。不过,蜡封法也是不容易测准确的,其关键在于蜡封时既要把孔隙封住,又不能让蜡吸入空隙中。在试验规程中规定试件在蜡封前要放在冰箱中冷却,蜡熔化后的温度要低(熔点以上 4℃),使试件一浸入蜡中马上凝固成一层蜡皮。蜡封法的缺点是表面的蜡影响马歇尔试验,要把蜡刮掉。为了好刮,只能先涂一层滑石粉,由此使得试验复杂化。有另一种情况,试件浸水时几乎不吸水,即试件表面基本上没有流通外部的开口孔隙,许多非常密实的密级配沥青混凝土通常属于这种情况。此时,试件的饱和面干质量与空中质量非常接近,也就没有必要再用表干法测定了,可以简化成水中重法测定。

体积法是空隙率特别大,不能用以上方法测定时的特殊情况。

将四种方法的计算参数列于表 3 - 27,以做比较。

表 3 - 27　试验规程中四种测试方法的简单比较

方　法	计算用试件质量	计算用的试件体积
水中重法	试件的空中质量	混合料体积＋试件内部的闭孔隙(开孔隙几乎可忽略)
表干法	试件的空中质量	混合料体积＋试件内部的闭孔隙＋连通表面的开孔隙
蜡封法	试件的空中质量	混合料体积＋试件内部的闭孔隙＋连通表面的开孔隙
体积法	试件的空中质量	混合料体积＋试件内部的闭孔隙＋连通表面的开孔隙＋表面凹陷

不过,实际的试件很难判断有无开口孔隙,很难判断开口孔隙的大小及水会不会流出或吸入,且不同试验方法测定的试验结果差异性较大。《公路沥青路面施工技术规范》(JTJ F40—2004)等技术规范对不同的混合料品种和类型明确规定了不同的方法,各种方法适用性如下:

(1)表干法适用于测定吸水率不大于 2％的各种沥青混合料试件,包括密级配沥青混凝土、沥青玛蹄脂碎石混合料(SMA)和沥青稳定碎石等沥青混合料试件的毛体积相对密度和毛体积密度,并以此为基础,计算沥青混合料试件的空隙率、饱和度和矿料间隙率等各项体积指标。

(2)水中重法适用于吸水率小于 0.5％的密实沥青混合料试件的表观相对密度或表观密度。当试件很密实,几乎不存在与外界连通的开口孔隙时,可采用本方法测定的表观相对密度代替表干法测定的毛体积相对密度,并据此计算沥青混合料试件的空隙率、矿料间隙率等各项体积指标。

(3)蜡封法适用于测定吸水率大于 2％的沥青混凝土或沥青碎石混合料试件的毛体积相对密度或毛体积密度。本方法测定的毛体积相对密度适用于计算沥青混合料试件的空隙率、矿料间隙率等各项体积指标。

(4)体积法仅适用于不能用表干法、蜡封法测定的空隙率较大的沥青碎石混合料及大空隙透水性开级配沥青混合料(OGFC)等。本方法测定的毛体积相对密度适用于计算沥青混合料试件的空隙率、矿料间隙率等各项体积指标。

(二)压实沥青混合料密度试验

1. 表干法

(1)试验目的与适用范围

① 表干法适用于测定吸水率不大于 2％的各种沥青混合料试件,包括密级配沥青混凝土、沥青玛蹄脂碎石混合料(SMA)和沥青稳定碎石等沥青混合料试件的毛体积相对密度和毛体积密度。

② 本方法测定的毛体积相对密度和毛体积密度适用于计算沥青混合料试件的空隙率、矿料间隙率等各项体积指标。

(2)仪具与材料技术要求

① 浸水天平或电子天平:当最大称量在 3kg 以下时,感量不大于 0.1g;最大称量 3kg 以上时,感量不大于 0.5g,应有测量水中重的挂钩。

② 网篮。

③ 溢流水箱：使用洁净水，有水位溢流装置，保持试件和网篮浸入水中后的水位一定。

④ 试件悬吊装置：天平下方悬吊网篮及试件的装置，吊线应采用不吸水的细尼龙线绳，并有足够的长度。对轮碾成型机成型的板块状试件可用铁丝悬挂。

⑤ 秒表。

⑥ 毛巾。

⑦ 电风扇或烘箱。

（3）方法与步骤

① 准备试件。本试验可以采用室内成型的试件，也可以采用工程现场钻芯、切割等方法获得的试件。试验前试件宜在荫凉处保存（温度不宜高于 35℃），且放置在水平的平面上，注意不要使试件产生变形。

② 选择适宜的浸水天平或电子天平，最大称量应满足试件质量的要求。

③ 除去试件表面的浮粒，称取干燥试件的空中质量 m_a，根据选择的天平感量读数，准确至 0.1g 或 0.5g。

④ 挂上网篮，浸入溢流水箱中，调节水位，将天平调平或复零，把试件置于网篮中（注意不要晃动水）浸入水中 3～5min，称取水中质量 m_w。若天平读数持续变化，不能很快达到稳定，说明试件吸水较严重，不适用于此法测定，应改用蜡封法测定。

⑤ 从水中取出试件，尽快用洁净柔软的拧干湿毛巾轻轻擦去试件的表面水（不得吸走空隙内的水），称取试件的表干质量 m_f。从试件拿出水面到擦拭结束不宜超过 5s，称量过程中流出的水不得再擦拭。

⑥ 对从路上钻取的非干燥试件可先称取水中质量 m_w 和表干质量 m_f，然后用电风扇将试件吹干至恒重（一般不少于 12h，当不需进行其他试验时，也可用 60℃±5℃烘箱烘干至恒重），再称取空中质量 m_a。

（4）数据处理和结果评定

① 计算试件的吸水率，取 1 位小数。

试件的吸水率即试件吸水体积占沥青混合料毛体积的百分率，按式（3-21）计算：

$$S_a = \frac{m_f - m_a}{m_f - m_w} \times 100 \qquad (3-21)$$

式中：S_a——试件的吸水率，%；

$\quad m_a$——干燥试件的空气中质量，g；

$\quad m_w$——试件的水中质量，g；

$\quad m_f$——试件的表干质量，g。

② 计算试件的毛体积相对密度和毛体积密度，取 3 位小数。

$$\gamma_f = \frac{m_a}{m_f - m_w} \qquad (3-22)$$

$$\rho_f = \frac{m_\varepsilon}{m_f - m_w} \times \rho_w \qquad (3-23)$$

式中：γ_f——试件的毛体积相对密度，无量纲；

ρ_f——用表干法测定的试件毛体积密度，g/cm^3；

ρ_w——25℃时水的密度，取 0.9971g/cm^3。

（3）试件的空隙率按式(3-24)计算，取 1 位小数：

$$VV = \left(1 - \frac{\gamma_f}{\gamma_t}\right) \times 100 \tag{3-24}$$

式中：VV——试件的空隙率，%。

γ_t——沥青混合料最大相对密度，当实测理论最大相对密度有困难时，也可以采用计算的理论最大相对密度。

γ_f——试件的毛体积相对密度，无量纲通常采用表干法测定；当试件吸水率 $S_a > 2\%$ 时，宜采用蜡封法测定；当按规定允许采用水中重法测定时，也可采用表观相对密度代替。

（5）试验说明和注意事项

① 沥青混合料的吸水率与集料吸水率的概念及计算方法是不同的，沥青混合料试件的吸水率为达到饱和面干状态时所吸收水的体积与试件毛体积之比（体积比），而集料的吸水率是吸收水量与集料烘干质量之比（质量比）。

② 试件毛体积密度试验重复性的允许差为 0.020g/cm^3。试件毛体积相对密度试验重复性的允许差为 0.020。

【学习案例 3-8】

表 3-28　压实沥青混合料密度试验（表干法）记录

试验单位	××试验室		试验规程		JTG E20—2011	
沥青混合料类型	AC-20		试 验 者			
试验环境	温　度：25　℃ 相对湿度：50　%		主要仪器及编号		浸水天平 DLLQ0208	
沥青品种及标号	AH-70基质沥青		混合料拌和温度(℃)		160	
试件成型方法	击实法		成型温度(℃)		145	
试样编号	干燥试件的空中质量 m_a(g)	试件的水中质量 m_w(g)	试件的表干质量 m_f(g)	试件的吸水率 S_a(%)	试件的毛体积相对密度	试件的毛体积密度 ρ_f(g/cm³) 单个值	平均值
1	1142.6	672.7	1151.8	1.9	2.385	2.378	
2	1140.3	670.1	1149.0	1.8	2.381	2.374	2.374
3	1142.0	670.6	1150.9	1.9	2.378	2.371	

2. 蜡封法

(1)试验目的与适用范围

1)蜡封法适用于测定吸水率大于 2% 的沥青混凝土或沥青碎石混合料试件的毛体积

相对密度或毛体积密度。

2)本方法测定的毛体积相对密度适用于计算沥青混合料试件的空隙率、矿料间隙率等各项体积指标。

(2)方法与步骤

1)选择适宜的浸水天平或电子天平,最大称量应满足试件质量的要求。

2)称取干燥试件的空中质量 m_a,根据选择的天平感量读数,准确至 0.1g 或 0.5g。当为钻芯法取得的非干燥试件时,应用电风扇吹干 12h 以上至恒重作为空中质量,但不得用烘干法。

3)将试件置于冰箱中,在 4℃～5℃ 条件下冷却不少于 30min。

4)将石蜡熔化至其熔点以上 5.5℃±0.5℃。

5)从冰箱中取出试件立即浸入石蜡液中,至全部表面被石蜡封住后迅速取出试件,在常温下放置 30min,称取蜡封试件的空中质量 m_p。

6)挂上网篮、浸入水箱中,调节水位,将天平调平或复零。将蜡封试件放入网篮浸水约 1min,读取水中质量 m_c。

7)如果试件在测定密度后还需要做其他试验时,为便于除去石蜡,可事先在干燥试件表面涂一薄层滑石粉,称取涂滑石粉后的试件质量 m_s,然后再蜡封测定。

8)用蜡封法测定时,石蜡对水的相对密度按下列步骤实测确定:

① 取一块铅或铁块之类的重物,称取空中质量 m_g;

② 测定重物的水中质量 m'_g;

③ 待重物干燥后,按上述试件蜡封的步骤将重物蜡封后测定其空中质量 m_d 及水中的质量 m'_d;

④ 按式(3-25)计算石蜡对水的相对密度。

$$\gamma_p = \frac{m_d - m_g}{(m_d - m_g) - (m'_d - m'_g)} \qquad (3-25)$$

式中:γ_p——在常温条件下,石蜡对水的相对密度,无量纲;

m_g——重物的空中质量,g;

m'_g——重物的水中质量,g;

m_d——蜡封后,重物的空中质量,g;

m'_d——蜡封后,重物的水中质量,g。

(3)计算

计算试件的毛体积相对密度,取 3 位小数。

① 蜡封法测定的试件毛体积相对密度按式(3-26)计算。

$$\gamma_f = \frac{m_a}{(m_p - m_c) - (m_p - m_a)/\gamma_p} \qquad (3-26)$$

式中:γ_f——由蜡封法测定的试件毛体积相对密度,无量纲;

m_a——试件的空中质量,g;

m_p——蜡封试件的空中质量,g;

m_c——蜡封试件的水中质量,g。

② 涂滑石粉后用蜡封法测定的试件毛体积相对密度按式(3-27)计算。

$$\gamma_f = \frac{m_a}{(m_p - m_c) - [(m_p - m_s)/\gamma_p + (m_s - m_a)/\gamma_s]}$$ (3-27)

式中：m_s——试件涂滑石粉后的空中质量,g；

γ_s——滑石粉对水的相对密度,无量纲。

③ 试件的毛体积密度按式(3-28)计算。

$$\rho_f = \gamma_f \times \rho_w$$ (3-28)

式中：ρ_f——蜡封法测定的试件毛体积密度,g/cm^3；

ρ_w——常温下水的密度,取 1g/cm^3。

【学习案例 3-9】

表 3-29　压实沥青混合料密度试验(蜡封法)记录

试验单位	×××工程检测试验室		试验规程		JTG E20—2011	
沥青混合料类型	AC—20		试 验 者			
试验环境	温　度:22℃ 相对湿度:50%		主要仪器及编号		浸水天平 DLLQ0208	
沥青品种及标号	SBS 改性沥青		沥青拌合温度(℃)		170	
试件成型方法	击实法		成型温度(℃)		160	
试样编号	石蜡对水的相对密度	试件的空中质量 m_a(g)	蜡封试件的空中质量 m_p(g)	蜡封试件的水中质量 m_c(g)	试件的毛体积相对密度	试件的毛体积密度 ρ_f(g/cm^3)	
						单个值	平均值
1	0.886	1144.5	1213.7	652.0	2.367	2.360	
2	0.886	1140.8	1203.1	649.5	2.359	2.352	2.354
3	0.886	1141.4	1202.4	649.3	2.357	2.350	

3. 体积法

(1)试验目的与适用范围

① 本方法采用体积法测定沥青混合料的毛体积相对密度或毛体积密度。

② 本方法仅适用于不能用表干法、蜡封法测定的空隙率较大的沥青碎石混合料及大空隙透水性开级配沥青混合料(OGFC)等。

③ 本方法测定的毛体积相对密度适用于计算沥青混合料试件的空隙率、矿料间隙率等各项体积指标。

(2)方法与步骤

① 选择适宜的电子天平,最大称量应满足试件质量的要求。

② 清理试件表面,刮去突出试件表面的残留混合料,称取干燥试件的空中质量 m_a,根据选择的天平感量读取,准确至 0.1g 或 0.5g。当为钻芯法取得的非干燥试件时,应用电风

扇吹干 12h 以上至恒重作为空中质量,但不得用烘干法。

③ 用卡尺测定试件的各种尺寸,准确至 0.01cm。圆柱体试件的直径取上下 2 个断面测定结果的平均值,高度取十字对称四次测定的平均值;棱柱体试件的长度取上下 2 个位置的平均值,高度或宽度取两端及中间 3 个断面测定的平均值。

(3)计算方法

① 圆柱体试件毛体积按式(3 - 29)计算。

$$V = \frac{\pi \times d^2}{4} \times h \qquad (3 - 29)$$

式中:V——试件的毛体积,cm^3;

$\quad$ d——圆柱体试件的直径,cm;

$\quad$ h——试件的高度,cm。

② 棱柱体试件的毛体积按式(3 - 30)计算。

$$V = l \times b \times h \qquad (3 - 30)$$

式中:l——试件的长度,cm;

$\quad$ b——试件的宽度,cm;

$\quad$ h——试件的高度,cm。

③ 试件的毛体积密度按式(3 - 31)计算,取 3 位小数。

$$\rho_s = \frac{m_a}{V} \qquad (3 - 31)$$

式中:ρ_s——用体积法测定的试件的毛体积密度,g/cm^3;

$\quad$ m_a——干燥试件的空中质量,g。

④ 试件的毛体积相对密度按式(3 - 32)计算,取 3 位小数。

$$\gamma_s = \frac{\rho_s}{0.9971} \qquad (3 - 32)$$

式中:γ_s——用体积法测定的试件在 25℃时的毛体积相对密度,无量纲。

四、沥青混合料马歇尔试件成型方法(击实法)

1. 沥青混合料试件的制作条件

沥青混合料试件制作时的矿料规格及试件数量应符合以下基本要求:

(1)当集料公称最大粒径小于或等于 26.5mm 时,采用标准击实法。一组试件的数量不少于 4 个。

(2)当集料公称最大粒径大于 26.5mm 时,宜采用大型击实法。一组试件的数量不少于 6 个。

(3)在试验室人工配置沥青混合料制作试件时,试件的制作步骤如下:

① 将各种规格的矿料置于 105℃±5℃的烘箱中烘干至恒重(一般不少于 4~6h)。

② 将烘干分级的粗、细集料,按每个试件设计级配要求称其质量,在一金属盘中混合

均匀,矿粉单独放入小盆里;然后置于烘箱中加热至沥青拌和温度以上约15℃(采用石油沥青时通常为163℃;采用改性沥青时通常需要180℃)备用。一般按一组试件(每组4~6个)备料,但进行配合比设计时宜对每个试样分别备料。常温沥青混合料的矿料不应加热。

③ 将沥青试样用烘箱加热至规定的沥青混合料拌和温度,但不得超过175℃。当不得已采用燃气炉或电炉直接加热进行脱水时,必须使用石棉垫隔开。

④ 在拌和厂或施工现场采取的拌和沥青混合料制作直径试样时,将试样置于烘箱中加热或保温,在混合料中插入温度计测量温度,待混合料温度符合要求后成型。需要拌和时可倒入已加热的室内沥青混合料拌和机中适当拌和,时间不超过1min。不得在电炉或明火上加热炒拌。

2. 仪器设备

(1)自动击实仪:击实仪应具有自动计数、控制仪表、按钮设置、复位及暂停等功能。按其用途分为以下两种:

① 标准击实仪:由击实锤、ϕ98.5mm±0.5mm 的平圆形压实头及带手柄的导向棒组成。用机械将压实锤提升至 457.2mm±1.5mm 的高度沿导向棒自由落下击实,标准击实锤的质量 4 536g±9g。

② 大型击实仪:由击实锤、ϕ149.5mm±0.1mm 平圆形压实头及带手柄的导向棒组成。用机械将压实锤举起至 457.2mm±2.5mm 的高度沿导向棒自由落下击实,大型击实锤的质量(10 210±10)g。

(2)试验室用沥青混合料拌和机:能保证拌和温度并充分拌和均匀,可控制拌和时间,容量不小于 10L。搅拌叶自转速度 70~80r/min,公转速度 40~50 r/min。

(3)试模:由高碳钢或工具钢制成。

① 标准击实仪试模的内径为 101.6mm±0.2mm,圆柱形金属筒高 87mm,底座直径约 120.6mm,套筒内径 104.8mm、高 70mm。

② 大型圆柱体试件的试模与套筒尺寸分别为:套筒外径 165.1mm,内径 165.1mm,内径 155.6mm±0.3mm,总高 83mm。试模内径 152.4mm±0.2mm,总高 115mm,底座板厚 12.7mm,直径 172mm。

(4)脱模器:电动或手动,应能无破损地推出圆柱体试件,备有标准圆柱体试件及大型圆柱体试件尺寸的推出环。

(5)烘箱:大、中型各一台,应有温度调节器。

(6)天平或电子秤:用于称量沥青的,感量不大于 0.1g;用于称量矿料的,感量不大于 0.5g。

(7)温度计:分度值为 1℃。宜采用有金属插杆的插入式数显温度计,金属插杆的长度不小于 150mm。量程 0℃~300℃。

(8)布洛克菲尔德黏度计。

(9)其他:电炉或煤气炉、沥青融化锅、拌和铲、标准筛、滤纸(或普通纸)、胶布、卡尺、秒表、粉笔、棉纱、插刀或大螺丝起子等。

3. 确定制作沥青混合料试件的拌和温度与压实温度

试件的拌和与压实温度可按表3-30选用,并根据沥青品种和标号做适当调整。针入度小、稠度大的沥青取高限，针入度大、稠度小的沥青取低限，一般取中值。对改性沥青，应根据改性剂的品种和用量，适当提高混合料的拌和和压实温度。对大部分聚合物改性沥青，需要在基质沥青的基础上提高 15℃～30℃，掺加纤维时，尚需要提高 10℃左右。

表 3 - 30　沥青混合料拌和及压实温度参数表

沥青混合料种类	拌和温度（℃）	压实温度（℃）
石油沥青	130～160	120～150
煤沥青	90～120	80～110
改性沥青	160～175	140～170

4. 成型准备工作

（1）将各种规格的矿料置于（105±5）℃的烘箱中烘干至恒重（一般不少于 4～6h）。根据需要，粗集料可先用水冲洗干净后烘干。也可将粗细集料过筛后，用水冲洗再烘干备用。

（2）按规定试验方法分别测定不同粒径规格的粗、细集料及填料（矿粉）和沥青的各种密度。

（3）将烘干分级的粗细集料，按每个试件设计级配要求称其质量，在一金属盘中混合均匀，矿粉单独加热，置于烘箱中预热至沥青拌和温度以上约 15℃（采用石油沥青时通常为 163℃；采用改性沥青时通常需 180℃）备用。一般按一组试件（每组 4～6 个）备料，但进行配合比设计时宜对每个试件分别备料。

（4）按规定的试验方法采集沥青试样，用恒温烘箱或油浴、电热套熔化加热至规定的沥青混合料拌和温度备用，但不得超过 175℃。当不得已采用燃气炉或电炉直接加热进行脱水时，必须使用石棉垫隔开。

（5）用沾有少许黄油的面纱擦拭试模、套筒及击实座等置 100℃左右烘箱中加热 1h 备用。

5. 混合料拌制

（1）将沥青混合料拌和机预热至拌和温度以上 10℃左右备用。

（2）将每个试件预热的粗细集料置于拌和机中，用小铲子适当混合，然后再加入需要数量的已加热至拌和温度的沥青。开动拌和机一边搅拌一边将拌和叶片插入混合料中拌和 1～1.5min，然后暂停拌和，加热单独加热的矿粉，继续拌和至均匀为止，并使沥青混合料保持在要求的温度范围内。标准的总拌和时间为 3min。

6. 成型方法

（1）将拌好的沥青混合料，用小铲适当拌和均匀，称取一个试件所需的用量（标准马歇尔试件约 1 200g，大型马歇尔试件约 4 050g）。当已知沥青混合料的密度时，可根据试件的标准尺寸计算并乘以 1.03 得到要求的混合料数量。当一次拌和几个试件时，宜将其倒入已经预热的金属盘中，用小铲适当拌和均匀分成几份，分别取用。在试件制作过程中，为防止混合料温度下降，应连盘放在烘箱中保温。

（2）从烘箱中取出预热的试模及套筒，用蘸有少许黄油的棉纱擦拭套筒、底座及击实锤底面，将试模装在底座上，放一张圆形的吸油性小的纸，用小铲将混合料铲入试模中，用插刀或大螺丝刀沿周边插捣 15 次，中间 10 次。插捣后将沥青混合料表面整平。对大型击实法的试件，混合料分两次加入，每次插捣次数同上。

(3)插入温度计,至混合料中心附近,检查混合料温度。

(4)待混合料温度符合要求的压实温度后,将试模连同底座一起放在击实台上固定,在装好的混合料上面垫一张吸油性小的圆纸,再将装有击实锤及导向棒的压头插入试模中。开启电机,使击实锤从 457mm 的高度自由落下击实规定的次数(75 次或 50 次)。对大型试件,击实次数为 75 次(相应于标准击实 50 次)或 112 次(相应于标准击实 75 次)。

(5)试件击实一面后,取下套筒,将试模翻面,装上套筒;然后以同样的方法和次数击实另一面。

(6)试件击实结束后,立即用镊子取掉上、下两面的纸,用卡尺量取试件离试模上口的高度并由此计算试件的高度,如高度不符合要求时,试件应作废,并按式(3-33)调整试件混合料质量,以保证高度符合 63.5mm±1.3mm(标准试件)或 95.3mm±2.5mm(大型试件)的要求。

$$整后混合料量=\frac{要求件高度×原用混合料量}{所得件的高度} \qquad (3-33)$$

(7)卸去套筒和底座,将装有试件的试模横向放置冷却至室温后(不少于 12h),置脱模机上脱出试件。

(8)将试件仔细置于干燥洁净的平面上,供试验用。

五、沥青混合料马歇尔稳定度试验

1. 主要仪器设备

(1)马歇尔稳定度试验仪:用计算机或 X-Y 记录仪记录荷载-位移曲线,并具有自动测定荷载与试件垂直变形的传感器、位移计,能自动显示或打印试验结果。

(2)恒温水槽:控温准确度为 1℃,深度不小于 150mm。

(3)真空饱水容器:包括真空泵及真空干燥器。

(4)天平:感量不大于 0.1g。

(5)其他:卡尺、温度计等。

2. 试件准备

(1)试件按击实法成型,标准马歇尔尺寸应符合直径(101.6±0.2)mm、高(63.5±1.3)mm 的要求。对大型马歇尔试件,尺寸应符合(152.4±0.2)mm、高(95.3±2.5)mm 的要求。一组试件的数量最少不得少于 4 个。

(2)量测试件的直径及高度:用卡尺测量试件中部的直径,用马歇尔试件高度测定器或用卡尺在十字对称 4 个方向测量离试件边缘 10mm 处的高度,准确至 0.1mm,并以其平均值作为试件的高度。如试件高度不符合(63.5±1.3)mm 或(95.3±2.5)mm 的要求,或两侧高度差大于 2mm 时,此试件应作废。

(3)测定试件的密度,并计算空隙率、沥青体积百分率、沥青饱和度、矿料间隙率等体积指标。

(4)将恒温水槽调节至要求的试验温度,对黏稠石油沥青或烘箱养生过的乳化沥青混合料为(60±1)℃,对煤沥青混合料为(33.8±1)℃,对空气养生的乳化沥青或液体沥青混合料为(25±1)℃。

3. 操作步骤

(1)标准马歇尔试验

① 将试件置于规定温度的恒温水槽中保温,保温时间对标准马歇尔试件需 30～40min,对大型马歇尔试件需 45～60min。试件之间应有间隔,底下应垫起,距水槽底部不小于 5cm。

② 将马歇尔试验仪的上下压头放入水槽或烘箱中达到同样温度。将上下压头从水槽或烘箱中取出擦拭干净内面,为使上下压头滑动自如,可在下压头的捣棒上涂少量黄油。再将试件取出置于下压头上,盖上上压头,然后装在加载设备上。

③ 在上压头的球座上放妥钢球,并对准荷载测定装置的压头。

④ 当采用自动马歇尔试验仪时,将自动马歇尔试验仪的压力传感器、位移传感器与计算机或 X－Y 记录仪正确连接,调整好适宜的放大比例,压力和位移传感器调零。

⑤ 当采用压力环和流值计时,将流值计安装在导棒上,使导向套管轻轻地压住上压头,同时将流值计读数调零。调整压力环中百分表,对零。

⑥ 启动加载设备,是试件承受荷载,加载速度为 50mm/min±5mm/min。计算机或 X－Y 记录仪自动记录传感器压力和试件变形曲线并将数据自动存入计算机。

⑦ 当试验荷载达到最大值的瞬间,取下流值计,同时读取压力环中百分表读数及流值计的流值读数。

⑧ 从恒温水槽中取出试件至测出最大荷载值的时间,不得超过 30s。

(2)浸水马歇尔试验方法

浸水马歇尔试验方法与标准马歇尔试验方法的不同之处在于,试件在已达到规定温度恒温水槽中的保温时间为 48h,其余步骤均与标准马歇尔试验方法相同。

(3)真空饱水马歇尔试验方法

试件真空放入真空干燥器中,关闭进水胶管,开动真空泵,使干燥器的真空度达到 97.3kPa(730mmHg)以上,维持 15min;然后打开进水胶管,靠负压进入冷水流使试件全部浸入水中,浸水 15min 后恢复常压,取出试件再放入已达到规定温度的恒温水槽中保温 48h,其余均与标准马歇尔试验方法相同。

4. 数据处理和结果评定

$$T = \frac{MS}{FL} \tag{3-34}$$

$$MS_0 = \frac{MS_1}{MS} \times 100 \tag{3-35}$$

$$MS_0' = \frac{MS_2}{MS} \times 100 \tag{3-36}$$

式中:T——试件的马歇尔模数,kN/mm;

    MS——试件的稳定度,kN;

    MS_0——试件的浸水残留稳定度,%;

    FL——试件的流值,mm;

    MS_1——试件的浸水 48h 后的稳定度,kN;

MS_0'——试件的真空饱水残留稳定度,%;

MS_2——试件真空饱水后浸水 48h 后的稳定度,kN。

六、车辙试验用试件制作

(一)概述

车辙试验适用于测定沥青混合料的高温抗车辙能力,供沥青混合料配合比设计的高温稳定性检验使用。

车辙试验的试验温度与轮压可根据有关规定和需要选用,非经注明,试验温度为 60℃,轮压为 0.7MPa。根据需要,如在寒冷地区也可采用 45℃,在高温条件下采用 70℃等,但应在报告中注明。计算动稳定度的时间原则上为试验开始后 45~60min 之间。

试件是采用轮碾成型机碾压成型的尺寸为 300mm×300mm×500mm 的板块试件。也适用于现场切割制作的 300mm×150mm×50mm 的板块试件。根据需要试件的厚度也可采用 40mm。

(二)仪器设备

1. 轮碾成型机:轮碾成型机具有圆弧形碾压轮,轮宽 300mm,压实线荷载为 300N/cm,碾压行程等于试件长度,碾压后试件可达到马歇尔试验标准击实密度的(100±1)%。

当无轮碾成型机时,可用手动碾代替,手动碾轮宽与试件同宽。备有 10kg 砝码 5 个,以调整载重(手动碾成型的试件厚度不大于 50mm)。

2. 试验室用沥青混合料拌和机:能保证拌和温度并充分拌和均匀,可控制拌和时间,宜采用容量大于 30L 的大型沥青混合料拌和机,也可采用容量大于 10L 的小型拌和机。

3. 试模:由高碳钢或工具钢制成内部平面尺寸为 300mm×300mm,高 50mm。根据需要,试模深度及平面尺寸可以调节,以制备不同尺寸的板块状试件。

4. 手动碾压成型车辙试件的试模框架:钢板制,内部尺寸 300mm×300mm×50mm,平面能与试模边缘齐平。

5. 烘箱:大、中型各一台,装有温度调节器。

6. 台秤、天平或电子秤:称量 5kg 以上时,分度值为 1g;称量 5kg 以下时,用于称量矿料的分度值不大于 0.5g,用于称量沥青的分度值不大于 0.1g。

7. 沥青运动黏度测定设备:毛细管黏度计或赛波特黏度计。

8. 小型击实锤:钢制端部断面 80mm × 80mm,厚 10mm,带手柄,总质量 0.5kg 左右。

9. 温度计:分度值不大于 1℃。用于测量沥青混合料温度的温度计宜采用有金属插杆的热电偶沥青温度计,金属插杆不小于 300mm,量程 0℃~300℃,数字显示或度盘指针的分度 0.1℃,宜有留置读数功能。

10. 其他:电炉或煤气炉、沥青熔化锅、拌和铲、标准筛、滤纸、胶布、卡尺、秒表、粉笔、垫木、棉纱等。

(三)制作方法

(1)按马歇尔试验试件成型方法,确定沥青混合料的拌和温度和压实温度。

(2)将金属试模及小型击实锤等置于约100℃的烘箱中加热1h备用。

(3)称出制作一块试件所需要的各种材料的用量。先按试件体积(V)乘以马歇尔标准击实密度ρ_0,再乘以系数1.03,即得材料总用量($m=V \cdot \rho_0 \times 1.03$),再按配合比计算出各种材料用量。分别将各种材料放入烘箱中预热备用。

(4)将预热的试模从烘箱中取出,装上试模框架。在试模中铺一张裁好的普通纸(可用报纸),使底面及侧面均被纸隔离。将拌和好的全部沥青混合料,用小铲稍加拌和后均匀地沿试模由边至中按顺序转圈装入试模,中部要略高于四周。

(5)取下试模框架,用预热的小型击实锤由边至中转圈夯实一遍,整平成凸圆弧形。

(6)插入温度计,待混合料冷却至规定的压实温度(为使冷却均匀,试模底下可用垫木支起)时,在表面铺一张裁好尺寸的普通纸。

(7)当用轮碾机碾压时,宜先将碾压轮预热至100℃左右(如不加热,应铺牛皮纸)。然后,将盛有沥青混合料的试模置于轮碾机的平台上,轻轻放下碾压轮,调整总荷载为9kN(线荷载300N/cm)。

(8)启动轮碾机,先在一个方向碾压2个往返(4次),卸荷,再抬起碾压轮,将试件调转方向,再加相同荷载碾压至马歇尔标准密实度(100±1)%为止。试件正式压实前,应经试压,决定碾压次数,一般12个往返(24次)左右可达要求。如试件厚度大于100mm时,宜按先轻后重的原则分两层碾压。

(9)当用手动碾碾压时,先用空碾碾压,然后逐渐增加砝码荷载,直至将5个砝码全部加上,进行压实至马歇尔标准密实度(100±1)%为止。碾压方法及次数应由试压决定,并压至无轮迹为止。

(10)压实成型后,揭去表面的纸,用粉笔在试件表面上标明碾压方向。

(11)盛有压实试件的试模,置室温下冷却,至少12h后方可脱模。

七、沥青混合料车辙试验方法

(一)概述

车辙试验适用于测定沥青混合料的高温抗车辙能力,供沥青混合料配合比设计的高温稳定性检验使用,也可用于现场沥青混合料的高温稳定性检验。

沥青混合料车辙试验是用一块碾压成型的板块试件(通常尺寸为300mm×300mm×50~100mm)本方法也适用于现场切割板块状试件,切割试件的尺寸根据现场面层的实际情况由试验确定。在规定温度条件(通常为60℃)下,以一个轮压为0.7MPa的实心橡胶轮胎在其上行走,测量试件在变形稳定期时,每增加1mm变形需要行走的次数,即称为"动稳定度",以次/mm表示。

动稳定度是评价沥青混凝土路面高温稳定性的一个指标,也是沥青混合料配合比设计时的一个辅助性检验指标。

车辙试验的试验温度与轮压可根据有关规定和需要选用,非经注明,试验温度为60℃,轮压为0.7MPa。根据需要,如在寒冷地区也可采用45℃,在高温条件下采用70℃等,对重载交通的轮压可增加至1.4MPa,但应在报告中注明。计算动稳定度的时间原则上为试验开始后45~60min之间。

(二)仪器设备

1. **车辙试验机**:主要由下列部分组成:

(1)试件台:可牢固地安装两种宽度(300mm 和 150mm)的规定尺寸试件的试模。

(2)试验轮:橡胶制的实心轮胎,外径 ϕ200mm,轮宽的 50mm,橡胶层厚 15mm。橡胶硬度(国际标准硬度)20℃时为 84±4;60℃时为 78±2。试验轮行走距离为(230±10)mm,往返碾压速度为(42±1)次/min(21 次往返/min)的。允许采用曲柄连杆驱动试验台运动(试验轮不移动)的任一种方式。

注:轮胎橡胶硬度应注意检验,不符合要求者应及时更换。

图 3-17　车辙试验

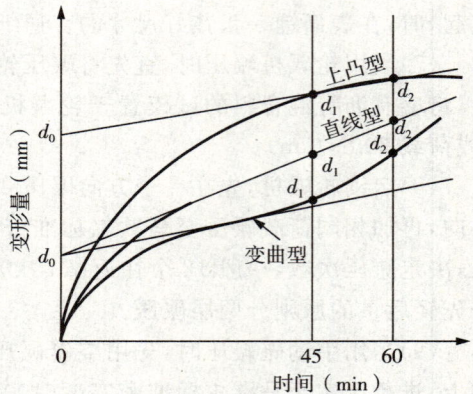

图 3-18　车辙试验 自动记录的变形曲线

(3)加载位置:使试验轮与试件的接触压强在 60℃时为(0.7±0.05)MPa,施加的总荷载为 780N 左右,根据需要可以调整接触压强大小。

(4)试模:钢板制成,由底板及侧板组成,试模内侧尺寸长为 300mm,宽为 300mm,厚为 50~100mm,也可根据需要对厚度进行调整。

(5)变形测量装置:自动检测车辙变形并记录曲线的装置,通常用 LVDT、电测百分表或非接触位移计。位移测量范围 0~130mm,精度±0.01mm。

(6)温度检测装置:自动检测并记录试件表面及恒温室内温度的温度传感器、温度计(精度 0.5℃)。温度应能自动连续记录。

2. **恒温室**:恒温室应具有足够的空间。车辙试验机必须整机安装在恒温室内,装有加热器、气流循环装置及装有自动温度控制设备,同时恒温室还应有至少能保温 3 块试件并进行试验的条件。保持恒温室温度 60℃±1℃(试件内部温度 60℃±0.5℃),根据需要也可采用其他试验温度。

3. **台秤**:称量 15kg,感量不大于 5g。

(三)试验方法

1. **准备工作**

(1)试验轮接地压强测定:测定在 60℃时进行,在试验台上放置一块 50mm 厚的钢板,其上铺一张毫米方格纸,上铺一张新的复写纸,以规定的 700N 荷载后试验轮静压复写纸,即可在方格纸上得出轮压面积,并由此求得接地压强。当压强不符合 0.7MPa±0.05MPa 时,荷载应予适当调整。

(2)用轮碾成型法制作车辙试验试块。在试验室或工地制备成型的车辙试件,板块状试件尺寸为长 300mm×宽 300mm×厚 50～100mm(厚度根据需要确定)。也可从路面切割得到需要尺寸的试件。

当直接在拌和厂拌和好的沥青混合料样品制作车辙试验试件检验生产配合比设计或混合料生产质量时,必须将混合料装入保温桶中,在温度下降至成型温度之前迅速送达试验室制作试件,如果温度稍有不足,可放在烘箱中稍事加热(时间不超过 30min)后成型。但不得将混合料放冷后二次加热重塑制作试件。重塑制件的试验结果仅供参考,不得用于评定配合比设计检验是否合格使用。

(3)试件成型后连同试模一起在常温条件下放置的时间不得少于 12h。对聚合物改性沥青混合料,放置的时间以 48h 为宜,使聚合物改性沥青充分固化后方可进行车辙试验,室温放置时间不得长于一周。

2. **试验步骤**

(1)将试件连同试模一起,置于已达到试模温度 60℃±1℃ 的恒温室中,保温不少于 5h,也不得超过 12h。在试件的试验轮不行走的部位上,粘贴一个热电偶温度计(也可在试件制作时预先将热电偶导线埋入试件一角),控制试件温度稳定在 60℃±0.5℃。

(2)将试件连同试模移至轮辙试验机的试验台上,试验轮在试件的中央部位,其行走方向须与试件碾压或行车方向一致。开动车辙变形自动记录仪,然后启动试验机,使试验轮往返行走,时间约 1h,或最大变形达到 25mm 时为止。试验时,记录仪自动记录变形曲线及试件温度。

3. **结果计算**

(1)从曲线上读取 45min(t_1)及 60min(t_2)时的车辙变形 d_1 及 d_2,精确至 0.01mm。如变形过大,在未到 60min 变形已达 25mm 时,则以达到 25mm(d_2)时的时间为 t_2,将其前 15min 为 t_1,此时的变形量为 d_1。

(2)按式(3-37)计算沥青混合料试件的动稳定度:

$$DS = \frac{t_2 - t_1}{d_2 - d_1} \times N \times C_1 \times C_2 \qquad (3-37)$$

式中:DS——沥青混合料的动稳定度,次/mm ;

d_1——对应于时间 t_1 的变形量,mm ;

d_2——对应于时间 t_2 的变形量,mm ;

C_1——试验机类型修正系数,曲柄连杆驱动试件的变速行走方式为 1.0 ,链驱动试验轮的等速方式为 1.5 ;

C_2——试件系数,试验室制备的宽 300mm 的试件为 1.0 ,从路面切割的宽 150mm 的试件为 0.8 ;

N——试验轮往返碾压速度,通常为 42 次/min。

4. **报告**

(1)同一沥青混合料或同一路段的路面,至少平行试验 3 个试件。当 3 个试件动稳定度变异系数小于 20％时,取其平均值作为试验结果。变异系数大于 20％时应分析原因,并追加试验。如计算动稳定值大于 6 000 次/mm 时,记作＞6 000 次/mm。

(2)试验报告应注明试验温度、试验轮接地压强、试件密度、空隙率及试件制作方法等。

(3)精密度或允许差重复性试验动稳定变异系数的允许值为 20％。

八、沥青与矿料的黏附性试验方法

1. 目的和适用范围

(1)沥青与矿料黏附性试验是根据沥青黏附在粗集料表面的薄膜在一定温度下,受水的作用产生剥离的程度,以判断沥青与集料表面的黏附性能。

(2)本方法适用于测定沥青与矿料的黏附性及评定集料的抗水剥离能力。根据沥青混合料的最大集料粒径,对于大于 13.2mm 及小于(或等于)13.2mm 的集料分别选用水煮法或水浸法进行试验,对同一种料源既有大于又有小于 13.2mm 不同粒径的集料时,取大于13.2mm 水煮法试验为标准,对细粒式沥青混合料以水浸法试验为标准。

2. 仪具与材料

本试验需要下列仪具与材料:

(1)天平:称量 500g 感不大于 0.01g。

(2)恒温水槽:能保持温度 80℃±1℃。

(3)拌和用小型容器:5ml。

(4)烧杯:100ml。

(5)试验架。

(6)细线:尼龙线或棉线、铜丝线。

(7)铁丝网。

(8)标准筛 9.5mm、13.2mm、19mm 各 1 个(也可用圆孔筛:10mm、15mm、25mm 代替)。

(9)烘箱:装有自动温度调节器。

(10)电炉、燃气炉。

(11)其他:拌和铲、石棉网、纱布、手套等。

3. 适用于大于 13.2mm 粗集料的试验方法(水煮法)

(1)准备工作

① 将集料用 13.2mm、19mm(或圆孔筛 15mm、25mm)过筛,取粒径 13.2～19mm(圆孔筛 15～25mm)形状接近立方体的规则集料 5 个,用洁净水洗净,置于温度为(105±5)℃的烘箱中烘干,然后放在干燥器中备用。

② 将大烧杯中盛水,并置于加热炉的石棉网上煮沸。

(2)试验步骤

① 将集料逐个用细线在中部系牢,再置于 105℃±5℃烘箱内 1h。准备沥青试样。

② 逐个取出加热的矿料颗粒用线提起,浸入预先加热的沥青(石油沥青 130℃～150℃、煤沥青 100℃～110℃)试样中 45s 后,轻轻拿出,使集料颗粒完全为沥青膜所裹覆。

③ 将裹覆沥青的集料颗粒悬挂于试验架上,下面垫一张废纸,使多余的沥青流掉,并在室温下冷却 15min。

④ 待集料颗粒冷却后,逐个用线提起,浸入盛有煮沸水的大烧杯中央,调整加热炉,使烧杯中的水保持微沸状态,但不允许有沸开的泡沫。

⑤ 浸煮 3min 后,将集料从水中取出,观察矿料颗粒上沥青膜的剥落程度,评定其黏附性等级。

③ 同一试样应平行试验 5 个集料颗粒,并由两名以上经验丰富的试验人员分别评定后,取平均等级作为试验结果。

4. 适用于小于 13.2mm 粗集料的试验方法(水浸法)

(1)准备工作

① 将集料用 9.5mm、13.2mm(或圆孔筛 10mm、15mm)过筛,取粒径 9.5～13.2mm(圆孔筛 10～15mm)形状规则的集料 200g 用洁净水洗净,并置于温度为 105℃±5℃ 的烘箱烘干,然后放在干燥器中备用。

② 准备沥青试样功口热至与矿料的拌和温度。

③ 将煮沸过的热水注入恒温水浴中,维持 80℃±1℃ 恒温。

(2)试验步骤

① 按四分法称取集料颗粒(9.5～13.2mm)100g 置搪瓷盘中,连同搪瓷盘一起放入已升温至沥青拌和温度以上 5℃ 的烘箱中持续加热 1h。

② 按每 100g 矿料加入沥青(5.5±0.2)g 的比例称取沥青,准确至 0.1g。放入小型拌和容器中,一起置入同一烘箱中加热 15min。

③ 将搪瓷盘中的集料倒入拌和容器的沥青中后,从烘箱中取出拌和容器,立即用金属铲均匀拌和 1～1.5min,使集料完全被沥青膜裹覆,然后立即将裹有沥青的集料取 20 个,用小铲移至玻璃板上摊开,并置室温下冷却 1h。

④ 将放有集料的玻璃板浸入温度为(80±2)℃ 的恒温水槽中,保持 30min,并将剥离及浮于水面的沥青,用纸片捞出。

⑤ 由水中小心取出玻璃板,浸入水槽内的冷水中,仔细观察裹覆集料的沥青薄膜的剥落情况。由两名以上经验丰富的试验人员分别目测,评定剥离面积的百分率,评定后取平均值表示。

⑥ 由剥离面积百分率评定沥青与集料黏附性的等级。

【学习实践】

一、选择题

1. 无侧限抗压强度试件的养生温度为(　　　)度(北方区)。

　　A. 20±2　　　　　　B. 25±2　　　　　　C. 30±2　　　　　　D. 15±2

2. 石灰稳定土的强度随着石灰剂量的增大而(　　　)(在最佳剂量之下时)。

　　A. 大　　　　　　　B. 不确定　　　　　C. 不变　　　　　　D. 小

3. 在水泥稳定土类混合料组成设计中,为了确定不同灰剂量混合料的最佳含水量和最佳干密度,至少应做(　　　)个不同水泥剂量混合料击实试件。

　　A. 5　　　　　　　　B. 7　　　　　　　　C. 3　　　　　　　　D. 9

4. 水泥混凝土面层测定的强度指的是（　　）。
   A. 弯拉强度　　B. 抗压强度　　C. 抗剪强度　　D. 疲劳强度
5. 表干法、水中重法、封蜡法、体积法是沥青混合料密度试验的 4 种方法，其中表干法的适用条件是（　　）。
   A. 试件吸水率大于 2%　　　　　B. 试件吸水率小于 2%
   C. 试件吸水率小于 0.5%　　　　D. 适用于任何沥青混合料

二、判断题

1. 无机结合料击实试验中，丙法要求每层击实 98 次。（　　）
2. 振动台法与表面振动压实仪法均采用振动原理测定土的最大干密度。（　　）
3. 水泥稳定材料的无侧限抗压强度试验中，试件规格为径高比 1∶1 的圆柱体。（　　）
4. 沥青混合料是由矿料与沥青结合料按一定比例配合，均匀拌和而成的混合料。（　　）
5. 表干法适用于测定吸水率不大于 2% 的各种沥青混合料试件的密度。（　　）
6. 沥青稳定碎石基层密度可以采用水中重法进行测定。（　　）
7. 马歇尔试验不属于目标配合比设计阶段的内容。（　　）
8. 水泥稳定粒料基层施工中，水泥初凝时间应在 4 小时以上。（　　）
9. 水泥稳定土的水泥用量和最佳含水量要通过强度试验来确定。（　　）

三、问答题

1. 无机结合料稳定土抗压强度试件及测定方法，是否与水泥混凝土抗压强度的试件及测定方法相同？
2. 水泥、水泥混凝土抗压抗折强度实验结果如何处理？
3. 做混凝土抗压、抗折强度试验时，试验机的加荷速度有何规定？操作压力机时，必须遵守哪些安全规定？
4. 无机结合料稳定土的无侧限抗压强度试验主要采用哪些检测器具？
5. 沥青混合料的检测指标是哪些？
6. 某一级公路水泥稳定碎石基层，已知 $R_d = 3.2MPa$，现测得某段的无侧限抗压强度数值如下（MPa），请你对该段的强度结果进行评定并计算其得分值。（规定分为 20 分，保证率为 95%）

序号	1	2	3	4	5	6	7	8	9	10	11	12
强度	3.86	4.06	3.52	3.92	3.52	3.92	3.84	3.56	3.72	3.53	3.68	4.00

7. 有一组石灰稳定料设计强度为 0.7MPa，其余测定值为 0.74、0.68、0.72、0.76、0.72、0.70（保证率为 1.645），问该组石灰稳定料是否满足要求？
8. 已知水泥稳定的密度是 2.189，水泥剂量为 5.4%，要求压实度为 98%，风干集料的含水率为 2.4，混合料的最佳含水量为 4.9，（试件尺寸为 150mm×150mm 的圆柱体），计算制一个试件所需的水泥、集料及水的用量？

学习项目四　路基路面几何尺寸及路面厚度检测

任务 4 - 1　路基路面现场测试随机选点方法

【学习要求】

掌握随机选点的方法。

【学习内容】

对公路路基路面各个层次进行各种测定时，为采取代表性试验数据，往往用随机取样选点的方法确定测点区间、测定断面、测定位置。随机取样选点是按照数理统计原理，在路基路面现场测定时决定区间、测定断面、测点位置的方法。

随机取样选点法需要的材料有：钢尺、皮尺、硬纸片（共 28 块，编号 1～28，每块大小 2.5cm×2.5cm，装在一个布袋内）、骰子（2 个）、毛刷、粉笔等。

一、测定断面或测定区间的确定方法

路段确定，根据路面施工或验收、质量评定方法等有关规范决定需检测的路段。它可以是一个作业段、一天完成的路段或路线全程，在路基路面工程检查验收时，通常以 1km 为一个检测路段。此时，检测路段的确定也按本方法的步骤进行。下面主要介绍测定断面的确定步骤（检测路段的确定与此相同）。

1. 将检测路段按桩号间距（一般为 20m）分成若干个断面，依次编号为 1、2、3、…、T，总的断面数为 T 个。

2. 从布袋中随机摸出一块硬纸片，硬纸片上的号数即为表 4 - 1 中的栏号。从 1～28 栏中选出该栏号对应的一栏。

3. 按照检测频度的要求，确定测定断面的取样总数 n。依次找出与 A 列中 01、02、…、n 对应的 B 列中的值，共 n 对对应的 A、B 值。当 $n>30$ 时，应分次进行。

4. 将 n 个 B 值与总的断面数 T 相乘，四舍五入成整数，即得到 N 个断面的编号。

5. 查断面编号对应的桩号，即为拟检测的断面。

表 4 - 1 一般取样的随机数表

栏号 1			栏号 2			栏号 3			栏号 4			栏号 5		
A	B	C	A	B	C	A	B	C	A	B	C	A	B	C
15	0.033	0.578	05	0.048	0.879	21	0.013	0.220	18	0.089	0.716	17	0.024	0.863
21	0.101	0.300	17	0.074	0.156	30	0.036	0.853	10	0.102	0.330	24	0.060	0.032
23	0.129	0.916	18	0.102	0.191	10	0.052	0.746	14	0.111	0.925	26	0.074	0.639
30	0.158	0.434	06	0.105	0.257	25	0.061	0.954	28	0.127	0.840	07	0.167	0.512
24	0.177	0.397	28	0.179	0.447	29	0.062	0.507	24	0.132	0.271	28	0.194	0.776
11	0.202	0.271	26	0.187	0.844	18	0.087	0.887	19	0.285	0.089	03	0.219	0.166
16	0.204	0.012	04	0.188	0.482	24	0.105	0.849	01	0.326	0.037	29	0.264	0.284
08	0.208	0.418	02	0.208	0.577	07	0.139	0.159	30	0.344	0.938	11	0.282	0.262
19	0.211	0.798	03	0.218	0.402	01	0.175	0.647	22	0.405	0.295	14	0.379	0.994
29	0.233	0.070	07	0.245	0.808	23	0.196	0.873	05	0.421	0.282	13	0.394	0.405
07	0.260	0.073	15	0.248	0.831	26	0.240	0.981	13	0.451	0.212	06	0.410	0.157
17	0.262	0.308	29	0.261	0.037	14	0.255	0.374	02	0.461	0.023	15	0.438	0.700
25	0.271	0.180	30	0.302	0.883	06	0.310	0.043	06	0.487	0.539	22	0.453	0.635
06	0.302	0.672	21	0.318	0.088	11	0.316	0.653	08	0.497	0.396	21	0.472	0.824
01	0.409	0.406	11	0.376	0.936	13	0.324	0.585	25	0.503	0.893	05	0.488	0.118
13	0.507	0.693	14	0.430	0.814	12	0.351	0.275	15	0.594	0.603	01	0.525	0.222
02	0.575	0.654	27	0.438	0.676	20	0.371	0.535	27	0.620	0.894	12	0.561	0.980
18	0.591	0.318	08	0.467	0.205	08	0.409	0.495	21	0.629	0.841	08	0.652	0.508
20	0.610	0.821	09	0.474	0.138	16	0.445	0.740	17	0.691	0.583	18	0.668	0.271
12	0.631	0.597	10	0.492	0.474	03	0.494	0.929	09	0.708	0.689	30	0.736	0.634
27	0.651	0.281	13	0.498	0.892	27	0.543	0.387	07	0.709	0.012	02	0.763	0.253
04	0.661	0.953	19	0.511	0.520	17	0.625	0.171	11	0.714	0.049	23	0.804	0.140
22	0.692	0.089	23	0.591	0.770	02	0.699	0.073	23	0.720	0.695	25	0.828	0.425
05	0.779	0.346	20	0.604	0.730	19	0.702	0.934	03	0.748	0.413	10	0.843	0.849
09	0.787	0.173	24	0.654	0.330	22	0.816	0.802	20	0.781	0.603	16	0.858	0.849
13	0.818	0.837	12	0.728	0.523	04	0.838	0.166	26	0.830	0.384	04	0.903	0.327
14	0.905	0.631	16	0.753	0.344	15	0.904	0.116	04	0.843	0.002	09	0.912	0.382
26	0.912	0.376	01	0.806	0.134	28	0.969	0.742	12	0.884	0.582	27	0.935	0.162
28	0.920	0.163	22	0.878	0.884	09	0.974	0.046	29	0.926	0.700	20	0.970	0.582
03	0.945	0.140	25	0.930	0.162	05	0.977	0.494	16	0.951	0.601	19	0.975	0.327

注:此表共 28 个栏号,第 6～28 栏号中的 A、B、C 值可参照有关规程、规范或标准。

【学习案例 4－1】

拟从 K1＋000～K2＋000 的检测路段中选择 20 个断面测定路面宽度、高程、横坡度等外形尺寸,断面桩号确定方法如下:

1. 1km 总长的断面数 $T=1000/20=50$ 个,编号为 1、2、…、50。

2. 从布袋中取出一块硬纸片,其编号为 5,即采用表 4－1 中的第 5 栏。

3. 从第 5 栏中 A 列中挑出小于 20 所对应的 B 列数值,将 B 列数值与 T 相乘,四舍五入得到 20 个编号,并得到 20 个断面的桩号。计算过程列于表 4－2。

表 4－2　路面宽度、高程、横坡度检测断面随机选点计算

断面编号	5栏 A 列	B 列	$B \times T$	断面号	桩号
1	17	0.024	1.20	1	K1＋020
2	07	0.167	8.35	8	K1＋160
3	03	0.219	10.95	11	K1＋220
4	11	0.282	14.10	14	K1＋280
5	14	0.739	36.95	19	K1＋380
6	13	0.394	19.70	20	K1＋400
7	06	0.410	20.50	21	K1＋420
8	15	0.438	21.90	22	K1＋440
9	05	0.488	24.40	24	K1＋480
10	01	0.525	26.25	26	K1＋520
11	12	0.561	28.05	28	K1＋560
12	08	0.652	32.60	33	K1＋660
13	18	0.668	33.40	33	K1＋660
14	02	0.763	38.15	38	K1＋760
15	10	0.843	42.15	42	K1＋840
16	16	0.858	42.90	43	K1＋860
17	04	0.903	45.15	42	K1＋840
18	09	0.912	45.60	46	K1＋920
19	20	0.970	48.50	49	K1＋980
20	19	0.975	48.75	49	K1＋000

二、测点位置确定方法

1. 从布袋中任意取出一块硬纸片,纸片上号数即为表 4－1 中的栏号。从 1～28 栏中选出该栏号的一栏。

2. 按照测点数的频数要求(取样总数为 n)。依次找出所定栏号的 A 列所需取样位置数的全部数,如 01、02、⋯、n。当 $n>30$ 时,应分次进行。

3. 确定取样位置的纵向距离。找出与 A 列中相对应的 B 列中数值,以此数乘以检测区间的总长度,并加上该段的起点桩号,即得出取样位置距该段起点的距离或桩号。

4. 确定取样位置的横向距离。找出与 A 列中相对应的 C 列中数值,以此数乘以检测路面(路基)的宽度,再减去宽度的一半,即得出取样位置距离路中心线的距离。如差值是正值(+),表示在中心线的右侧;如差值是负值(-),表示在中心线的左侧。

【学习案例 4-2】

按照有关规范规定,检查验收时拟在 K000+000～K1+000 的 1km 检测路段中选择 6 个测点进行钻孔取样检验压实度、沥青用量和矿料级配等,钻孔位置决定方法如下:

1. 选定的随机数栏为栏号 3。

2. 栏号从上至下的数为:01、06、03、02、04 及 05。

3. 表 4-1 的 B 列中与这 6 个数相对应的 6 个小数分别为 0.175、0.310、0.494、0.699、0.838 及 0.977。

4. 取样路段长度 1 000m,计算得出 6 个乘积(取样位置与该段起点的距离)分别为 175m、310m、494m、699m、838m、977m。

5. 表 4-3 的 C 列与 B 列数值相对应的数为 0.641、0.063、0.929、0.073、0.166 及 0.494。

6. 路面宽度为 10m,计算得 6 个乘积分别是 6.41、0.63、9.29、0.73、1.66 及 4.94m。因此,6 个取样的横向位置分别是右 1.41m、左 4.37m、右 4.29m、左 4.27m、左 3.34m 及左 0.06m。

7. 上述计算结果可采用下表 4-3 的方式表示。

表 4-3 钻孔位置随机取样选点计算表

栏号 3			取样路段长 1000m			路面宽度 10m		测点数 6 个
测点编号	A 列	B 列	距起点距离(m)	桩号		C 列	距路边缘距离(m)	距中线位置(m)
NO.1	01	0.175	175	K000+175		0.641	6.41	右 1.41
NO.2	06	0.310	310	K000+310		0.063	0.63	左 4.37
NO.3	03	0.494	494	K000+494		0.929	9.29	右 4.29
NO.4	02	0.699	699	K000+699		0.073	0.73	左 4.27
NO.5	04	0.838	838	K000+838		0.166	1.66	左 3.34
NO.6	05	0.977	977	K000+977		0.494	4.94	左 0.06

任务 4-2　路基路面几何线形检测

【学习要求】

1. 了解路基、路面几何尺寸检测的内容及要求；
2. 掌握使用相应的工具或仪器测试路基、路面各项几何指标；
3. 掌握检测路段数据的处理及出具检测报告。

【学习内容】

一、检测项目与要求

在路基、路面施工过程中、交工验收期间及旧路调查中，都有需要检测路基、路面各部分的宽度、纵断面高程、横坡及中线偏位等几何尺寸，以供道路施工过程、路面交竣工验收及旧路调查使用。

检测所使用的仪器与材料有：钢尺、经纬仪、全站仪、水准仪、塔尺、粉笔等。几种结构层的检测项目的要求见表 4-4 所列。其他检测项目见《公路工程质量检测评定标准》（JTG F80/1—2004）。有纵断面高程、中线偏位、宽度、横坡等。

表 4-4　几何尺寸检测要求

结构名称	检查项目	规定值或容许偏差		检查方法和频率
		高速、一级公路	其他公路	
土方路基	纵断面高程(mm)	+10、−15	+10、−20	水准仪：每200m测4个断面
	中线偏位(mm)	50	100	经纬仪：每200m测4点，弯道加HY,YH两点
	宽度(mm)	符合要求		米尺：每200m测4处
	横坡(%)	±0.3	±0.5	水准仪：每200m测4个断面
	边坡(mm)	符合要求		尺量：每200m测4处
水泥混凝土层面	纵横缝顺直度(mm)	10		纵缝拉线，每200m测4处；横缝沿板宽拉线，每200m4条
	中线偏位(mm)	20		经纬仪：每200m测4点
	厚度(mm)	代表值−5，合格值−10		钻芯法：每200m每车道2处
	宽度(mm)	±20		尺量：每200m测4处
	纵断面高程(mm)	±10	±15	水准仪：每200m测4个断面
	横坡(%)	±0.15	±0.25	水准仪：每200m测4个断面

结构名称	检查项目		规定值或容许偏差		检查方法和频率
			高速、一级公路	其他公路	
沥青混凝土和沥青碎石面层	厚度（mm）	代表值	总厚度：设计值$-5\%H$ 上面层：设计值$-10\%H$	$-8\%H$	用钻芯法或挖坑法检测，双车道每200m测1处
		合格值	总厚度：设计值$-10\%H$ 上面层：设计值$-20\%H$	$-15\%H$	
	中线偏位（mm）		20		经纬仪：每200m测4处
	宽度（mm）		±15	±20	尺量：每200m测4处
	横坡（%）		±0.3	±0.5	水准仪：每200m测4处

二、准备工作

1. 在路基或路面上准确恢复桩号。

2. 根据有关施工规范或《公路工程质量检验评定标准（土建工程）》的要求，按随机取样的方法，在一个检测路段内选取测定的断面位置及里程桩号，在测定断面做标记。通常将路面宽度、横坡、高程及中线平面偏位选取在同一断面位置，且宜在整数桩号上测定。

3. 根据道路设计的要求，确定路基、路面各部分的设计宽度的边界位置，在测定位置上用粉笔做上记号。

4. 根据道路设计的要求，确定设计高程式的纵断面位置，在测定位置上用粉笔做上记号。

5. 根据道路设计的要求，在与中线垂直的横断面上确定成型后路面的实际中心线位置。

6. 根据道路设计的路拱形状，确定曲线与直线部分的交界位置及路面与路肩（或硬路肩）的交界处，作为横坡检验的基准；当有路缘石或中央隔带时，以两侧路缘石边缘为横坡测定的基准点，用粉笔做上记号。

三、路基路面各部分的宽度及总宽度测试

用钢尺沿中心线垂直方向水平量取路基、路面各部分的宽度，以 m 表示，对高速公路及一级公路，准确至 0.005m；对其他等级公路，准确至 0.01m。测量时钢尺应保持水平，不得将尺紧贴路面量取，也不得使用皮尺。

各个断面的实测宽度 B_{1i} 与设计宽度 B_{0i} 之差。总宽度为路基路面各部分宽度之和。

$$\Delta B_i = B_{1i} - B_{0i} \tag{4-1}$$

式中：B_{1i}——各断面的实测宽度，m；

B_{0i}——各断面的设计宽度，m；

ΔB_i——各断面的实测宽度和设计宽度的差值，m。

四、纵断面高程测试步骤

1. 将精密水平仪架设在路面平顺处调平,将塔尺竖立在中线的测定位置上,以路线附近的水准点高程作为基准。测记测定点的高程读数,以 m 表示,准确至 0.001m。

2. 连续测定全部测点,并与水准点闭合。

各个断面的实测高程 H_{1i} 与设计高程 H_{0i} 之差

$$\Delta H_i = H_{1i} - H_{0i} \tag{4-2}$$

式中:H_{1i}——各个断面的纵断面实测高程,m;

H_{0i}——各个断面的纵断面设计高程,m;

ΔH_i——各个断面的纵断面实测高程和设计高程的差值,m。

五、路面横坡测试步骤:

1. 设有中央分隔带的路面:将精密水准仪架设在路面平顺处调平,将塔尺分别竖立在路面与中央分隔带分界的路缘带边缘 d_1 处及路面与路肩交界位置(或外测路缘石边缘)d_2 处,d_1 与 d_2 两测点必须在同一横断面上,测量 d_1 与 d_2 处的高程,记录高程读数,以 m 表示,准确至 0.001m。

2. 无中央分隔带的路面:将精密水准仪架设在路面平顺处调平,将塔尺分别竖立在路拱曲线与直线部分的交界位置 d_1 及路面与路肩(或硬路肩)的交界位置 d_2 处,d_1 与 d_2 两测点必须在同一横断面上,测量 d_1 与 d_2 处的高程,记录高程读数,以 m 表示,准确至 0.001m。

3. 用钢尺测量两测点的水平距离,以 m 表示,对高速公路及一级公路,准确至 0.005m;对其他等级公路,准确至 0.01m。

各测定断面的路面横坡按式(4-3)计算,准确至一位小数。按式(4-4)计算实测横坡 i_{1i} 与设计横坡 i_{0i} 之差。

$$i_{1i} = \frac{h_{d1} - h_{d2}}{B_i} \times 100 \tag{4-3}$$

$$\Delta i_i = i_{1i} - i_{0i} \tag{4-4}$$

式中:i_{1i}——各测定断面的横坡,%;

h_{d1},h_{d2}——各断面测点 d_1 与 d_2 处的高程读数,m;

B_i——各断面测点 d_1 与 d_2 之间的水平距离,m;

i_{0i}——各断面的设计横坡,%;

Δi_i——各测定断面的横坡和设计横坡的差值,%。

六、中线偏位测试步骤

1. 有中线坐标的道路:首先从设计资料中查出待测点 P 的设计坐标,用经纬仪对该设计坐标进行放样,并在放样点 P' 做好标记,量取 PP' 的长度,即为中线平面偏位 Δ_{CL},以 mm 表示。对高速公路及一级公路,准确至 5mm;其他等级公路,准确至 10mm。

2. 无中桩坐标的低等级道路：应首先恢复交点或转点，实测偏角和距离，然后采用链距法、切线支距法或偏角法等传统方法敷设道路中线的设计位置，量取设计位置与施工位置之间的距离，即为中线平面偏位 Δ_{CL}，以 mm 表示，准确至 10mm。

七、检测路段数据处理

根据式(4-1)～式(4-4)的方法计算一个评定路段内各测定断面的宽度、高程、横坡以及中线平面偏位的平均值、标准差、变异系数，但加宽及超高部分的测定值不参与计算。

八、检测报告

1. 以评定路段为单位列出桩号、宽度、高程、横坡以及中线偏位测定的记录表，记录平均值、标准差、变异系数。注明不符合规范要求的断面。

2. 纵断面高程测试报告中应报告实测高程与设计高程的差值，低于设计高程为负，高于设计高程为正。路面横坡测试报告中应报告实测横坡与设计横坡的差值。实测横坡小于设计横坡差值为负；实测横坡大于设计横坡差值为正。

【学习案例 4-3】

表 4-5　路基路面几何尺寸检测记录

序号	测点桩号	纵断高程(m)			横坡(%)			宽度(m)			路面厚度(m)			中线偏位(mm)
		实测值	设计值	差值(mm)	实测值	设计值	差值(%)	实测值	设计值	差值(m)	实测值	设计值	差值(mm)	实测值
1	K1+000	19.695	19.69	+5	2.2	2	+0.2	5.05	5.05	0	19.5	20	−5	
2	K1+050	19.672	19.68	−8	1.9	2	−0.1	5.25	5.05	+0.2	20.2	20	+2	
3	K1+100	19.655	19.67	−15	1.8	2	−0.2	5.05	5.05	0	19.8	20	−2	
4	K1+150	19.663	19.66	+3	2	2	0	5.00	5.05	−0.05	20.3	20	+3	

注：不符合规范的测定应做标记。

任务 4-3 路面厚度检测

【学习要求】

1. 掌握路面结构层厚度的检测类型；
2. 熟悉几种路面厚度检测的方法。

【学习内容】

在路面工程中，各个层次的厚度是和道路整体强度密切相关的。在路面设计中，不管是刚性路面，还是柔性路面，其最终要决定的，都是各个层次的厚度，只有在保证厚度的情况下，路面的各个层次及整体的强度才能得到保证。除了能保证强度外，严格控制各结构层的厚度，还能对路面的标高起到一定的控制作用，是一个非常重要的指标。所以在《公路工程质量检验评定标准》(JTG F80/1—2004)中，路面各个层次的厚度的分值较高。

路面各结构层厚度的检测一般与压实度同时进行，当用灌砂法进行压实度检查时，可量取挖坑灌砂深度即为结构层厚度。当用钻芯取样法检查压实度时，可直接量取芯样高度。结构层厚度也可以采用水准仪量测法求得，即在同一测点量出结构层底面及顶面的高程，然后求其差值。这种方法无需破坏路面，测试精度高。目前，国内外还有用雷达、超声波等方法检测路面结构层厚度。

一、路面结构层厚度的代表值与极值的允许偏差

路面各结构层厚度的检测方法与结构层的层位和种类有关，对于基层或砂石路面的厚度可用挖坑法测定，沥青面层与水泥混凝土路面板的厚度应用钻孔法测定。对于路面各层施工完成后及工程交工验收检查使用时必须进行厚度的检测，几种常用的路面结构层厚度的代表值与极值的允许偏差见表 4-6 所列。

表 4-6 几种常用的路面结构层厚度的代表值与极值的允许偏差

项目类型及层位		规定值或允许偏差		检查方法和频率	权值
		高速公路、一级公路	其他公路		
水泥混凝土面层	代表值	-5		每 200m 每车道 2 处	3
	合格值	-10			
沥青混凝土面层和沥青碎(砾)石面层	代表值	总厚度:设计值的 $-5\%H$	$-8\%H$	双车道每 200m 测 1 处	3
		上面层:设计值的 $-10\%H$			
	合格值	总厚度:设计值的 $-10\%H$	$-15\%H$		
		上面层:设计值的 $-20\%H$			

项目类型及层位			规定值或允许偏差		检查方法和频率	权值
			高速公路、一级公路	其他公路		
沥青贯入式面层	代表值		—	$-8\%H$ 或 $-5mm$	每200m 每车道1点	3
	合格值		—	$-15\%H$ 或 $-10mm$		
沥青表面处治面层	代表值		—	-5		
	合格值		—	-10		
水泥稳定粒料	基层	代表值	-8	-10		3
		合格值	-15	-20		
	底基层	代表值	-10	-12		
		合格值	-25	-30		
石灰土稳定土	基层	代表值	—	-10		2
		合格值	—	-20		
级配碎（砾）石	底基层	代表值	-10	-12	每200m 每车道1点	3
		合格值	-25	-30		
	基层	代表值	-8	-10		
		合格值	-15	-20		
	底基层	代表值	-10	-12		
		合格值	-25	-30		

二、挖坑法测定路面厚度

1. 根据现行规范的要求，随机取样决定挖坑检查的位置。如为旧路，该点有坑洞等显著缺陷或接缝时，可在其旁边检测。

2. 选一块约 $40cm \times 40cm$ 的平坦表面作为试验地点，用毛刷将其清扫干净。

3. 根据材料坚硬程度，选择镐、铲、凿子等适当的工具，开挖这一层材料，直至层位底面。在便于开挖的前提下，开挖面积应尽量缩小，坑洞大体呈圆形，边开挖边将材料铲出，置于搪瓷盘中。

4. 用毛刷将坑底清扫，确认为坑底面下一层的顶面。

5. 将钢板尺平放横跨于坑的两边，用另一把钢尺或卡尺等量具在坑的中部位置垂直伸至坑底，测量坑底至钢板尺的距离，即为检查层的厚度，以 cm 计，精确至 0.1cm。

三、钻孔取样法测定路面厚度

1. 根据现行规范的要求，随机取样决定挖坑检查的位置。如为旧路，该点有坑洞等显著缺陷或接缝时，可在其旁边检测。

2. 用路面取芯钻孔机钻孔，芯样的直径应为100mm。如芯样仅供测量厚度，不做其试验,对沥青面层与水泥混凝土板也可用直径 50mm 的钻头,对基层材料有可能损坏试件时,也可用直径 150mm 的钻头,但钻孔深度必须达到层厚。

3. 仔细取出芯样,清除底面灰尘,找出与下层的分界面。

4. 用钢板尺或卡尺沿圆周对称的十字方向量取 4 处表面至上下层界面的高度,取其平均值,即为该层的厚度,精确至 0.1cm。

5. 施工过程中的简易方法

在施工过程中,当沥青混合料尚未冷却时,可根据需要,随机选择测点,用大改锥插入量取或挖坑量取沥青层的厚度(必要时用小锤轻轻敲打),但不得使用铁镐等扰动四周的沥青层。挖坑后清扫坑边,架上钢板尺,用另一钢板尺量取层厚,或用改锥插入坑内量取深度后用尺读数,即为层厚,以 cm 计,精确至 0.1cm。

四、填补试坑或钻孔

补填工序如有疏忽,易成为隐患而导致开裂。因此,所有挖坑、钻孔均应仔细做好。按下列步骤用取样层的相同材料填补试坑或钻孔:

1. 适当清理坑中残留物,钻孔时留下的积水应用棉纱吸干。

2. 对无机结合料稳定层及水泥混凝土路面板,按相同配比用新拌的材料并用小锤击实。水泥混凝土中宜掺加少量快凝早强的外掺剂。

3. 对无结合料粒料基层,可用挖坑时取出的材料,适当加水拌和后分层填补,并用小锤击实。

4. 对正在施工的沥青路面,用相同级配的热拌沥青混合料分层填补并用加热的铁锤或热夯压实。旧路钻孔也可用乳化沥青混合料修补。

5. 所有补坑结束时,宜比原面层略鼓出少许,用重锤或压路机压实平整。

补填工序如有疏忽、易成为隐患而导致开裂。因此,所有挖坑、钻孔均应仔细做好。

【学习案例 4-4】

检测路段数据处理,将路面厚度检测结果汇总于表 4-7,计算一个评定路段内测定值的平均值、标准差、变异系数,注明不符合要求的断面。

表 4-7 路面厚度检测记录

序号	测点桩号	距中线距离(m)	路面厚度(cm)		
			实测值 h_i	设计值 h_d	差值 Δh_i(mm)
1	K1+000	左 2.11	4.1	4	+1
2	K1+050	右 3.28	3.9	4	-1
3	K1+100	左 4.12	4.2	4	+2
4	K1+150	右 1.29	3.7	4	-3
5	K1+150	左 3.83	4.1	4	+1
6	K1+150	右 4.28	3.8	4	-2
平均值 $\bar{h}$(cm)	4.0	标准差 S(cm)	0.2	变异系数 C_v(%)	5	代表值 h_L(cm)	3.8

任务 4-4　短脉冲雷达测定路面厚度试验方法

【学习要求】

　　1. 熟悉短脉冲雷达的工作原理及测试步骤；
　　2. 掌握路面结构层厚度的评定分析。

【学习内容】

　　目前,我国公路路面厚度测试常采用钻孔测量芯样厚度的方法,给路面造成损坏或留下后患。而路面雷达测试系统是一种非接触、非破损的路面厚度测试技术,检测速度高,精度也较高,检测费用低廉。因此,它不仅适用于沥青路面或水泥混凝土路面各层厚度及总厚度测试、路面下空洞探测、路面下相对高湿度区域检测、路面下的破损状况检测,还可以用于检测桥面混凝土剥落状况、桥内混凝土与钢筋脱离状况以及测试桥面沥青覆盖层的厚度。

一、工作原理

　　雷达检测车以一定速度在路面上行驶,路面探测雷达发射电磁脉冲,并在短时间内穿过路面,脉冲反射波被无线接收机接收,数据采集系统记录返回时间和路面结构中的不连续电介质常数的突变情况。路面各结构层材料的电介质常数明显不同,因此电介质常数突变处,也就是两结构层的界面。根据测知的各种路面材料的电介质常数及波速,则可计算路面各结构层的厚度或给出含水量、损坏位置等资料。"短脉冲"是指雷达波脉冲持续时间在毫秒级以下,这类波具有抗干扰能力强、距离分辨力高、强杂波背景下目标检测能力强、信号处理(DSP)方式相对简化等优势,能够较好地适应公路上复杂的检测环境。

二、目的与适用范围

　　1. 本方法适用于采用短脉冲雷达无损检测路面面层厚度。短脉冲雷达是目前公路行业路面厚度无损检测应用最广泛的雷达,它具有测值精度高、工作稳定等特点。为了满足测试准确度和垂直分辨率的要求,用于检测路面厚度的雷达天线频率一般为 1.0GHz以上。

　　2. 本方法适用于新、改建路面工程质量验收和旧路加铺路面设计的厚度调查。改建路面工程中的检测需要注意一些问题。如果重新铺筑沥青路面,由于面层与基层材料的差异较大,层面分界会非常清晰,适合用雷达测试路面厚度;如果在原有沥青面层上加铺就需要进行现场试验,观察新旧沥青面层材料介电常数的差异性,如果差异性过小,层面将难以分清,就不适合用此方法测试加铺路面厚度。

　　3. 雷达发射的电磁波在道路面层传播过程中会逐渐衰减。雷达最大探测深度是由雷达系统的参数以及路面材料的电磁属性决定的。对于材料过度潮湿或饱水以及有高含铁量的矿渣集料的路面不适合用本方法测试。雷达波受环境条件的影响较大,根据以往的现场试验经验,在晴天和雨天检测同一路段的数据,误差可达到20%以上。因此,如果是雨后工作,建议等待一天时间,待路面含水率稳定后再测。对于基层中有高铁含量的矿渣时,由于雷达信号受到较为强烈的干扰,不建议采用本方法检测。

三、仪器与材料技术要求

1. 设备主要组成

雷达测试系统由承载车、天线、雷达发射接收器和控制系统组成,设备部分组成如图4-1所示。

图4-1 路面探测雷达

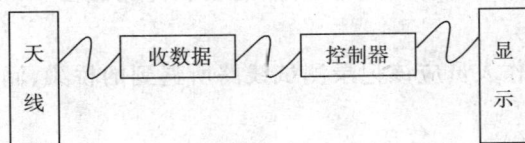

图4-2 雷达测试系统

2. 测试系统技术要求和参数

(1)距离标定误差:≤0.1%;

(2)设备工作温度:0℃～40℃;

(3)最小分辨层厚:≤40mm;

(4)系统测量精度要求:见表4-8所列;

表4-8 系统精度测量技术标准要求

测量深度(cm)	测量误差(mm)	测量深度(cm)	测量误差(mm)
<10	±3	>25	±10
10～25	±5		

(5)天线:喇叭形空气耦合天线,带宽能适应所选择的发射脉冲频率;

(6)收发器:脉冲宽度≤1.0ns,时间信号处理能力可以适应所需要的测试深度。

沥青路面的最小厚度多为40mm,因此这里规定最小分辨层厚不超过40mm。雷达垂直分辨率理论值为雷达波波长的一半,即$A/2$,这同时也对天线主频提出了要求。例如,假定雷达波在面层材料中的传播速率为10cm/ns,那么为了分清层厚40mm,天线主频就要大于1.25GHz。但是,天线主频不是越大越好,天线频率与可探测深度是成反比的,为了探测较大的面层厚度,在误差允许范围内,可以适当降低天线频率。电子产品一般都需要进行通电稳定,雷达设备也不例外。在正式开始检测之前,应对整套系统进行充分预热和必要的参数设置(如设置采样间隔、时间窗、增益等),防止因预热不充分产生零漂移现象。

四、检测的方法和步骤

1. 准备工作

(1)距离标定:承载车行驶超过20 000km,更换轮胎,或使用超过1年的情形下需要进行距离标定。距离标定方法根据厂家提供的说明进行。

(2)安装雷达天线:将雷达天线按照厂商提供的方法牢固地安装好,并将天线与主机的连线连接好。

(3)检查连接线安装无误后开机预热,预热时间不得少于厂商规定的时间。

(4)将金属板放置在天线正下方,启动控制软件的标定程序,获取相应的参数。

(5)打开控制软件的参数设置界面,根据不同的检测目的,设置采样间隔、时间窗、增益等参数。

2. 测试步骤

(1)将承载车停在起点,开启安全警示灯,启动软件测试程序,令驾驶员缓慢加速车辆到正常的检测速度。

(2)检测过程中,操作人员应该记录测试线路所遇到的桥梁、涵洞、隧道等构造物的起终点。

(3)当测试车辆到达测试终点后,操作人员关闭采集程序。

(4)芯样的标定:为了准确反算出路面的厚度,必须知道路面材料的介电常数,通常采用在路面上钻芯取样方法以获得路面的介电常数。做法是首先令雷达天线在需要标定的芯样点的上方取样,然后钻芯,最后将芯样的真实厚度数据输入到计算程序中,反算出路面材料的介电常数或者雷达波在材料中的传播速度。路面材料的介电常数会因集料类型、沥青产地、密度、湿度的不同而不同。测试过程中应该根据实际情况增加芯样钻取数量,以保证测试厚度的准确性。

芯样标定对于数据解析起着重要作用。检测过程中仪器仅仅记录了雷达波在结构层上下表面之间的走时,而不是厚度。因此,利用标定数据计算出雷达波在同样材料中的传播速度,对于准确地反算出层间厚度是十分必要的。由于材料的产地不同、配比不同、压实度不同等,都会影响到雷达波在沥青面层中的传播速度,因此建议现场检测时,每一个标段都应该至少做一次芯样标定,同时再次标定后雷达检测的采样间距不宜超过5km。

(5)操作人员检查数据文件,文件应完整,内容应正常,否则应重新测试。

(6)关闭测试系统电源,结束测试。

五、检测结果计算

1. 计算原理：

由于地下材料介质具有不同的介电常数，造成各种材料介质具有不同的电导性，电导性的差异影响了电磁波的传播速度。一般用下式计算电磁波在材料介质中的传播速度：

$$v = \frac{C}{\sqrt{\varepsilon_r}} \qquad (4-5)$$

式中：v——电磁波在材料介质中的传播速度，mm/ns；

　C——电磁波在空气中的传播速度（即约等于光速，取 300mm/ns）；

　ε_r——材料介质的介电常数；

根据电磁波在材料介质中的双程走时以及材料介质的相对介电常数，用下式确定面层厚度。

$$T = \frac{\Delta t \times C}{2\sqrt{\varepsilon_r}} \qquad (4-6)$$

式中：T——材料介质厚度，mm；

　C——电磁波在空气中的传播速度（即约等于光速，取 300mm/ns）；

　ε_r——材料介质的介电常数；

　Δt——雷达所发射的电磁波在材料介质中的双程走时，ns。

2. 路面材料的相对介电常数 ε_r 可以通过路面芯样获得。路面厚度的计算通常先由雷达波识别软件自动识别各层分界线，得到雷达波在各层中的双层走时，然后计算各层厚度。

六、检测报告

检测报告应包括检测路段路基路面或各结构层的厚度平均值、标准差、厚度代表值，并记录检测时天气状况、气温及工作面的基本情况。

七、结构层厚度的评定

1. 路面厚度是关系质量和造价的重要指标，既不能给承包商提供偷工减料的可能机会，又考虑正常施工条件下的厚度偏差情况，评定路段内路面结构层厚度按代表值和单个合格值的允许偏差进行评定。

2. 计算一个评定路段检测的厚度的平均值、标准差、变异系数，并计算代表厚度。

$$h_L = \bar{h} - S \cdot \frac{t_a}{\sqrt{n}} \qquad (4-7)$$

式中：h_L——厚度代表值；

　$\bar{h}$——厚度平均值；

　S——标准差；

　n——检查数量；

　t_a——t 分布中随测点和保证率（置信度 α）而变的系数（查附表2）。采用的保证率：高速、一级公路基层、底基层为 99%，面层为 95%；其他公路基层、底基层为 95%，面层为 90%。

3. 当厚度代表值大于等于设计厚度减代表值允许偏差时，则按单个检查值的偏差超过单点合格值来计算合格率；当厚度代表值小于设计厚度减去代表值允许偏差时，则相应分项工程评为不合格。

4. 沥青面层一般按沥青铺筑层总厚度进行评定，但高速公路和一级公路多分 2～3 层铺筑，还应进行上面层厚度检查和评定。

【学习案例 4-5】

某高速公路的某一路段水泥混凝土路面板厚度检测数据见表 4-9 所列。保证率为 95%，设计厚度为 25cm，代表值允许偏差 $\Delta h = 5mm$，试对该路段的板厚进行评价。

表 4-9　水泥混凝土路面板厚度检测结果

序号	1	2	3	4	5	6	7	8	9	10	11	12	13	14	15
厚度 h_i	25.1	24.8	25.1	24.6	24.7	25.4	25.2	25.3	24.7	24.9	24.9	24.8	25.3	25.3	25.2
序号	16	17	18	19	20	21	22	23	24	25	26	27	28	29	30
厚度 h_i	25.0	25.1	24.8	25.0	25.1	25.7	24.9	25.0	25.4	25.2	25.1	25.0	25.0	25.5	25.4

解：经计算得：$\bar{h} = 25.05cm$，$S = 0.24cm$

根据 $n = 30$，$\alpha = 95\%$，查表得：$\dfrac{t_\alpha}{\sqrt{n}} = 0.310$

厚度代表值为算术平均值的下置信界限，即：

$$h_L = \bar{h} - S \cdot \frac{t_\alpha}{\sqrt{n}} = 25.05 - 0.310 \times 0.24 = 24.98cm$$

已知　$h_d = 25cm$，$\Delta h = 5mm = 0.5cm$，

查表得　$\Delta h_{hg} = -10mm$，

因为　$h_L > h_d - \Delta h = 25 - 0.5 = 24.5cm$，

　　$h_i > h_d - h_{hg} = 25 - 1.0 = 24.0cm$，

且　$h_{max} = 25.5cm > 24cm$，

　　$h_{min} = 24.6cm > h_d - \Delta h_{hg} = 25 - 1.0 = 24.0cm$，

又因合格数 $m = 30$，检测点数 $n = 30$，

合格率 $P = \dfrac{m}{n} \times 100 = \dfrac{30}{30} \times 100 = 100\%$，

所以该路段板厚合格率为 100%。

【学习实践】

1. 拟从 K8+000～K9+000 的检测路段中选择 6 个点检测压实度和结构层厚度，试确定测点的位置（随机抽样编号为 6）。

2. 通常采用什么方法检测基层和砂石路面、沥青面层及水泥混凝土路面板的厚度?

3. 简述路面厚度的检测方法和评定方法。

4. 某一级公路水泥稳定砂砾基层压实厚度检测值分别为 21.5、22.6、20.3、19.7、18.2、20.6、21.3、21.8、22.0、20.3、23.1、22.4、19.0、19.2、17.6、22.6cm,请按保证率 99% 计算其厚度的代表值,并进行评定。($h_s=20$cm,代表值允许偏差为 -8mm,极值允许偏差 为 -15mm)

学习项目五　路基路面压实检测

任务 5-1　概　述

【学习要求】

1. 了解压实度的作用；
2. 熟悉几种常用的压实度的检测方法的适用范围；
3. 掌握土方路基、基层、沥青面层压实质量控制指标以及相关指标的定义；
4. 掌握沥青混合料标准密度确定方法。

【学习内容】

　　路基、路面压实质量是道路工程施工质量管理最重要的内在指标之一。只有对路基、路面结构层进行充分压实，才能保证路基、路面的强度、刚度及路面的平整度，并可以保证及延长路基、路面工程的使用寿命。大量的室内试验和工程实践表明压实使路基土和路面材料的强度大大增加；压实可以减少路基、路面在行车荷载作用下产生的形变；压实可以增加路基和路面材料的不透水性和强度稳定性，保证其使用质量。若压实不足，则路面容易产生车辙、裂缝、沉陷及整个路面被剪切破坏。

　　现场压实质量用压实度来表示。土基和路面基层的压实度是指压实层材料压实后的干密度与该材料的标准最大干密度之比，用百分数表示；沥青混凝土面层的压实度是指规定方法采取的混合料试件毛体积密度与标准密度之比，也用百分数表示。

　　路基和路面结构层的压实度以重型击实标准为准，沥青混凝土面层压实度以马歇尔稳定度击实成型标准或试验路密实度为准。对于特殊干旱、潮湿地区或过湿土以及铺筑中、低级路面的三、四级公路路基，则以路基设计施工规范规定的击实试验方法和压实度标准进行评定。

　　对于路基和路面基层，准确检测压实度要注意：

　　1. 准确检测现场湿密度。

　　2. 准确检测含水量。取样测定含水量时要防止水分散失，取出的土样应混合均匀再从中采取试样测定含水量。

　　3. 密切注意土质性状，当土质发生变化时，应及时取样测定最大干密度，确保计算采用的最大干密度准确。

　　下面主要介绍几种常用的压实度的检测方法。在压实度检测过程中，现场密度主要检测方法及各方法的适用范围见表 5-1 所列。此外,我国也采用地质雷达快速检测路面材料的密实度(本章不作介绍)。

表 5-1　现场密实度检测方法及适用范围比较

试验方法	适用范围
灌砂法	适用于在现场测定基层(或底基层)、砂石路面及路基上的各种材料压实层的密度和压实度。也适用于沥青表面处治、沥青贯入式面层的密度和压实度检测,但不适用于填石路堤等有大孔洞或大孔隙材料的压实度检测
环刀法	适用于细粒土及无机结合料稳定细粒土的密度测试。但对无机结合料稳定细粒土,其龄期不宜超过 2d,并且适用于施工过程中的压实度检测
核子法	适用于现场用核子密度仪以散射法或直接透射法测定路基或路面材料的密度和含水量,并计算施工压实度。适用于施工质量的现场快速评定,不宜用做仲裁试验或评定验收试验
钻芯法	适用于检验从压实的沥青路面上钻取的沥青混合料芯样试件的密实度,以评定沥青面层的施工压实度,同时适用于龄期长的无机结合料稳定类基层和底基层的密度检测

一、路基土的最大干密度和最佳含水量的确定

路基受到的荷载应力,随深度增加而迅速减少,所以路基上部的压实度应高一些;另外,公路等级高,其路面等级也高,对路基强度的要求则相应提高,所以对路基压实度的要求也应高一些。因此,高速、一级公路路基的压实度标准,对于路床 0～80cm 应不小于96％,路堤 80～150cm 应不小于 94％,150cm 以下应不小于 93％;对于零填及路堑、路槽底面以下 0～30cm 应不小于 96％。

在平均年降雨量少于 150mm 且地下水位低的特殊干旱地区(相当于潮湿系数≤0.25的地区)的压实度标准可降低 2％～3％。因为这些地区雨量稀少,地下水位低,天然土的含水量大大低于最佳含水量,要加水到最佳含水量情况下进行压实确有很大困难,压实度标准适当降低也不致影响路基的强度和稳定性。在平均年降雨量超过 2 000mm,潮湿系数＞2 的过湿地区和不能晾晒的多雨地区,天然土的含水量超过最佳含水量 5％时,要达到上述的要求极为困难,应进行稳定处理后再压实。

由于土的性质、颗粒的差别,确定最大干密度的方法也有区别,除了一般上的"击实法"以外,还有粗粒上和巨粒上最大干密度的确定方法。

击实试验由于击实功的不同,可分为重型和轻型击实,两个试验的原理和基本规律相似,但重型击实试验的击实功提高了 4.5 倍。击实试验中按采集土样的含水量,分湿土法和干土法;按土能否重复使用,也分为两种,即土能重复使用和不能重复使用。选择时应根据下列原则进行:根据工程的具体要求,按击实试验方法种类中规定选择轻型或重型试验方法;根据土的性质选用干土法或湿土法,对于高含水量土宜选用湿土法,对于非高含水量土则选用干土法(除易击碎的试样外);试样可以重复使用。

振动台法与表面振动压实仪法均是采用振动方法测定土的最大干密度。前者是整个土样同时受到垂直方向的振动作用,而后者是振动作用自上体表面垂直向下传递的。研究

结果表明,对于无粘聚性自由排水土,这两种方法最大干密度试验的测定结果基本一致,但前者试验设备及操作较复杂,后者相对容易,且更接近于现场振动碾压的实际状况。因此,使用时可根据试验设备拥有情况择其一即可,但推荐优先采用表面振动压实仪法。

已有的国内外研究结果表明,对于砂、卵、漂石及堆石料等无粘聚性自由排水土而言,一致公认采用振动方法而不是普通击实法。因此,建议采用振动方法测定无粘聚性自由排水土的最大干密度。

各试验方法的仪器设备、试验步骤等详见《公路土工试验规程》(JTG E40—2007)。

二、路面基层混合料最大干密度及最佳含水量确定方法

常见的路面基层材料有半刚性基层及粒料类基层,粒料类基层最大干密度的确定可参照粗粒土和巨粒土的振动法。半刚性基层材料按照《公路工程无机结合料稳定材料试验规程》(JTG E51—2009)执行,用标准击实法求得,但当粒料含量高时(50%以上),由于击实筒空间的限制,现行方法就不能得出真正的最大干密度。若以此为准,按施工规范要求的压实度成型,所测得的强度和有关参数大小,据此进行设计,势必造成浪费。同样,如以此为准进行施工质量控制,必然要求太低,不能保证施工质量,因此需要寻求更科学的方法。下面介绍一种确定最大干密度和最佳含水量的方法,即理论计算法。

1. 石灰土、二灰稳定粒料

根据室内试验测得结合料的最大干密度 ρ_1 和集料的相对密度 γ,把已确定的结合料与集料的质量比换算为体积比 $V_1 : V_2$,则可计算混合料的最大干密度 ρ_0 为:

$$\rho_0 = V_1 \rho_1 + V_2 \gamma \tag{5-1}$$

石灰土、二灰稳定粒料的最佳含水量 ω_0 是结合料的最佳含水量 ω_1 和集料饱水裹覆含水量 ω_2 的加权值。可按下式计算:

$$\omega_0 = \omega_1 A + \omega_2 B \tag{5-2}$$

式中:A、B——结合料和集料的质量百分比,以小数计。

饱水裹覆含水量是指把集料浸水饱和后取出,不擦去表面裹覆水时的含水量。除吸水率特大的集料外,此值对于砾石可以取 3%,碎石可取 4%。

2. 水泥稳定粒料

此类材料的最大干密度 ρ_0 与集料的最大干密度 ρ_G 和水泥硬化后的水泥质量有关。即:

$$\rho_0 = \frac{\rho_G}{\left[1 - \frac{(1+K)\alpha}{100}\right]} \tag{5-3}$$

式中:ρ_G——集料在振动台上加载振动而得到的最大干密度,g/cm³;

α——水泥含量,%;

K——水泥水化时水的增量,视水泥品种不同而异,一般为水泥质量的 10%~25%,以小数计。

水泥加水拌匀后,在105℃烘箱中烘干,称取试验前水泥质量和烘干后硬化的水泥质量,即可求得水泥水化的水增量。

因水泥中含有水化水,故用烘箱法不能正确测出水泥稳定粒料的最佳含水量。根据对比试验,水泥稳定粒料的最佳含水量 ω_0 由水泥的水化水、集料的饱水裹覆含水量和拌和水泥所需要的水(水灰比为0.5)三者组成。即:

$$\omega_0 = (0.5 + K)\alpha + \omega_2\left(1 - \frac{\alpha}{100}\right) \tag{5-4}$$

式中: ω_2 ——集料的饱水裹覆含水量,%;

其余符号代表意义同上。

三、沥青混合料标准密度确定方法

沥青混合料标准密度,以沥青拌和厂取样试验的马歇尔密度或者试验段密度为准,当采用前者方法时,压实度标准比后者高(详见沥青材料试验),无论是用哪种方法,均存在对试件(马氏试件或芯样试件)测密度的问题,在进行密度试验时应根据混合料本身的特点,可采用下列方法之一:

(1)水中重法:本法仅适用于密实的Ⅰ型沥青混凝土试件,不适用于采用了吸水性大的集料的沥青混合料试件。

(2)表干法:本法适用于表面较粗但较密实的Ⅰ型或Ⅱ型沥青混凝土试件,但不适用于吸水率大于2%的沥青混合料试件。

(3)蜡封法:本法适用于吸水率大于2%的Ⅰ型或Ⅱ型沥青混凝土试件以及沥青碎石混合料试件,不能用水中重法或表干法测密度时,应用蜡封法测定。

(4)体积法:本法适用于空隙率较大的沥青碎石混合料及大空隙透水性开级配沥青混合料试件。

具体的试验方法见《公路工程沥青及沥青混合料试验规程》(JTJ E20—2011)。

任务 5-2 灌砂法测定压实度

【学习要求】

1. 了解灌砂法测定压实度的适用范围；
2. 熟悉灌砂法测定压实度的方法和步骤；
3. 掌握灌砂法测定压实度的计算方法。

【学习内容】

灌砂法适用于在现场测定基层（或底基层）、砂石路面及路基土的各种材料压实层的密度和压实度检测。但不适用于填石路堤等有大孔洞或大孔隙材料的压实度检测。

用挖坑灌砂法测定密度和压实度时，应符合下列规定：

1. 当集料的最大粒径小于 13.2mm、测定层的厚度不超过 150mm 时，宜采用 ϕ100mm 的小型灌砂筒测试。

2. 当集料的最大粒径等于或大于 13.2mm 且不大于 31.5mm、测定层的厚度不超过 200mm 时，应用 ϕ150mm 的大型灌砂筒测试。

一、仪具与材料

1. 灌砂筒：有大小两种，根据需要采用。主要尺寸见表 5-2 所列。当尺寸与表中不一致，但不影响使用时，亦可使用。上部为储砂筒，筒底中心有一个圆孔。下部装一倒置的圆锥形漏斗，漏斗上端面开口，直径与储砂筒的圆孔相同，漏斗焊接在一块铁板上，铁板中心有一圆孔与漏斗上开口相接。在储砂筒筒底与漏斗顶端铁板之间设有开关。开关为一薄铁板，一端与筒底及漏斗铁板铰接在一起，另一端伸出筒身外，开关铁板上也有一个相同直径的圆孔。

表 5-2 灌砂仪的主要尺寸要求

结构		小型灌砂筒	大型灌砂筒
储砂筒	直径(mm)	100	150
	容积(cm³)	2120	4600
流沙孔	直径(mm)	10	15
金属标定罐	内径(mm)	100	150
	外径(mm)	150	200
金属方盘基板	边长(mm)	350	400
	深(mm)	40	50
中孔	直径(mm)	100	150

注：如集料的最大粒径超过 31.5mm，则应相应地增大灌砂筒和标定罐的尺寸；如集料的最大粒径超过 53mm，灌砂筒和现场试洞的直径应为 200mm。

图 5-1　灌砂筒、标定罐及基板实物图

2. 金属标定罐:用薄铁板制作的金属罐,上端周围有一罐缘。

3. 基板:用薄铁板制作的金属方盘,盘的中心有一圆孔。

4. 玻璃板:边长约 500~600mm 的方形板。

5. 试样盘:小筒挖出的试样可用饭盒存放,大筒挖出的试样可用 300mm×500mm× 40mm 的搪瓷盘存放。

6. 天平或台秤:称量 10~15kg,感量不大于 1g。用于含水率测定的天平精度,对细粒土、中粒土、粗粒土宜分别为 0.01g、0.1g、1.0g。

7. 含水率测定器具:如铝盒、烘箱等。

8. 量砂:粒径 0.30~0.60mm 清洁干燥的砂,约 20~40kg。使用前须洗净、烘干,并放置足够的时间,使其与空气的湿度达到平衡。

9. 盛砂的容器:塑料桶等。

10. 其他:凿子、螺丝刀、铁锤、长把勺、长把小簸箕、毛刷等。

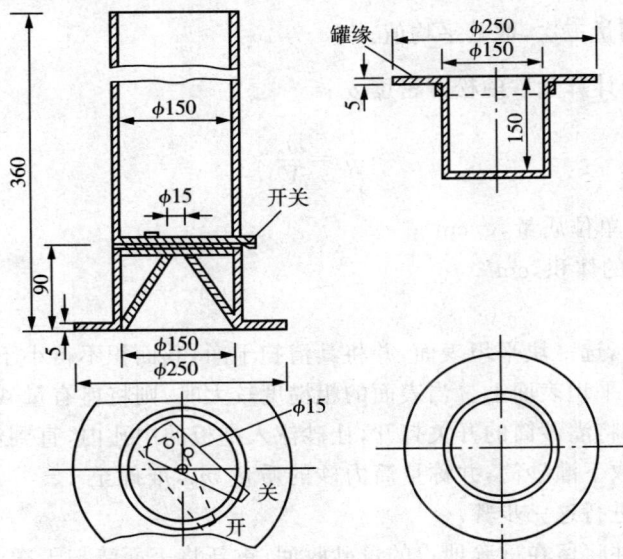

图 5-2　灌砂筒及标定罐

二、试验方法与步骤

1. 按现行试验方法对检测对象试样用同种材料进行击实试验,得到最大干密度 ρ_c 及最佳含水率。

2. 选用适宜的灌砂筒。

3. 按下列步骤标定灌砂筒下部圆锥体内砂的质量:

(1)在灌砂筒筒口高度上,向灌砂筒内装砂至距筒顶的距离 15mm 左右为止。称取装入筒内砂的质量 m_1,准确至 1g。以后每次标定及试验都应该维持装砂高度与质量不变。

(2)将开关打开,使灌砂筒筒底的流砂孔、圆锥形漏斗上端开口圆孔及开关铁板中心的圆孔上下对准重叠在一起,让砂自由流出,并使流出砂的体积与工地所挖坑内的体积相当(或等于标定罐的容积),然后关上开关。

(3)不晃动储砂筒的砂,轻轻地将罐砂筒移至玻璃板上,将开关打开,让砂流出,直到筒内砂不再下流时,将开关关上,并细心地取走灌砂筒。

(4)收集并称量留在玻璃板上的砂或称量筒内的砂,准确至 1g。玻璃板上的砂就是填满筒下部圆锥体的砂 m_2。

(5)重复上述测量三次,取其平均值。

4. 标定量砂的松方密度 ρ_s (g/cm³)

(1)用水确定标定罐的容积 V,准确至 1ml。

(2)在储砂筒中装入质量为 m_1 的砂,并将灌砂筒放在标定罐上,将开关打开,让砂流出。在整个流砂过程中,不要碰动灌砂筒,直到储砂筒内的砂不再下流时,将开关关闭。取下灌砂筒,称取筒内剩余砂的质量 m_3,准确至 1g。

(3)按式(5-5)计算填满标定罐所需砂的质量 m_a(g):

$$m_a = m_1 - m_2 - m_3 \qquad (5-5)$$

(4)重复上述测量三次,取其平均值。

(5)按式(5-6)计算量砂的松方密度 ρ_s:

$$\rho_s = \frac{m_a}{V} \qquad (5-6)$$

式中:ρ_s——量砂的单位质量,g/cm³;

V——标定罐的体积,cm³。

5. 试验步骤

(1)在试验地点,选一块平坦表面,并将其清扫干净,其面积不得小于基板面积。

(2)将基板放在平坦表面上。当表面的粗糙度较大时,则将盛有量砂 m_5 的灌砂筒放在基板中间的圆孔上,将灌砂筒的开关打开,让砂流入基板的中孔内,直到储砂筒内的砂不再下流时关闭开关。取下灌砂筒,并称量筒内砂的质量 m_6,准确至 1g。当需要检测厚度时,应先测量厚度后再进行这一步骤。

(3)取走基板,并将留在试验地点的量砂收回,重新将表面清扫干净。

(4)将基板放回清扫干净的表面上(尽量放在原处),沿基板中孔凿洞(洞的直径与灌砂筒一致)。在凿洞过程中,应注意勿使凿出的材料丢失,并随时将凿出的材料取出装入塑料袋中,不使水分蒸发,也可放在大试样盒内。试洞的深度应等于测定层厚度,但不得有下层材料混入,最后将洞内的全部凿松材料取出。对土基或基层,为防止试样盘内材料的水分蒸发,可分几次称取材料的质量。全部取出材料的总质量为 m_w,准确至1g。

(5)从挖出的全部材料中取出有代表性的样品,放在铝盒或洁净的搪瓷盘中,测定其含水量(ω,以%计)。样品的数量如下:用小灌砂筒测定时,对于细粒土,不少于100g;对于各种中粒土,不少于500g。用大灌砂筒测定时,对于细粒土,不少于200g;对于各种中粒土,不少于1 000g。对于粗粒土或水泥、石灰、粉煤灰等无机结合料稳定材料,宜将取出的全部材料烘干,且不少于2 000g,称其质量 m_d,准确至1g。当为沥青表面处治或沥青贯入结构类材料时,则省去测定含水量步骤。

(6)将基板安放在试坑上,将灌砂筒安放在基板中间(储砂筒内放满砂质量 m_1),使灌砂筒的下口对准基板的中孔及试洞,打开灌砂筒的开关,让砂流入试坑内。在此期间,应注意勿碰动灌砂筒,直到储砂筒内的砂不再下流时,关闭开关。小心取走灌砂筒,并称量筒内剩余砂的质量 m_4,准确到1g。

(7)如清扫干净的平坦表面的粗糙度不大,也可省去上述(2)和(3)的操作。在试洞挖好后,将灌砂筒直接对准放在试坑上,中间不需要放基板。打开筒的开关,让砂流入试坑内。在此期间,应注意勿碰动灌砂筒。直到储砂筒内的砂不再下流时,关闭开关,小心取走灌砂筒,并称量剩余砂的质量 m_4',准确至1g。

(8)仔细取出试筒内的量砂,以备下次试验时再用,若量砂的湿度已发生变化或量砂中混有杂质,则应该重新烘干、过筛,并放置一段时间,使其与空气的温度达到平衡后再用。

三、检测结果计算

1. 计算填满试坑所用的砂的质量 m_b。

(1)灌砂时,试坑上放有基板时:

$$m_b = m_1 - m_4 - (m_5 - m_6) \tag{5-7}$$

(2)灌砂时,试坑上不放基板时:

$$m_b = m_1 - m_4' - m_2 \tag{5-8}$$

式中:m_b——填满试坑的砂的质量,g;

m_1——灌砂前灌砂筒内砂的质量,g;

m_2——灌砂筒下部圆锥体内砂的质量,g;

m_4, m_4'——灌砂后,灌砂筒内剩余砂的质量,g;

$(m_5 - m_6)$——灌砂筒下部圆锥体内及基板和粗糙表面间砂的合计质量,g。

2. 按下式计算试坑材料的湿密度 ρ_w:

$$\rho_w = \frac{m_w}{m_b} \times \rho_s \tag{5-9}$$

式中:m_w——试坑中取出的全部材料的质量,g;

ρ_s——量砂的松方密度,g/cm³。

3. 计算试坑材料的干密度 ρ_d：

$$\rho_d = \frac{\rho_w}{1 + 0.01\omega} \quad\quad (5-10)$$

式中:ω——试坑材料的含水量,%。

4. 水泥、石灰粉、煤灰等无机结合料稳定土,可按下式计算干密度 ρ_d：

$$\rho_d = \frac{m_d}{m_b} \times \rho_s \quad\quad (5-11)$$

式中:m_d——试坑中取出的稳定土的烘干质量,g。

5. 按下式计算施工压实度：

$$K = \frac{\rho_d}{\rho_c} \times 100 \quad\quad (5-12)$$

式中:K——测试地点的施工压实度,%;

ρ_d——试样的干密度,g/cm³;

ρ_c——由击实试验得到的试样的最大干密度,g/cm³。

当试坑材料组成与击实试验的材料有较大差异时,可以试坑材料做标准击实,求取实际的最大干密度。

四、试验中应注意的问题

灌砂法是施工过程中最常用的试验方法之一。此方法表面上看起来较为简单,但实际操作时常常不好掌握,并会引起较大误差;又因为它是测定压实度的依据,故经常是质量检测监督部门与施工单位之间发生矛盾或纠纷的环节,因此应严格遵循试验的每个细节,以提高试验精度。为使试验做得准确,应注意以下几个环节:

(1)量砂要规则。量砂如果重复使用,一定要注意晾干,处理一致,否则影响量砂的松方密度。

(2)每换一次量砂,都必须测定松方密度,漏斗中做砂的数量也应该每次重做。因此,量砂宜事先准备较多数量。切勿到试验时临时找砂,又不做试验,仅使用以前的数据。

(3)地表面处理要平整,只要表面凸出一点(即使1mm),使整个表面高出一薄层,其体积也算到试坑中去了,会影响试验结果。因此,本方法一般宜采用放上基板先测定一次粗糙表面消耗的量砂,按式(5-7)计算填坑的砂量,只有在非常光滑的情况下方可省去此操作步骤。

(4)在挖坑时试坑周壁应笔直,避免出现上大下小或上小下大的情形,这样就会使检测密度偏大或偏小。

(5)灌砂时检测厚度应为整个碾压层厚,不能只取上部或者取到下一个碾压层中。

五、检测报告

各种材料的干密度均应准确至 0.01g/cm³。

【学习案例 5-1】

某二级公路路基压实施工中，用灌砂法测定压实度，测得灌砂筒内量砂质量为 5 820g，填满标定罐所需砂的质量为 3 885g，测定砂锥的质量为 615g，标定罐的体积为 3 035cm³，灌砂后称灌砂筒内剩余砂质量为 1 314g，试坑挖出湿土重为 5 867g，烘干土重为 5 036g，室内击实试验得最大干密度为 1.68g/cm³，试求该测点压实度和含水量。

解：量砂的松方密度：$\rho_s = \dfrac{3885}{3035} = 1.28 (\text{g/cm}^3)$

填满试坑砂的质量：$m_b = m_1 - m_4 - m_2 = 5820 - 1314 - 615 = 3891(\text{g})$

土体湿密度：$\rho_w = \dfrac{m_w}{m_b} \cdot \rho_s = \dfrac{5867}{3891} \times 1.28 = 1.93 (\text{g/cm}^3)$

土体含水量：$w = \dfrac{m_w - m_d}{m_d} = \dfrac{5867 - 5036}{5036} = 16.5(\%)$

土体干密度：$\rho_d = \dfrac{\rho_w}{1 + 0.1w} = 1.657 (\text{g/cm}^3)$

压实度：$K = \dfrac{\rho_w}{\rho_c} = \dfrac{1.657}{1.68} = 98.6(\%)$

以下为某段路对水泥稳定碎石基层用灌砂法检测压实度的记录，记录格式见表 5-3 所列，仅供参考。

表 5-3　路基、构造物、路面压实度检测表（灌砂法）

试验单位	××工程检测试验室		试验规程		JTG E60—2008
试验层到路基顶面距离(m)	标准密度(g/cm³)	1.79		量砂密度(g/cm³)	1.43
取样桩号	K12+200(左)	K12+250(左)		K12+200(右)	K12+250(右)
距中线横向距离(m)					
取样深度(cm)					
灌入试洞前量砂质量(g)	9000	9000		9000	9000
灌砂筒下部锥体＋基板内砂质量＝①或①＋粗糙表面间砂的质量＝②(g) ① ②	1035	1055		1082	1072
灌满试洞后剩余砂质量(g)	3207	4915		4794	3285
试洞内砂的质量(g)	4758	3030		3124	4643
试洞中湿试样质量(g)	6258	4208		4332	5680
试样的湿密度(g/cm³)	1.32	1.39		1.39	1.22
	1.88	1.99		1.98	1.75

	盒号		2	5	4	6	10	12	15	11
含水量	盒＋湿试样质量	g	228.76	220.98	226.96	223.46	221.41	235.32	221.41	235.32
	盒＋干试样质量	g	209.43	201.31	210.44	206.78	205.84	216.78	205.84	216.78
	盒质量	g	115.52	106.74	111.41	106.39	111.81	104.19	111.81	104.19
	水质量	g	19.33	19.67	16.52	16.68	15.57	18.54	15.57	18.54
	干试样质量	g	93.91	94.57	99.03	100.39	94.03	112.59	94.03	112.59
	含水量	%	20.6	20.8	16.7	16.6	16.6	16.5	16.6	16.5
	平均含水量	%	20.7		16.6		16.5		16.5	
试样的干密度（g/cm³）			1.56		1.70		1.70		1.50	
压实度（%）			87.1		95.1		95.1		83.9	

任务 5-3 环刀法测定压实度

【学习要求】

1. 了解环刀法测定压实度的适用范围；
2. 熟悉环刀法测定压实度的方法和步骤；
3. 掌握环刀法测定压实度的计算方法。

【学习内容】

环刀法是测量现场密度的传统方法。国内习惯采用的环刀容积通常为 $200cm^3$，环刀高度通常约 5cm，如图 5-3 所示。用环刀法测得的密度是环刀内土样所在深度范围内的平均密度。它不能代表整个碾压层的平均密度。由于碾压土层的密度一般是从上到下减小的，若环刀取在碾压层的上部，则得到的数值往往偏大，若环刀取的是碾压层的底部，则所得的数值将明显偏小，就检查路基土和路面结构层的压实度而言，我们需要的是整个碾压层的平

图 5-3 环刀实物图

均压实度，而不是碾压层中某一部分的压实度。因此，在用环刀法测定土的密度时，应使所得密度能代表整个碾压层的平均密度。然而，这在实际检测中是比较困难的。只有使环刀所取的土恰好是碾压层中间的土，环刀法所得的结果才可能与灌砂法的结果大致相同。另外，环刀法适用于测定细粒土及无机结合料稳定细粒土的密度。但对无机结合料稳定细粒土，其龄期不宜超过 2d，且宜用于施工过程中的压实度检验。

一、仪具与材料

1. 人工取土器或电动取土器如图 5-4 所示：人工取土器包括环刀、环盖、定向筒和击实锤系统（导杆、落锤、手柄）。环刀内径 6~8cm，高 2~3cm，壁厚 1.5~2mm。

2. 电动取土器如图 5-5 所示，由底座、行走轮、立柱、齿轮箱、升降机构、取芯头等组成。（1）底座：由底座平台（16）、定位销（15）、行车轮（14）组成。平台是整个仪器支撑基础；定位销供操作时仪器定位用；行车轮供换点取芯时仪器近距离移动用。

（2）立柱：由立柱（1）与立柱套（11）组成，装在底座平台上，作为升降机构、取芯机构、动力和传动机的支架。

（3）升降机构：由升降手轮（9）、锁紧手柄（8）组成，供调整取芯机构高低用。松开锁紧手柄，转动升降手轮，取芯头机构即可升降到所需位置时，拧紧手柄定位。

（4）取芯机构：由取芯头（10）、升降轴（2）组成，取芯头为金属圆筒，下口对称焊接两台金刚切削刀头，上端面焊有平盖，其上焊螺母，靠螺旋接于升降轴上。取芯头为可换式，有

三种规格，即 $50mm \times 50mm$、$70mm \times 70mm$、$100mm \times 100mm$，另配有相应的取芯套筒、扳手、铅盒等。

（5）动力和传动机构：主要由直流电机、调速器、齿轮箱组成，另配电瓶和充电器。当电机工作时，通过齿轮箱的齿轮将动力传给取芯机，升降轴旋转，取芯头进入旋切工作状态。

（6）电动取土器主要技术参数为：

① 工作电压 DC24V（36A · h）；

② 转速 $50 \sim 70r/min$，无级调速；

③ 整机质量约 35kg。

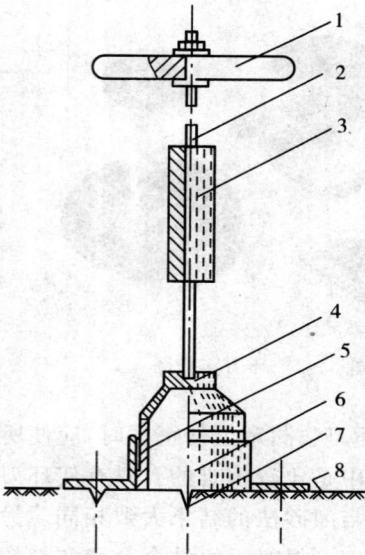

图 5-4　取土器

1—手柄；2—导杆；3—落锤；
4—环盖；5—环刀；6—定向筒；
7—定向筒齿钉；8—试验地面

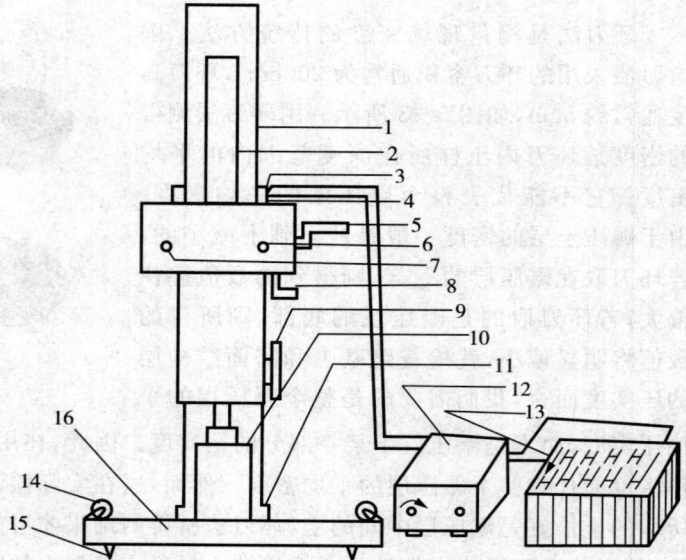

图 5-5　电动取土器

1—立柱；2—升降轴；3—电源输入；4—直流电机；5—升降手柄；
6—电源指示；7—电源指示；8—锁紧手柄；9—升降手轮；10—取芯头；
11—立柱套；12—调速器；13—电瓶；14—行走轮；15—定位销；16—底座平台

3. 天平：感量 0.1g（用于取芯头内径小于 70mm 样品的称量），或 1.0g（用于取芯头内径 100mm 样品的称量）。

4. 其他：镐、小铁锹、修土刀、毛刷、直尺、钢丝锯、凡士林、木板及测定含水量设备等。

二、试验方法与步骤

1. 按有关试验方法对检测对象用同种材料进行击实试验，得到最大干密度及最佳含水率。

2. 用人工取土器测定黏性土及无机结合料稳定细粒土密度。

（1）擦净环刀，称取环刀质量 m_2，准确至 0.1g。

（2）在试验地点，将面积约 $30cm \times 30cm$ 的地面清扫干净，并将压实层铲去表面浮动及不平整的部分,达到一定深度,使环刀打下后,能达到要求的取土深度,但不得扰动下层。

(3)将定向筒齿钉固定于铲平的地面上,顺次将环刀、环盖放入定向筒内与地面垂直。

(4)将导杆保持垂直状态,用取土器落锤将环刀打入压实层中,至环盖顶面与定向筒上口齐平为止。

(5)去掉击实锤和定向筒,用镐将环刀及试样挖出。

(6)轻轻取下环盖,用修土刀自边至中削去环刀两端余土,用直尺检测直至修平为止。

(7)擦净环刀外壁,用天平称取环刀及试样合计质量 m_1,准确至 0.1g。

(8)自环刀中取出试样,取具有代表性的试样,测定其含水量 w。

3. 用人工取土器测定砂性土或砂层密度时的步骤:

(1)如为湿润的砂土:试验时不需要使用击实锤和定向筒。在铲平的地面上细心挖出一个直径较环刀外径略大的砂土柱,将环刀刃口向下,平置于砂土柱上,用两手平稳地将环刀垂直压下,直至砂土柱突出环刀上端约 2cm 时为止。

(2)削掉环刀口上的多余砂土,并用直尺刮平。

(3)在环刀上口盖一块平滑的木板,一手按住木板,另一只手用小铁锹将试样从环刀底部切断,然后将装满试样的环刀转过来,削去环刀刃口上部的多余砂土,并用直尺刮平。

(4)擦净环刀外壁,称环刀与试样合计质量 m_1,精确至 0.1g。

(5)自环刀中取具有代表性的试样测定其含水量。

(6)干燥的砂土不能挖成砂土柱时,可直接将环刀压入或打入土中。

4. 用电动取土器测定无机结合料细粒土和硬塑土密度时的步骤:

(1)装上所需规格的取芯头,在施工现场取芯前,选择一块平整的路段,将四只行走轮打起,四根定位销钉采用人工加压的方法,压入路基土层中,松开锁紧手柄,旋动升降手轮,使取芯头刚好与上层接触,锁紧手柄。

(2)将电瓶与调速器接通,调速器的输出端接入取芯机电源插口。指示灯亮,显示电路已通;启动开关,电动机工作,带动取芯机构转动。根据土层含水量调节转速,操作升降手柄,上提取芯机构,停机,移开机器。由于取芯头圆筒外表有几条螺旋状突起,切下的土屑排在筒外顺螺纹上旋抛出地表。因此,将取芯套筒套在切削好的土芯立柱上,摇动即可取出样品。

(3)取出样品,立即按取芯套筒长度用修土刀或钢丝锯修平两端,制成所需规格土芯,如拟进行其他试验项目,装入铝盒,送试验室备用。

(4)用天平称量土芯带套筒质量 m_1,从土芯中心部取试样测定含水量。

(5)本试验需进行两次平行测定,其平行差值不得大于 0.03g/cm³。求其算术平均值。

三、检测结果及计算

1. 按下式分别计算试样的湿密度 ρ_w 及干密度 ρ_d:

$$\rho_w = \frac{4(m_1 - m_2)}{\pi \cdot d^2 \cdot h} \qquad (5-13)$$

$$\rho_d = \frac{\rho_w}{1 + 0.01\omega} \qquad (5-14)$$

式中：ρ_w——试样的湿密度，g/cm³；

ρ_d——试样的干密度，g/cm³；

m_1——环刀或取芯套筒与试样合计质量，g；

m_2——环刀或取芯套筒质量，g；

d——环刀或取芯套筒直径（定期校正），cm；

h——环刀或取芯套筒高度（定期校正），cm；

w——试样的含水率，%。

2. 按下式计算施工压实度：

$$K = \frac{\rho_d}{\rho_c} \times 100 \qquad (5-15)$$

式中：K——测试地点的施工压实度，%；

ρ_d——试样的干密度，g/cm³；

ρ_c——由击实试验得到的试样的最大干密度，g/cm³。

四、检测报告

检测报告内容应报告土的鉴别分类、含水率、湿密度、干密度、最大干密度、压实度等。

【学习案例 5-1】

记录格式见表 5-4 所列。

表 5-4　压实度试验记录表（环刀法）

工程名称	土方路基		试验单位		
土样类别	素土		试验完成日期		
最佳含水率（%）	14.50%		最大干密度（g/cm³）		1.83
桩号	K0+40	K0+80	K0+120	K0+160	K0+200
取样位置	左4.0	右4.0	中线位置	左8.0	右8.0
环刀号	1	2	3	4	5
环刀重（g）	191.6	189.4	204.7		
环刀+试样重（g）	595.6	587.4	590.7		
环刀体积（cm³）	200	200	200		
湿样重（g）	404	398	386		
湿容重（g/cm³）	2.02	1.99	1.93		

盒号	1	2	3	4	5	6	7	8	9	10
盒＋湿样重（g）	146.24	145.27	120.36	107.44	149.67	137.98				
盒＋干样重（g）	131.3	129.2	108.8	98.1	138.1	128				
盒重（g）	23.8	24.2	23.8	25.1	24.7	24.6				
水分重（g）	14.943	16.065	11.56	9.344	11.567	9.9781				
干样重（g）	107.5	105	85	73	113.4	103.4				
含水量（%）	13.90	15.30	13.60	12.80	10.20	9.65				
干容重（g/cm³）	1.77	1.75	1.75	1.76	1.75	1.76				
最大干密度（g/cm³）	1.83	1.83	1.83	1.83	1.83	1.83				
压实度（%）	96.91	95.74	95.72	96.40	95.70	96.18				

任务 5-4 钻芯法测定沥青面层压实度

【学习要求】

1. 了解钻芯法测定压实度的适用范围；
2. 熟悉钻芯法测定沥青面层压实度的方法和步骤；
3. 掌握钻芯法测定沥青面层压实度的计算方法。

【学习内容】

沥青混合料面层的施工压实度是指按规定方法测得的混合料试样的毛体积密度与标准密度之比，以百分率表示。钻芯法适用于检验从压实的沥青路面上钻取的沥青混合料芯样试件的密度，以评定沥青面层的施工压实度。

一、仪具与材料

1. 路面取芯钻机，如图 5-6 所示；
2. 天平：感量不大于 0.1g；
3. 溢流水槽；
4. 吊篮；
5. 石蜡；
6. 其他：卡尺、毛刷、勺、取样袋（容器）、电风扇。

二、试验方法与步骤

1. 钻取芯样

按现行《公路路基路面现场测试规程》中"T0901 取样方法"钻取路面芯样，芯样直径不宜小于 100mm。当一次钻孔取得的芯样包含有不同层位的沥青混合料时，应根据结构组合情况用切割机将芯样沿各层结合面锯开分层进行测定。

钻孔取样应在路面完全冷却后进行，对普通沥青路面通常在第二天取样，对改性沥青及 SMA 路面宜在第三天以后取样。

图 5-6　钻孔取芯机

2. 测定试件密度

(1)将钻取的试件在水中用毛刷轻轻刷净黏附的粉尘。如试件边角有松散颗粒，应仔细清除。

(2)将试件晾干或用电风扇吹干不少于 24h，直至恒重。

(3)按现行《公路工程沥青及沥青混合料试验规程》(JTJ E20—2011)的沥青混合料试件密度试验方法测定试件密度 ρ_s。通常情况下采用表干法测定试件的毛体积相对密度，对

吸水率大于 2% 的试件,宜采用蜡封法测定试件的毛体积相对密度;对吸水率小于 0.5% 特别致密的沥青混合料,在施工质量检验时,允许采用水中重法测定表观相对密度。

根据《公路沥青路面施工技术规范》(JTG F40—2004)附录 E 的规定,确定计算压实度的标准密度。

三、检测结果计算

1. 当计算压实度的标准密度采用每天试验室实测的马歇尔击实试件密度或试验路段钻孔取样密度时,沥青面层的压实度按下式(5-16)计算:

$$K = \frac{\rho_s}{\rho_0} \times 100 \tag{5-16}$$

式中:K——沥青面层的压实度,%;

ρ_s——沥青混合料芯样试样的视密度或毛体积密度,g/cm^3;

ρ_0——沥青混合料标准密度,g/cm^3。

2. 计算压实度的标准密度采用最大理论密度时,沥青面层的压实度按下式计算:

$$K = \frac{\rho_s}{\rho_t} \times 100 \tag{5-17}$$

式中:ρ_s——沥青混合料芯样试件的实际密度,g/cm^3;

ρ_t——沥青混合料的最大理论密度,g/cm^3。

沥青路面的压实度采取重点进行碾压工艺的过程控制,适度钻孔抽检压实度校核的方法。对施工及验收过程中的压实度检验不得采用配合比设计时的标准密度,应按以下方法检测确定:

(1)以实验室密度,即沥青拌和厂每天取样 1～2 次实测的马歇尔试件密度,作为标准密度取平均值作为该批混合料铺筑路段压实度的标准密度。其试件成型温度与路面复压温度一致。当采用配合比设计时,也可采用其他相同的成型方法的实验室密度作为标准密度。

(2)以每天实测的最大理论密度作为标准密度。对普通沥青混合料,沥青拌和厂在取样进行马歇尔试验的同时以真空法实测最大理论密度,平行试验的试样数不少于 2 个,以平均值作为该批混合料铺筑路段压实度的标准密度;但对改性沥青混合料、SMA 混合料,以计算的最大理论密度为准,也可采用抽提筛分的结果及油石比计算最大理论密度。

(3)以试验路密度作为标准密度。用核子密度仪定点检查密度不再变化为止,然后取不少于 15 个钻孔试件的平均密度为计算压实度的标准密度。

(4)可根据需要选用试验室标准密度、最大理论密度、试验路密度中的 1～2 种作为钻孔法检验评定的标准密度。

(5)施工中采用核子密度仪等无破损检测设备进行压实度控制时,宜以试验路密度作为标准密度,核子密度仪的测点数不宜少于 39 个,取平均值,但核子密度仪需经标定。

(6)压实度钻孔频率按相关规范的要求执行。

检测报告

检测报告内容含计算一个评定路段检测的压实度的平均值、标准差、变异系数，并计算代表压实度。

【学习案例 5－2】

记录格式见表 5－5 所列。

表 5－5　压实度试验记录表（钻芯法）

工程名称		路面		试验单位：			
部位		中面层		试验完成日期：			
水的密度（g/cm³）:14.50			标准密度（g/cm³）:2.41%			最佳沥青含量:4.80%	
取样位置		试样编号	试样质量 m_a(g)	试验水中质量 m_w(g)	试样体积 V(cm³)	毛体积密度或视密度 ρ_s(g/cm³)	压实度 K(%)
K12＋100	左 4.0	1	1194.7	695.7	499	2.39	99.2
K12＋200	右 2.1	2	1220.3	707.6	512.7	2.38	98.8
K12＋300	左 3.2	3	1183.3	685.1	498.2	2.38	98.8
K12＋400	右 0.8	4	1210.4	704.4	506	2.39	99.2
K12＋500	左 1.8	5	1235.5	719.6	515.9	2.4	99.6
K12＋600	右 2.3	6	1209.3	703.1	506.2	2.39	99.2

任务 5-5　核子密实度仪测定压实度

【学习要求】

1. 了解核子密实度仪的特点；
2. 熟悉核子密实度仪检测压实度的步骤。

【学习内容】

在施工现场用核子密度湿度仪以散射法或直接透射法可以快速测定路基或路面材料的密度和含水率，并计算施工压实度。核子密湿度仪按规定方法标定后，其检测结果可以作为工程质量评定与验收的依据。

核子密湿度仪可以检测土壤、碎石、土石混合物、沥青混合料和沥青混合料和非硬化水泥混凝土等材料。当测定沥青混合料面层的玉实密度或硬化水泥混凝土等难以打孔材料的密度时应使用散射法；当测定土基、基层材料或非硬化水泥混凝土等可以打孔材料的密度及含水率时，应使用直接透射法。在表面用散射法测定时，所测定沥青面层的层厚应根据仪器的性能决定最大厚度。用于测定土基和基层材料的压实度及含水率时，打洞后用直接透射法测定，所测定的层厚不宜大于 30cm。

一、检测原理

由 241Am-Be 中子源产生的快中子射入被测材料中，与料层内物质发生碰撞散射，减速、扩散，使快中子最后变成热中子，热中子被探测器探测，这个作用主要是由物质中的含氢量决定，而氢主要在水中，若被测材料中含水量大，热中子数就多，反之就少。因此，探测热中子数的多少即反映其含水量的大小。

二、仪具与材料

（1）核子密度湿度仪：符合国家规定的关于健康保护和安全使用标准，密度的测定范围为 $1.12\sim 2.73g/cm^3$，测定误差不大于 $\pm 0.03g/cm^3$，含水率测量范围为 $0\sim 0.64g/cm^3$，测定误差不大于 $\pm 0.015g/cm^3$。它主要包括下列部件：

（1）γ 射线源：双层密封的同位素放射源，如铯-137、钴-60 或镭-226 等；

（2）中子源：如镅（241）-铍等；

（3）探测器：γ 射线探测器或中子探测器等；

（4）读数显示设备：如液晶显示器、脉冲计数器、数率表或直接读数表；

（5）标准板：提供检验仪器操作和散射计数参考

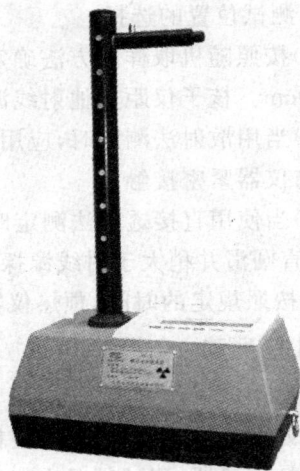

图 5-7　核子密实度仪

标准用；

  (6)安全防护设备：符合国家规定要求的设备；

  (7)刮平板、钻杆、接线等；

  (8)细砂：0.15～0.3mm；

  (9)天平或台秤；

  (10)其他：毛刷等。

三、方法与步骤

  本方法用于测定沥青混合料面层的压实密度时，在表面用散射法测定，所测定沥青面层的层厚应不大于根据仪器性能决定的最大厚度。用于测定土基或基层材料的压实密度及含水量时打洞后用直接透射法测定，测定层的厚度不宜大于30cm。

(一)准备工作

  1. 每天使用前按下列步骤用标准板测定仪器的标准值：

  (1)接通电源，按照仪器使用说明书建议的预热时间，预热测定仪。

  (2)在测定前，应检查仪器性能是否正常，在标准板上取34个读数的平均值建立原始标准值，并与使用说明书提供的标准值校对，如标准读数超过使用说明书规定的界限时，应重复此标准的测量，若第二次标准计数仍超出规定的界限时，需视作故障并进行仪器检查。

  2. 在进行沥青混合料压实层密度测定前，应用核子法对钻孔取样的试件进行标定；测定其他材料密度时，宜与挖坑灌砂法的结果进行标定。标定的步骤如下：

  (1)选择压实的路表面，按要求的测定步骤用核子仪测定密度，记录读数；

  (2)在测定的同一位置用钻机钻孔法或挖坑灌砂法取样，量测厚度，按规定的标准方法测定材料的密度；

  (3)对同一种路面厚度及材料类型，在使用前至少测定15处，求取两种不同方法测定的密度的相关关系，其相关系数应不小于0.95。

  3. 测试位置的选择

  (1)按照随机取样的方法确定测试位置，但与距路面边缘或其他物体的最小距离不得小于30cm。核子仪距其他射线源不得少于10m。

  (2)当用散射法测定时，应用细砂填平测试位置路表结构凹凸不平的空隙，使路表面平整，能与仪器紧密接触。

  (3)当使用直接透射法测定时，应在表面上用钻杆打孔，孔深略深于要求测定的深度，孔应竖直圆滑并稍大于射线源探头。

  4. 按照规定的时间，预热仪器。

(二)测定步骤

  1. 如用散射法测定，应按图5－8所示，将核子仪平稳地置于测试位置上。

  2. 如用直接透射法测定，应按图5－9所示，将放射源棒放下插入已预先打好的孔内。

  3. 打开仪器，测试员退出仪器2m以外，按照选定的测定时间进行测量，到达测定时间后，读取显示的各项数值，并迅速关机。

各种型号的仪器具体操作步骤略有不同,可按照仪器使用说明书进行。

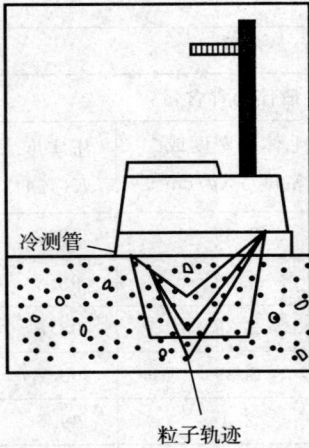
图 5-8 散射法

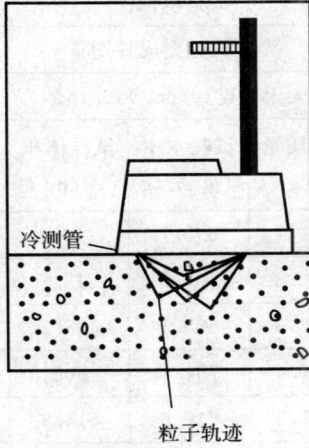

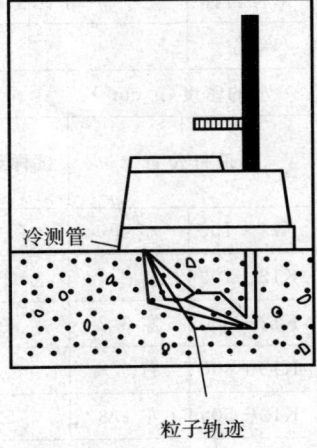
图 5-9 透射法

四、检测结果计算

按下式计算施工干密度及压实度:

$$\rho_d = \frac{\rho_w}{1 + 0.01w} \qquad (5-18)$$

$$K = \frac{\rho_d}{\rho_0} \times 100 \qquad (5-19)$$

式中:K——测试地点的施工压实度,%;

w——试样的含水率,%;

ρ_w——试样的湿密度,g/cm^3;

ρ_d——试样的干密度,g/cm^3;

ρ_0——由击实试验得到的试样的最大干密度,g/cm^3。

五、检测报告

测定路面密度及压实度的同时,应记录气温、路面的结构深度、沥青混合料类型、面层结构及测定厚度等数据及资料。记录格式见表 5-6 所列。

六、使用安全注意事项

(1)仪器工作时,所有人员均应退到距仪器 2m 以外的地方。

(2)仪器不使用时,应将手柄置于安全位置,仪器应装入专用的仪器箱内,放置在符合核辐射安全规定的地方。

(3)仪器应由经有关部门审查合格的专人保管,专人使用。对从事仪器保管及使用的人员,应遵照有关核辐射检测的规定,不符合核防护规定的人员,不宜从事此项工作。

表 5-6　压实度检测记录表(核子仪法)

工程名称		水泥稳定碎石		试验单位:				
部位				试验完成日期:				
水的密度(g/cm³):				最大干密度(g/cm³):2.16%			最佳沥青含量:	
取样位置		试样编号	试样质量 m_a(g)	试验水中质量 m_w(g)	试样体积 V(cm³)	毛体积密度或视密度 ρ_s(g/cm³)		压实度 K(%)
K12+100	左 4.0	1	1194.7	695.7	499	2.39		99.2
K12+200	右 2.1	2	1220.3	707.6	512.7	2.38		98.8
K12+300	左 3.2	3	1183.3	685.1	498.2	2.38		98.8
K12+400	右 0.8	4	1210.4	704.4	506	2.39		99.2
K12+500	左 1.8	5	1235.5	719.6	515.9	2.4		99.6
K12+600	右 2.3	6	1209.3	703.1	506.2	2.39		99.2

任务 5-6　无核密度仪测定压实度

【学习要求】

1. 了解无核密度仪的特点；
2. 熟悉无核密度仪检测施工压实度的步骤。

【学习内容】

无核密度仪是相对于核子密度仪来说的多种不使用同位素放射源检测土工材料密度的各种检测仪器的统称。最新的两种被称作无核密度仪的产品是利用电磁法原理叫作PQI和利用时域反射（TDR）技术叫作"M—DI"的仪器。利用发射的电磁波在材料中的能量吸收和损耗来检测材料的密度。材料对电磁波能量的吸收和损耗取决于材料的介电常数（介电常数是指物质保持电荷的能力）。

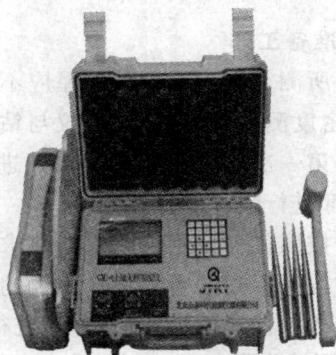

图 5-10　无核密度仪

一、目的与适用范围

1. 本方法适用于现场无核密度仪快速测定沥青路面各层沥青混合料的密度，并计算施工压实度，但测定结果不宜用于评定验收或仲裁。

2. 无核密度仪是一种无损检测手段，鉴于其使用效果尚未经过足够验证，故目前其测定结果不宜用于评定验收或仲裁。

3. 无核密度仪可用于检测铺筑完工的沥青路面、现场沥青混合料铺筑层密度及快速检查混合料的离析。

4. 沥青混合料的组成成分、沥青、集料、空气和水都有不同的介电常数。如果沥青混合料被碾压（密度增加），混合料中各种成分的相互比例发生变化，材料总的介电常数发生变化，从而对电磁波能量吸收的能力产生变化。电磁密度仪通过检测电磁波能量的吸收和损耗的程度，来反映材料的密度变化。但这样测得的密度变化是一种相对的变化，而不是密度的绝对值的变化，其检测结果不能用于质量控制和验收。PQI等电磁法密度仪比较适宜的用途是检测部分沥青混合料面层的密度离析。

5. 应用无核密度仪时，必须严格标定，通过对比试验检验，确认其可靠性。

6. 每12个月要将无核密度仪送到授权服务中心进行标定和检查。

作为一种间接的检测手段，仪器标定和对比试验是提高检测结果准确性的有力工具。

二、仪具与材料技术要求

本试验使用的主要仪具及材料是无核密度仪和标准密度块。对无核密度仪的要求如下：

---

(1)探头:无核,无电容,用于野外测量;

(2)探测深度:≥4.0cm;

(3)测量时间:1s;

(4)精度:0.003g/cm³;

(5)操作环境温度,0℃～70℃;

(6)测试材料表面最高温度:150℃;

(7)湿度:98%,且不结露。

三、方法与步骤

1. 准备工作

(1)所测定沥青面层的层厚应不大于该仪器性能探测的最大深度。在进行沥青混合料压实层密度测定前,应用无核仪与钻孔取样的试件进行标定。

(2)第一次使用前需要对软件进行设置。仪器存储了软件的设置后,操作者无须每次开机后都进行软件的设置。

(3)按照仪器使用说明书的要求综合标定仪器的测量精度。

(4)按照不同的需要选择想要的测量模式。

(5)按照仪器使用说明规定,进行修正值设置。

2. 测试步骤

(1)为了保证测量精度,在正式测量前应正确选择测量场地。

(2)把仪器放置平稳,保证仪器不晃动。

(3)为了确保精确测量,仪器应与测量面紧密接触。

(4)在开始测量前应检查仪器的工作状态。如电池电压、内部温度、选择的测量单位、运行参考读数的日期和时间等。

(5)根据需要选择测量模式进行测试。

四、检测结果计算

按下式计算压实度:

$$K = \frac{\rho_d}{\rho_c} \times 100 \tag{5-20}$$

式中:K——测试地点的施工压实度,%;

ρ_d——由无核密度仪测定的压实沥青混合料的实际密度,一组不少于 13 个点,取平均值,g/cm³;

ρ_c——沥青混合料的标准密度,g/cm³,标准密度按照现行《公路沥青路面施工技术规范》(JTG F40—2004)的规定选用。

五、检测报告

测定路面密度及压实度的同时,应记录气温、路面的结构深度、沥青混合料类型、面层结构及测定厚度等数据和资料。

任务 5-7 压实度检测结果评定

【学习要求】

1. 了解路基、路面各结构层的压实要求；
2. 熟悉压实度检测的评定要点；
3. 掌握路基路面压实度检测结果的评定。

【学习内容】

路基、路面压实度以 1～3km 长的路段为检验评定单元，按下表 5-7 所示要求的检测频率及方法进行现场压实度抽样检查，求算每一测点的压实度 K_i。细粒土现场压实度检查可以采用灌砂法或环刀法；粗粒土及路面结构层压实度检查可以采用灌砂法、水袋法或钻孔取样蜡封法。应用核子密度仪时，须经对比试验检验，确认其可靠性。

表 5-7 压实度检验评定要求

工程项目类型			规定值或允许偏差			检查方法和频率	权值
			高速公路一级公路	其他公路			
				二级公路	三、四级公路		
土方路基	零填及挖方（m）	0～0.30	—	—	94	按有关方法检查，密度法：每 200m 每压实层测 4 处	3
		0～0.80	≥96	≥95	—		
	填方（m）	0～0.80	≥96	≥95	≥94		
		0.80～1.50	≥94	≥94	≥93		
		＞1.50	≥93	≥92	≥90		
填隙碎石（固体体积率，%）	基层	代表值	—	85		灌砂法：每 200m 每车道 2 处	3
		极值	—	82			
	底基层	代表值	85	83			
		极值	82	80			
级配碎（砾）石	基层	代表值	98	98		按有关方法检查，每 200m 每车道 2 处	3
		极值	94	94			
	底基层	代表值	96	96			
		极值	92	92			
石灰土或水泥土、石灰粉煤灰土	基层	代表值	—	95		按有关方法检查，每 200m 每车道 2 处	3
		极值	—	91			
	底基层	代表值	95	93			
		极值	91	89			

工程项目类型			规定值或允许偏差			检查方法和频率	权值
			高速公路 一级公路	其他公路			
				二级公路	三、四级公路		
石灰稳定粒料	基层	代表值	—	97		按有关方法检查，每 200m 每车道 2 处	3
		极值	—	93			
	底基层	代表值	96	95			
		极值	92	91			
水泥（或石灰、粉煤灰）稳定粒料	基层	代表值	98	97		按有关方法检查，每 200m 每车道 2 处	3
		极值	94	93			
	底基层	代表值	96	95			
		极值	92	91			
沥青混凝土面层和沥青碎（砾）石面层			试验标准密度的 96%（*98%）			按有关方法检查，每 200m 每车道 1 处	3
			最大理论密度的 92%（*94%）				
			试验段密度的 98%（*99%）				

注：① 土方路基压实度以重型击实实验为准，极值为表列值减 5%。

　　② 表内压实度可选用其中的 1 个或 2 个标准评定，若选用两个标准时，以合格率低的作为评定结果。

　　③ 带 * 者是指 SMA 路面，其他为普通沥青混凝土路面。

一、压实度评定要点

1. 控制平均压实度的置信下限，以保证总体水平；

2. 规定单点极值不得超过给定值，防止局部隐患；

3. 规定扣分界限以区分质量优劣。

计算检验评定段的压实度代表值 K（算术平均值的下置信界限）为：

$$K = \overline{K} - \frac{t_a}{\sqrt{n}} \cdot S \geqslant K_0 \qquad (5-21)$$

式中：$\overline{K}$——检验评定段内各测点压实度的平均值。

t_a——t 分布表中随测点数和保证率（或置信度 α）而变的系数，可见附录表。高速、一级公路：基层、底基层为 99%，路基、路面面层为 95%；其他公路：基层、底基层为 95%，路基、路面面层为 90%。

S——检测值的均方差。

n——检测点数。

K_0——压实度标准值。

二、路基、基层和底基层压实度评定

1. 当 $K \geqslant K_0$，且单点压实度 K_i 全部大于等于规定值减 2 个百分点时，评定路段的压实度合格率为 100%。

2. 当 $K \geqslant K_0$,且单点压实度全部大于等于规定极值时,按测定值不低于规定值减 2 个百分点的测点数计算合格率。

3. 当 $K < K_0$ 或某一单点压实度 K_i 小于规定极值时,该评定路段压实度为不合格,相应分项工程评为不合格。

路堤施工段落短时,分层压实度要点符合要求,且实际样本数不小于 6 个。

三、沥青面层压实度评定

1. 当 $K \geqslant K_0$,且全部测点大于等于规定值减 1 个百分点时,评定路段的压实度合格率为 100%。

2. 当 $K \geqslant K_0$ 时,按测定值不低于规定值减 1 个百分点的测点数计算合格率。

3. 当 $K < K_0$ 时,评定路段的压实度为不合格,相应分项工程评为不合格。

【学习案例 5-3】

某新建公路路基施工中,对其中的一段压实质量进行检查,压实度检测结果见表 5-8 所列,压实度标准 $K_0 = 95\%$,规定极值为 91%。请按保证率 95% 计算该路段的代表性压实度并进行质量评定。

表 5-8 压实度检测结果

序号	1	2	3	4	5	6	7	8	9	10
压实度(%)	96.4	95.4	93.5	97.3	96.3	95.8	95.9	96.7	95.3	95.6
序号	11	12	13	14	15	16	17	18	19	20
压实度(%)	97.6	95.8	96.8	95.7	96.1	96.3	95.1	95.5	97.0	95.3

解:经计算:$\overline{K} = 95.97\%$,$S = 0.91$

$\dfrac{t_a}{\sqrt{n}}$ 查附录表得 0.387

压实度代表值 K_1 为算术平均值的下置信界限,即:

$$K = \overline{K} - \frac{t_a}{\sqrt{n}} \cdot S = 95.97 - 0.91 \times 0.387 = 95.62 (\%)$$

由于压实度代表值 $K > K_0 = 95\%$,

单点压实度 $K_{max} = 97.6\%$,$K_{min} = 93.5\%$

$K_i > K_0 - 2\% = 93\%$,全部单点压实度检验都符合要求

且单点压实度全部大于规定极值,$K_i > K_j = 91\%$,

合格点数 $m = 20$,检测点数 $n = 20$

合格率 $P = \dfrac{m}{n} \times 100 = \dfrac{20}{20} \times 100 = 100\%$

所以该路段的压实质量是合格的。

【学习实践】

1. 压实的作用是什么？现场压实质量用什么指标来衡量？

2. 何谓压实度？路基路面压实度有哪些常用的检测方法？在什么情况下选择这些方法？

3. 确定路基土最大干密度的方法有哪几种？各方法的特点是什么？

4. 简述用无核密度仪测定压实度的步骤。

5. 试述沥青面层压实度评定方法。

6. 论述灌砂法测定压实度的主要过程。

7. 新建高速公路路基施工中，对其中某一路段上路床压实质量进行检查，压实度检测结果分别为 98.6、95.4、93.0、99.2、96.2、92.8、95.9、96.8、96.3、95.9、92.6、95.6、99.2、95.8、94.6、99.5（单位％）。请按保证率95％计算该路段的代表压实度，并进行分析评定。

8. 中液限黏土填筑的路堤。实验室重型标准击实试验求得该土的最大干密度 ρ_{dmax} = 1.82g/cm^3；按道路等级和部颁标准确定要求压实度 K_0 = 93％（重型击实标准）。检测组对已完工的一段做了压实质量测定，数据见表5-9所列。试计算各测点干密度、压实度，并按95％保证率计算该路段压实度的代表值。

表5-9 压实度的代表值

测点编号	湿密度(g/cm^3)	含水量(％)	干密度(g/cm^3)	压实度(％)
1	1.98	14.8		
2	1.94	14.6		
3	1.97	14.7		
4	2.03	15.6	1.76	96.7
5	2.07	16.2		
6	2.05	16.3	1.76	96.7
7	1.94	15.8		
8	2.04	16.2	1.76	96.7
9	2.02	15.7	1.75	96.1
10	2.01	15.6	1.74	95.6
11	1.99	15.4	1.72	94.5
12	2.01	15.9	1.73	95.1

学习项目六　路面平整度检测

任务 6 - 1　概　述

【学习要求】

1. 掌握几种路面平整度测试方法的特点；
2. 熟悉各种路面平整度测试方法的适用范围。

【学习内容】

路面平整度指的是路表面纵向的凹凸量的偏差值。路面平整度是评价路面施工质量、服务水平的重要指标之一，主要反映的是路面纵断面剖面曲线的平整性。当路面纵断面剖面曲线相对平滑时，则表示路面相对平整，或平整度相对好，反之则表示平整度相对差。好的路面则要求路面平整度也要好。路面的平整度与路面各结构层次的平整状况有着一定的联系，即各层次的平整效果将累积反映到路面表面上，路面面层由于直接与车辆及大气接触，不平整的表面将会增大行车阻力，并使车辆产生附加振动作用。这种振动作用会造成行车颠簸，影响行车的速度和安全及驾驶的平稳和乘客的舒适。同时，振动作用还会对路面施加冲击力，从而加剧路面和汽车机件损坏和轮胎的磨损，并增大油耗。而且，不平整的路面会积滞雨水，加速路面的破坏。因此，平整度的检测与评定是公路施工与养护的一个非常重要的环节。

平整度的测试设备大致可分为断面类和反应类两大类。断面类是通过测量路表凸凹情况来反映平整度，如 3m 直尺、连续式平整度仪以及激光平整度仪等；反应类是通过测定路面凸凹引起车辆的颠簸振动来反映平整度状况，如颠簸累积仪等。常见几种平整度测试方法的特点及评价指标见表 6 - 1 所列。由于平整度的测量受各种因素的影响，使得不同类型测试设备的评价指标存在一定差异，如何将各种仪器测量的数据转换成统一标准的数据是急需解决的问题。为此，国际平整度指数 IRI 被提出，它是国际道路平整度试验（IRRE）的产物。1982 年，由来自巴西、英国、法国、美国以及比利时的研究团体在巴西利亚进行大规模试验，研究在多种状况下，不同仪器、方法在多种类型道路上进行平整度测试的控制方法。最终选用 IRI 作为平整度的评价指标，因为它最大限度地满足了时间稳定性、空间稳定性以及相关性的标准。

表 6-1 平整度测试方法比较

方法	特点	技术指标	类别
3m 直尺法	设备成本低,结果直观,间断测试,工作效率低	最大间隙 h(mm)	断面类
连续式平整度仪法	设备成本较低,连续测试,工作效率较高	标准差 σ(mm)	断面类
激光平整度仪法	设备成本高,连续测试,工作效率高,技术指标国际通用	国际平整度指数 IRI(m/km)	断面类
颠簸累积仪法	设备成本较低,连续测试,工作效率较高。测试结果受承载车影响	单向累计值 VBI(cm/km)	反应类

任务6-2 3m直尺法测定平整度

【学习要求】

1. 熟悉3m直尺法测试平整度的特点；
2. 掌握3m直尺法测试数据的处理与计算。

【学习内容】

3m直尺测定法有单尺测定最大间隙及等距离(1.5m)连续测定两种。两种方法测定的路面平整度有较好的相关关系。前者常用于施工质量控制与检查验收，单尺测定时要计算出测定段的合格率；等距离连续测试也可用于施工质量检查验收，要算出标准差，用标准差来表示平整程度，如图6-1所示。

图6-1 3m直尺及塞尺

一、仪具与材料技术要求

本试验需要的主要仪具与材料有：

1. 3m直尺：测量基准面长度为3m，基准面应平直，用硬木或铝合金钢等材料制成，如图6-2所示。

2. 最大间隙测量器具：

测量间隙的尺子有两种，楔形塞尺是其中之一，比较常见；深度尺是测量间隙的另一种类型，使用起来较为方便。

① 楔形塞尺：硬木或金属制的三角形塞尺，有手柄。塞尺的长度与高度之比不小于10，宽度不大于15mm，边部有高度标记，刻度读数分辨率小于等于0.2mm，如图6-3所示。

② 深度尺：金属制的深度测量尺，有手柄。深度尺测量杆端头直径不小于10mm，刻度读数分辨率小于等于0.2mm。

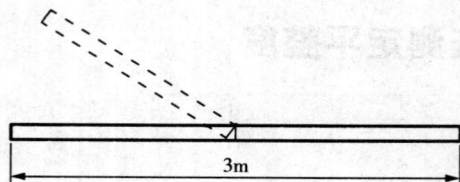

图 6-2 3m 直尺图

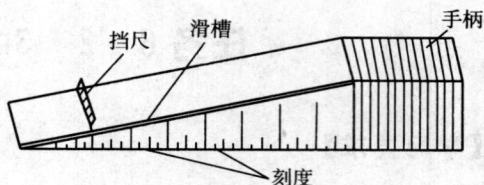

图 6-3 塞尺示意图

3. 其他:皮尺或钢尺、粉笔等。

二、方法与步骤

(一)准备工作

1. 按有关规范规定选择测试路段。

2. 测试路段的测试地点选择:当为沥青路面施工过程中的质量检测时,测试地点应选在接缝处,以单杆测定评定;除高速公路以外,可用于其他等级公路路基、路面工程质量检查验收或进行路况评定,每 200m 测 2 处,每处连续测量 10 尺。除特殊需要者外,应以行车道一侧车轮轮迹(距车道线 0.8~1.0m)作为连续测定的标准位置,如图 6-4 所示。对旧路已形成车辙的路面,应取车辙中间位置为测定位置,用粉笔在路面上做好标记。

3. 清扫路面测定位置处的污物。

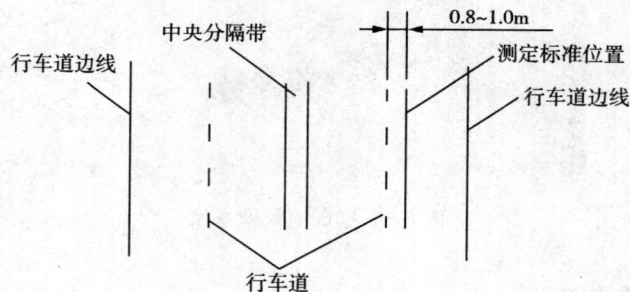

图 6-4 测点位置示意图

(二)测试步骤

1. 施工过程中检测时,根据测试需要确定的方向,将 3m 直尺摆在测试地点的路面上。

2. 目测 3m 直尺底面与路面之间的间隙情况,确定最大间隙的位置。

3. 用有高度标线的塞尺塞进间隙处,量测其最大间隙的高度(mm);或者用深度尺在最大间隙位置量测直尺上顶面距地面的深度,该深度减去尺高即为测试点最大间隙的高度,准确至 0.2mm,如图 6-5 所示。

三、数据处理与评定

单杆检测路面的平整度计算,以 3m 直尺与路面的最大间隙为测定结果,连续测定 10 尺时,判断每个测定值是否合格,根据要求计算合格百分率,并计算 10 个最大间隙的平均值。

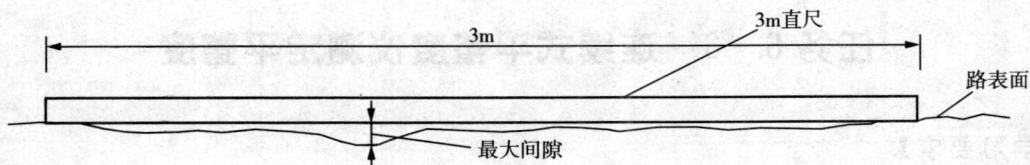

图 6-5　3m 直尺测平整度示意图

$$合格率(\%)=\frac{合格尺数}{总测尺数}\times100 \qquad (6-1)$$

单杆检测的结果应随时记录测试位置及检测结果。连续测定 10 尺时,应报告平均值、不合格尺数、合格率。

【学习案例 6-1】

记录格式见表 6-2 所列。

表 6-2　路基、路面平整度检测记录表

承包单位:××路桥公司　　　　　合同号:××高速公路 02 标
监理单位:××监理公司　　　　　编号:检测-13

桩号及部位	水泥稳定碎石基层										施工日期		2013-08-05
检测方法	3m 直尺法										检测日期		2013-08-16
测试位置(桩号)	检测结果												
	1	2	3	4	5	6	7	8	9	10	平均值		合格率
K12+500	6	4	5	4	4	6	7	7	5	6	5.4		100
K12+600	5	6	5	6	7	5	5	4	7	6	5.6		100
结　论	平均值:5.5mm			检测尺数:20			尺合格尺数:20 尺				合格率:100%		

结　论:　　　　　　　　　　　　　　　监理意见:

　　　　　　　　　　　　　　　　　　　

承包人日期　　　　　　　　　　　　专业监理工程师:日期:

任务 6-3　连续式平整度仪测定平整度

【学习要求】

1. 熟悉连续式平整度仪测试平整度的特点；
2. 熟悉连续式平整度仪测试平整度的方法与步骤；
3. 掌握连续式平整度仪测试数据的处理与计算。

【学习内容】

连续式平整度仪是近年来我国测定路面平整度的新型仪器，它的主要优点是可沿路面连续测量。它一般采用先进的微机处理技术，可自动计算、自动打印，自动显示路面平整度的标准差、正负超差等各项技术指标，并绘出路面平整度偏差曲线，如图 6-6 所示。

图 6-6　连续式平整度仪

连续式平整度仪法适用于测定路表面的平整度，评定路面的施工质量和使用质量，但不适用于在已有较多坑槽、破损严重的路面上测定。

一、检测器具

1. 连续式平整度仪

(1)整体结构：连续式平整度仪构造如图 6-7 所示，除特殊情况外，连续式平整度仪的标准长度为 3m，其质量应符合仪器标准的要求；中间为一个 3m 长的机架，机架可缩短或折叠，前后各 4 个行走轮，前后两组轮的轴间距离为 3m。

(2)标准差测量传感器：标准差测量传感器安装在机架中间，可以是能起落的测定轮，或非接触式位移传感器，如激光或超声位移测量传感器。

(3)其他辅助机构：连续式平整度仪的辅助机构有蓄电池电源，距离传感器，与数据采集、处理、存储、输出部分配套的采集控制箱及计算机、打印机等。

(4)测定间距为 10cm，每一计算区间的长度为 100m，并输出一次结果。

(5)可记录测试长度(m)、曲线振幅大于某一定值(如 3mm、5mm、8mm、10mm 等)的次数、曲线振幅的单向(凸起或凹下)累计值及以 3m 机架为基准的中点路面偏差曲线图，并计算打印。

公路工程检测技术汇总

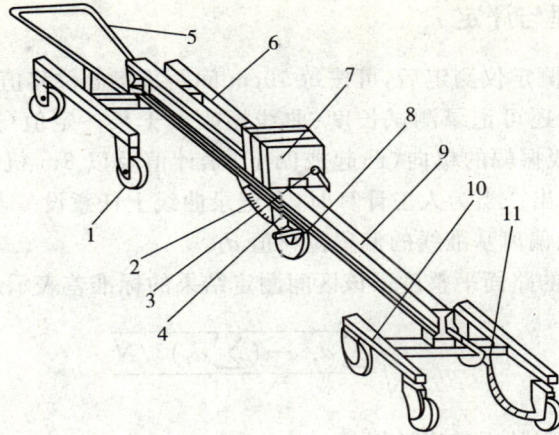

图 6 - 7　连续式平整度仪示意图

1—脚轮;2—拉簧;3—离合器;4—测量架;5—牵引架;
6—前架;7—记录计;8—测定轮;9—纵梁;10—后架;11—软轴

(6)机架装有一牵引钩及手拉柄,可用人力或汽车牵引。

2. 牵引车:小面包车或其他小型牵引汽车。

3. 皮尺或测绳。

二、方法与步骤

(一)准备工作

1. 选择测试路段。

2. 当为施工过程中质量检测需要时,测试地点根据需要决定,当为路面工程质量检查验收或进行路况评定需要时,通常以行车道一侧车轮轮迹带作为连续测定的标准位置。对旧路已形成车辙的路面,取一侧车辙中间位置为测定位置。按规定在测试路段路面上确定测试位置,当以内侧轮迹带(IWP)或外侧轮迹带(OWP)作为测定位置时,测定位置距车道标线 80~100cm。

3. 清扫路面测定位置处的脏物。

4. 检查仪器检测箱各部分是否完好、灵敏,并将各连接线接妥,安装记录设备。

(二)测试步骤

1. 将连续式平整度测定仪置于测试路段路面起点上。

2. 在牵引汽车的后部,将平整度仪的挂钩挂上后,放下测定轮,启动检测器及记录仪,随即启动汽车,沿道路纵向行驶,横向位置保持稳定,并检查平整度检测仪表上测定数字显示、打印、记录的情况。如遇检测设备中某项仪表发生故障,即须停止检测。牵引平整度仪的速度应保持匀速,速度宜为 5km/h,最大不得超过 12km/h。

在测试路段较短时,亦可用人力拖拉平整度仪测定路面的平整度,但拖拉时应保持匀速前进。

三、检测数据的处理与评定

1. 连续式平整度测定仪测定后,可按每 10cm 间距采集的位移值启动计算:100m 计算区间的平整度标准差,还可记录测试长度、曲线振幅大于某一定值(如 3mm、5mm、8mm、10mm 等)的次数、曲线振幅的单向(凸起或凹下)累计值及以 3m 机架为基准的中点路面偏差曲线图,并打印输出。当为人工计算时,在记录曲线上任意设一基准线,每隔一定距离(宜为 1.5m)读取曲线偏离基准线的偏离位移值 d_i。

2. 每一计算区间的路面平整度以该区间测定结果的标准差表示。

$$\sigma_i = \sqrt{\frac{\sum d_i{}^2 - \left(\sum d_i\right)^2 / N}{N - 1}} \tag{6-2}$$

式中:σ_i—— 各计算区间的平整度计算值,mm;

    d_i—— 以 100m 为一个计算区间,每隔一定距离(自动采集间距为 10cm,人工采集间距为 1.5m)采集的路面凹凸偏差位移值,mm;

    N—— 计算区间用于计算标准差的测试数据个数。

计算一个评定路段内各区间平整度标准差的平均值、标准差、变异系数。

【学习案例 6-2】

试验应列表报告每一个评定路段内各测定区间的平整度标准差。各评定路段平整度的平均值、标准差、变异系数以及不合格区间数,记录格式见表 6-3 所列。

表 6-3　路基、路面平整度检测记录表

承包单位:××路桥公司　　　　合同号:××高速公路 02 标

监理单位:××监理公司　　　　编号:检测—13

桩号及部位		沥青混凝土上面层		施工日期:2013/8/5			
检测方法		连续式平整度法		检测日期:2013/8/16			
序号	测试区间桩号	标准差 (mm)	平均值 (mm)	标准差 (mm)	变异系数 (%)	合格区间数	合格率 (%)
1	K12+100	0.48					
2	K12+200	0.46					
3	K12+300	0.51					
4	K12+400	0.50					
5	K12+500	0.65					
6	K12+600	1.67(桥头伸缩缝)	0.55	0.083	15	9	100
7	K12+700	1.00(桥头伸缩缝)					
8	K12+800	0.71					
9	K12+900	0.50					
10	K13+000	0.54					
11	K13+100	0.57					
12	K13+200	0.91(路面污染)					

结论：	监理意见：
承包人：　　　　　　　　　日　期	专业监理工程师：　　　　　　　　日期：

解：测试当中对于桥头（包括通道两侧）伸缩缝、路面污染，其数据应予以剔除。在测试当中这些情况应随时记录在测试记录上。该路段的平整度的均方差的平均值为：

$$\bar{\sigma}=\frac{0.48+0.46+0.51+0.50+0.65+0.71+0.50+0.54+0.57}{9}=0.55(\text{mm})$$

因此 $\bar{\sigma}=0.55\text{mm}\leqslant[\sigma]=1.20\text{mm}$

所以该层平整度评定合格。

任务 6-4　车载式颠簸累积仪法测定平整度

【学习要求】

　　1. 了解车载式颠簸累积仪的系统特点；

　　2. 熟悉车载式颠簸累积仪测定平整度的方法与步骤；

　　3. 掌握车载式颠簸累积仪测试数据的处理与计算。

【学习内容】

　　用车载式颠簸累积仪测量车辆在路面上通行时后轴与车厢之间的单向位移累积值 VBI，以此表示路面的平整度，以 cm/km 计。本方法适于测定路面表面的平整度，评定路面的施工质量和使用期的舒适性。但不适用于在已有较多坑槽、破损严重的路面上测定。

　　车载式颠簸累积仪的工作原理是测试车以一定的速度（以 30km/h 为宜，一般不超过 40km/h）在路面上行驶，由于路面上凹凸不平，引起汽车的激振，通过机械传感器可测量后轴同车厢之间的单向位移累积值 VBI。VBI 越大，说明路面平整度越差，舒适性也越差。

一、检测器具

1. 测试系统组成

　　测试系统由承载车辆、距离测量装置、颠簸累积测试装置和主控制系统组成，如图 6-8 所示。主控制系统对测试装置的操作实施控制，完成数据采集、传输、存储与计算的过程。

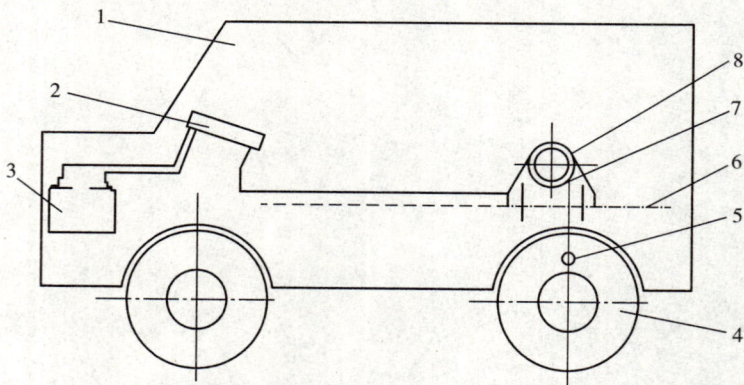

图 6-8　车载试验颠簸累积仪示意图

1—测试车；2—数据处理器；3—电瓶；4—后桥；5—挂钓；6—底板；7—钢丝绳；8—颠簸累积仪传感器

2. 测试系统基本技术要求和参数

　　(1)测试速度：30～80km/h。

　　(2)最大测试幅值：±20cm。

　　(3)垂直位移分辨率：1mm。

　　(4)距离标定误差：<0.5%。

（5）系统工作环境温度：0℃～60℃。

（6）承载车：颠簸累积仪对承载车的要求很高，用户在采购设备时应该根据设备生产商的要求采购车辆，不能随意选择车辆作为承载车，避免整套系统测值不稳定。

二、方法与步骤

（一）准备工作

1. 测试车辆有下面情况之一：在正常状态下行驶超过20 000km，标定的时间间隔超过1年，减振器、轮胎等发生更换、维修，都应进行仪器测值与国际平整度指数 IRI 的相关性标定，相关系数 R 应不低于 0.99。

颠簸累积仪测试值受承载车行驶车速、轮胎状况、车内载物及人员乘坐位置变化、承载车减振器等多种因素的影响，为了保证测试结果的准确性，在有条件情况下应该经常性标定。根据对国内车载式颠簸累积仪生产商的调查，相关性标定试验的相关系数 R 完全可以达到 0.99 以上。

2. 检查测试车轮胎气压，应达到车辆轮胎规定的标准气压，车胎应清洁，不得黏附杂物，车上载重、人数以及分布应与仪器相关性标定试验时一致。

3. 距离测量系统需要现场安装的，根据设备操作手册说明进行安装，确保紧固装置安装牢固。

4. 检查测试系统各部分应符合测试要求，不应有明显的可视性破损。

5. 打开系统电源，启动控制程序，检查系统各部分的工作状态。

（二）测试步骤

1. 测试开始之前应让测试车以测试速度行驶 5～10km，按照设备操作手册规定的预热时间对测试系统预热。

2. 测试车停在测试起点前 300～500m 处，启动平整度测试系统程序，按照设备操作手册的规定和测试路段的现场技术要求设置完毕所需的测试状态。

3. 驾驶员在进入测试路段前应保持车速在规定的测试速度范围内，沿正常行车轨迹驶入测试路段。

4. 测试车加速过程的测值不能反映路面平整度的真实情况，因此要求测试车在距离测试路段起点 300～500m 位置开始起步，确保测试车进入测试路段时达到规定测试速度。

5. 进入测试路段后，测试人员启动系统的采集和记录程序，在测试过程中必须及时准确地将测试路段的起终点和其他需要特殊标记点的位置输入测试数据记录中。

6. 当测试车辆驶出测试路段后，仪器操作人员停止数据采集和记录，并恢复仪器各部分至初始状态。

7. 操作人员检查数据文件应完整，内容应正常，否则需要重新测试。

8. 关闭测试系统电源，结束测试。

三、计算

颠簸累积仪直接测试输出的颠簸累积值 VBI，要按照相关性标定试验得到相关关系式，并以 100m 为计算区间换算成 IRI（以 m/km 计）。

四、颠簸累积仪测值与国际平整度指数 IRI 相关关系对比试验

(一)基本要求

由于颠簸累积仪测值受测试速度等因素影响,因此测试系统的每一种实际采用的测试速度都应单独进行标定,建立相关关系公式。标定过程及分析结果应详细记录并存档。

(二)试验条件

1. 按照每段 IRI 值变化幅度不小于 1.0 的范围选择不少于 4 段不同平整度水平且有足够加速或减速长度的路段。根据实际测试道路 IRI 的分布情况,可以增加某些范围内的标定路段。

2. 每路段长度不小于 300m。

3. 每一段内的平整度应均匀,包括路段前 50m 的引道。

4. 选择坡度变化较小的直线路段,路段交通量小,便于疏导。

5. 标定宜选择在车道的正常行驶轮迹上进行,明确标出标定路段的轮迹、起终点。

(三)试验步骤

1. 距离标定

(1)依据设备供应商建议的长度,选择坡度变化较小的平坦直线路段,标出起终点和行驶轨迹。

(2)标定开始之前应让测试车以测试速度行驶 5~10km,按照设备操作手册规定的预热时间对测试系统进行预热。

(3)将测试车的前轮对准起点线,启动距离校准程序,然后令车辆沿着路段轨迹直线行驶,避免突然加速或减速,接近终点时,看指挥人员手势减速停车,确保测试车的前轮对准终点线,结束距离校准程序。重复此过程,确保距离传感器脉冲当量的准确性,应在允许误差范围之内。

2. 令颠簸累积仪按选定的测试速度测试每个标定路段的反应值,重复测试至少 5 次,取其平均值作为该路段的反应值。

3. IRI 值的确定

以精密水准仪作为标准仪具,分别测量标定路段两个轮迹的纵断高程,要求采样间隔为 250mm,高程测试精度为 0.5mm。然后用 IRI 标准计算程序对每个轮迹的纵断面测量值进行模型计算,得到该轮迹的 IRI 值,两个轮迹 IRI 值的平均值即为该路段的 IRI 值。

轮迹带国际平整度指数(IRI)可以用上述两种方法中的其中一种来确定。目前,国内用户基本采用手推式断面仪替代精密水准仪测量纵断面高程。澳大利亚 ARRB 生产的手推式断面仪使用较为方便,其测值与水准仪法测值相关程度为 1。

(四)试验数据处理

用数理统计的方法将各标定路段的 IRI 值和相应的颠簸累积仪测值进行回归分析,建立相关关系方程式,相关系数 R 不得小于 0.99。

$$IRI=a+b \cdot VBI_v \qquad (6-3)$$

式中：IRI——国际平整度指数，m/km；

　　VBI$_v$——测试速度为 v(km/h)时颠簸累积仪测得的颠簸累积值，cm/km；

　　a，b——回归系数。

（五）报告

1. 平整度测试报告应包括颠簸累积值 VBI、国际平整度 IRI 平均值和现场测试速度。

2. 提供颠簸累积值 VBI 与标准国际平整度指数 IRI 在选定测试条件下的相关关系式及相关系数。

任务 6-5　车载式激光平整度仪测定平整度

【学习要求】

1. 了解车载式激光平整度仪的系统特点；
2. 熟悉车载式激光平整度仪测定平整度的方法与步骤；
3. 掌握车载式激光平整度仪测试数据的处理与计算。

【学习内容】

本方法适用于各类车载式激光平整度仪在新、改建路面工程质量验收和无严重坑槽、车辙等病害及无积水、积雪、泥浆的正常通车条件下连续采集路段平整度数据。激光平整度仪受水的影响很大，路面有流动水的情况下不适合用此类型设备检测路面平整度。

图 6-9　车载式激光平整度仪

一、测试系统基本技术要求和参数

1. 测试系统

测试系统由承载车辆、距离传感器、纵断面高程传感器和主控制系统组成。主控制系统对测试装置的操作实施控制，完成数据采集、传输、存储与计算过程。

2. 设备承载车要求

根据设备供应商的要求选择测试系统承载车辆。

3. 测试系统基本技术要求和参数

(1)测试速度：30～100km/h；

(2)采样间隔：≤500mm；

(3)传感器测试精度：0.5mm；

(4)距离标定误差：＜0.1%；

(5)系统工作环境温度：0℃～60℃。

二、方法与步骤

1. 准备工作

(1)设备安装到承载车上以后应按规定进行相关性试验。

(2)根据设备操作手册的要求对测试系统各传感器进行校准。

(3)检查测试车轮胎气压，应达到车辆轮胎规定的标准气压，车胎应清洁，不得黏附杂物。

(4)距离测量装置需要现场安装的，根据设备操作手册说明进行安装，确保机械紧固装置安装牢固。

(5)检查测试系统各部分应符合测试要求,不应有明显的可视性破损。

(6)打开系统电源,启动控制程序,检查各部分的工作状态。

2. 测试步骤

(1)测试开始之前应让测试车以测试速度行驶 5～10km,按照设备使用说明规定的预热时间对测试系统进行预热。

(2)测试车停在测试起点前 50～100m 处,启动平整度测试系统程序,按照设备操作手册的规定和测试路段的现场技术要求设置完毕所需的测试状态。

(3)驾驶员应按照设备操作手册要求的测试速度范围驾驶测试车,宜在 50～80km/h 之间,避免急加速和急减速,急弯路段应放慢车速,沿正常行车轨迹驶入测试路段。

(4)进入测试路段后,测试人员启动系统的采集和记录程序,在测试过程中必须及时准确地将测试路段的起终点和其他需要特殊标记的位置输入测试数据记录中。

(5)当测试车辆驶出测试路段后,测试人员停止数据采集和记录,并恢复仪器各部分至初始状态。

(6)检查测试数据文件,文件应完整,内容应正常,否则需要重新测试。

(7)关闭测试系统电源,结束测试。

三、计算

激光平整度仪采集的数据是路面相对高程值,应以 100m 为计算区间长度用 IRI 的标准计算程序计算 IRI 值,以 m/km 计。

四、激光平整度仪测值与国际平整度指数 IRI 相关关系对比试验

(一)实验条件

(1)按照每段 IRI 值变化幅度不小于 1.0 的范围选择不少于 4 段不同平整度水平的路段,且有足够加速或减速长度的路段。根据实际测试道路 IRI 的分布情况,可以适当增加某些范围内的标定路段。

(2)每路段长度不小于 300m。

(3)每一段内的平整度应均匀,包括路段前 50m 的引道。

(4)选择坡度变化较小的直线路段,路段交通量小,便于疏导。

(5)有多个激光测头的系统需要分别标定。

(6)标定宜选择在车道的正常行驶轮迹上进行,明确画出轮迹带测线和起终点位置。

(二)试验步骤

1. 距离标定

(1)依据设备供应商建议的长度,选择坡度变化较小的平坦直线路段,标出起终点和行驶轨迹。

(2)标定开始之前应让测试车以测试速度行驶 5～10km,按照设备操作手册规定的预热时间对测试系统进行预热。

(3)将测试车的前轮对准起点线,启动距离校准程序,然后令车辆沿着路段轨迹直线行

驶,避免突然加速或减速,接近终点时,看指挥人员手势减速停车,确保测试车的前轮对准终点线,结束距离校准程序。重复此过程,确保距离传感器测试结果的准确性,应在允许误差范围之内。

2. 令所标定的纵断面高程传感器对准测线重复测试 5 次,取其 IRI 计算值的平均值作为该路段的测试值。

3. IRI 值的确定

(1)以精密水准仪作为标准仪具,测量标定路段上测线的纵断高程,要求采样间隔为 250mm,高程测试精度为 0.5mm;然后用 IRI 标准计算程序对纵断面测量值进行模型计算,得到标定线路的 IRI 值。

(2)其他符合世界银行公布的国际平整度指数测试标准的纵断面测试仪具也可以作为确定标定路段 IRI 值的仪具。

(四)试验数据处理

用数理统计的方法将各标定路段的 IRI 值和相应的平整度仪测值进行回归分析,建立相关关系方程式,相关系数 R 不得小于 0.99。

五、检测报告

平整度检测报告应包括以下内容:
1. 国际平整度指数 IRI 平均值。
2. 提供激光平整度仪测值与国际平整度指数 IRI 在选定测试条件下的相关关系式及相关系数。

【学习实践】

1. 测定路面平整度常用的方法有哪些? 各方法适用场合是什么?
2. 颠簸累积仪、连续平整度仪检测结果分别是什么? 它们能否互换?
3. 简述 3m 直尺测定路面平整度的主要步骤。
4. 对于不同的路基路面各结构层,采用什么方法测定其平整度? 各自的技术指标是什么?
5. 用连续平整度仪测定某一级公路沥青混凝土面层的平整度,检测结果为 1.4、1.0、1.2、1.6、1.8、1.1、1.3、1.0、0.8、1.2、1.5、0.9、1.3、1.2、1.4、1.1、1.7、1.0、1.3、1.2(mm)。规定值为 $\sigma=1.5$mm、IRI$=0.5$m/km。请计算平整度指标的合格率。

学习项目七　路面抗滑性能检测

任务 7-1　概述

【学习要求】

　　1. 熟悉沥青路面抗滑性能检测的方法、标准；

　　2. 熟悉水泥混凝土路面的抗滑要求、检测方法。

【学习内容】

　　路面抗滑性能是指车辆轮胎受到制动时沿表面滑移所产生的力，通常用轮胎与路面间的摩阻系数来表示。影响抗滑性能的因素主要有路面表面特性、路面潮湿程度以及行车速度等。

　　路面表面特性又包括路表面细构造和粗构造。路表面细构造是指集料表面的构造粗糙程度，随着车轮的反复磨耗而逐渐被磨光，用石料的磨光值（SPV）表示，磨光值越高的石料，在轮胎的长期作用下，越能长时间保持其粗糙的构造，路面的抗滑能力也就越好。石料细构造在低速（30～50km/h 以下）时对路表抗滑性能起决定作用，而高速时，粗构造是对路表抗滑性能起作用的主要因素，它是指路表外露集料间形成的构造，粗构造能使车轮下的路表水迅速排除，以避免形成水膜，由构造深度（TD）表征。构造深度越大，则路面抗滑能力越强。

　　《公路工程质量检验评定标准》（JTG F80/1—2004）中主要通过构造深度和摩擦系数两个方面来判定路面的抗滑性能。《公路路基路面现场测试规程》（JTG E60—2008）中介绍，构造深度的测试方法有：手工铺砂法、电动铺砂法以及车载式激光构造深度仪法。摩擦系数的测试方法有：摆式仪法、横向力系数测试法以及动态旋转式摩擦系数测试法。各方法的特点及测试指标见表 7-1 所列。

表 7-1　路面抗滑性能测试方法比较

测试方法	测试指标	原理	特点及适用范围
制动距离法	摩阻系数 f	以一定速度在潮湿路上行驶的四轮小车或轻货车，当 4 个轮被制动时，测试车辆减速滑移到停止的距离，运用动力学原理，算出摩阻系数	测试速度快，必须中断交通

测试方法	测试指标	原理	特点及适用范围
摆式仪法	摩阻摆值 BPN	摆式仪的摆锤底面装一橡胶滑块,当摆锤从一定高度 h 自由下摆时,滑块同试验表面接触。由于两者间的摩阻作用损耗部分能量,摆锤只能回摆到一定高度。表面摩阻力越大,回摆高度越小(即摆值越大)	定点测量,原理简单,不仅可用于室内测量,而且可用于野外测试沥青路面及混凝土路面的抗滑值
手工铺砂仪法、电动铺砂仪法	构造深度 TD(mm)	将已知体积的砂摊铺在所要测试路表面的测点上,量取摊平覆盖的面积。砂的体积与所覆盖平均面积的比值,即为构造深度	定点测量,原理简单,便于携带,结果直观。适用于测定沥青路面及水泥混凝土路面的构造深度以及评定路表面的宏观粗糙度、排水性能及抗滑性能
激光构造深度仪法	构造深度 TD(mm)	中子源发射的许多光束,照射到路表面的不同深度处,用 200 多个二极管接收返回的光束,利用二极管被点亮的时间差算出所测路面的构造深度	测试速度快,适用于测定沥青路面干燥表面的构造深度以及评价路面抗滑及排水能力,但不适用于多坑槽、显著不平整或裂缝过多的路段
摩阻系数测试车测定路面横向力系数	横向力系数 SFC	测试车安装有试验轮胎,它们对车辆行驶方向偏转一定的角度,汽车以一定速度在潮湿路面上行驶,试验轮胎受到侧向摩阻力作用。此摩阻力除以试验轮上的载重,即为横向力系数	测试速度快,用于标准的摩阻系数测试车测定沥青或水泥混凝土路面的横向力系数,结果作为竣工验收或使用期评定路面抗滑能力的依据

对于沥青混凝土路面面层的抗滑性能,在《公路沥青路面设计规范》(JTG D60—2006)中规定:在设计高速公路、一级公路的沥青混凝土路面面层时,应选用抗滑、耐磨石料,其磨光值应大于 42。其抗滑性能指标有:

(1)摩阻系数。高速公路、一级公路宜在竣工后第一个夏季采用摩阻系数测定车,以 $(50±1)$km/h 的车速测定横向力系数(SFC)。

(2)宏观构造深度。路面在竣工后第一个夏季用铺砂法或激光构造深度仪法测定。

(3)一般于第一个夏季测定沥青面层横向力系数或摆值、路面宏观构造深度。

本书主要介绍手工铺砂法、电动铺砂法以及摆式仪法三种常规方法。

沥青路面抗滑性能应符合表 7-2 要求。

表 7-2　沥青路面抗滑性能标准

公路等级	竣工验收值		
	横向力系数 SFC	摩阻摆值 BPN	构造深度 TD(mm)
高速公路、一级公路	≥54	≥45	≥0.55

而水泥混凝土路面抗滑性能主要用构造深度表示,《公路工程质量检验评定标准》(JTG F80/1—2004)中规定:高速公路、一级公路水泥混凝土面层抗滑构造深度一般路段不小于0.7mm且不大于1.1mm,特殊路段不小于0.8mm且不大于1.2mm;其他公路一般路段不小于0.5mm且不大于1.0mm,特殊路段不小于0.6mm且不大于1.1mm。

任务 7-2 路面构造深度检测

【学习要求】

1. 了解构造深度的基本概念；
2. 掌握手工铺砂法的测试过程及计算；
3. 掌握电动铺砂法的测试过程及计算。

【学习内容】

构造深度以前称纹理深度,指一定面积的路表面上凹凸不平的开口孔隙的平均深度,是路面粗糙度的重要指标,它与路表抗滑性能、排水、噪声等都有一定关系。手工铺砂法与电动铺砂法都是将细砂铺在路面上,计算嵌入凹凸不平的表面空隙中的砂的体积与覆盖面积之比,从而求得构造深度。这是目前工程上最为基本也是最为常用的方法。

一、手工铺砂法

1. 适用范围及检测频率

本方法适用于测定沥青路面及水泥混凝土路面表面的构造深度,用以评定路面表面的宏观构造。检测频率为每 200m 测一处。

2. 仪具与材料

(1)人工铺砂仪:由量砂筒、推平板和刮平尺组成。

① 量砂筒:形状尺寸如图 7-1 所示,一端是封闭的,容积为(25±0.15)ml,可通过称量砂筒中水的质量以确定其容积 V,并调整其高度,使其容积符合要求。

② 推平板:形状尺寸如图 7-2 所示,推平板应为木制或铝制,直径 50mm,底面粘一层厚 1.5mm 的橡胶片,上面有一圆柱把手。

③ 刮平尺:可用 30cm 钢尺代替,其主要作用是用来将筒口量砂刮平。

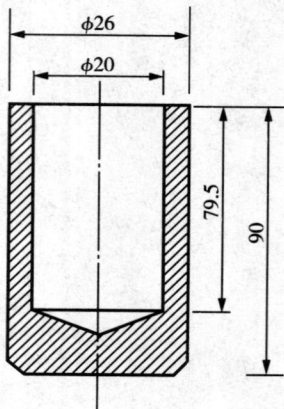

图 7-1 量砂筒(单位:mm)

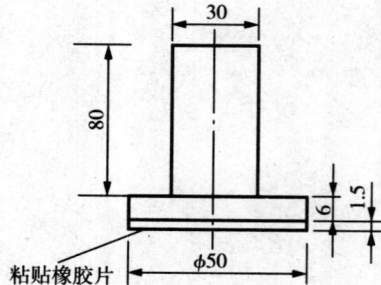

图 7-2 推平板(单位:mm)

(2)量砂:足够数量的干燥洁净的均匀砂,粒径为 0.15～0.3mm。

(3)量尺:钢板尺、钢卷尺,或采用已按式(7-1)将直径换算成构造深度作为刻度单位的专用构造深度尺。

(4)其他:装砂容器(小铲)、扫帚或毛刷、挡风板等。

3. 方法与步骤

(1)准备工作

① 量砂准备:取洁净的细砂,晾干过筛,取 0.15～0.3mm 的砂置于适当的容器中备用。量砂只能在路面上使用一次,不宜重复使用。

② 选择测点:对测试路段按《公路路基路面现场测试规程》中随机选点的方法,在行车道上随机选取测点所在的横断面位置。测点应选在车道的轮迹带上,距路面边缘不应小于 1m。

(2)测试步骤

① 清扫现场:用扫帚或毛刷子将测点附近的路面清扫干净,面积不小于 30cm×30cm。

② 装砂:用小铲装砂,沿筒壁向圆筒中注满砂,手提圆筒上方,在硬质路表面上轻轻地叩打 3 次,使砂密实,补足砂面用钢尺一次刮平。

③ 铺砂:将砂倒在路面上,用底面粘有橡胶片的推平板,由里向外重复做旋转摊铺运动,稍稍用力将砂细心地尽可能地向外摊开,使砂填入凹凸不平的路表面的空隙中,尽可能将砂摊成圆形,并不得在表面上留有浮动余砂。

④ 测直径:用钢板尺测量所构成圆的两个垂直方向的直径,取其平均值,准确至 5mm。

⑤ 按以上方法,同一处平行测定不少于 3 次,3 个测点均位于轮迹带上,测点间距 3～5m。对同一处,应该由同一个试验员进行测定。该处的测定位置以中间测点的位置表示。

4. 注意事项

(1)本方法对于具有较大不规则孔隙或坑槽的沥青路面和具有防滑沟槽结构的水泥路面不适用。

(2)量砂只能在路面上使用一次,不宜重复使用。

(3)不可直接用量砂筒装砂,以免影响量砂密度的均匀性。

(4)摊铺时不可用力过大或向外推挤。

5. 计算

(1)路面表面构造深度测定结果按下式计算:

$$TD=\frac{1000V}{\pi D^2/4}=\frac{31831}{D^2} \tag{7-1}$$

式中:TD——路面表面构造深度,mm;

V——砂的体积,25cm³;

D——摊平砂的平均直径,mm。

(2)每一处均取 3 次路面构造深度的测定结果的平均值作为试验结果,精确至 0.01mm。

(3)计算每一个评定区间路面构造深度的平均值、标准差、变异系数。

6. 报告

（1）列表逐点报告路面构造深度的测定值及 3 次测定的平均值，当平均值小于 0.2mm 时，试验结果以＜0.2mm 表示。

（2）每一个评定区间路面构造深度的平均值、标准差、变异系数。

【学习案例 7-1】

某高速公路沥青混凝土路面用手工铺砂法评定路面摩擦性能，测定结果及数据计算见表 7-3 所列。

表 7-3　手工铺砂构造深度试验记录

工程名称：××工程　　结构层次：沥青混凝土路面　　公路等级：高速公路　　路段桩号：K0＋200～K0＋600

检验者：　　　　　计算者：　　　　　校核者：　　　　　检验日期：

桩号	编号	砂体积 V（cm³）	摊平砂平均直径 D(mm)	构造深度 TD(mm)	平均值（mm）	路况描述	备注
K0＋200	1	25	200	0.8	0.8	干燥	
	2	25	205	0.8			
	3	25	195	0.8			
K0＋400	1	25	210	0.7	0.6	干燥	
	2	25	230	0.6			
	3	25	236	0.6			
K0＋600	1	25	200	0.8	0.8	干燥	
	2	25	195	0.8			
	3	25	210	0.7			
测点数	9	规定值（mm）	≥0.55	平均值（mm）	0.7	标准差（mm）	0.11	变异系数（%）	15	合格率（%）	100

二、电动铺砂法

1. 目的与适用范围

本方法适用于测定沥青路面及水泥混凝土路面表面构造深度，用以评定路面表面的宏观构造。

2. 仪具与材料

（1）电动铺砂仪：利用可充电的直流电源将量砂通过砂漏铺设成宽度 5cm、厚度均匀一致的器具，如图 7-3 所示。

（2）量砂：足够数量的干燥洁净的匀质砂，粒径为 0.15～0.3mm。

（3）标准量筒：容积 50ml。

（4）玻璃板：面积大于铺砂器，厚 5mm。

（5）其他：直尺、扫帚、毛刷等。

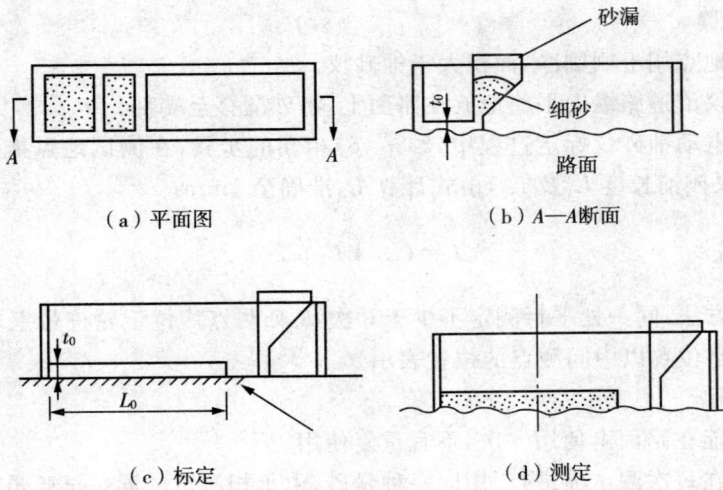

（a）平面图　　　　　　　　　　　　（b）A—A断面

（c）标定　　　　　　　　　　　　（d）测定

图 7-3　电动铺砂仪

3. 方法与步骤

（1）准备工作

① 量砂准备：取洁净的细砂，晾干过筛，取 0.15～0.3mm 的砂置于适当的容器中备用。

② 选择测点：对测试路段按《公路路基路面现场测试规程》中随机选点的方法，在行车道上随机选取测点所在的横断面位置。测点应选在车道的轮迹带上，距路面边缘应不小于 1m。

（2）电动铺砂器标定

① 将铺砂器平放在玻璃板上，将砂漏移至铺砂器端部。

② 使灌砂漏斗口和量筒口大致齐平。通过漏斗向量筒中缓缓注入准备好的量砂至高出量筒成尖顶状，用直尺沿筒口一次刮平，其容积为 50ml。

③ 使漏斗口与铺砂器砂漏上口大致齐平。将砂通过漏斗均匀倒入砂漏，漏斗前后移动，使砂的表面大致齐平，但不得用任何其他工具刮动砂。

④ 开动电动机，使砂漏向另一端缓缓运动，量砂沿砂漏底部铺成图 7-4 所示的宽 5cm 的带状，待砂全部漏完后停止。

⑤ 按图 7-4，式（7-2）由 L_1 及 L_2 的平均值决定量砂的摊铺长度 L_0，准确至 1mm。

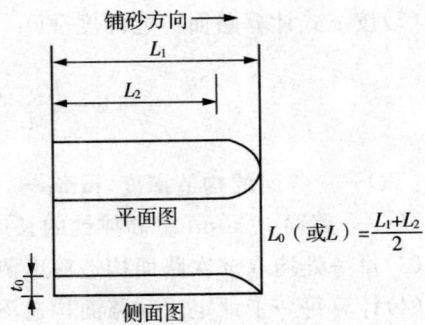

图 7-4　决定 L_0 及 L 的方法

L_0—玻璃板上 50ml 量砂摊铺的长度（mm）；

L_2—路面上 50ml 量砂摊铺的长度（mm）

$$L_0 = (L_1 + L_2)/2 \tag{7-2}$$

⑥ 重复标定 3 次，取平均值决定 L_0，准确至 1mm。

（3）测试步骤

① 将测试地点用毛刷刷净，面积大于铺砂仪。

② 将铺砂仪沿道路纵向平稳地放在路面上，将砂漏移至端部。

③ 按以上电动铺砂仪标定过程中（2）～（5）相同的步骤，在测试地点摊铺 50ml 量砂，按图中方法量取摊铺长度 L_1 及 L_2，由式计算 L，准确至 1mm。

$$L=(L_1+L_2)/2 \tag{7-3}$$

④ 按以上方法，同一处平行测定不少于 3 次，3 个测点均位于轮迹带上，测点间距 3～5m。该处的测定位置以中间测点的位置表示。

4. 注意事项

（1）量砂只能在路面上使用一次，不宜重复使用。

（2）标定应在每次测试前进行，用同一种量砂，由承担测试的同一试验员进行。

5. 计算

（1）按下式计算铺砂仪在玻璃板上摊铺的量砂厚度 t_0：

$$t_0=\frac{V}{B\times L_0}\times 1000=\frac{1000}{L_0} \tag{7-4}$$

式中：t_0——量砂在玻璃板上摊铺的标定厚度，mm；

V——量砂体积，$V=50$ml；

B——铺砂仪铺砂宽度，$B=50$mm；

L_0——玻璃板上 50ml 量砂摊铺的长度，mm。

（2）按下式计算路面构造深度 TD：

$$TD=\frac{L_0-L}{L}\times t_0=\frac{L_0-L}{L\times L_0}\times 1000 \tag{7-5}$$

式中：TD——路面的构造深度，mm；

L——路面上 50ml 量砂摊铺的长度，mm。

（3）每一处均取 3 次路面构造深度测定结果的平均值作为试验结果，精确至 0.1mm。

（4）计算每一个评定区间路面构造深度的平均值、标准差、变异系数。

6. 报告

（1）列表逐点报告路面构造深度的测定值及 3 次测定的平均值，当平均值小于 0.2mm 时，试验结果以＜0.2mm 表示。

（2）每一个评定区间路面构造深度的平均值、标准差、变异系数。

【学习案例 7－2】

某高速公路沥青混凝土路面用电动铺砂法评定路面摩擦性能，测定结果及数据计算见表 7-4 所列。

表 7 - 4　电动铺砂构造深度试验记录

工程名称:××工程　结构层次:沥青混凝土路面　公路等级:高速公路　路段桩号:K0+200～K0+600

检验者:　　　　　计算者:　　　　　校核者:　　　　　检验日期:

桩号	L_0(mm)	L_1(mm)	L_2(mm)	L(mm)	TD(mm)	平均值(mm)
K0+200	263	234	215	225	0.64	0.67
		237	214	226	0.63	
		232	212	222	0.70	
K0+400	265	239	215	227	0.63	0.69
		230	211	221	0.75	
		233	215	224	0.69	
K0+600	262	234	214	224	0.69	0.70
		231	213	222	0.73	
		238	212	225	0.67	
测点数	9	平均值(mm)	0.69	标准差(mm)	0.01	变异系数(%)　0.01　合格率(%)　100

任务7－3 路面摩擦系数检测

【学习要求】

1. 熟悉单轮式横向力系数测试系统的使用；
2. 掌握摆式仪测定路面摩擦摆值的试验步骤及数据计算。

【学习内容】

一、摆式仪测定路面摩擦系数

摆式仪法是我国普遍采用的一种抗滑性能测试方法。它的基本原理是,将摆式仪的摆锤底面装一橡胶滑块,当摆锤从一定高度自由下摆时,滑块面同试验表面接触,由于两者间的摩擦而损耗部分能量,使摆锤只能回摆到一定高度,表面摩擦阻力越大,回摆高度越小(即摆值越大)。路面的抗滑摆值(BPN值)指用标准的手提式摆式摩擦系数测定仪测定的路面在潮湿条件下对摆的摩擦阻力,是反映路面抗滑性能的综合性指标。

1. 适用范围及检测频率

本方法适用于以摆式摩擦系数测定仪测定沥青路面、标线或其他材料试件的抗滑值,用以评定路面或路面材料试件在潮湿状态下的抗滑能力。检测频率为每200m测一处。

2. 仪具与材料

本方法需要下列仪具与材料:

(1)摆式仪:形状及结构如图7－5所示。摆及摆的连接部分总质量为1 500g±30g,摆动中心至摆的重心距离为410mm±5mm,测定时摆在路面上滑动长度为126mm±1mm,摆上橡胶片端部距摆动中心的距离为510mm,橡胶片对路面的正向静压力为22.2N±0.5N。

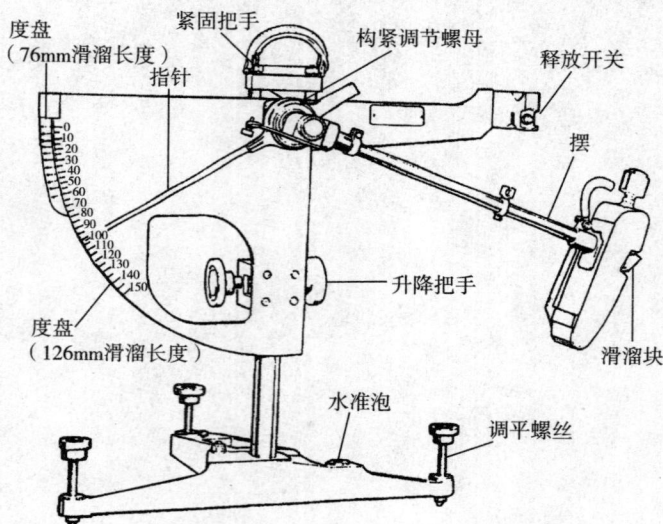

图7－5 摆式仪结构示意图

(2)橡胶片:当用于测定路面抗滑值时,其尺寸为 6.35mm×25.4mm×76.2mm。橡胶质量应符合表 7-5 的要求。当橡胶片使用后,端部在长度方向上磨耗超过 1.6mm 或边缘在宽度方向上磨耗超过 3.2mm,或有油类污染时,即应更换新橡胶片。新橡胶片应先在干燥路面上测试 10 次后再用于测试。橡胶片的有效使用期从出厂日期起算为 12 个月。

(3)滑动长度量尺:长 126mm。

(4)喷水壶。

(5)硬毛刷。

(6)路面温度计:分度不大于 1℃。

(7)其他:扫帚、记录表格等。

表 7-5 橡胶物理性质技术要求

性质指标	温度(℃)				
	0	10	20	30	40
弹性(%)	43～49	58～65	66～73	71～77	74～79
硬度(IR)	55±5				

3. 方法与步骤

(1)准备工作

① 检查摆式仪的调零灵敏情况,并定期进行仪器的标定。

② 按《公路路基路面现场测试规程》中随机选点的方法,进行测试路段的取样选点。在横断面上测点应选在行车道的轮迹带上,距路面边缘应不小于 1m。

(2)测试步骤

① 清洁路面:用扫帚或其他工具将测点附近的路面清扫干净。

② 仪器调平。

a. 将仪器置于路面测点上,并使摆的摆动方向与行车方向一致。

b. 转动底座上的调平螺栓,使水准泡居中。

③ 调零。

a. 放松紧固把手,转动升降把手,使摆升高并能自由摆动,然后旋紧紧固把手。

b. 将摆固定在右侧悬臂上,使摆处于水平释放位置,并把指针拨至右端与摆杆平行处。

c. 按下释放开关,使摆向左带动指针摆动。当摆达到最高位置后下落时,用手将摆杆接住,此时指针应指零。

d. 若不指零,可稍旋紧或旋松摆的调节螺母。

e. 重复上述 4 个步骤,直至指针指零。调零允许误差为±1BPN。

④ 校核滑动长度。

a. 让摆处于自然下垂状态,松开固定把手,转动升降把手,使摆下降。与此同时,提起举升柄使摆向左侧移动,然后放下举升柄使橡胶片下缘轻轻触地,紧靠橡胶片摆放滑动长度量尺,使量尺左端对准橡胶片下缘;再提起举升柄使摆向右侧移动,然后放下举升柄使橡胶片下缘轻轻触地,检查橡胶片下缘应与滑动长度量尺的右端齐平。

b. 若齐平,则说明橡胶片两次触地的距离(滑动长度)符合 126mm 的规定。校核滑动长度时,应以橡胶片长边刚刚接触路面为准,不可借摆的力量向前滑动,以免标定的滑动长度与实际不符。

　　c. 若不齐平,升高或降低摆或仪器底座的高度。微调时用旋转仪器底座上的调平螺丝调整仪器底座的高度的方法比较方便,但需注意保持水准泡居中。

　　d. 重复上述动作,直至滑动长度符合 126mm 的规定。

　　⑤ 将摆固定在右侧悬臂上,使摆处于水平释放位置,并把指针拨至右端与摆杆平行处。

　　⑥ 用喷水壶浇洒测点,使路面处于湿润状态。

　　⑦ 按下右侧悬臂上的释放开关,使摆在路面滑过。当摆杆回落时,用手接住,读数但不记录。然后使摆杆和指针重新置于水平释放位置。

　　⑧ 重复⑥和⑦的操作 5 次,并读记每次测定的摆值。

　　单点测定的 5 个值中最大值与最小值的差值不得大于 3。如差值大于 3 时,应检查产生的原因,并再次重复上述各项操作,直至符合规定为止。

　　取 5 次测定的平均值作为单点的路面抗滑值(即摆值 BPN_t),取整数。

　　⑨ 在测点位置用温度计测记潮湿路表温度,准确至 1℃。

　　⑩ 每个测点由 3 个单点组成,即需按以上方法在同一测点处平行测定 3 次,以 3 次测定结果的平均值作为该测点的代表值(精确到 1)。

　　3 个单点均应位于轮迹带上,单点间距离为 3～5m。该测点的位置以中间单点的位置表示。

　　4. 抗滑值的温度修正

　　当路面温度为 t(℃)时,测得的摆值 BPN_t 必须按下式(7-6)换算成标准温度 20℃的摆值 BPN_{20}。

$$BPN_{20} = BPN_t + \Delta BPN \qquad (7-6)$$

式中:BPN_{20}——换算成标准温度 20℃时的摆值;

　　　　BPN_t——路面温度 t 时测得的摆值;

　　　　ΔBPN——温度修正值按下表 7-6 采用。

表 7-6　温度修正值

温度(℃)	0	5	10	15	20	25	30	35	40
温度修正值 ΔBPN	−6	−4	−3	−1	0	+2	+3	+5	+7

　　5. 注意事项

　　(1)水泥路面不宜采用摆式仪法测定抗滑性能。

　　(2)按下释放开关后,摆杆回落时用手接住,减少橡胶片与地面的磨损。

　　(3)路面温度不为 20℃需按上表 7-6 进行温度修正,在中间温度时,可用内插法计算。

　　6. 报告

　　(1)路面单点测定值 BPN_t,经温度修正后的 BPN_{20}、现场温度、3 次的平均值。

　　(2)评定路段路面抗滑值的平均值、标准差、变异系数。

【学习案例 7－3】

某高速公路中粒式沥青混凝土路面用摆式仪测定摩擦摆值原始记录及数据计算见表 7－7 所列。

表 7－7　路面抗滑值试验原始记录表

工程名称：××工程　　结构层次：中粒式沥青　路段桩号：K0＋200～K0＋600　检验日期：

检验者：　　　　　　计算者：　　　　　　校核者：　　　　　　　　路面温度：25℃

测点位置		测点序号	摆值（BPN）						测点摆值（BPN）	温度修正值	修正后摆值
桩号	横距（m）		1	2	3	4	5	平均值			
K0＋200	距中线 0.85	1	44	43	46	45	46	45	47	2	49
		2	47	48	45	46	48	47			
		3	46	48	49	47	48	48			
K0＋400	距中线 0.90	1	45	46	45	47	46	46	46	2	48
		2	46	47	48	45	46	46			
		3	48	46	49	47	46	47			
K0＋600	距中线 0.90	1	49	46	49	49	48	48	45	2	47
		2	45	42	43	44	45	44			
		3	46	43	43	44	44	44			
测点数	9	规定值（BPN）	≥45	平均值（BPN）	48	标准差（BPN）	1	变异系数（%）	21	合格率（%）	100

二、单轮式横向力系数测试系统测定路面摩擦系数

1. 目的与适用范围

（1）本方法适用于工作原理和结构与 SCRIM 测试车相同的横向力系数测试系统在新建、改建路面工程质量验收和无严重坑槽、车辙等病害的正常行车条件下连续采集路面的横向力系数。

（2）本方法的数据采集、传输、记录和处理分别由专用软件自动控制进行。

2. 仪具与材料

（1）测试系统构成

测试系统由承载车辆、距离测试装置、横向力测试装置、供水装置和主控制系统组成，如图 7－6 所示。主控制系统除实施对测试装置和供水装置的操作控制外，同时还控制数据的传输、记录与计算等环节。

（2）设备承载车基本技术要求和参数

横向力系数测试系统的承载车辆应为能够固定和安装测试、储供水、控制和记录等系统的载货车底盘，具有在水罐满载状态下最高车速大于 100km/h 的性能。

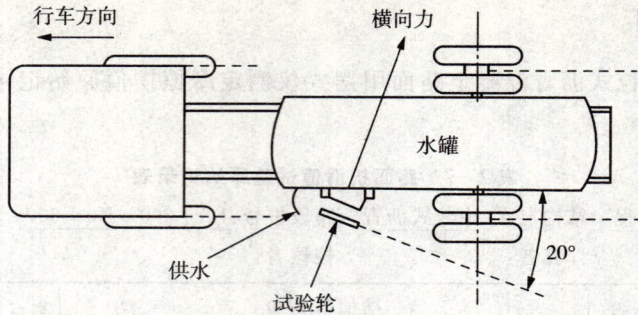

图7-6　单轮式横向力系数测试系统构造示意图

（3）测试系统技术要求和参数

① 测试轮胎类型：光面天然橡胶充气轮胎；

② 测试轮胎规格：3.00/20；

③ 测试轮胎标准气压：350kPa±20kPa；

④ 测试轮偏置角：19.5°～21°；

⑤ 测试轮静态垂直标准荷载：2 000N±20N；

⑥ 拉力传感器非线性误差：<0.05%；

⑦ 拉力传感器有效量程：0～2 000N；

⑧ 距离标定误差：<2%。

3. 方法与步骤

（1）准备工作

① 每个测试项目开始前或连续测试超过1 000km后必须按照设备使用手册规定的方法进行测试系统的标定，记录标定数据并存档。

② 检查测试车轮胎气压，应达到车辆轮胎规定的标准气压。

③ 检查测试轮胎磨损情况，当其直径比新轮胎减小达6mm（也即胎面磨损3mm）以上或有明显磨损裂口时，必须立即更换新轮胎。更换的新轮胎在正式测试前应试测2km。

④ 检测测试轮气压，应达到0.35MPa±0.02MPa的要求。

⑤ 测试轮固定螺栓应拧紧。将测试轮放到正常测试时的位置，其应能够沿两侧滑柱上下自由升降。

⑥ 根据测试里程的需要向水罐加注清洁测试用水。

⑦ 洒水口出水情况和洒水位置应正常；洒水位置应在测试轮触地面中点沿行驶方向前方400mm±50mm处，洒水宽度应为中心线两侧各不小于75mm。

⑧ 将控制面板电源打开，各项控制功能键、指示灯和技术参数选择状态应正常。

（2）测试步骤

① 正式开始测试前，首先应按设备操作手册规定的时间要求对系统进行通电预热。

② 进入测试路段前应将测试轮胎降至路面上预跑约500m。

③ 按照设备操作手册的规定和测试路段的现场技术要求设置完毕所需的测试状态。

④ 驾驶员在进入测试路段前应保持车速在规定的测试速度范围内，沿正常行车轨迹

驶入测试路段。

⑤ 进入测试路段后,测试人员启动系统的采集和记录程序。在测试过程中必须及时准确地将测试路段的起终点和其他需要特殊标记点的位置输入到测试数据记录中。

⑥ 当测试车辆驶出测试路段后,仪器操作人员停止数据采集和记录,提升测量轮并恢复仪器各部分至初始状态。

⑦ 操作人员检查数据文件,文件应完整,内容应正常,否则需要重新测试。

⑧ 关闭测试系统电源,结束测试。

4. SFC 值的修正

(1)SFC 值的速度修正

测试系统的标准测试速度范围规定为 $50\text{km/h}\pm4\text{km/h}$,其他速度条件下测试的 SFC 值必须通过式(7-7)转换至标准速度下的等效 SFC 值。

$$\text{SFC}_{标} = \text{SFC}_{测} - 0.22(v_{标} - v_{测}) \qquad (7-7)$$

式中:$\text{SFC}_{标}$——标准测试速度下的等效 SFC 值;

$\text{SFC}_{测}$——现场实际测试速度条件下的 SFC 测试值;

$v_{标}$——标准测试速度,取值 50km/h;

$v_{测}$——现场实际测试速度。

(2)测试系统的标准现场测试地面温度范围为 $20℃\pm5℃$,其他地面温度条件下测试的 SFC 值必须通过表 7-8 转换至标准温度下的等效 SFC 值。系统测试要求地面温度控制在 $8℃\sim60℃$ 范围内。

表 7-8 SFC 温度修正

温度(℃)	10	15	20	25	30	35	40	45	50	55	60
修正	-3	-1	0	+1	+3	+4	+6	+7	+8	+9	+10

5. 不同类型摩擦系数测试设备间相关关系对比试验

(1)基本要求

不同类型摩擦系数测试设备的测值应换算成 SFC 值后使用,所以制动式摩擦系数测试设备和其他类型横向力式测试设备在使用时必须和 SCRIM 系统进行对比试验,建立测试结果与 SCRIM 系统测值——SFC 值的相关关系。

(2)试验条件

① 按 SFC 值 0~30、30~50、50~70、70~100 的范围选择 4 段不同摩擦系数的路段,路段长度可为 100~300m。

② 对比试验路段地面应清洁干燥,地面温度应在 $10℃\sim30℃$ 范围内,天气条件宜为晴天无风。

(3)试验步骤

① 测试系统和需要进行对比试验的其他类型设备分别按准备工作的方法及其操作手册规定的程序准备就绪。

② 两套设备分别以 40km/h、50km/h、60km/h、70km/h、80km/h 的速度在所选择的 4

种试验路段上各测试 3 次,3 次测试的平均值的绝对差值不得大于 5,否则重测。

③ 两种试验设备设置的采样频率差值不应超过一倍,每个试验路段的采样数据量不应少于 10 个。

(4)试验数据处理

① 分别计算出每种速度下各路段 3 次测试结果的总平均值和标准差,超过 3 倍标准差的值应予以舍弃。

② 用数理统计的回归分析方法建立试验设备测值与速度的相关关系式,相关系数 R 不得小于 0.95。

③ 建立不同速度下试验设备测值 SFC 的相关关系式,相关系数 R 不得小于 0.95。

6. 报告

报告应包括横向力系数 SFC 的平均值、标准差、代表值及现场测试速度和温度。

【学习实践】

1. 收集最新的检测相关规程。

2. 简述"评定标准"中可以用于沥青混凝土面层抗滑性能测试的方法,各方法的测试原理及适用范围。

3. 简述手工铺砂法测定路面抗滑性能的测试要点。

4. 简述电动铺砂法测定路面抗滑性能的试验过程。

5. 简述摆式仪测定路面摩擦系数的试验过程。

6. 某高速公路,用摆式仪测定沥青路面的摩擦摆值(路面温度为 25℃),其测定结果见下表所列,试计算该处路面的摩擦摆值。

测点桩号	测定平行值(BPN)					
	1	2	3	4	5	6
K0+340	49	52	51	53	51	52
	49	48	48	55	50	51
	51	52	51	49	50	50

学习项目八　路基路面强度指标检测

任务 8-1　路基路面回弹弯沉检测

【学习要求】

1. 了解弯沉与回弹模量的关系、弯沉值的测试方法及特点；
2. 了解自动弯沉仪、落锤式弯沉仪的测试步骤；
3. 熟悉贝克曼梁法测定路基、路面回弹弯沉的测试步骤；
4. 掌握弯沉的相关概念；
5. 掌握弯沉检测结果的评定。

【学习内容】

一、概述

通常所说的回弹弯沉值是指标准后轴载双轮组轮隙中心处的最大回弹弯沉值。国内外普遍采用回弹弯沉来表征路基路面的承载能力，回弹弯沉值越大，承载能力越小，反之则越大。然而值得一提的是，关于弯沉与承载能力之间关系的看法并不一致。国际上普遍认为，路面结构承载力的合理定义为：路面结构在达到不能接受的结构性破坏或功能性破坏之前，所能承受的一定类型车辆的通过次数。沥青路面开裂造成的结构性破坏主要与面层材料中的最大拉应力或最大拉应变有关，路面出现车辙或平整度降低造成的功能性破坏主要与基层或路基散粒体材料中的最大压应力或最大压应变有关。

回弹弯沉值在我国已广泛使用且有很多的经验及研究成果，它不仅用于路面结构的设计中（设计回弹弯沉），用于施工控制及施工验收中（竣工验收弯沉值），同时还用在旧路补强设计中，是公路工程的一个基本参数，所以正确的测试具有重要的意义。

二、弯沉值的几个概念

1. 弯沉

弯沉是指在规定的标准轴载作用下，路基或路面表面轮隙位置产生的总垂直变（总弯沉）或垂直回弹变形值（回弹弯沉），以 0.01mm 为单位。

2. 设计弯沉值

根据设计年限内一个车道上预测通过的累计当量轴次、公路等级、面层和基层类型而确定的路面弯沉设计值。

3. 竣工验收弯沉值

竣工验收弯沉值是检验路面是否达到设计要求的指标之一。当路面厚度计算以设计弯沉值为控制指标时,则验收弯沉值应小于或等于设计弯沉值;当厚度计算以层底拉应力为控制指标时,应根据拉应力计算所得的结构厚度,重新计算路面弯沉值,该弯沉值即为竣工验收弯沉值。

三、弯沉值的测试方法

弯沉值的测试方法较多,目前用得最多的是贝克曼梁法,在我国已有成熟的经验,但由于其测试速度等因素的限制,各国都对快速连续或动态测定进行了研究,现在用得比较普遍的有法国洛克鲁瓦式自动弯沉仪、丹麦等国家发明并几经改进形成的落锤式弯沉仪(FWD)、美国的振动弯沉仪等。现将常用的几种方法及各自的特点做简单的比较,见表8-1所列。

表 8-1　几种弯沉测试方法比较

检测方法	特　点
贝克曼梁法	传统方法,速度慢,静态测试,比较成熟,目前属于标准方法
自动弯沉仪法	利用贝克曼梁法原理快速连续,属于静态测试范畴,但测定的是总弯沉,因此使用时应用贝克曼梁法进行标定换算
落锤式弯沉仪法	利用重锤自由落下的瞬间产生的冲击荷载测定弯沉,属于动态弯沉,并能反算路面的回弹模量,快速连续,使用时应用贝克曼梁法进行标定换算

四、贝克曼梁法测定路基路面回弹弯沉

(一)试验目的和适用范围

1. 本方法适用于测定各类路基、路面的回弹弯沉以评定其整体承载能力,可供路面结构设计使用。

2. 本方法测定的路基、柔性路面的回弹弯沉值可供交工和竣工验收使用。

3. 本方法测定的路面回弹弯沉可为公路养护管理部门制订养路修路计划提供依据。

4. 沥青路面的弯沉以标准温度20℃时为准,在其他温度(超过20℃±2℃范围)测试时,对厚度大于5cm的沥青路面,弯沉值应予以温度修正。

(二)检测仪具与材料

1. 标准车

双轴,后轴双侧4轮的载重车。其标准轴荷载、轮胎尺寸、轮胎间隙及轮胎气压等主要参数应符合下表8-2的要求。测试车应采用后轴10t标准轴载BZZ—100的汽车。

表 8-2　测定弯沉用的标准车参数要求

标准轴载等级	BZZ—100
后轴标准轴载 p(kN)	100 ± 1
一侧双轮荷载(kN)	50 ± 0.5
轮胎充气压力(MPa)	0.70 ± 0.05
单轮传压面当量圆直径(cm)	21.3 ± 0.5
轮隙宽度	应满足能自由插入弯沉仪测头的测试要求

2. 路面弯沉仪

由贝克曼梁、百分表及表架组成。贝克曼梁由铝合金制成,上有水准泡,其前臂(接触路面)与后臂(装百分表)长度比为 2∶1,如图 8-1、图 8-2 所示。弯沉仪长度有两种:一种长 3.6m,前后臂分别为 2.4m 和 1.2m;另一种加长的弯沉仪长 5.4m,前后臂分别为 3.6m 和 1.8m。当在半刚性基层沥青路面或水泥混凝土路面上测定时,应采用长度为 5.4m 的贝克曼梁弯沉仪;对柔性基层或混合式结构沥青路面可采用长度为 3.6m 的贝克曼梁弯沉仪测定。弯沉采用百分表量得,也可用自动记录装置进行测量。

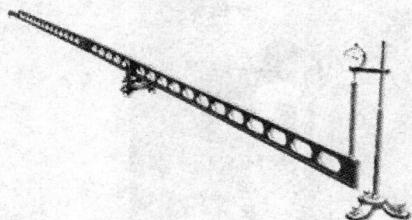

图 8-1　路面弯沉仪实物图

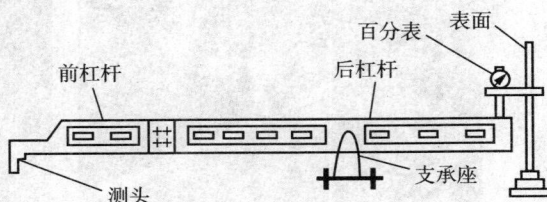

图 8-2　贝克曼梁及其构造图

1、2—前后杠杆;3—立杆;4—百分表;5—表架;6—支座;7—测头

3. 接触式路面温度计

端部为平头,分度不大于 1℃。

4. 其他

皮尺、口哨、白油漆或粉笔、指挥旗等。

(三)试验方法与步骤

1. 试验前准备工作

(1)检查并保持测定用标准车的车况及刹车性能良好,轮胎内胎符合规定充气压力。

(2)向汽车车槽中装载铁块或集料,并用地中衡称量后轴总质量,符合要求的轴重规定,汽车行驶及测定过程中,轴重不得变化。

(3)测定轮胎接地面积,在平整光滑的硬质路面上用千斤顶将汽车后轴顶起,在轮胎下方铺一张新的复写纸,轻轻落下千斤顶,即在方格纸上印上轮胎印痕,用求积仪或数方格的方法测算轮胎接地面积,精确至 $0.1cm^2$。

(4)检查弯沉仪百分表测量灵敏情况。

(5)当在沥青路面上测定时,用路表温度计测定试验时气温及路表温度(一天中气温不断变化,应随时测定),并通过气象台了解前 5 天的平均气温(日最高气温与最低气温的平均值)。

(6)记录沥青路面修建或改建时材料、结构、厚度、施工及养护等情况。

2. 测试步骤

(1)在测试路段布置测点,其距离随测试需要而定,测点应在路面行车车道的轮迹带上,并用白油漆或粉笔划上标记。

(2)将试验车后轮轮隙对准测点后约 3~5cm 处的位置上。

(3)将弯沉仪插入汽车后轮之间的缝隙处,与汽车方向一致,梁臂不得碰到轮胎,弯沉仪测头置于测点上(轮隙中心前方 3~5cm 处),并安装百分表于弯沉仪的测定杆上,百分表调零,用手指轻轻叩打弯沉仪,检查百分表是否稳定回零。弯沉仪可以是单侧测定,也可以双侧同时测定。

(4)测定者吹哨发令指挥汽车缓缓前进,百分表随路面变形的增加而持续向前转动。当表针转动到最大值时,迅速读取初读数 L_1。汽车仍在继续前进,表针反向回转,待汽车驶出弯沉影响半径(约 3m 以上)后,吹口哨或挥动红旗指挥停车。待表针回转稳定后读取终读数 L_2。汽车前进的速度宜为 5km/h 左右,如图 8-3 所示。

图 8-3　贝克曼梁现场检测示意图

3. 弯沉仪的支点变形修正

(1)当采用长度为 3.6m 的弯沉仪对半刚性基层沥青路面、水泥混凝土路面等进行弯沉测定时,有可能引起弯沉仪支座处变形,因此测定时应检验支点有无变形。此时应用另一台检验用的弯沉仪安装在测定用的弯沉仪的后方,其测点架于测定用弯沉仪的支点旁。当汽车开出时,同时测定两台弯沉仪的弯沉读数,如检验用弯沉仪百分表有读数,即应该记录并进行支点变形修正。当在同一结构层上测定时,可在不同的位置测定 5 次,求平均值,以后每次测定时以此作为修正值。支点变形修正的原理如图 8-4 所示。

(2)当采用长 5.4m 的弯沉仪测定时,可不进行支点变形修正。

(四)结果计算及温度修正

1. 计算测点的回弹弯沉值。

$$L_T = (L_1 - L_2) \times 2 \tag{8-1}$$

式中:L_T——在路面温度 T 时的回弹弯沉值,0.01mm;

　　L_1——车轮胎中心临近弯沉仪测头时的百分表的最大读数,0.01mm;

　　L_2——汽车驶出弯沉影响半径后百分表的最终读数,0.01mm。

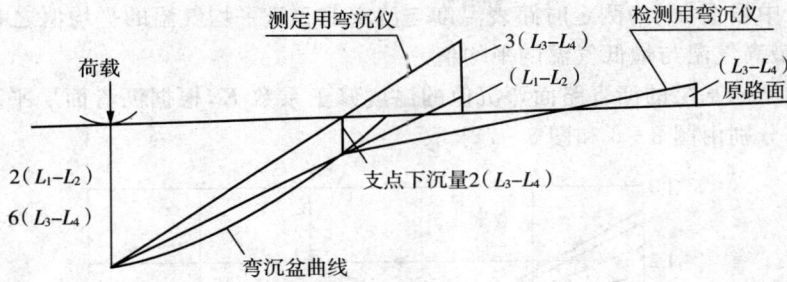

图 8-4 弯沉仪支点修正原理

2. 进行弯沉仪支点变形修正时，计算路面测点的回弹弯沉值。

$$L_T = (L_1 - L_2) \times 2 + (L_3 - L_4) \times 6 \qquad (8-2)$$

式中：L_1——车轮胎中心临近弯沉仪测头时测定用弯沉仪百分表的最大读数，0.01mm；

L_2——汽车驶出弯沉影响半径后测定用弯沉仪百分表的最终读数，0.01mm；

L_3——车轮胎中心临近弯沉仪测头时检测用弯沉仪百分表的最大读数，0.01mm；

L_4——汽车驶出弯沉影响半径后检测用弯沉仪百分表的最终读数，0.01mm。

注：此式适用于测定弯沉仪支座处有变形，但百分表架处路面已无变形的情况。

3. 沥青面层厚度大于 5cm 的沥青路面，回弹弯沉值应进行温度修正，但沥青层厚度小于或等于 5cm 时，或路表温度在 20℃±2℃ 范围内，可不进行温度修正。温度修正及回弹弯沉的计算宜按下列步骤进行：

（1）测定时的沥青层平均温度按下式计算：

$$T = \frac{T_{25} + T_m + T_e}{3} \qquad (8-3)$$

式中：T——测定时沥青层平均温度，℃；

T_{25}——根据 T_0 由图 8-5 决定的路表下 25mm 处的温度，℃；

T_m——根据 T_0 由图 8-5 决定的沥青中间深度的温度，℃；

T_e——根据 T_0 由图 8-5 决定的沥青底面处的温度，℃。

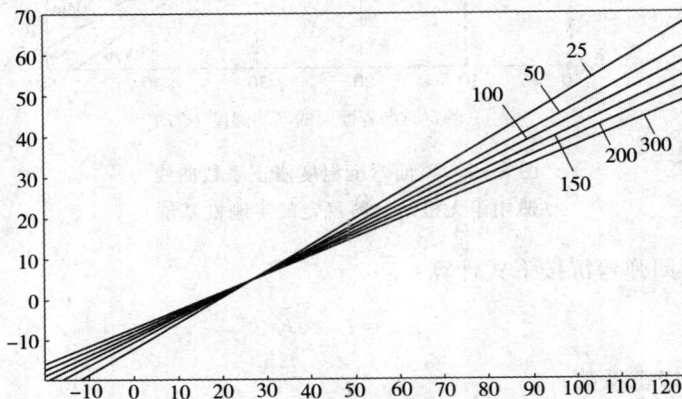

图 8-5 沥青层平均温度的决定

注：线上的数字为纵向路表下的不同深度（mm）

图 8-5 中根据 T_0 为测定时路表温度与测定前 5 日平均气温的平均值之和（℃），日平均气温为日最高气温与最低气温的平均值。

（2）采用不同基层的沥青路面弯沉值的温度修正系数 K，根据沥青面层平均温度 T 及沥青层厚度，分别由图 8-6 和图 8-7 求取。

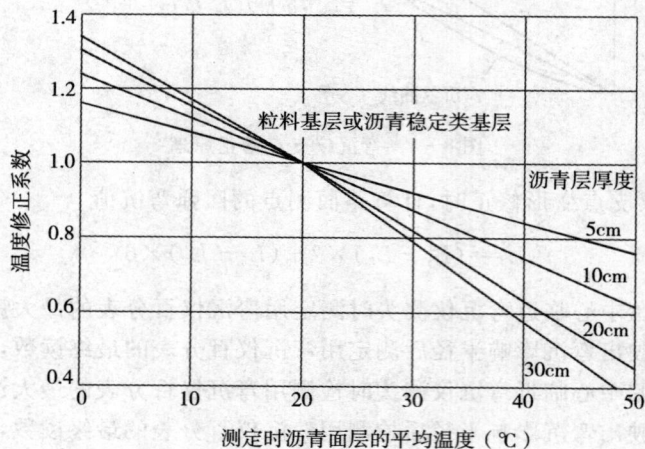

图 8-6　路面弯沉温度修正系数曲线
（适用于粒料基层及沥青稳定基层）

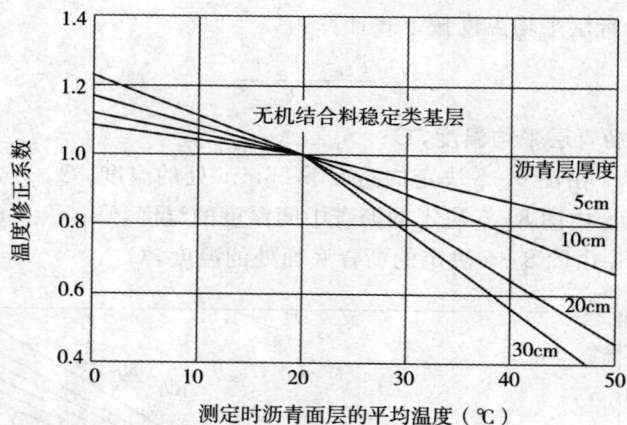

图 8-7　路面弯沉温度修正系数曲线
（适用于无机结合料稳定的半刚性基层）

（3）沥青路面回弹弯沉按下式计算：

$$L_{20} = L_T \times K \tag{8-4}$$

式中：K——温度修正系数；

　　　L_{20}——换算为 20℃ 的沥青路面回弹弯沉值，0.01mm；

　　　L_T——测定时沥青面层内平均温度为 T 时的回弹弯沉值，0.01mm。

4. 结果评定

（1）按下式计算每一个评定路段的代表弯沉：

$$L_r = \bar{L} + Z_a \cdot S \tag{8-5}$$

式中：L_r——评定路段的代表弯沉值，0.01mm。

$\bar{K}$——评定路段内经各项修正后的各测点弯沉的平均值，0.01mm。

S——评定路段内经各项修正后全部测点弯沉的标准差，0.01mm。

Z_a——与保证率有关的系数。高速、一级公路，对于基层采用 $Z_a = 2.0$，对于沥青混凝土面层采用 $Z_a = 1.645$；二、三级公路，对于基层采用 $Z_a = 1.645$，对于沥青混凝土面层采用 $Z_a = 1.5$。

当路基和柔性基层、底基层的弯沉代表值不符合要求时，可将超出 $\bar{L} \pm (2 \sim 3)S$ 的弯沉特异值舍弃，重新计算平均值和标准差。对舍弃的弯沉值大于 $\bar{L} \pm (2 \sim 3)S$ 的点，应找出其周围界限，进行局部处理。

（2）弯沉代表值大于设计要求的弯沉值时相应分项工程为不合格。

若在非不利季节测定时，应考虑季节影响系数。

用两台弯沉仪同时进行左右轮弯沉值测定时，应按两个独立测点计，不能采用左右两点的平均值。

（五）检测报告

报告应包括下列内容：

1. 弯沉测定表、支点变形修正值、测试时的路面温度及温度修正值。

2. 每一个评定路段的各测点弯沉的平均值、标准差及代表弯沉。

记录格式见下表 8-3 所列。

【学习案例 8-1】

表 8-3　回弹弯沉值检测记录表

分项工程名称：路基☑　　柔性基层□　　沥青路面□

桩号	弯沉值(0.01mm)				桩号	弯沉值(0.01mm)			
	左幅		右幅			左幅		右幅	
	左侧	右侧	左侧	右侧		左侧	右侧	左侧	右侧
K1+250	80	50	70	56					
K1+300	62	130	36	64					
K1+350	89	74	48	54					
K1+400	58	34	85	52					
K1+450	80	98	76	44					
K1+500	56	50	36	48					
K1+550	84	60	76	46					

桩号	弯沉值(0.01mm)				桩号	弯沉值(0.01mm)			
	左幅		右幅			左幅		右幅	
	左侧	右侧	左侧	右侧		左侧	右侧	左侧	右侧
K1+600	72	46	90	54					
K1+650	50	46	64	34					
K1+700	50	46	64	34					

弯沉设计值(0.01mm)L=120	弯沉平均值(0.01mm)$\overline{L}$=61.2
弯沉值标准差(0.01mm)S=20.329	弯沉代表值(0.01mm)L_r=94.6

特异点	$\overline{L}+(2\sim3)S$	去除特异点后平均值(0.01mm)$\overline{L}$=
取值	$\overline{L}-(2\sim3)S$	

检测点数 n=40	系数 Z_a=1.645	质量评定:合格

【学习案例 8-2】

某新建高速公路竣工后,在不利季节测得某段路面的弯沉值见表 8-4 所示,路面设计弯沉值为 40(0.01mm),试判断该路段的弯沉是否符合要求?(保证率系数 Z_a=1.645)

表 8-4　弯沉值检测结果

序号	1	2	3	4	5	6	7	8	9	10	11
L_i	30	29	31	28	27	26	33	32	30	30	31
序号	12	13	14	15	16	17	18	19	20	21	22
L_i	29	27	26	32	31	33	31	30	29	28	28

解:经计算:$\overline{K}$=29.6(0.01mm),S=2.09(0.01mm)

代表弯沉值为弯沉检测值的上波动界限,即:

$$L_r=\overline{L}+Z_a \cdot S=29.6+1.645\times2.09=33.0(0.01mm)$$

因为代表弯沉值 $L_r < L_d$=40(0.01mm),所以该路段的弯沉值是满足要求的。

【学习案例 8-3】

某检测组对某一已完工的路基进行弯沉测试,共测得 27 个弯沉值,其数据如下:60、52、104、110、90、156、224、70、140、130、70、100、210、104、170、80、86、74、54、60、104、70、218、100、110、50、40(0.01mm),请计算该路段的弯沉代表值。(采用 2S 法,取 Z_a=2.0)。

解:(1)将上述 27 个数据计算得:$\overline{l}$=105(0.01mm),S=51.6(0.01mm),C_v=49.1%

采用 2S 法,将超出 $\bar{l}\pm2S$ 范围的作为特异值即凡大于 $\bar{l}+2S=208$ 的观测值舍弃,有三个:224,210,218。

(2)重新计算其余 24 个观测值得:$\bar{l}=91$,$S=34$,$C_v=37.4\%$

采用 2S 法,将超出 $\bar{l}\pm2S$ 范围的作为特异值即凡大于 $\bar{l}+2S=129$ 的观测值舍弃,又有三个:170,156,140。

(3)重新计算其余 21 个观测值得:$\bar{l}=82(0.01\text{mm})$,$S=24.5(0.01\text{mm})$,$C_v=29.9\%$,无特异值。

(4)计算弯沉代表值 $l_r=\bar{l}+2.0S=82+2\times24.5=122(0.01\text{mm})$。

五、自动弯沉仪测定路面弯沉

为提高测试效率和准确度,英、法等国于 20 世纪 70 年代末期利用快速发展的电子和计算机技术研制开发出了自动弯沉仪。自动弯沉仪的基本测试原理是模仿贝克曼梁的工作方式,只是采用位移传感器替换了百分表进行自动测量,同时改变了测臂的长度比例,通过工业微机固化程序控制测量机构自动运作,并将所测弯沉值直接自动记录到微机中,减轻了现场测试人员的劳动强度,如图 8-8 所示。

图 8-8 自动弯沉仪实物图

(一)目的与适用范围

本方法适用于各类 Lacroix 型自动弯沉仪在新、改建路面工程的质量验收,无严重坑槽、车辙等病害的正常通车条件下连续采集沥青路面弯沉数据。

本方法测试的是路面结构体的静态总弯沉,而非回弹弯沉,与贝克曼梁弯沉有所区别。由于采取连续测量的方式,探测梁需要在被测路面上拖动,因此要求路面无严重坑槽、车辙等病害,避免损坏探测梁。

(二)仪具与材料技术要求

(1)Lacroix 型自动弯沉仪由承载车、测量机架及控制系统、位移、温度和距离传感器、数据采集与处理系统等基本部分组成,如图 8-9 所示。

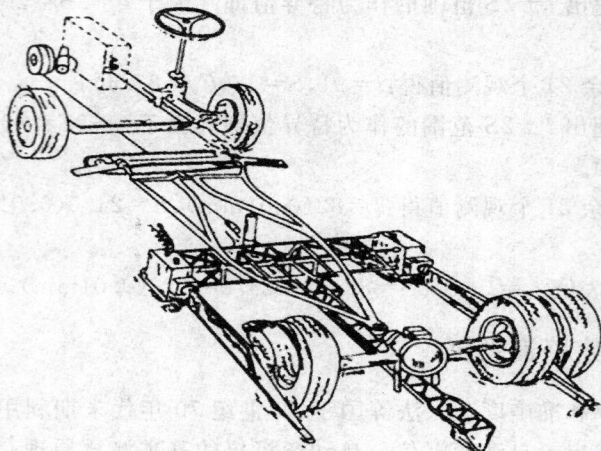

图 8-9 自动弯沉仪的测量机构

(2)设备承载车技术要求和参数：

自动弯沉仪的承载车辆应为单后轴、单侧双轮组的载重车,其标准条件参考贝克曼梁测定路基路面回弹弯沉试验方法中 BZZ—100 车型的标准参数。

(3)测试系统基本技术要求和参数：

① 位移传感器分辨率:0.01mm；

② 位移传感器有效量程:≥3mm；

③ 设备工作环境温度:0℃～60℃；

④ 距离标定误差:≤1%。

(三)方法与步骤

1. 准备工作

(1)位移传感器标定。每次测试之前必须按照设备使用手册规定的方法进行位移传感器的标定,记录下标定数据并存档。

(2)检查承载车轮胎气压。每次测试之前都必须检查后轴轮胎气压,应满足 0.70MPa ±0.05MPa 要求。

(3)检查承载车轮载:一般每年检查一次,如果承载车因改装等原因改变了后轴载,也必须进行此项工作,后轴载应满足 100kN±1kN 要求。

(4)检查测量架的易损部件情况,及时更换损坏部件。

(5)打开设备电源,控制面板功能键、指示灯、显示器等应正常。

(6)开动承载车试测 2～3 个步距,观察测试机构应正常,否则需要调整。

一般来说,测试系统需要定期进行传感器标定,尤其长期停放或长距离行驶后再次使用时。此外,每次现场测试开始前,必须检查车辆轮胎气压,满足规定要求。

2. 测试步骤

(1)测试系统在开始测试前需要通电预热,时间不少于设备操作手册要求,并开启工程警灯和导向标等警告标志。

(2)在测试路段前 20m 处将测量架放落在路面上,并检查各机构的部件情况。

(3)操作人员按照设备使用手册的规定和测试路段的现场技术要求设置完毕所需的测试状态。

(4)驾驶员缓慢加速承载车到正常测试速度,沿正常行车轨迹驶入测试路段。

(5)操作人员将测试路段起终点、桥涵等特殊位置的桩号输入到记录数据中。

(6)当测试车辆驶出测试路段后,操作人员停止数据采集和记录,并恢复仪器各部分至初始状态,驾驶员缓慢停止承载车,提起测量架。

(7)操作人员检查数据文件,文件应完整,内容应正常,否则需要重新测试。

(8)关闭测试系统电源,结束测试。

(四)计算

(1)采用自动弯沉仪采集路面弯沉盆峰值数据;

(2)数据组中左臂测值、右臂测值按单独弯沉处理;

(3)对原始弯沉测试数据进行温度、坡度、相关性等修正。

自动弯沉仪测定的是路面结构总弯沉,我国现行设计规范中所采用的设计弯沉值都是指路面回弹弯沉值,所以需要经过相关性修正后才能用于路面评价或设计。关于自动弯沉仪所采集的弯沉盆数据,目前还没有统一的认识,因为它所采集的弯沉盆,是在测点不变、荷载位置发生变化的情况下采集得到的,与 FWD 的弯沉盆不是一个概念,并非真正意义上的弯沉盆。

(五)弯沉值的横坡修正

当路面横坡不超过 4% 时,不进行超高影响修正;当横坡超过 4% 时,超高影响的修正参照表 8-5 的规定进行。

表 8-5　弯沉值的横坡修正

横坡范围	高位修正系数	低位修正系数
>4%	$\dfrac{1}{1-i}$	$\dfrac{1}{1+i}$

路面正常横坡一般在 1.5%～2.0% 之间,但在一些小半径的平曲线路段,路面横坡的超高会使自动弯沉仪两侧轮重差异加大,从而导致两个轮迹在不同荷载条件下进行弯沉测试。为了量化路面超高对弯沉测值的影响,首先分析自动弯沉仪在路面上的受力情况,如图 8-10 所示。

从受力和力矩平衡原理分析,可以得到下面的受力平衡方程式:

$$\begin{cases} F_A + F_B = G \cdot \cos\alpha \\ f = G \cdot \sin\alpha \\ f \cdot h + F_A \cdot \dfrac{L}{2} = F_B \cdot \dfrac{L}{2} \end{cases}$$

由上述力矩平衡公式得到:

$$F_B = F_A + 2f \cdot \dfrac{h}{L} \qquad\qquad (8-6)$$

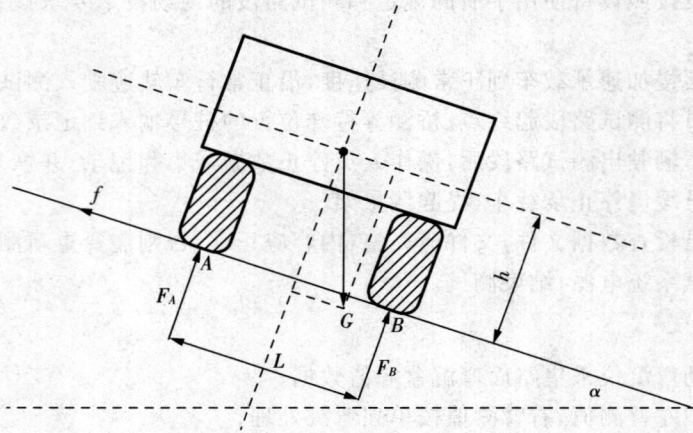

图 8 - 10　自动弯沉仪受力分析图

G—重力；L—轮距；h—重心距路面距离；α—路面倾角

从而得到：

$$2F_A + 2G \cdot \cos\alpha \frac{h}{L} = G \cdot \cos\alpha$$

$$\quad\quad\quad\quad\quad\quad\quad\quad\quad\quad\quad\quad\quad\quad\quad\quad\quad (8-7)$$

$$\Rightarrow F_A = G\left(\frac{1}{2}\cos\alpha - \frac{h}{L}\sin\alpha\right)$$

$$2F_A - 2G \cdot \sin\alpha \cdot \frac{h}{L} = G \cdot \cos\alpha$$

$$\quad\quad\quad\quad\quad\quad\quad\quad\quad\quad\quad\quad\quad\quad\quad\quad\quad (8-8)$$

$$\Rightarrow F_B = G\left(\frac{1}{2}\cos\alpha + \frac{h}{L}\sin\alpha\right)$$

从目前国内现有自动弯沉仪型号测量，L 近似为 h 的 2 倍。这样可以将式(8-7)、式 (8-8)简化为下面公式：

$$F_A = \frac{G}{2}(\cos\alpha - \sin\alpha) = \frac{\sqrt{2}}{2}G \cdot \sin(45° - \alpha) \quad\quad\quad (8-9)$$

$$F_B = \frac{G}{2}(\cos\alpha + \sin\alpha) = \frac{\sqrt{2}}{2}G \cdot \sin(45° + \alpha) \quad\quad\quad (8-10)$$

由式(8-9)、式(8-10)可知，随着横坡的增加，自动弯沉仪两个轮子的轮重都在变化，高位轮重逐渐减少，低位轮重逐渐增大。但 α(弧度)很小，近似为 1，$\alpha \approx \sin\alpha = \tan\alpha$，$\tan\alpha = i$，$F_A$ 可表示为：

$$F_A = \frac{1}{2}G \cdot (1 - \alpha)$$

所以，高位修正系数为 $\frac{1}{1-i}$，低位修正系数为 $\frac{1}{1+i}$。

（六）自动弯沉仪与贝克曼梁弯沉测值对比试验

1. 试验条件

（1）按弯沉值不同水平范围选择不少于 4 段路面结构相似的路段。路段长度可为 300～500m，标记好起终点位置。

（2）对比试验路段的路面应清洁干燥，温度应在 10℃～35℃ 范围内，并且温度变化不大的时间，天气宜选择在晴天无风条件，试验路段附近没有重型交通和震动。

2. 试验步骤

（1）按照自动弯沉仪测试步骤，令自动弯沉仪按照正常测试车速测试选定路段，工作人员仔细用油漆每隔三个测试步距或约 20m 标记测点位置。

（2）自动弯沉仪测试完毕后，等待 30min。然后，在每一个标记位置用贝克曼梁按照贝克曼梁测定路基路面回弹弯沉试验方法测定各点回弹弯沉值。

3. 试验数据处理

从自动弯沉仪的记录数据中按照路面标记点的相应桩号提出各试验点测值，并与贝克曼梁测值一一对应，用数理统计的回归分析方法得到贝克曼梁测值和自动弯沉仪测值之间的相关关系方程，相关系数 R 不得小于 0.95。

由于路面结构和路基条件的不同都会影响相关关系式的建立，因此选择对比试验的路段时，路面路基条件应基本相同。对于一个地区而言，可以选择几种不同的路面结构及路基条件，分别建立相关关系式进行换算。为了使关系式更具有代表性，对比试验路段的弯沉分布范围应尽量宽。在做对比试验时，路段附近应没有重型交通和震动，这两种情况都对测值有较大影响。测试路段宜选在正常横坡、纵坡较小的路段。自动弯沉仪测试速度变化范围较小，一般不考虑测试速度的影响，但由于路面结构承受荷载作用需要一定的反应时间，测试速度不宜过快。

在做贝克曼梁测试时，承载车不可长时间作用在测点的路面上。因此，选择每隔三个测试步距确定一个对比点。为了给路面一个充分的恢复时间，当自动弯沉仪测完后，等待 30min 后再进行贝克曼梁弯沉测试。

自动弯沉仪测值不能直接用于路面结构设计或承载能力评价，需要换算成回弹弯沉，故报告中应给出与贝克曼梁测值的相关关系式及相关系数。

六、落锤式弯沉仪测定弯沉试验方法

（一）目的与适用范围

落锤式弯沉仪适用于测定在落锤式弯沉仪（FWD）标准质量的重锤落下一定高度发生的冲击荷载作用下，路基或路面表面所产生的瞬时变形，即测定在动态荷载作用下产生的动态弯沉及弯沉盆。并可由此反算路基路面各层材料的动态弹性模量，作为设计参数使用。所测结果经转换至回弹弯沉值后可用于评定道路承载能力，也可用于调查水泥混凝土路面接缝的传力效果、探查路面板下的空洞等。

（二）仪具与材料

落锤式弯沉仪简称 FWD，由荷载发生装置、弯沉检测装置、运算控制系统与车辆牵引系统等组成,如图 8-11、图 8-12 所示。

图 8-11　落锤式弯沉仪实物图

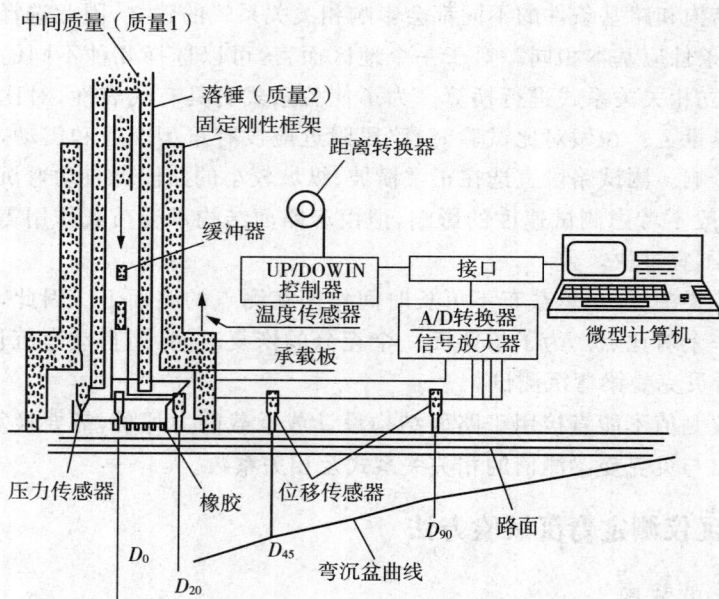

图 8-12　落锤式弯沉仪测量系统示意图

(1)荷载发生装置:重锤的质量及落高根据使用目的与道路等级选择,荷载由传感器测定。如无特殊需要,重锤的质量为 200kg±10kg,可采用产生 50kN±2.5kN 的冲击荷载。承载板宜为十字对称分开成 4 部分且底部固定有橡胶片的承载板。承载板的直径一般为 300mm。

(2)弯沉检测装置:由一组高精度位移传感器组成,如图 8-13 所示。传感器可为差动变压器式位移计(LVDT)或地震检波器。自承载板中心开始,沿道路纵向隔开一定距离布设一组传感器,传感器总数不少于 7 个,建议布置在 0～250cm 范围内,必须包括 0cm、30cm、60cm、90cm 四点,其他根据需要及设备性能决定。

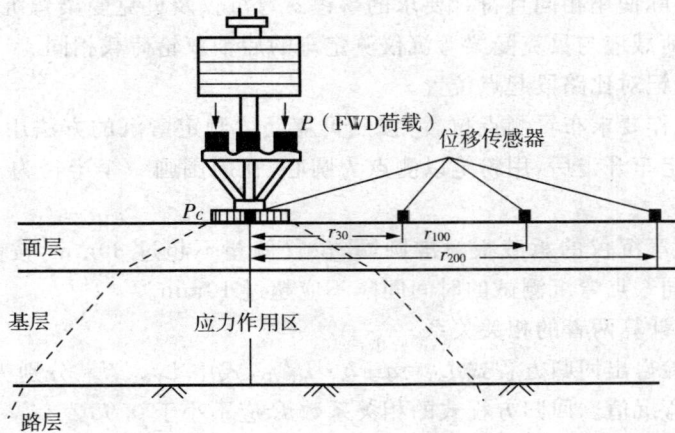

图 8-13　落锤式弯沉仪传感器布置及盈利作用范围示例

(3)运算及控制装置:能在冲击荷载作用的瞬间内,记录冲击荷载及各个传感器所在位置测点的动态变形。

(4)牵引装置:牵引 FWD 并安装运算及控制装置的车辆。

(三)检测评定道路承载能力的方法与步骤

1. 准备工作

(1)调整重锤的质量及落高,使重锤的质量及产生的冲击荷载符合第 2 条的要求。

(2)在测试路段的路基或路面各层表面布置测点,其位置或距离随测试需要而定。当在路面表面测定时,测点宜布置在行车道的轮迹带上。测试时,还可利用距离传感器定位。

(3)检查 FWD 的车况及使用性能,用手动操作检查,各项指标符合仪器规定要求。

(4)将 FWD 牵引至测定地点,将仪器打开,进入工作状态。牵引 FWD 行驶的速度不宜超过 50km/h。

(5)对位移传感器按仪器使用说明书进行标定,使之达到规定的精度要求。

2. 测定步骤

(1)承载板中心位置对准测点,承载板自动落下,放下弯沉装置的各个传感器。

(2)启动落锤装置,落锤瞬间自由落下,冲击力作用于承载板上,又立即自动提升至原来位置固定。同时,各个传感器检测结构层表面变形,记录系统将位移信号输入计算机,并得到峰值,即路面弯沉,同时得到弯沉盆。每一测点重复测定应不少于 3 次,除去第一个测定值,取以后几次测定值的平均值作为计算依据。

(3)提起传感器及承载板,牵引车向前移动至下一个测点,重复上述步骤,进行测定。

(五)落锤式弯沉仪与贝克曼梁弯沉仪对比试验步骤

1. 路段选择

选择结构类型完全相同的路段,针对不同地区选择某种路面结构的代表性路段,进行两种测定方法的对比试验,以便将落锤式弯沉仪测定的动弯沉换算成贝克曼梁测定的回弹弯沉值,选择的对比路段长度 300～500mm,弯沉值应有一定的变化幅度。

2. 对比试验步骤

(1)采用与实际使用相同且符合要求的落锤式弯沉仪及贝克曼梁弯沉仪测定车。落锤式弯沉仪的冲击荷载应与贝克曼梁弯沉仪测定车的后轴双轮荷载相同。

(2)用油漆标记对比路段起点位置。

(3)按准备工作要求布置测点位置,按照贝克曼梁测定弯沉的方法用贝克曼梁定点测定回弹弯沉。测定车开走后,用粉笔以测点为圆心,在周围画一个半径为 15cm 的圆,标明测点位置。

(4)将落锤式弯沉仪的承载板对准圆圈,位置偏差不超过 30mm,按前述方法进行测定。两种仪器对同一点弯沉测试的时间间隔不应超过 10min。

(5)逐点对应计算两者的相关关系。

通过对比试验得出回归方程式 $L_B = a + b \cdot L_{FWD}$,式中 L_{FWD}、L_B 分别为落锤式弯沉仪、贝克曼梁测定的弯沉值。回归方程式的相关系数 R 应不小于 0.95。

由于路面结构和材料、路基状况、温度水文条件、路面使用状况不同,对比关系也有所不同,为了提高数据的准确性,应分各种情况做此项对比试验。

(五)水泥混凝土路面板调查的方法与步骤

1. 在测试路段的水泥混凝土路面板表面布置测点。当为调查水泥混凝土路面接缝的传力效果时,测点布置在接缝的一侧,位移传感器分开在接缝两边布置;当为探查路面板下的空洞时,测点布置位置随测试需要而定,应在不同位置测定。

2. 按前述方法进行测定。

(六)检测结果计算

1. 按桩号记录各测点的弯沉及弯沉盆数据,按数理统计的方法计算一个评定路段的平均值、标准差、变异系数。

2. 当为调查水泥混凝土路面接缝的传力效果时,利用分开在接缝两边布置的位移传感器的测定值的差异及弯沉盆的形状进行判断。

3. 当为探查路面板下的空洞时,利用在不同位置测定的测定值的差异及弯沉盆的形状进行判断。

(七)检测报告

1. 报告应包括下列内容:

(1)各测点的最大弯沉及弯沉盆测定数据。

(2)每一个评定路段全部测点弯沉的平均值、标准差、变异系数及代表弯沉。

2. 如与贝克曼梁弯沉仪进行了对比试验,尚应报告相关关系式、相关系数、换算的回弹弯沉。

任务 8-2　路基路面回弹模量检测

【学习要求】

1. 了解路基回弹模量的确定方法;
2. 熟悉贝克曼梁法测定路基、路面回弹模量的步骤;
3. 熟悉承载板法测定路基、路面回弹模量的步骤;
4. 掌握贝克曼梁法、承载板法检测结果的计算评定。

【学习内容】

回弹模量是指路基、路面及筑路材料在荷载作用下产生的应力与其相应的回弹应变的比值。土基回弹模量表示土基在弹性变形阶段内,在垂直荷载作用下抵抗竖向变形的能力。如果垂直荷载为定值,土基回弹模量值越大,则产生的垂直位移就越小;如果竖向位移是定值,回弹模量值越大,则土基承受外荷载作用的能力就越大。因此,路面设计中采用的回弹模量作为土基抗压强度的指标,路基是路面结构的支撑体,而路面回弹模量是其主要的控制参数,因此对其检测极其重要。《公路路基设计规范》规定:高速公路、一级公路土基回弹模量值应大于 30MPa,特重交通土基回弹模量值应大于 40MPa。

路基回弹模量设计值宜按下列方法确定:

1. 新建公路初步设计时,宜根据查表法(或现有公路调查法)、室内实验法、换算法等,经综合分析、论证,确定沿线不同路基状况的路基回弹模量设计值。

2. 当路基建成后,应在不利季节、路基最不利状况实测各个路段路基回弹模量代表值,以检验是否符合设计值的要求。现场实测方法宜采用承载板法,也可采用贝克曼梁弯沉仪法、便携式落锤式弯沉仪法,若现场实测路基回弹模量代表值小于设计值,应采用翻晒、补压、掺灰处理等加强路基或调整路面结构厚度的措施,以保证路基、路面的强度和稳定性。

一、贝克曼梁法测定路基路面回弹模量

(一)目的和适用范围

贝克曼梁法测定路基、路面回弹模量适用于在土基、厚度不小于 1m 的粒料整层表面,用弯沉仪测试各测点的回弹弯沉值,通过计算求得该材料的回弹模量值的试验;也适用于在旧路表面测定路基、路面的综合回弹模量。

(二)检测器具与材料

1. 标准车:按前述规定选用。
2. 路面弯沉仪:由贝克曼梁、百分表及表架组成。弯沉采用百分表量得。
3. 接触式路面温度计:端部为平头,分度不大于 1℃。
4. 接长杆:直径 16mm,长 500mm。
5. 其他:皮尺、口哨、白油漆或粉笔、指挥旗等。

（三）试验方法与步骤

1. **准备工作**

（1）选择洁净的路基表面、路面表面作为测点，在测点处做好标记并编号。

（2）无机结合料粒料基层的整层试验段（试槽）应符合下列要求：

① 整层试槽可修筑在行车带范围内或路肩及其他合适处，也可在室内修筑，但均应适于用汽车测定弯沉。

② 试槽应选择在干燥或中湿路段处，不得铺筑在软土基上。

③ 试槽面积不小于 3m×2m，厚度不宜小于 1m。铺筑时，先挖 3m×2m×1m（长×宽×深）的坑，然后用欲测定的同一种路面材料按有关施工规定的压实层厚度分层铺筑并压实，直至顶面，使其达到要求的压实度标准。同时应严格控制材料组成，配比均匀一致，符合施工质量要求。

④ 试槽表面的测点间距按图 8－14 布置在中间 2m×1m 的范围内，可测定 23 点。

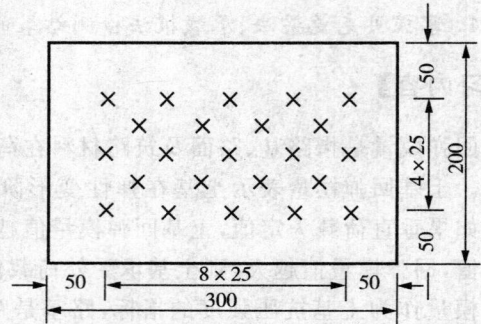

图 8－14　测点布置图（尺寸单位:cm）

2. **测试步骤**

按上述方法选择适当的标准车，实测各测点处的路面回弹弯沉值 L_i。如在旧沥青面层上测定时，应读取温度，并按规定的方法进行测定弯沉值的温度修正，得到标准温度 20℃ 时的弯沉值。

（四）计算

（1）分别计算全部测定值的算术平均值 $\overline{L}$、单次测量的标准差 S 和自然误差 r_0。

$$\overline{L} = \frac{\sum L_i}{n} \tag{8－11}$$

$$S = \sqrt{\frac{\sum(L_i + \overline{L})}{n-1}} \tag{8－12}$$

$$r_0 = 0.675 \times S \tag{8－13}$$

式中：$\overline{L}$——回弹弯沉的平均值，0.01mm；

S——回弹弯沉值的标准差，0.01mm；

r_0——回弹弯沉值的自然误差，0.01mm；

L_i——各测点的回弹弯沉值，0.01mm；

n——测点总数。

（2）计算各测点的测定值与算术平均值的偏差值 $d_i = L_i - \overline{L}$，并计算较大的偏差与自

然误差之比 d_i/r_0。当某个测点观测值 d_i/r_0 的值大于下表 8-6 所列 d/r 极限值时,则应舍弃该测点,然后重新计算所余各测点的算术平均值 $\bar{L}$ 及标准差 S。

表 8-6　相对于不同观测次数的 d/r 极限值

n	5	10	15	20	50
d/r	2.5	2.9	3.2	3.3	3.8

(3)计算代表弯沉值。

$$L_r = \bar{L} + S \tag{8-14}$$

式中:L_r——代表弯沉;

　　　$\bar{L}$——舍弃不符合要求的测点后所余各测点弯沉的算术平均值;

　　　S——舍弃不符合要求的测点后所余各测点弯沉的标准差。

(4)计算土基、整层材料的回弹模量(E_1)或旧路的综合回弹模量。

$$E_1 = \frac{2p\delta}{L_r}(1-\mu^2)\alpha \times 10^2 \tag{8-15}$$

式中:E_1——计算的土基、整层材料的回弹模量或旧路的综合回弹模量,MPa。

　　　p——测定车轮的平均垂直荷载,MPa。

　　　δ——测定用标准车双圆荷载单轮传压面当量圆的半径,cm。

　　　μ——测定层材料的泊松比,根据部颁路面设计规范规定取用。土基通常采用 0.35,
　　　　　　沥青材料通常采用 0.25。

　　　α——弯沉系数,为 0.712。

需要强调以下几点:

① 采用贝克曼梁弯沉测试方法规定的标准车(BZZ-100),轮胎接地压强 $p=0.7$MPa。

② 双圆荷载单轮传压面当量圆的半径按下式(8-16)计算:

$$\delta = \frac{1}{2}\sqrt{\frac{4P}{\pi p}} \tag{8-16}$$

式中:P——车轮上的荷载,kN;

　　　p——轮胎接地压力,kPa。

对于 BZZ-100,当量圆半径 $\delta=10.65$cm。

③ 材料泊松比是反算回弹模量的必要指标,而且对反算结果影响较大,其值随测定方法及边界条件不同而异。但我国历来取用相同的值,取用时可参照相应设计规范,其中土基 μ 值,我国通常习惯采用 0.35,沥青材料通常采用 0.25。当无相应依据时,可参考美国 AASHTO 路面设计指南(1987 年版)的规定,见表 8-7 所列(此表规定仅适用于弯沉计算)。

④ 弯沉系数的取值。贝克曼梁所测弯沉为轮隙中心的竖向变形。根据弹性层状体系下双圆均布荷载图式,由图 8-15 可知,轮隙中心的计算弯沉值可由式(8-17)得出。

表 8-7　AASHTO 规定的道路材料供弯沉计算用的泊松比 μ 值

材料	泊松比范围	备　注						常用泊松比
水泥混凝土	0.10～0.20							0.15
沥青混凝土沥青碎石	0.15～0.45	温度(℃)	<0	20	30	40	>50	0.35
		μ	0.15	0.20	0.30	0.40	0.45	
水泥稳定基层	0.15～0.30	无裂缝、龄期长,取小值;裂缝多、龄期短,取大值						0.20
石灰粉煤灰稳定基层	0.15～0.30	同上						0.25
无结合料粒料基层	0.30～0.40	碎石取低值						0.35
土基	0.30～0.50	非黏性土 0.30,高黏性土可近似 0.50						0.40

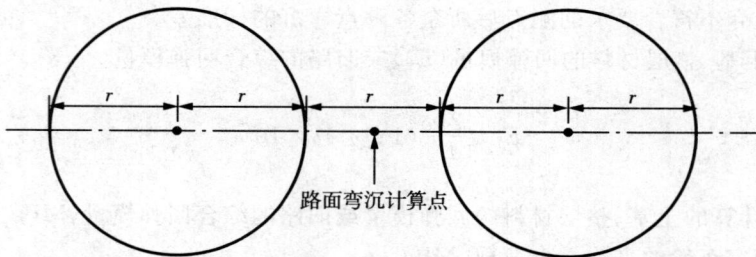

图 8-15　双圆均布荷载图式

$$W=-\frac{1+\mu_i}{E_i}q\delta\int_0^\infty \frac{J_0\left(\frac{r}{\delta}x\right)J_1(x)}{x}\cdot$$

$$\left\{\left[A_j+\left(2-4\mu_j+\frac{z}{\delta}x\right)B_j\right]e^{-\frac{z}{\delta}x}+\left[C_j-\left(2-4\mu_j-\frac{z}{\delta}x\right)D_j\right]e^{-\frac{z}{\delta}x}\right\}dx \tag{8-17}$$

　　轮隙中心的计算弯沉值实际上是双圆在中心处产生竖向变形的叠加值,将其换算成当量圆单圆荷载下的弯沉,去除荷载、荷载半径、模量等常量的影响,即可得弯沉系数为 $\alpha=0.712$。

（五）检测报告

　　报告应包括弯沉测定表、计算的代表弯沉、采用的泊松比及计算得到的材料回弹模量等,对沥青路面应报告测试时的路面温度。

【学习案例 8-4】

　　用贝克曼梁法测定某路段路基、路面的综合回弹模量,经整理各测点弯沉值如下:
38、45、32、42、36、37、40、44、52、46、42、45、37、41、44(0.01mm)。其中,测试车后轴重
100kN(轮胎气压为 0.7MPa,当量圆半径为 10.65cm),请计算该路段的综合回弹模量。
(注:$E=0.712\times\frac{2pr}{L_r}(1-\mu^2)$,$\mu=0.3$)

解:经计算得:平均值 $\bar{l}=41.4(0.01\text{mm})$;标准偏差 $S=4.95(0.01\text{mm})$;

代表值 $L_r=\bar{l}+S=41.4+4.95=46.35(0.01\text{mm})$;

回弹模量 $E=0.712\times\dfrac{2pr}{L_r}(1-\mu^2)$

$$=0.712\times\frac{2\times0.7\times10.65}{0.04635}\times(1-0.3^2)=208.4(\text{MPa})$$

二、承载板法测定路基路面回弹模量

(一)目的和适用范围

(1)本方法适用于在现场土基表面,通过承载板对土基逐级加载、卸载的方法,测出每级荷载下相应的土基回弹变形值,经过计算求得土基回弹模量。

(2)本方法测定的土基回弹模量可作为路面设计参数使用。

(二)仪具与材料

1.加载设施:载有铁块或集料等重物、后轴重不小于 60kN 的载重汽车一辆。在汽车大梁的后轴之后约 80cm 处,附设加劲小梁一根作反力架。汽车轮胎充气压力为 0.50MPa,如图 8-16 所示。

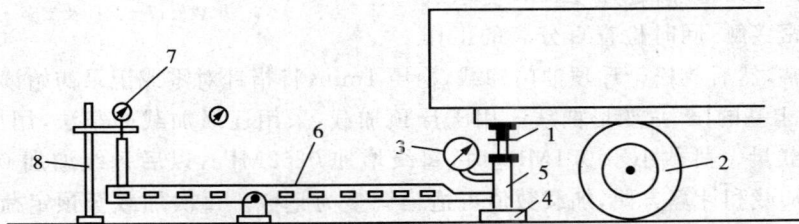

图 8-16 承载板法示意图

1—支撑小横梁;2—汽车后轮;3—千斤顶油压表;4—承载板;5—千斤顶;6—弯沉仪;7—百分表;8—表架

2.现场测试装置如图 8-17 所示,由千斤顶、测力计(测力环或压力表)及球座组成。

3.刚性承载板一块,板厚 20mm,直径为 30cm,直径两端设有立柱和可以调整高度的支座供安放弯沉仪测头,承载板放在土基表面上。

4.路面弯沉仪两台,由贝克曼梁、百分表及其支架组成。

5.液压千斤顶一台,80~100kN,装有经过标定的压力表或测力环,其容量不小于土基强度,测定精度不小于测力计量程的 1/100。

6.秒表,水平尺。

7.其他:细砂、毛刷、垂球、镐、铁锹、铲等。

(三)方法与步骤

1.准备工作

(1)根据需要选择有代表性的测点,测点应位于水平的路基上,土质均匀,不含杂物。

(2)仔细平整土基表面,撒干燥洁净的细砂填平土基凹处,砂子不可覆盖全部土基表面,避免形成一层。

(3)安置承载板,并用水平尺进行校正,使承载板处于水平状态。

(4)将试验车置于测点上,在加劲小梁中部悬挂垂球测试,使之恰好对准承载板中心,然后收起垂球。

(5)在承载板上安放千斤顶,上面衬垫钢圆筒,并将球座置于顶部与加劲横梁接触。如用测力环时,应将测力环置于千斤顶与横梁中间,千斤顶及衬垫物必须保持垂直,以免加压时千斤顶倾倒发生事故并影响测试数据的准确性。

(6)安放弯沉仪,将两台弯沉仪的测头分别置于承载板立柱的支座上,百分表对零或其他合适的初始位置。

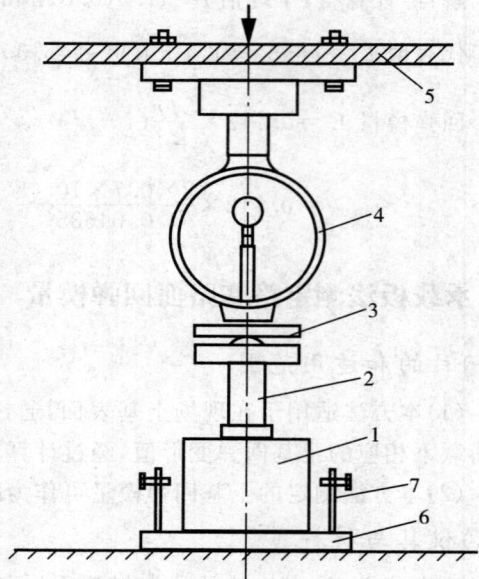

图 8-17 承载板试验现场测试装置
1—加载千斤顶;2—钢圆筒;3—钢板球座;
4—测力计;5—加筋横梁;
6—承载板;7—立柱及支座

(四)测试步骤

1. 用千斤顶开始加载,注视测力环或压力表,至预压 0.05MPa,稳压 1min,使承载板与土基紧密接触,同时检查百分表的工作情况是否正常,然后放松千斤顶油门卸载,稳压 1min,将指针对零或记录初始读数。

2. 测定土基的压力-变形曲线。用千斤顶加载,采用逐级加载卸载法,用压力表或测力环控制加载量。荷载小于 0.1MPa 时,每级增加 0.02MPa,以后每级增加 0.04MPa 左右。为了使加载和计算方便,加载数值可适当调整为整数。每次加载至预定荷载 P 后,稳定 1min,立即读记两台弯沉仪百分表数值,然后轻轻放开千斤顶油门卸载至 0,待卸载稳定 1min 后,再次读数。每次卸载后百分表不再对零。当两台弯沉仪百分表读数之差小于平均值的 30% 时,取平均值;如超过 30%,则应重测。当回弹变形值超过 1mm 时,即可停止加载。

3. 各级荷载的回弹变形和总变形,按以下方法计算:

回弹变形 L=(加载后读数平均值-卸载后读数平均值)×弯沉仪杠杆比

总变形 L'=(加载后读数平均值-加载初始前读数平均值)×弯沉仪杠杆比

4. 测定汽车总影响量 α:最后一次加载卸载循环结束后,取走千斤顶,重新读取百分表初读数,然后将汽车开出 10m 以外,读取终读数,两只百分表的初、终读数差之平均值乘弯沉仪杠杆比即为总影响量 α。

5. 在试验点下取样,测定材料含水量。取样数量如下:

最大粒径不大于 5mm,试样数量约 120g;

最大粒径不大于 25mm,试样数量约 250g;

最大粒径不大于 40mm,试样数量约 500g。

6. 在紧靠试验点旁边的适当位置,用灌砂法或环刀法或其他方法测定土基的密度。

(五)计算

1. 各级压力的回弹变形加上该级的影响量后,则为计算回弹变形值。表 8 - 8 是以后轴重 60kN 的标准车为测试车的各级荷载影响量的计算值。当使用其他类型测试车时,各级压力下的影响量 α_i 按下式计算:

$$\alpha_i = \frac{(T_1 + T_2)\pi D^2 p_i}{4 T_1 Q} \times \alpha \tag{8-18}$$

式中:T_1——测试车前后轴距,m;

T_2——加劲小梁中点距后轴距离,m;

D——承载板直径,m;

Q——测试车后轴重,N;

p_i——各级荷载下的承载板压力,MPa;

α_i——各级荷载下的影响量,0.01mm。

表 8 - 8 各级荷载影响量(后轴 60kN 车)

承载板压力(MPa)	0.05	0.10	0.15	0.20	0.30	0.40	0.50
影响量 $\alpha_i i$	0.06α	0.12α	0.18α	0.24α	0.36α	0.48α	0.60α

总影响量是指汽车自重对土基变形的影响大小。根据测试车悬架系统的几何结构,基于弹性力学理论的假设,可以计算出各级压力下的影响量。其力学图示如图 8 - 18 所示。

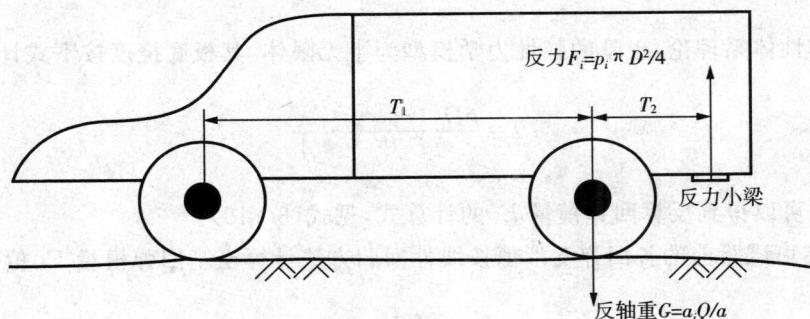

图 8 - 18 承载板试验力学图式

根据力矩平衡的力学原理,容易得出式(8 - 18)给出的通用公式。根据各级荷载压力下的影响量,按下式求出计算回弹变形值,用于绘制压力 - 变形图。

计算回弹变形值 = 各级压力的回弹变形值 + 该级的影响量

2. 将各级计算回弹变形值点绘于标准计算纸上,排除显著偏离的异常点并绘出顺滑的 p - L 曲线,如曲线起始部分出现反弯,应按图 8 - 19 所示修正原点 O,O' 则是修正的原点。

计算相应于各级荷载下的土基回弹模量值:

$$E_i = \frac{\pi D}{4} \cdot \frac{p_i}{L_i}(1-\mu_0^2) \qquad\qquad (8-19)$$

式中：E_i——相应于各级荷载下土基回弹模量，MPa；

    μ_0——土的泊松比，根据部颁路面设计规范规定选用。当无规定时，非黏性土可取 0.3，高黏性土取 0.5，一般可取 0.35 或 0.4；

    D——承载板直径（30cm）；

    p_i——承载板单位压力，MPa；

    L_i——相对于荷载 p_i 时的回弹变形值，cm。

本方法采用刚性承载板，压板下土基顶面的挠度为等值，不随坐标 r 而变化，故变形易于测量，压力容易控制。但是板底接触压力随 r 值的变化，成鞍形分布，如图 8-20 所示。

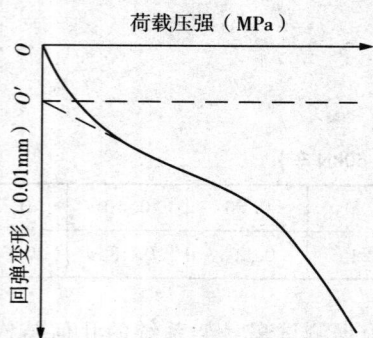

图 8-19　修正原点示意图　　　　　图 8-20　刚性承载板力学模型

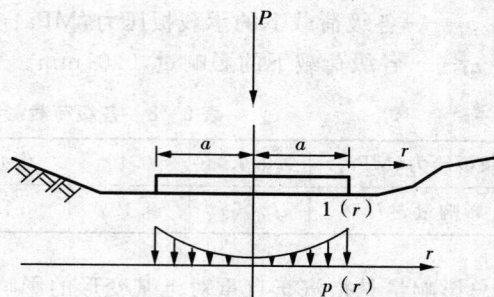

根据弹性体系理论，土基的弹性力学模型为半无限体，其板底挠度按下式计算：

$$l = \frac{pD(1-\mu^2)}{E_i} \cdot \frac{\pi}{4} \qquad\qquad (8-20)$$

由上式可以得到反算回弹模量 E_i 的计算式，见式（8-19）。

4. 取结束试验前的各回弹变形值按线性回归方法计算土基回弹模量 E_0 值。

$$E_i = \frac{\pi D}{4} \cdot \frac{\sum p_i}{\sum L_i}(1-\mu_0^2) \qquad\qquad (8-21)$$

式中：E_i——土基回弹模量，MPa；

    μ_0——土的泊松比，根据部颁路面设计规范规定选用；

    L_i——计算回弹变形值，cm；

$$L_i = L_i' + \alpha_i \qquad\qquad (8-22)$$

    L_i'——各级荷载下的实测弯沉值，cm；

    p_i——对应 L_i 的各级压力值。

（六）检测报告

1. 本实验采用的记录格式见下表8-9所列。

2. 试验报告应记录下列结果：

（1）试验时所采用的汽车类型；

（2）近期天气情况；

（3）试验时土基的含水量(%)；

（4）土基密度和压实度；

（5）相应于各级荷载下的土基回弹模量 E_i 值；

（6）土基回弹模量 E_0 值。

表8-9　承载板测定土基回弹模量记录表

测点桩号：						测定层位：			横向距离：	
设计回弹模量(MPa)：80						测试日期：				

荷载 (kN)	承载板压力 (MPa)	油压表读数	百分表读数 0.01mm 左	百分表读数 0.01mm 右	平均读数 (0.01mm)	总弯沉 (0.01mm)	回弹弯沉 (0.01mm)	分级影响量 (0.01mm)	计算回弹弯沉 (0.01mm)	备注
	0.05	5	21	22	21.5	43	7	0.9891	7.9891	
	0	0	18	18	18.0	36				
	0.10	7	28	28	28.0	56	11	1.9782	12.9782	
	0	0	21	24	22.5	45				
	0.15	9	30	32	31.0	62	13	2.9673	15.9673	
	0	0	25	24	24.5	49				
	0.20	12	37	37	37.0	74	20	3.9564	23.9564	
	0	0	27	27	27.0	54				
	0.25	14	39	39	39.0	78	22	4.9455	26.9455	
	0	0	28	28	28.0	56				

取走千斤顶	17	19	18	36	总影响量 a_i(0.01mm)：21		
车开走10m外	9	6	7.5	15			

承载板直径 D(mm)：300		泊松比 μ_0：0.2	$\sum p_i$ (MPa)：0.75	$\sum L_i$ (mm)：0.8784

测试车前后轴距 T_1(m)：4	小梁距后轴距离 T_2(m)：0.8	测试车后轴重 Q(kN)：90.0

土基回弹模量(MPa)：193.0

【学习案例 8-5】

用承载板测定土基回弹模量,检测结果见下表8-10所列,请计算该测点的土基回弹模量。

表8-10 承载板测定土基回弹模量记录表

测定层位:土基			桩号:			测定用汽车型号:东风 EQ155				
承载板直径:30cm						测定日期: 年 月 日				
千斤顶读数	荷载 p (KPa)	承载板单位压力(MPa)	百分表读数(0.01mm)		总变形(0.01mm)	回弹变形(0.01mm)	分级影响量(0.01mm)	计算回弹变形(0.01mm)	备注
			左	右					
0	0	0	0	0					预压
10	3.08	0.05	15	12	27				
0		0	4	3		20			相差18%
调零	0	0	0	0	0	0	0	0	
10	3.08	0.05	14	13					相差18%
0		0	4	4	27	19			
调零	0	0	0	0	0		0	0	正式测定
10	3.08	0.05	11	13	24				
0	0	0	3	3		18	0.06×7=0.42	18.42	
20	6.16	0.1	31	28	59				
0	0	0	14	13		32	0.12×7=0.84	32.84	
30	9.24	0.15	65	54	119				
0		0	40	31		48			
40	12.32	0.2	90	83	173				
0		0	56	53		64	0.24×7=1.68	65.68	
60	18.47	0.3	148	117	266				
0		0	98	74		94	0.36×7=2.52	96.52	
70	21.55	0.35	165	144	299				
0		0	108	93		108			$L \geqslant 1mm$,终止加载
取走千斤顶		0	103	89					
汽车开走后		0	99	86		7			
总影响量 a_i	$\dfrac{(103-99) \times 2 + (89-86) \times 2}{2} = 7$								

土基回弹模量 E_0(MPa):62.3

解:根据下表所列数据可计算出总影响量：

$$\alpha_Z = (89-86) \times 2 = 6(0.01\text{mm})$$

$$\alpha_Y = (103-99) \times 2 = 8(0.01\text{mm})$$

$$\alpha_{Z+Y} = (\alpha_Z + \alpha_Y)/2 = (6+8)/2 = 7(0.01\text{mm})$$

故各级影响量分别为：

$$\alpha_{0.5} = 0.06 \cdot \alpha_{Z+Y} = 0.06 \times 7 = 0.42(0.01\text{mm})$$

$$\cdots\cdots$$

$$\alpha_{3.0} = 0.36 \cdot \alpha_{Z+Y} = 0.36 \times 7 = 2.52(0.01\text{mm})$$

$$\alpha_{3.5} = 0.42 \cdot \alpha_{Z+Y} = 0.42 \times 7 = 2.94(0.01\text{mm})$$

故各级回弹弯沉分别为：

$$L_{0.5} = (L_{0.5Z} + L_{0.5Y})/2 = (16+20)/2 + 0.42 = 18.42(0.01\text{mm})$$

$$\cdots\cdots$$

$$L_{3.0} = (L_{3.0Z} + L_{3.0Y})/2 = (100+86)/2 + 2.52 = 96.52(0.01\text{mm})$$

考虑到原点修正和消除异常点后(本例没有)，用线性归纳法公式计算土基回弹模量 E_0：

$$E_0 = 20.7 \times \frac{(0.05+0.10+0.15+0.20+0.30)}{(18.42+32.84+49.36+65.63) \times 10^{-3}} = 62.3(\text{MPa})$$

任务 8－3 承载比(CBR)试验

【学习要求】

1. 了解路基填料最小强度(CBR)值和最大粒径要求;
2. 熟悉土基现场 CBR 值测试,动力锥贯入仪测定路基、路面回弹模量的方法与步骤;
3. 掌握 CBR 的相关概念;
4. 掌握现场 CBR 值检测结果的计算。

【学习内容】

CBR 又称加州承载比,是由美国加利福尼亚州公路局首先提出来的,是评定土基及路面基层材料强度的一种方法。由于该法简便,试验数据稳定,因而被许多国家采用。

CBR 值是指试件抵抗局部荷载压入贯入量达 2.5mm 或 5mm 时的强度与标准碎石压入相同贯入量时强度等级与荷载强度(7.0MPa 或 10.5MPa)的比值,用百分比表示。标准荷载强度用高质量碎石材料由试验求得。

为了合理选择路基填料,确保路基的强度和稳定性,《公路路基设计规范》(JTG D30—2004)、《公路路基施工技术规范》(JTG F10—2006)和《公路沥青路面设计规范》(JTG D50—2006)等相关规范中都规定了路基填料的最小强度(即 CBR 值)。在路基施工前,必须对所用填料进行 CBR 试验。

表 8－11 路基填料最小强度(CBR)值和最大粒径要求

项目分类	填料应用部位 (路面底面以下深度)(m)	填料最小强度(CBR)(%)			填料最大 粒径(mm)
		高速公路、一级公路	二级公路	三、四级公路	
填方路基	上路床(0~0.3)	8	6	5	100
	下路床(0.3~0.8)	5	4	3	100
	上路堤(0.8~1.50)	4	3	3	150
	下路堤(>1.50)	3	2	2	150
零填及 挖方路基	0~0.3	8	6	5	100
	0.3~0.8	5	4	3	100

注:① 当路基填料 CBR 值达不到表列要求时,可掺石灰或其他稳定材料处理。
　　② 当三、四级公路铺筑沥青混凝土和水泥混凝土路面时,应采用二级公路的规定。

值得注意的是,这里介绍的 CBR 值与土工试验的室内 CBR 值有所区别。首先是试验条件不同,这里所指的是在公路现场条件下测定,土基含水率、压实度与室内试验不同,也未经泡水。故应通过试验,寻找两者之间的关系,换算为室内试验 CBR 值后,再用于路基施工强度检验或评定。其次是试验的出发点不同,路基填料的 CBR 试验是为了评价路用材料的强度,而本方法更多是为了衡量土基的整体承载能力。其测试原理是在公路路基施工现场,用载重汽车作为反力架,通过千斤顶连续加载,使贯入杆匀速压入土基。为了模拟路面结构对土基的附加压力,在贯入杆位置安放荷载板。路基强度越高,贯入量为 2.5mm 或 5.0mm 时的荷载越大,即 CBR 值越大。

图 8-21 土基现场 CBR 值测试仪实物图

(一)目的与适用范围

1. 本方法适用于在现场测定各种土基材料的现场 CBR 值。同时也适合于基层、底基层砂性土、天然砂砾、级配碎石等材料 CBR 值的试验。

2. 本方法所用试样的最大集料粒径宜小于 19.0mm,最大不得超过 31.5mm,也不适用于大粒径的土石混填或填石路基。

(二)检测器具与材料

(1)荷重装置:装载有铁块或集料等重物的载重汽车,后轴重不小于 60kN,在汽车大梁的后轴之后设有一加劲横梁作反力架用。

(2)现场测试装置:如图 8-22 所示,由千斤顶(机械或液压)、测力计(测力环或压力表)及球座组成。千斤顶可将贯入杆的贯入速度调节成 1mm/min。测力计的容量不小于土基强度,测定精度不小于测力计量程的 1/100。

(3)贯入杆:直径 50mm、长约 200mm 的金属圆柱体。

(4)承载板:每块 1.25kg,直径 150mm,中心孔眼直径 52mm,不少于 4 块,并沿直径分为两个半圆块。

(5)贯入量测定装置:由图 8-22 所示的平台及百分表、毛刷、天平等组成,百分表量程 20mm,精度 0.01mm,数量 2 个,对称固定于贯入杆上,端部与平台接触。平台跨度不小于 50cm。此设备也可用两台贝克曼梁弯沉仪代替。

(6)细砂:洁净干燥的细干砂,粒径 0.3~0.6mm。

(7)其他:铁铲、盘、直尺、毛刷、天平等。

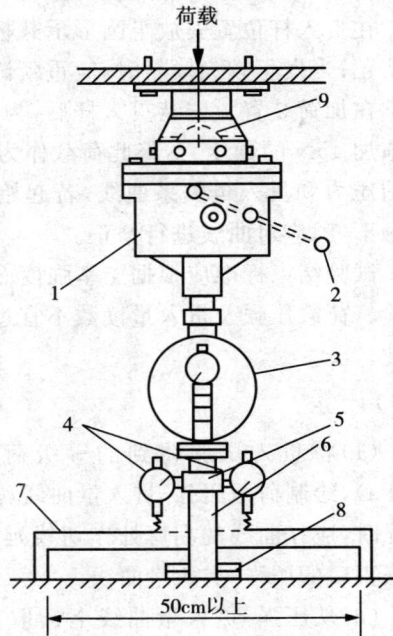

图 8-22 CBR 现场试验装置
1—加载千斤顶;2—手柄;3—测力计;
4—贯入量测定装置(百分表);
5—百分表夹持具;6—贯入杆;
7—平台;8—承载板;9—球座

(三)方法与步骤

1. 准备工作

(1)将试验地点直径约 30cm 范围的表面找平,用毛刷刷净浮土,见表面为粗粒土时,应撒布少许洁净的干砂填平,但不能覆盖全部土基以免形成一层。

(2)装置测试设备,按图 8-22 所示设置贯入杆及千斤顶,千斤顶顶在汽车后轴上且调节至适中高度。贯入杆应与土基表面紧密接触。

(3)安装贯入量测定装置,将支架平台、百分表(或两台贝克曼梁弯沉仪)按图8-22安装好。

2. 试验步骤

(1)在贯入杆位置安放4块1.25kg的分开成半圆的承载板(共5kg)。

(2)调节测力计及贯入量百分表,调零,记录初始读数。

(3)起动千斤顶,使贯入杆以1mm/min的速度压入土基,当相应于贯入量为0.5、1.0、1.5、2.0、2.5、3.0、4.0、5.0、7.5、10.0及11.5mm时,分别读取测力计读数。根据情况,也可在贯入量达7.5mm时结束试验。

注:用千斤顶连续加载,两个贯入量百分表及测力计均应在同一时刻读数,当两个百分表读数不超过平均值的30%时,以其平均值作为贯入量,当两个表读数差值超过平均值的30%时,应停止试验。

(4)卸除荷载,移去测定装置。

(5)在试验点下取样,测定材料含水量。取样数量如下:

最大粒径不大于4.75mm,试样数量约120g;

最大粒径不大于19.0mm,试样数量约250g;

最大粒径不大于31.5mm,试样数量约500g。

(6)在紧靠试验点旁边的适当位置,用灌砂法或环刀法等测定土基的密度。

在贯入杆位置安放半圆形承载板,限制贯入杆的侧向倾斜,当发生细微倾斜时,不应人为扶正;当发生较大倾斜时,应重新试验。

在加荷装置上安装贯入杆后,为了使贯入杆端面与土基表面充分接触,所以在贯入杆上施加45N的预压力,将此荷载作为试验时的零荷载,并将该状态的贯入量设为零点。绘制的压力和贯入量关系曲线,若起始部分呈反弯,则表示试验开始时贯入杆端面与土表面接触不好,应对曲线进行修正。

试验结束标准应根据土基强度而定,当土基强度较大时,可在贯入量达6.5mm时结束试验。荷载压强及贯入量读数不宜过少,一般要求在达到2.5mm贯入量时应不少于5个读数。

(四)计算

(1)将贯入试验得到的等级荷重数除以贯入断面积(19.625cm²),得到各级压强(MPa),绘制荷载压强-贯入量曲线,如图8-23所示。当图中曲线如2所示有明显下凹的情况时,应在曲线的拐弯处作切线延长作贯入量修正,以与坐标轴相交的点O'作原点,得到修正后的压强-贯入量曲线。

(2)从压强-贯入量曲线上读取贯入量为2.5mm及5.0mm时的荷载压强P_1,按式(8-23)计算现场CBR值。CBR一般以贯入量2.5mm时的测定值为准,当贯入量5.0mm时的CBR大于2.5mm时的CBR时,应重新试验,如重新试验仍然如此时,则以贯入量5.0mm时的CBR为准。

$$现场 CBR = \frac{P_1}{P_0} \times 100 \qquad (8-23)$$

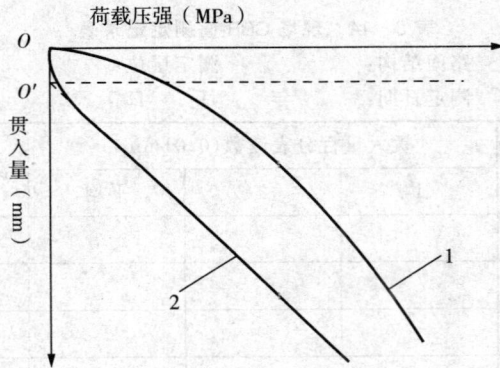

图 8-23　荷载压强-贯入量关系曲线

式中：P_1——荷载压强，MPa；

$\quad$ P_0——标准压强，当贯入量为 2.5mm 时为 7.0MPa，当贯入量为 5.0mm 时为 10.5MPa。

原点修正时，应注意压强和贯入量需随平移后的原点而变化。各级贯入量下标准压强见表 8-12 所列。

表 8-12　各级贯入量下标准压强

贯 入 量	0.254	0.508	0.762	1.016	1.270
标准压强	7030	10550	13360	16170	18230

我国路面结构设计中，以路基土和路面材料的回弹模量值作为设计参数，但 CBR 试验过程简捷，还是被许多单位大量使用，不少科研单位对回弹模量和 CBR 的关系进行了大量的试验工作，通过数值分析得出各地区各类土基 CBR 与 E_0 之间的近似关系式。表 8-13 给出几个典型关系式，仅供参考。

表 8-13　土基的 CBR 与 E_0 的关系

资料来源	关系式	备注
SHELL 公司	$E_d = 10CBR$	动模量
	$E_0 = 5CBR$	静模量
英国 TRRL	$E_d = 17.6CBR^{0.64}$	动模量
AI 协会	$E_d = 10.5CBR$	动模量
日本道路公团	$E_0 = (2 \sim 4)CBR$	静模量

（五）报告

试验报告应包括下列结果：

1. 土基含水量，%；

2. 测点的干密度，g/cm；

3. 现场 CBR 值及相应的贯入量。

试验记录格式见表 8-14 所列。

表 8-14 现场 CBR 值测定记录表

路线和编号：　　　　路面结构：　　　　测定层位：
承载板直径(cm)：　　测定日期：　　年　月　日

| | 预定贯入量
（mm） | 贯入量百分表读数(0.01mm) | | | 测力计读数 | 压强（MPa） |
		1	2	平均		
加载记录	0					
	0.5					
	1					
	1.5					
	2					
	2.5					
	3					
	4					

现场 CBR 计算	贯入断面面积：　　　　cm²	
	相当于贯入量 2.5mm 时的荷载压强，标准压强＝7.0MPa	CBR₂.₅＝　　（%）
	相当于贯入量 5.0mm 时的荷载压强，标准压强＝10.35MPa	CBR₅.₀＝　　（%）
	实验结果现场 CBR＝　　　（%）	

		湿土重 （g）	干土重 （g）	水　重 （g）	含水量 （%）	平均含水量 （%）
含水量计算	1					
	2					

		试样湿重 （g）	试样干重 （g）	体　积 （cm²）	干密度 （g/cm³）	平均干密度 （g/cm³）
密度计算	1					
	2					

【学习案例 8-6】

　　某新建公路路基质量检查验收时，承载板测土基回弹模量的检测记录见表 8-15 所列，试计算该测点的回弹模量值。（标准车 BZZ—100，后轴重 100kN，承载板直径 30cm，$a_i＝0.8p_ia$）

表 8-15　现场 CBR 值检测计算表

测力环读数	荷载 p (kN)	承载板压力 (MPa)	百分表读数 (0.01mm)		总变形 (0.01mm)	回弹变形 (0.01mm)	分级影响 a_i (0.01mm)	计算回弹变形 (0.01mm)	备注
			左	右					
0	0	0	0	0					
10	3.53	0.05	18	16	34				预压
0	0	0	5	4		25			
0	0	0	0	0					正式测定
10	3.53	0.05	17	16	33				
0	0	0	4	4		25	0.32	25.32	
20	7.07	0.10	35	34	69				
0	0	0	14	14		41	0.64	41.64	
30	10.60	0.15	70	72	142				
0	0	0	38	38		66	0.96	66.96	
40	14.14	0.20	98	99	197				
0	0	0	52	48		97	1.28	98.28	
60	21.21	0.30	159	156					
0	0	0	90	89	315				
70	24.74	0.35	178	176		136	1.92	137.92	
0	0	0	98	96	345				
60	21.21	0.30	159	156		160	2.24	162.24	
0	0	0	90	89					
70	24.74	0.35	178	176					
0	0	0	98	96					
取走千斤顶		0	103	101					
汽车开走后		0	99	97					

总影响量 $a = 4 + 4 = 8$

土基回弹模量 $E_0 = \pi d^2 / 4 \dfrac{\sum P_i}{\sum l_i} (1 - \mu_0^2) = 44.5 \text{MPa}$

【学习实践】

1. 何谓弯沉值？常用哪几种方法进行测定？各测定方法有何特点？

2. 请论述沥青路面弯沉评定方法。

3. 沥青面层弯沉检测中,应进行哪几方面的修正? 为什么?

4. 常用哪几种方法对路基、路面的回弹模量进行检测?

5. 什么叫 CBR? 简述土基现场 CBR 值测试要点。

6. 请论述承载板法测定土基回弹模量的主要过程。

7. 简述贝克曼梁法测定路基、路面回弹弯沉的测试步骤。

8. 用承载板测定土基回弹模量,检测结果见下表所列,请计算该测点的土基回弹模量。(注:$a_i = \dfrac{(T_1 + T_2)\pi D^2 p_i}{4T_1 Q}$, $a = 0.97 p_i a$, $D = 30\text{cm}$, $\mu_0 = 0.35$, $a = 10.4 \times 10^{-2}\text{mm}$)

p_i(MPa)	0.02	0.04	0.06	0.08	0.10	0.14	0.18	0.22
加载读数(0.01mm)	12.3	21.1	39.4	50.6	58.7	77.5	97.3	127.0
卸载读数(0.01mm)	10.2	12.0	23.1	28.3	32.4	41.2	51.5	61.8

9. 某承载板试验结果见下表所列,请绘制 $p-l$ 曲线(注:$a_i = 0.79 p_i a$)。

序号	承载板 p 压力(MPa)	百分表读数(0.01mm)			
		加载后		卸载后	
		左	右	左	右
1	0.02	14	13	3	3
2	0.04	28	29	7	8
3	0.06	38	40	8	9
4	0.08	52	54	10	11
5	0.10	66	72	12	14
总影响量	0	左　　6			
		右　　8			

10. 某新建二级公路设计弯沉值 $l_d = 33(0.01\text{mm})$,其中一评定段(沥青混凝土面层)弯沉测试结果如下:(单位为:0.01mm)17,11,10,14,13,10,16,19,12,14,17,20,试评定该路段弯沉检测结果。

沥青路面渗水系数及路面外观检测

任务 9-1 沥青路面渗水系数检测

【学习要求】

1. 熟悉沥青路面渗水试验的目的和适用范围；
2. 掌握渗水系数检测的试验步骤。

【学习内容】

沥青路面的水损害破坏，近年来频频发生。由于设计、施工及材料方面的原因，有些高速公路的沥青路面在通车 1～2 年内出现大面积的松散、坑槽。这不仅在经济上造成很大的损失，而且社会影响也很坏。因此，路面的渗水问题越来越引起公路部门的重视。许多单位已经采用了各种方法检查路面的密水性能和渗水情况：

(1)往路面上倒水，观察水的渗透情况；

(2)向钻孔试件上倒水，观察水的流出情况；

(3)在钻孔中灌水，观察水的存留和渗透情况；

(4)进行渗水试验；

(5)有的单位还研制了各种类型的渗水仪。

由此可见，沥青路面的渗水试验对检测路面的密实度、密水性至关重要。沥青路面渗水性能不仅是反映路面沥青混合料级配组成的一个间接指标，也是沥青路面水稳定性的一个重要指标。所以路面渗水系数已作为评价路面使用性能的一个重要指标被列入到相关的技术规范中。

一、主要仪具与材料

(1)面渗水仪

形状及尺寸如图 9-1 所示，上部盛水量筒由透明有机玻璃制成，容积 600ml，上有刻度，在 100ml 及 500ml 处有粗标线，下方通过 φ10mm 的细管与底座相接，中间有一开关。量筒通过支架连接，底座下方开口内径 150mm，外径 220mm，压重圈 2 个，每个质量约 5kg，内径 160mm。

2008 年版测试规程对渗水仪做了较大调整，增大了底座的外围直径，由原来的 16.5cm 增大为 22cm，这样底盘的圆环宽度由原来的 0.75cm 增大为 3.5cm；增加了渗水仪的高度，由原来的 31cm 增加为 51.5cm；增加了和底盘形状面积一样的塑料环。改进后的渗水仪，接地面积是原来的 5.5 倍，且具有以下优点：

① 由于是一段式渗水仪，因此初始水头和结束水头的读取比较简单。

② 底座接地面积改进后，大大改善了密封性能。

③ 通过使用塑料环画圈，可以比较精确地控制渗水面积，而且采取的密封措施可以使渗水面积在试验过程中不会发生改变。

④ 操作起来比较方便、快捷。

(2)密封材料

常用的密封材料包括：防水腻子、油灰或橡皮泥。用于渗水试验的密封材料对于试验的成败非常重要，因此下面介绍密封剂的选用和需要注意的问题。

面粉：来源比较方便，对路面污染小，试验后易于清洗，但是存放时间长了容易发酵变质，不宜重复使用。

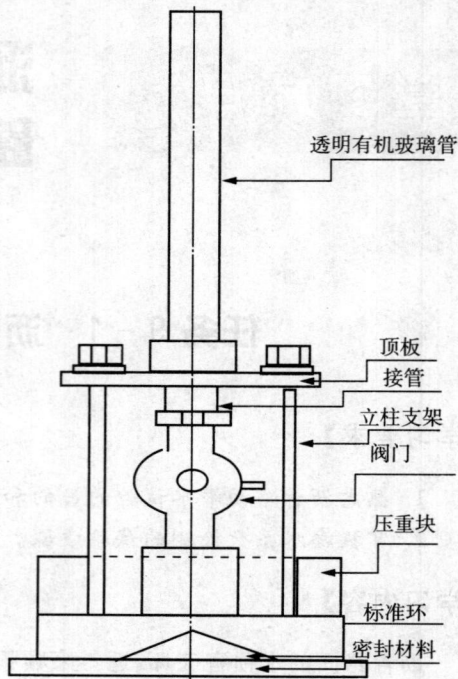

图 9-1 渗水仪结构图

黄油：对路面的污染比较厉害，残留在路面上的黄油会危及车辆的行使，因此不宜采用黄油作为密封剂。

防水腻子：来源比较广，残留在路面也不会对行车造成危害，而且可以回收再次利用。腻子具有一定的韧性，在一定的水头作用下不至于漏水，但是要注意选用新鲜的腻子，存放时要注意密封，存放时间较长或比较干燥的腻子不能再使用。

玻璃密封胶：玻璃胶是一种很理想的密封材料，密封效果好，完全不污染路面，测试完成后，基本上在 15min 后密封胶就可以凝固成一层皮，轻轻一拉就可以全部清除，完全不留痕迹，但是采用玻璃胶作为密封材料成本较高。

橡皮泥：比较好用，但是试验成本较高。

可见，用来作为密封剂的材料很多，各使用单位可以根据自己的试验经验，通过实践选择合适的密封剂材料。一般地，防水腻子、橡皮泥较为常用。

(3)秒表、水等

二、方法与步骤

1. 准备工作

(1)在测试路段的行车道路面上，按规范规定的随机取样方法选择测试位置，每一个检测路段应测定 5 个测点，并用粉笔画上测试标记。

(2)试验前，首先用扫帚清扫表面，并用刷子将路面表面的杂物刷去。杂物的存在一方面会影响水的渗入,另一方面也会影响渗水仪和路面或者试件的密封效果。

2. 测试步骤

对密封时的操作,以防水腻子为例,介绍一下密封剂的使用方法及具体的操作步骤。

(1)将塑料圈置于试件中央或者路表面的测点上,用粉笔分别沿塑料圈的内侧和外侧画上圈,在外环和内环之间的部分就是需要用密封材料进行密封的区域。

如果在密封区域内发现有构造深度较大的部位时,必须先用密封剂对这些部位的纹理深度进行填充,防止渗水试验时水通过这些表面纹理渗出从而影响试验结果。对较大的纹理进行处理后,再用密封剂对环状密封区域进行处理,用刮刀将密封剂均匀地涂抹在此区域内的试件表面上,用刮刀刮平,可以防止渗水仪压上去后密封剂被挤到内圈而改变渗水面积。

(2)用密封材料对环状密封区域进行密封处理,注意不要使密封材料进入内圈,如果密封材料不小心进入内圈,必须用刮刀将其刮走。然后再将搓成拇指粗细的条状密封材料摆在环状密封区域的中央,并且摆成一圈。

(3)将渗水仪放在试件或者路表面的测点上,注意使渗水仪的中心尽量和圆环中心重合,然后略微使劲将渗水仪压在条状密封材料表面,再将配重加上,以防压力水从底座与路面间流出。

(4)将开关关闭,向量筒中注满水,然后打开开关,使量筒中的水下流,排出渗水仪底部内的空气。当量筒中水面下降速度变慢时,用双手轻压渗水仪,使渗水仪底部的气泡全部排出。关闭开关,并再次向量筒中注满水。

(5)将开关打开,待水面下降至 100ml 刻度时,立即开动秒表开始计时,每间隔 60s,读记仪器管的刻度一次,至水面下降 500ml 时为止。测试过程中,如水从底座与密封材料间渗出,说明底座与路面密封不好,应移至附近干燥路面处重新操作。当水面下降速度较慢,则测定 3min 的渗水量即可停止;如果水面下降速度较快,在不到 3min 的时间内到达了500ml 刻度线,则记录到达 500ml 刻度线时的时间;若水面下降至一定程度后基本保持不动,说明基本不透水或根本不透水,应在报告中注明。

(6)按以上步骤在同一个检测路段选择 5 个测点测定渗水系数,取其平均值,作为检测结果。

三、计算

计算时以水面从 100ml 下降到 500ml 所需的时间为标准,若渗水时间过长,也可以采用 3min 通过的水量计算。

$$C_w = \frac{V_2 - V_1}{t_2 - t_1} \times 60 \qquad (9-1)$$

式中:C_w——路面渗水系数,ml/min;

V_1——第一次计时时的水量,ml,通常为 100ml;

V_2——第二次计时时的水量,ml,通常为 500ml;

t_1——第一次计时的时间,s;

t_2——第二次计时的时间,s。

对渗水较快，水面从100ml降至500ml的时间不很长时，中间也可不读数；如果渗水太慢，则从水面降至100ml时开始，测记3min即可中止试验；若水面基本不动，说明路面不透水，则在报告中注明即可。

【学习案例】

表9-1 路面渗水系数试验记录

试验单位	×××工程检测试验室		试验规程		JTG E60—2008 T0971
检测段落	K270～K273		试验者		
结构层名称	AC－13沥青上面层		复核者		
主要仪器	渗水仪		试验日期		

测点桩号	横距 (m)	加水量(ml)		时间(s)		路面渗水系数 (ml/min)	渗水系数平均值 (ml/min)	备注
		第一次读数	第二次读数	第一次读数	第二次读数			
		100	320	0	180	73.3		
		100	148	0	180	16.0		
		100	167	0	180	22.3	34.0	
		100	263	0	180	54.3		
		100	214	0	180	38.0		

任务 9-2　路面破损检测

【学习要求】

1. 了解路面破损的主要类型以及造成路面破损的原因；
2. 了解破损检测的试验方法。

【学习内容】

一、路面破损的分类

在路面质量管理与验收、建立路面管理系统和决定路面维修方案时，都需要测定路面各类破损的数量与面积。路面的破损类型因路面材料的不同而不同，分述如下。

(一)沥青路面的破损类型

(1)裂缝

裂缝包括龟裂、块裂及各类单根裂缝等。龟裂也称网裂，指裂缝与裂缝连接成龟甲纹状的不规则裂缝，且其短边长度不大于40cm。在路面纵向有平行密集的裂缝，虽未成网，但其距离不大于30cm者，亦属龟裂。块裂为沥青路面的不规则裂缝，裂缝与裂缝连接成网，其短边长度大于40cm、但长边长度小于3m。龟裂与块裂测定均以面积(m²)计。单根裂缝是指裂缝之间互不连接，或虽有连接但距离在3m以上者，可以细分为横向裂缝、纵向裂缝、路面与桥涵构造物的接头裂缝、施工裂缝、水泥板接缝的反射裂缝等。裂缝测定以长度(m)计。边缘裂缝(啃边)是指靠路肩边缘由于冻胀、基层或路基的承载力不足引起的纵向局部性开裂，根据严重程度计算长度或面积。

(2)变形

变形包括车辙、沉陷、拥包、波浪。

(3)松散

松散包括掉粒、松散、剥落、脱皮等引起的集料散失现象、坑槽等。

(4)其他

其他类型包括泛油、磨光(抗滑性能差)及各类修补等。

沥青路面破损严重程度可分为轻微、中度、严重三种(表9-2)。

(二)水泥混凝土路面的破损类型

(1)断板

断板包括板角断裂、D型裂缝、纵向裂缝、横向裂缝、断板等。水泥混凝土路面的伸缩缝两侧在一定范围内产生多道裂缝，呈D字形，故称为D型裂缝。D型裂缝呈不断扩展趋势，严重时裂缝产生的小块可能脱落或错位移动。由纵向和横向裂缝发展而产生的已完全折断成两块及两块以上水泥混凝土路面板的现象称为断板。

表 9-2　沥青路面破损程度分类

损坏类型	程度	损坏特征
裂缝	轻微	裂缝并未连片成网,无碎裂或封缝,无明显唧泥,平均缝宽≤6mm,或已封缝,附近无损坏,边缘裂缝未断开,材料未散失
	中度	裂缝已连片成网,有个别碎裂或封缝,无明显唧泥,平均缝宽 6~19mm,附近有轻微块裂,裂缝少许断开,材料散失不小于 10%的长度
	严重	裂缝成片,严重碎裂或已封缝,车辆通过时碎块有活动,有明显唧泥,平均缝宽>19mm,附近有中等块裂,裂缝已断开,材料散失>10%的长度
补坑与坑槽	轻微	在轻微破损区域的修补,坑槽深度≤25mm
	中度	在中度破损区域的修补,坑槽深度 25~50mm
	严重	在严重破损区域的修补,坑槽深度>50mm
表面缺陷	轻微	过量沥青已使路表面变色,少量集料结合料脱离,少量细集料散失
	中度	过量沥青已使路表面失去表面纹理构造,集料结合料掉粒成粗糙表面,细集料散失,少量粗集料也散失
	严重	过量沥青使路表发光一片,集料已被覆盖,热季可出现轮迹,集料结合料飞散,粗集料明显散失

（2）接缝

接缝包括接缝材料损坏、接缝脱开、无接缝料、缝被砂石尘土填塞、边角剥落、唧泥、错台（台阶）、拱起（翘曲）等。因裂缝或接缝损坏,导致水进入基层,使材料软化形成的泥浆在荷载作用下从缝中或板边缘挤出的现象称为唧泥。

（3）表面

表面包括表面网状细裂缝、层状剥落、起皮、露骨、集料磨光、坑洞等。

（4）其他

其他类型有板块沉陷等。

水泥混凝土路面破损严重程度可分为轻微、中度、严重三种（表 9-3）。

表 9-3　水泥混凝土路面破损严重程度分类

损坏类型	程度	损坏特征
板面断裂	轻微	板角断裂尚未碎裂,D 型裂缝密闭,纵横向裂缝缝宽<3mm
	中度	板角裂缝已有碎裂,D 型裂缝有小块脱落正错台,纵横向裂缝宽>3mm,裂缝边缘开始掉角
	严重	板角断裂已严重碎裂,D 型裂缝面积较大且有较多脱落,纵横向裂缝缝宽>10mm,有错台,裂块已开始活动

损坏类型	程度	损坏特征
接缝损坏	轻微	损坏部位＜10％,缝边碎裂宽度＜75mm,材料无散失
	中度	损坏部位 10％～50％,缝边碎裂宽度 75mm～150mm,材料已有散失,有少量唧泥或拱起
	严重	损坏部位＞50％,缝边碎裂宽度＞150mm,材料已较多散失,有明显唧泥或拱起

二、沥青路面破损检测

对强度不足或疲劳引起的沥青路面荷载性裂缝(龟裂),宜在春季或雨季最不利季节之后调查;对由于温度收缩引起的非荷载性裂缝(块裂及横裂缝),宜在冬季以后观测;对车辙、拥包、波浪等热稳定性变形,宜在夏季观测;对松散类破损,宜在雨季观测。也可在规定的同一时间观测。需要时还可定期观测,以了解破损情况。为便于裂缝观测,宜选择在雨后(或预先洒水)路表已干燥但尚有水迹时观测。

(一)检测器具与材料

(1)量尺:钢卷尺、皮尺、钢尺等;

(2)破损记录纸(毫米方格纸);

(3)高速摄影车或其他高技测试设备;

(4)其他:粉笔、扫帚、小红旗及安全标志等。

(二)准备工作

(1)选择测试路段,并量测其路面的长度及宽度,计算测试路段总面积。

(2)在毫米方格纸上按比例绘制破损记录方格,填好里程桩号。

(3)若路面不洁妨碍观测时,应用扫帚清扫路面。

(4)观测前应通报有关交通管理部门,观测时应有专人指挥交通(必要时可封闭交通),并设置交通安全标志等以确保观测车及观测者的安全。

(三)检测步骤

(1)当采用高速摄影车或其他高效测试设备测试时,按有关使用说明书操作。采用自动摄影车测试时,进行连续摄影或录像,然后在室内评定或用计算机检测裂缝等各类破损数量。

(2)当为人工检测时,由 2～4 人组成一组,沿路面仔细观察路面各类破损情况。若观测裂缝时,一般以逆光观测较为清楚,对不明显的裂缝,可在裂缝位置用粉笔做出标记。

(3)目测或用量尺测试路段的路面上各类破损的长度或范围,准确至 0.1m。

(4)对拥包、波浪、沉陷等变形类损坏除记录面积外,尚应测记拥起高度或下陷深度。

(5)记录破损位置(桩号),就地在方格纸上按比例描绘破损图,记录破损类别。

(6)必要时,可拍摄照片或录像备查。

检测路段的沥青路面各类破损长度或面积按破损类别分别统计。

路面的裂缝率是指路面裂缝的总面积与测定区之间路面总面积的比值,用 C_k 表示,单位 m^2/km^2。

沥青路面的裂缝率为:

$$C_k = \frac{C_A + 0.3L}{A} \qquad (9-2)$$

式中:C_A—— 龟裂及块裂的总面积,m^2;

L—— 单根裂缝的总长度,m;

A—— 测试路段面积,以 $1\,000\,m^2$ 计;

0.3—— 将单根裂缝长度换算成面积的影响系数。

路面的裂缝度是指路面裂缝长度与测定区间路面总面积的比值,用 C_d 表示,单位 m/km^2。

在没有龟裂和块裂的路面上,沥青路面横向裂缝或纵向裂缝等单根裂缝应按式(9-3)、式(9-4)计算裂缝度,总裂缝度按式(9-5)计算:

$$C_{1d} = \frac{\sum L_1}{A} \qquad (9-3)$$

$$C_{2d} = \frac{\sum L_2}{A} \qquad (9-4)$$

$$C_d = C_{1d} + C_{2d} + \cdots \qquad (9-5)$$

式中:C_{1d}—— 沥青路面横向裂缝的裂缝度,m/km^2;

C_{2d}—— 沥青路面纵向裂缝的裂缝度,m/km^2;

$\sum L_1$—— 横向裂缝总长,m;

$\sum L_2$—— 纵向裂缝总长,m。

计算裂缝度,可将各种单根裂缝(如横向裂缝、纵向裂缝、温缩裂缝、接头裂缝、施工裂缝、反射裂缝等)单独计算。如欲换算成以面积计算的裂缝率时,宜将其分别乘以 0.3m 得到。但当将单根裂缝纳入网裂病害用于计算一般公路的好路率时,应遵照《公路技术状况评定标准》(JTG H20—2007)的规定,采用 0.2m 的系数。

沥青路面发生各种类型破损的换算面积与检测区域总面积的百分比称为沥青路面的破损率,按式(9-6)计算:

$$DR = \frac{\sum \sum A_{ij} \cdot K_{ij}}{A} \times 100 \qquad (9-6)$$

式中:DR—— 沥青路面的破损率,%;

A_{ij}—— 路面各种损坏类型严重程度的累计面积,m^2;

i—— 破损类别;

j—— 破损严重程度,可分为轻微、中度、严重三个等级;

K_{ij}—— 路面各种损坏类型及不同严重程度的权值,根据有关规范规定选用,如无规定时均取 1；

　　A——检测路段路面面积，m^2。

　　新建沥青混凝土和沥青碎石面层，其表面应平整密实，无明显碾压轮迹，搭接处紧密、平顺，不应有泛油、松散、裂缝、粗细集料集中等现象。对于高速公路和一级公路，有上述缺陷的面积之和不得超过复检面积的 0.03%，其他公路不得超过 0.05%。

　　新建沥青贯入式（或沥青上拌下贯式）和沥青表面处治面层，表面应平整密实，无明显碾压轮迹，不应有松散、裂缝、油包、油丁、波浪、泛油等现象。有上述缺陷的面积之和不超过受检面积的 0.2%。

三、水泥混凝土路面破损检测

　　仪器设备与沥青路面破损检测的基本相同。

（一）准备工作

　　（1）选定路段，并量测其路面的长度及宽度。

　　（2）如路面不洁妨碍观测时，可用扫帚清扫裂缝附近的路面。

　　为便于观测，宜选择在雨后路面已干燥但裂缝尚有水迹的时机观测，观测时应有专人指挥交通（需要时可封闭交通），并设置交通安全标志等以确保观测者的安全。

（二）检测步骤

　　（1）沿路线纵向 $1\sim2$ 人负责一块混凝土板宽度，仔细观察裂缝及破损面积，准确至 10cm。对伸缩缝接缝处的破坏及边角部已成块的破坏都应单独记录条数、面积。其中接缝拱起还应记录高度。

　　（2）记录板块号、破损位置（桩号），在方格纸中按比例绘制裂缝及破损情况图。

　　（3）根据需要，拍摄照片或录像备查。

　　检测路段的各类型破损长度或面积，应分类统计。

　　水泥混凝土路面的裂缝度及裂缝率为：

$$C_d = \frac{\sum L}{A} \qquad\qquad (9-7)$$

$$C_k = \frac{\sum C_A}{A} \qquad\qquad (9-8)$$

式中：C_d——水泥混凝土路面的裂缝度，m/km^2；

　　　　C_k——水泥混凝土路面的裂缝率，m^2/km^2；

　　　　C_A——板角裂缝、D 型裂缝及完全碎裂的总面积，以 $1\,000m^2$ 计；

　　　　$\sum L$——水泥混凝土路面板的纵向、横向开裂总长度，m；

　　　　A——测试路段的总面积，以 $1\,000m^2$ 计。

　　折断成两块及两块以上的水泥混凝土路面板的块数与路面板总块数的百分比，称为断板率，按式（9-9）计算：

$$B_D(\%) = \frac{D}{S} \times 100 \qquad\qquad (9-9)$$

式中：B_D—— 水泥混凝土路面的坏板率或断板率，%；

D—— 已完全这段成两块以上的水泥混凝土路面板总数；

S—— 检测路段的总块数。

水泥混凝土路面的横向伸缩缝、纵向伸缩缝发生破坏的总长度与缝的总长度之比称为坏缝率，按下式计算：

$$J_K = \frac{\sum J_{1C} + \sum J_{2C}}{J_1 + J_2} \qquad (9-10)$$

式中：J_K—— 水泥混凝土路面的坏缝率，m/km；

$\sum J_{1C}$—— 水泥混凝土路面的横向伸缩缝破坏的总长度，m；

$\sum J_{2C}$—— 水泥混凝土路面纵向伸缩缝破坏的总长度，m；

J_1—— 检测路段的横向伸缩缝的总长度，以 1 000m 计；

J_2—— 检测路段的纵向伸缩缝的总长度，以 1 000m 计。

已发生破损的水泥混凝土路面板的块数与路面板总块数的百分比，称为坏板率，用 B_k 表示。根据需要可按有关规定对各种坏板类型及严重程度取不同的权值按式（9-11）进行计算：

$$B_k(\%) = \frac{\sum \sum A_{ij} \cdot K_{ij}}{S} \times 100 \qquad (9-11)$$

式中：A_{ij}—— 水泥混凝土板各种损坏严重程度的累计换算板数，i 表示破损类别，j 表示破损严重程度，可分为轻微、中度、严重三个等级；

K_{ij}—— 水泥混凝土板各种损坏类型及不同严重程度的权值，根据有关规范规定选用，如无规定时均取 1；

S—— 检测路段路面板总块数。

新建水泥混凝土路面，混凝土板的断裂块数，高速公路和一级公路不得超过评定路段混凝土板总数的 2‰，其他公路不得超过 4‰。对断裂板应采取适当措施予以处理。混凝土板表面的脱皮、印痕、裂纹、石子外露和缺边掉角等病害现象，高速、一级公路，上述缺陷的面积不得超过受检面积的 2‰，其他公路不得超过 3‰，并且要求接缝填筑饱满密实，路面侧石直顺，曲线圆滑。

任务 9-3　路面错台与沥青路面车辙检测

【学习要求】

1. 了解错台与车辙产生的原因;
2. 熟悉错台、车辙的检测方法和试验步骤。

【学习内容】

一、路面错台检测

错台为《公路技术状况评定标准》(JTG H20—2008)中定义的一种路面病害,而在《验评标准》(JTG F80/1—2004)和交通部 2004 年 3 号令《公路工程竣(交)工验收办法》中对水泥混凝土路面的错台称为相邻板高差。

(一)方法与步骤

(1)非经注明,错台的测定位置,以行车车道错台最大处纵断面为准,根据需要也可以其他代表性纵断面为测定位置。

(2)选择需要测定的断面,记录位置及桩号,描述发生错台的原因。

(3)构造物端部由于沉降造成的接头错台的测试步骤如下:

① 将精密水平仪架在距构造物端部不远的路面平顺处调平。

② 从构造物端部无沉降或鼓包的断面位置起,沿路线纵向用皮尺量取一定距离,作为测点,在该处立起塔尺,测量高程。再向前量取一定距离,作为测点,测量高程。如此重复,直至无明显沉降的断面为止。无特殊需要,从构造物端部起的 2m 内应每隔 0.2m 量测一次,2~5m 宜每隔 0.5m 量测一次,5m 以上可每隔 1m 量测一次,由此得出沉降纵断面及最大沉降值,即最大错台高度(D_m),准确至 1mm。

(4)测定由水泥混凝土路面或桥梁的伸缩缝或路面横向开裂造成的接缝错台、裂缝错台时,可按上述方法用水平仪测定接缝或裂缝两侧一定范围内的道路纵断面,确定最大错台的位置及高度(D_m),准确至 1mm。

(5)当发生错台变形的范围不足 3m 时,可在错台最大位置沿路线纵向用 3m 直尺架在路面上,其一端位于错台的高出的一侧,另一端位于无明显沉降变形处,作为基准线。用钢板尺或钢卷尺每隔 0.2m 量取路面与基准线之间高度(D),同时测记最大错台高度(D_m),准确至 1mm。目前还有一种金属制的深度测量尺,使用较为方便,也可用来测量错台。

(二)资料整理

以测定的错台读数 D 与各测点的距离绘成纵断面图作为测定结果,图中应标明相应断面的设计纵断面高程、最大错台的位置与高度 D_m,准确至 0.001m。

二、沥青路面车辙检测

沥青路面是用沥青材料作结合料黏结矿料修筑面层与各类基层和垫层一起所组成的

路面结构。从路面类型来分,沥青路面属柔性路面,其强度与稳定性在很大程度上取决于土基和基层的特性。沥青混合料的特点是强度和抗变形能力随温度的升降而产生变化,温度升高时,沥青的黏滞度降低,矿料之间的黏结力削弱,导致强度降低,温度降低时恰好相反。由于沥青混合料强度的这种变化,导致沥青路面稳定性和工作状况变坏、使用性能降低。

车辙则是路面结构层在行车荷载作用下的补充压实以及结构层中材料的侧向位移产生的累积永久变形。这种变形出现在行车轮迹带处,形成路面的纵向带状凹陷。在公路行业,用路面横断面方向上的车辙深度衡量路面车辙的大小,以毫米(mm)为单位。车辙深度的测试方法由最初的手工及半自动化设备(3m 直尺、线绳、横断面尺及路面横断面仪等)发展到现在的自动化设备,如多点激光或超声波车辙仪、线激光车辙仪和线扫描激光车辙仪等。它们均是通过激光测距技术或激光成像和数字图像分析技术得到车道横断面线形(以相对高程),而后按规定模式计算车辙深度。车辙深度的计算模式各国不尽相同,我国则是采用 5 个高程控制点的计算模式,即根据车道两侧及车道中心 3 点的高差作出车辙基线,以轮迹处最低 2 点离基线距离的最大值作为车辙深度。据此,我国公路行业规范提出了 7 种典型的路面车辙模型,并根据 5 点计算模式,给出了相应的车辙深度计算方法,如图 9 - 2 所示。

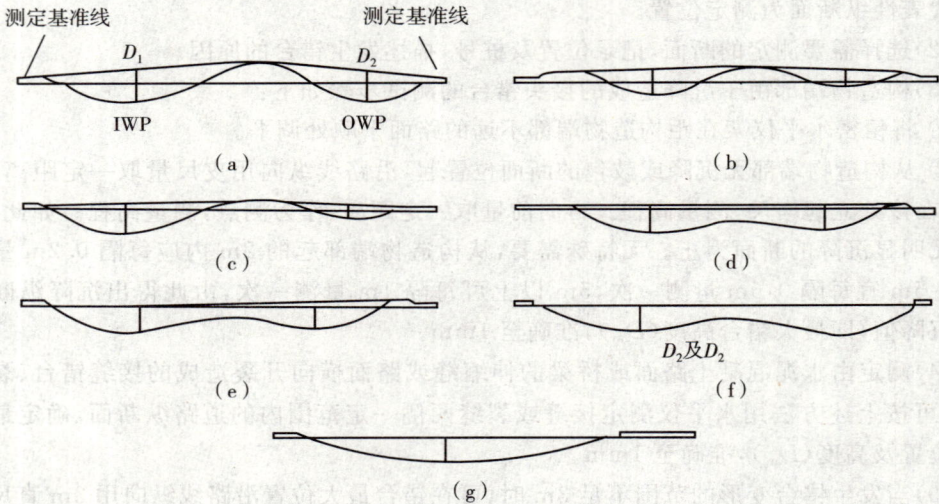

图 9 - 2　车辙计算图示

沥青路面车辙的常用测试方法优缺点如下:

(1)以直尺、线绳或横断面尺等为代表的人工操作方法,这些检测手段测试效率极低,只适合在车流量小的路段上少量抽检使用,而且存在现场维护安全的问题,完全不适宜运营中的高速公路路况调查。

(2)以横断面仪或多点高程计为代表的半自动化测试方法,这类方法测试精度高、性能稳定,但是测试效率并不高,一般用于科研或高级别比对试验。代表性设备如英国 TRRL 横断面仪、澳大利亚 ARRB 手推式断面仪、新西兰 TPB 横断面仪、日本 TOKIMEC 路面横断面形状测定仪等。

（3）以激光测距技术为代表的多激光连续测试方法，这类方法测试效率高，安全性较高，但测试准确性受到采样点数量和测试宽度的限制。新西兰所做的传感器数量与车辙深度测试结果误差之间的关系表明，测试结果稳定性变化曲线的拐点出现在传感器数量10～20之间，因此世界大部分国家对该类设备的传感器数量选择在 11～17 范围之间，目前的发展趋势是增加更多的传感器数量，在最新技术的测试系统中甚至达到 40 个传感器数量。另外，传感器数量的确定还与各国规定车辙深度计算模型有关。在我国，考虑到车辆行驶过程中需要测定 5 个控制点的高程以及车辙形状分布的规律，最终确定横断面不得少于 13 个测点的要求。

（4）以激光图像技术为代表的线激光连续测试方法，这类方法测试效率高，安全性较高，测试准确性不受采样点数量的限制，设备成本相对较低，但测试精度稍差一些。

（一）方法与步骤

1. 车辙测定的基准测量宽度应符合的规定

（1）对高速公路及一级公路，以一个车道的宽度，即车道区划线中到中的距离为基准测量宽度。

（2）对二级及二级以下公路，有车道区划线时，以一个车道的宽度为基准测量宽度；无车道区划线时，以中线两侧形成车辙部位的一个车道的宽度作为基准测量宽度。

2. 车辙测定断面应符合的规定

以一个评定路段为单位，用激光车辙仪连续检测时，测定断面间隔不大于 10m。用其他方法非连续测定时，在车道上每隔 50m 作为一测定断面，用粉笔画上标记进行测定。根据需要也可按《公路路基路面现场测试规程》（JTG E60—2008）附录 A 的方法在行车道上随机选取测定断面，在特殊需要的路段如交叉口前后可予加密。

3. 用激光或超声波等连续式车辙仪的测试步骤

（1）将检测车辆就位于测定区间起点前。

（2）启动并设定检测系统参数。

（3）启动车辙和距离测试装置，开动测试车沿车道轮迹位置且平行车道线平稳行驶，测试系统自动记录出每个横断面和距离数据。

（4）到达测定区间终点后，结束测定。

（5）系统处理软件按照图 9 - 2 规定的模式，通过各横断面相对高程数据计算车辙深度。

传感器数量较多的设备，能够采集到全部计算控制点的高程，因此车辆在车道上的行驶位置对测试结果的影响不大；但传感器数量少的设备，必须保证车辆严格在行车轨迹上行驶，否则将导致传感器与车辙计算控制点错位，采集不到控制点高程数据，进而计算出错误的车辙深度。

4. 用路面横断面仪等半自动化方法的测试步骤

（1）将路面横断面仪就位于测定断面上，方向与道路中心线垂直，两端支脚立于测定车道的两侧边缘，记录断面桩号。

（2）调整两端支脚高度，使其等高。

（3）移动横断面仪的测量器，从测定车道的一端移至另一端，记录出断面形状。

5. 用横断面尺等手工方法的测试步骤

(1)将横断面尺就位于测定断面上,两端支脚置于测定车道两侧。

(2)沿横断面尺每隔20cm一点,用量尺垂直立于路面上,用目平视,测记横断面尺顶面与路面之间的距离,准确至1mm;如断面的最高处或最低处明显不在测定点上,应加测该点距离。

(3)记录测定读数,绘出断面图,最后连接成圆滑的横断面曲线。

(4)横断面尺也可用线绳代替。

(5)当不需要测定横断面,仅需要测定最大车辙时,亦可用不带支脚的横断面尺架在路面上由目测确定最大车辙位置用尺量取。

(二)计算

1. 将断面线按图9-2的方法画出横断面图及顶面基准线,通常为其中之一种形式。

2. 在图上确定车辙深度 D_1 及 D_2,读至1mm,以其中最大值作为断面的最大车辙深度。

3. 求取各测定断面最大车辙深度的平均值作为该评定路段的平均车辙深度。

世界各国采用的车辙深度计算方法有所不同。例如,美国以2条车辙中部最高点与车辙最低点的2个高差的平均值作为测试断面的车辙深度,这种模式只要测横断面上3点的高程即可;而我国将车辙分为图9-2的7种形式,先通过控制点画出基准线,再以车辙最低点到基准线的距离作为车辙深度,并且只取同一断面上的最大深度作为测试结果。

【学习实践】

一、单项选择题

1. 渗水系数测试应该在( )。

A. 在路面竣工后一年进行　　B. 在路面竣工半年后进行

C. 在路面施工结束后进行　　D. 在施工过程测试

2. 路面渗水试验应按照随机取样方法选择测试位置,每一个测试路段应测定( )个测点。

A. 3　　　　　　B. 5　　　　　　C. 10　　　　　　D. 8

3. 下列( )不是水泥混凝土路面的破损类型。

A. 唧泥　　　　　B. 波浪　　　　C. 板块断裂　　　D. 拱起

4. 下列( )检测方法不是车辙的检测方法。

A. 路面横断面仪　　B. 横断面尺　　C. 超声波车辙仪　　D. 3m直尺

二、问答题

1. 水泥混凝土及沥青混凝土路面破损类型有哪些?在什么情况下进行破损检测?

2. 进行车辙试验时应注意的主要问题是什么?

3. 何谓路面错台?为什么要检测路面错台?其检测器具与材料主要有哪些?

4. 在什么情况下检测路面渗水系数?采用哪些检测器具?

学习项目十　桥涵地基检测

任务 10 - 1　概述

【学习要求】

1. 了解地基检验的检验内容及检验方法；
2. 了解基底平面位置和标高的允许偏差。

【学习内容】

一、检验内容

公路桥涵地基检验包括：

1. 检查基底平面位置、尺寸大小、基底标高是否符合设计要求，偏差值是否在现行相关规定的允许范围以内；
2. 检查基底地质情况和承载力是否与设计资料相符；
3. 检查基底处理和排水情况是否符合相关规范要求；
4. 检查施工记录及有关试验资料等。

二、检验方法

按桥涵大小、地基土质复杂（如溶洞、断层、软弱夹层、易溶岩等）情况及结构对地基有无特殊要求，可采用以下检查方法：

1. 小桥涵的地基检验：可采用直观或触探方法，必要时可进行土质试验；
2. 大、中桥和地基土质复杂、结构对地基有特殊要求的地基检验，一般采用触探和钻探（钻深至少 4m）取样做土工试验，或按设计的特殊要求进行荷载试验；
3. 特大桥按设计要求处理。

三、基底平面位置和标高允许偏差规定

1. 平面周线位置不小于设计要求；
2. 基底标高：土质±50mm，石质＋50mm，－200mm。

任务 10－2　地基承载力检测

【学习要求】

1. 了解地基承载力的确定方法；
2. 熟悉利用相关规范确定地基承载力；
3. 掌握平板载荷试验和圆锥动力触探试验的方法确定地基承载力。

【学习内容】

地基承载力是指地基所能承受荷载的能力。在地基设计中，采用正常使用极限状态，选定地基承载力容许值为地基承载力。确定地基承载力的方法有：

(1)现场载荷试验或原位测试；
(2)地基承载力理论公式计算；
(3)现行规范经验公式计算；
(4)土质基本相同的情况下，参照邻近结构物地基容许承载力。

一、按《公路桥涵地基与基础设计规范》确定地基容许承载力

《公路桥涵地基与基础设计规范》(JTG D63—2007)规定：地基承载力的验算，是以修正后的地基承载力容许值$[f_a]$控制，该值是在地基原位测试或该规范中给出的各类岩土承载力基本容许值$[f_{a0}]$的基础上，经修正而得。

地基承载力容许值应按以下原则确定：

(1)地基承载力基本容许值应首先考虑由载荷试验或其他原位测试取得，其值不应大于地基极限承载力的1/2。对中小桥、涵洞，当受现场条件限制，或载荷试验和原位测试确有困难时，也可按照《公路桥涵地基与基础设计规范》(JTG D63—2007)第3.3.3条有关规定采用。

(2)地基承载力基本容许值尚应根据基底埋深、基础宽度及地基土的类别按照《公路桥涵地基与基础设计规范》(JTG D63—2007)3.3.4条规定进行修正。

(3)软土地基承载力容许值可按照《公路桥涵地基与基础设计规范》(JTG D63—2007)第3.3.5条确定。

(4)其他特殊性岩土地基承载力基本容许值可参照各地区经验或相应的标准确定。

1. 地基承载力基本容许值确定

地基承载力基本容许值$[f_{a0}]$可根据岩土类别、状态及其物理力学特性指标按下列相关表中规定选用。

(1)一般岩石地基可根据强度等级、节理按表10－1确定承载力基本容许值$[f_{a0}]$。对于复杂的岩层(如溶洞、断层、软弱夹层、易溶岩石、软化岩石等)应按各项因素综合确定。

表 10-1 岩石地基承载力基本容许值 $[f_{a0}]$

坚硬程度 \ 节理发育程度 $[f_{a0}]$(kPa)	节理不发育	节理发育	节理很发育
坚硬岩、较硬岩	>3 000	3 000~2 000	2 000~1 500
较软岩	3 000~1 500	1 500~1 000	1 000~800
软岩	1 200~1 000	1 000~800	800~500
极软岩	500~400	400~300	300~200

(2)碎石土地基可根据其类别和密实程度按表 10-2 确定承载力基本容许值 $[f_{a0}]$。

表 10-2 碎石土地基承载力基本容许值 $[f_{a0}]$

土名 \ 密实程度 $[f_{a0}]$(kPa)	密实	中密	稍密	松散
卵石	1 200~1 000	1 000~650	650~500	500~300
碎石	1 000~800	800~550	550~400	400~200
圆砾	800~600	600~400	400~300	300~200
角砾	700~500	500~400	400~300	300~200

注:①由硬质岩组成,填充砂土者取高值;由软质岩组成,填充黏性土者取低值。
　　②半胶结的碎石土。可按密实的同类土的 $[f_{a0}]$ 值提高 10%~30%。
　　③松散的碎石土在天然河床中很少遇见,需特别注意鉴定。
　　④漂石、块石的 $[f_{a0}]$ 值,可参照卵石、碎石适当提高。

(3)砂土地基可根据土的密实度和水位情况按表 10-3 确定承载力基本容许值 $[f_{a0}]$。

表 10-3 砂土地基承载力基本容许值 $[f_{a0}]$

土名及水位情况 \ 密实程度 $[f_{a0}]$(kPa)		密实	中密	稍密	松散
砾砂、粗砂	与湿度无关	550	430	370	200
中砂	与湿度无关	450	370	330	150
细砂	水上	350	270	230	100
细砂	水下	300	210	190	—
粉砂	水上	300	210	190	—
粉砂	水下	200	110	90	—

（4）粉土地基可根据土的天然孔隙比 e 和天然含水量 ω（%）按表 10-4 确定承载力基本容许值 $[f_{a0}]$。

表 10-4　粉土地基承载力基本容许值 $[f_{a0}]$

$[f_{a0}]$(kPa)　　ω e	10	15	20	25	30	35
0.5	400	380	355	—	—	—
0.6	300	290	280	270	—	—
0.7	250	235	225	215	205	—
0.8	200	190	180	170	165	—
0.9	160	150	145	140	130	125

（5）老黏性土地基可根据压缩模量 E_s 按表 10-5 确定承载力基本容许值 $[f_{a0}]$。

表 10-5　老黏性土地基承载力基本容许值 $[f_{a0}]$

E_s(MPa)	10	15	20	25	30	35	40
$[f_{a0}]$(kPa)	380	430	470	510	550	580	620

注：当老黏性土 $E_s < 10$MPa 时，承载力基本容许值 $[f_{a0}]$ 按一般黏性土（表 10-6）确定。

（6）一般黏性土可根据液性指数 I_L 和天然孔隙比 e 按表 10-6 确定承载力基本容许值 $[f_{a0}]$。

表 10-6　一般黏性土地基承载力基本容许值 $[f_{a0}]$

$[f_{a0}]$(kPa)　　I_L e	0	0.1	0.2	0.3	0.4	0.5	0.6	0.7	0.8	0.9	1.0	1.1	1.2
0.5	450	440	430	420	400	380	350	310	270	240	220	—	—
0.6	420	410	400	380	360	340	310	280	250	220	200	180	—
0.7	400	370	350	330	310	290	270	240	220	190	170	160	150
0.8	380	330	300	280	260	240	230	210	180	160	150	140	130
0.9	320	280	260	240	220	210	190	180	160	140	130	120	100
1.0	250	230	220	210	190	170	160	150	140	120	110	—	—
1.1	—	—	160	150	140	130	120	110	100	90	—	—	—

注：①土中含有粒径大于 2mm 的颗粒质量超过总质量 30% 以上者，$[f_{a0}]$ 可适当提高。

②当 $e < 0.5$ 时，取 $e = 0.5$；当 $I_L < 0$ 时，取 $I_L = 0$。此外，超过表列范围的一般黏性土，$[f_{a0}] = 57.22E_s^{0.57}$。

（7）新近沉积黏性土可根据液性指数 I_L 和天然孔隙比 e 按表 10-7 确定承载力基本容

许值$[f_{a0}]$。

表 10-7 新近沉积黏性土地基承载力基本容许值$[f_{a0}]$

$[f_{a0}]$(kPa) / I_L / e	≤0.25	0.75	1.25
≤0.8	140	120	100
0.9	130	110	90
1.0	120	100	80
1.1	110	90	—

2. 地基土承载力容许值的修正

(1)修正后的地基承载力容许值$[f_a]$按式(10-1)确定。当基础位于水中不透水地层上时,$[f_a]$按平均常水位至一般冲刷线的水深每米再增大10kPa。

$$[f_a]=[f_{a0}]+k_1\gamma_1(b-2)+k_2\gamma_2(h-3) \tag{10-1}$$

式中:$[f_a]$——修正后的地基承载力容许值,kPa。

b——基础底面的最小边宽,m;当$b<2$m时,取$b=2$m;当$b>10$m时,取$b=10$m。

h——基底埋置深度,m,自天然地面起算,有水流冲刷时自一般冲刷线起算;当$h<3$m时,取$h=3$m;当$h/b>4$时,取$h=4b$。

k_1、k_2——基底宽度、深度修正系数,根据基底持力层土的类别按表10-8确定。

γ_1——基底持力层土的天然重度,kN/m³。若持力层在水面以下且为透水者,应取浮重度。

γ_2——基底以上土层的加权平均重度,kN/m³。换算时若持力层在水面以下,且不透水时,不论基底以上土的透水性质如何,一律取饱和重度;当透水时,水中部分土层则应取浮重度。

表 10-8 地基土承载力宽度、深度修正系数 k_1、k_2

土类系数	黏性土			粉土	砂土								碎石土			
	老黏性土	一般黏性土	新近沉积黏性土	—	粉砂		细砂		中砂		砾砂、粗砂		碎石、圆砾、角砾		卵石	
		$I_L \geq 0.5$	$I_L < 0.5$	—	中密	密实	中密	密实	中密	密实	中密	密实	中密	密实	中密	密实
k_1	0	0	0	0	1.0	1.2	1.5	2.0	2.0	3.0	3.0	4.0	3.0	4.0	3.0	4.0
k_2	2.5	1.5	2.5	1.0	1.5	2.0	2.5	3.0	4.0	4.0	5.5	5.0	6.0	5.0	6.0	6.0	10.0

注:①对于稍密和松散状态的砂、碎石土,k_1、k_2值可采用表列中密值的50%。

②强风化和全风化的岩石,可参照所风化成的相应土类取值;其他状态下的岩石不修正。

(2)软土地基承载力容许值$[f_a]$的确定

① 根据原状土天然含水量ω,按表10-9确定软土地基承载力基本容许值$[f_{a0}]$,然后

按式(10-2)计算修正后的地基承载力容许值$[f_a]$：

$$[f_a]=[f_{a0}]+\gamma_2 h \tag{10-2}$$

式中：γ_2 和 h 的意义同前。

表 10-9　软土地基承载力基本容许值$[f_{a0}]$

天然含水量 ω(%)	36	40	45	50	55	65	75
$[f_{a0}]$(kPa)	100	90	80	70	60	50	40

(3)根据原状土强度指标确定软土地基承载力容许值$[f_a]$：

$$[f_a]=\frac{5.14}{m}k_p C_u+\gamma_2 h \tag{10-3}$$

$$k_p=\left(1+0.2\frac{b}{l}\right)\left(1-\frac{0.4H}{blC_u}\right) \tag{10-4}$$

式中：m——抗力修正系数，可视软土灵敏度及基础长宽比等因素选用 1.5～2.5；

　　　C_u——地基土不排水抗剪强度标准值，kPa；

　　　k_p——系数；

　　　H——由作用(标准值)引起的水平力，kN；

　　　b——基础宽度，m，有偏心作用时，取 $b-2e_b$；

　　　l——垂直于 b 边的基础长度，m，有偏心作用时，取 $l-2e_l$；

　　　e_b、e_l——偏心作用在宽度和长度方向的偏心距；

　　　γ_2、h——意义同式(10-1)。

二、平板载荷试验

　　载荷试验是确定地基承载力最主要的方法，是在保持地基土的天然状态下，在一定面积的刚性承压板上向地基土逐级施加荷载，并观测每级荷载下地基土的变形，是测定地基土的压力与变形特性的一种原位测试方法，相当于在工程原位进行的缩尺原型试验，即模拟建筑物地基土的受荷条件下，测试反映承压板下 1.5～2.0 倍承压板直径或宽度范围内，地基土强度、变形的综合性状，比较直观地反映地基土的变形特性。具有直观和可靠性高的特点，在原位测试中占有重要地位，往往成为其他方法的检验标准。载荷试验的局限性在于费用较高、周期较长和压板的尺寸效应。载荷试验按试验深度分为浅层载荷试验和深层载荷试验。

　　1. 浅层平板载荷试验

　　(1)试验原理

　　浅层平板载荷试验适用于确定浅部地基土层(深度小于 3m)承压板下压力主要影响范围内的承载力和变形模量。它是在试验土层表面放置一定规格的方形或圆形刚性承压板，在其上逐级施加荷载，每级荷载增量持续时间按规范规定进行观测，测记每级荷载作用下荷载板沉降量的稳定值，加载至总沉降量为 25mm，或达到加载设备的最大容量为止；然后卸载，其持续时间应不小于一级荷载增量的持续时间，并记录土的回弹值。根据试验记录绘制荷载-沉降（P-S）关系曲线，如图 10-1 所示。然后分析地基土的强度与变形特性，求得地基土容许承载力与变形模量等力学参数。

地基在荷载作用下达到破坏状态的过程，可分为三个阶段，如图 10-2 所示。

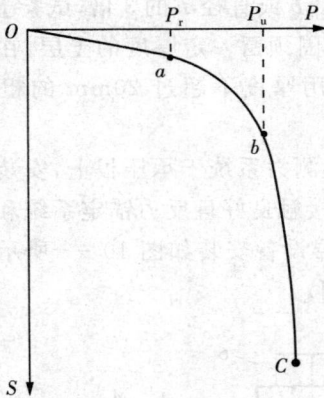

图 10-1　荷载与沉降量的关系曲线

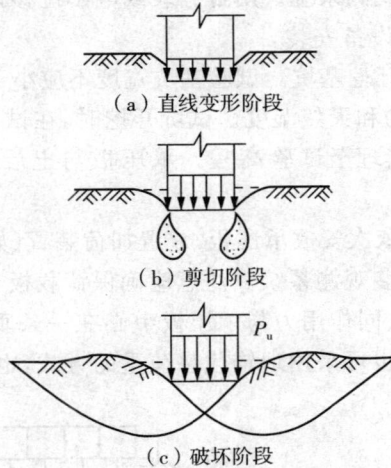

图 10-2　地基破坏过程的三个阶段

① 直线变形阶段。相当于 P-S 曲线上的 Oa 直线段，这时土中各点的剪应力均小于土的抗剪强度，土体压力与变形呈线性关系，土体处于弹性平衡状态。该阶段荷载板沉降主要是由土中孔隙的减少引起，土颗粒主要是竖向变位，且随时间增长将土体压密，所以也称压密阶段。与点相应的荷载 P_r 为比例界限。

② 剪切阶段。相当于 P-S 曲线上的 ab 段，这时 P-S 曲线的土体荷载与变形不再呈线性关系，其沉降的增长率随荷载的增大而增大。除土体压密外，在承压板边缘局部的土体剪应力达到或超过土的抗剪强度，土体开始发生塑性变形。土的变形是由于土中空隙压缩和土颗粒的剪切移动引起的，土颗粒同时发生竖向和侧向变位，且随时间不易稳定，故称为局部剪切变形阶段。随着荷载的继续增大，土体中的塑性区范围也逐步扩大，直到土体中形成连续的滑动面，土在荷载板两侧挤出而破坏。因此，剪切阶段是地基中塑性区的发生和发展阶段，与在 P-S 曲线上 b 点相应的荷载 P_u 为极限荷载。

③ 破坏阶段。相当于 P-S 曲线上的 bc 段。当荷载超过极限荷载后，即使荷载不再增加，沉降也不能稳定，荷载板急剧下沉，土中产生连续的滑动面，土从承压板下挤出，土体隆起呈环状或放射状裂隙，故称为破坏阶段。这时土体的变形主要由土的剪切变位引起，土体的侧向移动使地基土失稳而破坏。

(2)试验设备

载荷试验装置由承压板、加荷稳压系统、反力锚定系统、观测系统四部分组成。以半自动稳压油压荷载试验设备为例。

① 承压板。《公路桥涵地基与基础设计规范》(JTG D63—2007)规定承压板面积不应小于 $0.25m^2$，对于软土地基不应小于 $0.5m^2$。

② 加荷稳压系统。由加荷千斤顶、立柱、稳压器和支撑稳压器的三脚架组成。加荷千

斤顶、稳压器、储油箱和高压油泵分别用高压油管连接,构成一个油路系统。

③ 反力锚定系统。包括桁架和反力锚定两部分,桁架由中心柱套管、深度调节丝杆、斜撑管、主钢丝绳、三向接头等组成。

④ 观测系统。用百分表或电子位移计等其他观测装置进行观测。

(3)设备安装

① 开挖基坑。试验基坑宽度不应小于承压板宽度 b 或直径 d 的 3 倍,试验土层应保持原状结构和天然湿度。试坑开挖时,在试验点位置周围预留一定厚度的土层,在安装承压板前再清理至试验高程。承压板与土层接触处,宜用厚度不超过 20mm 的粗砂或中砂找平。

② 依次安放承压板,放置加荷装置(如千斤顶)及测力系统于承压板上,安装反力锚定系统,安装观测系统。注意应确保荷载板与地基表面接触良好且反力锚定系统和加荷稳压系统的共同作用力与承压板中心在一条垂线上。仪器设备安装如图 10-3 所示。根据现场情况,也可采用地锚代替荷重的方式,也可二者兼用。

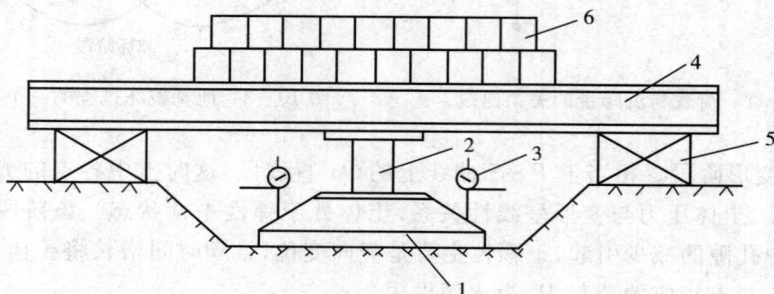

图 10-3 现场载荷试验
1—荷载板;2—千斤顶;3—百分表;4—反力架;5—枕木垛;6—荷重

(4)现场测试

① 荷载分级。试验加荷分级不应少于 8 级,第一级荷载包括设备重力。每级荷载增量为地基土层预估极限承载力的 $1/10\sim1/8$。最大加载量不应小于设计要求的 2 倍。

② 加载。按确定好的荷载分级逐级加载,试验精度不应低于最大荷载的 1%,承压板的沉降精度不应低于 0.01mm。

③ 测读沉降量,确定每级荷载稳定标准。每级加载后,按间隔 10min、10min、10min、15min、15min,以后为每隔 30min 测读一次沉降量。当在连续两小时内,每小时的沉降量小于 0.1mm 时,则认为已趋稳定,可加下一级荷载。

④ 根据现场条件,确定是否终止加载。当现场出现下列情况之一时,即可终止加载:

a. 承压板周围的土出现明显侧向挤出。

b. 沉降 S 急骤增大,荷载-沉降($P-S$)曲线出现陡降段。

c. 在某一级荷载下,24h 内沉降速率不能达到稳定。

d. 沉降量与承压板宽度或直径之比大于或等于 0.06。

当满足前三种情况之一时,其对应的前一级荷载定为极限荷载。

⑤ 卸载及回弹观测。分级卸载,分级卸荷量为分级加荷量的 2 倍,15min 观测一次,1h

后再卸下一级荷载。荷载完全卸除后,应继续观测 3h。

⑥ 试验完成后,试验点附近应有取土孔提供土工试验指标或其他原位测试资料。试验后,应在承压板中心向下开挖取土试样,并描述 2 倍承压板直径(或宽度)范围内土层的结构变化。

(5)试验数据处理

复核、整理原始数据,编制荷载与沉降值、时间与沉降值汇总表。

① 绘制 P-S 曲线如图 10-4 所示,必要时绘制 S-t 曲线。若绘出的 P-S 曲线的直线段不通过坐标原点,可按直线段的趋势确定曲线的起始点,以便对 P-S 曲线进行修正。

② 确定曲线特征值,当 P-S 曲线具有明显的直线段及转折点时,一般将转折点所对应的压力定为比例界限值,将曲线陡降段的渐近线和横坐标的交点定为极限荷载值。

③ 承载力基本容许值的确定应符合下列规定:

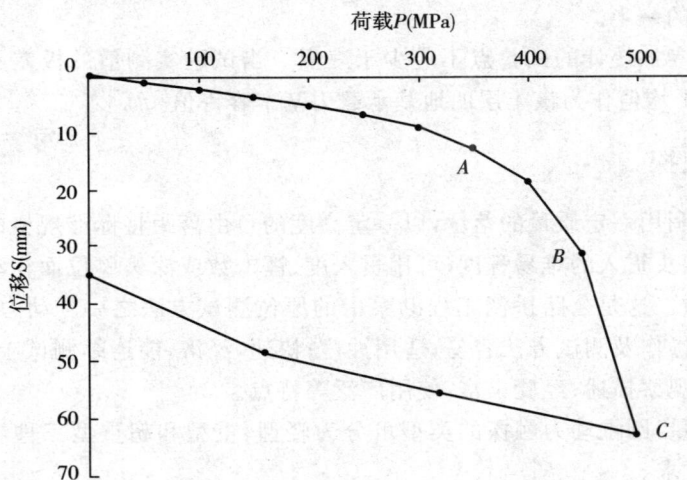

图 10-4　地基载荷试验荷载-位移曲线

a. 当 P-S 曲线上有比例界限时,取该比例界限所对应的荷载值。

b. 当极限荷载小于对应比例界限的荷载值的 2 倍时,取极限荷载值的一半。

c. 当不能按上述两款要求确定时,当压板面积为 $0.25 \sim 0.50 \mathrm{m}^2$ 时,可取 s/b(或 s/d) $=0.01 \sim 0.015$ 所对应的荷载,但其值不应大于最大加载量的一半。

④ 同一土层参加统计的试验点不应少于三点。当试验实测值的极差不超过其平均值的 30% 时,取此平均值作为该土层的地基承载力基本容许值 $[f_{a0}]$。

2. 深层平板载荷试验

(1)深层平板载荷试验可用于确定深部地基及大直径桩桩端在承压板压力主要影响范围内土层的承载力。适用于埋深等于或大于 3.0m 和地下水位以上的地基土。承压板采用直径为 0.8m 的刚性板,紧靠承压板周围外侧的土层高度不应小于 0.8m。

(2)加荷等级可按预估极限承载力的 $1/10 \sim 1/15$ 分级施加。每级加荷后,第一个小时内按间隔 10min、10min、10min、15min、15min,以后为每隔 30min 测读一次沉降。当在连续两小时内,每小时的沉降量小于 0.1mm 时,则认为已趋稳定,可加下一级荷载。

（3）当现场出现下列情况之一时，即可终止加载：

① 沉降 S 急骤增大，荷载-沉降（P-S）曲线上有可判定极限承载力的陡降段，且沉降量超过 $0.04d$（d 为承压板直径）。

② 在某级荷载下，24h 内沉降速率不能达到稳定。

③ 本级沉降量大于前一级沉降量的 5 倍。

④ 当持力层土层坚硬、沉降量很小时，最大加载量不小于设计要求的 2 倍。

4）承载力基本容许值的确定应符合下列规定：

① 当 P-S 曲线上有比例界限时，取该比例界限所对应的荷载值。

② 满足上述前三款终止加载条件之一时，其对应的前一级荷载定为极限荷载；当该值小于对应比例界限的荷载值的 2 倍时，取极限荷载值的一半。

③ 不能按上述两款要求确定时，可取 $S/b = 0.01 \sim 0.015$ 所对应的荷载，但其值应不大于最大加载量的一半。

5）同一土层参加统计的试验点不应少于三点。当试验实测值的极差不超过其平均值的 30% 时，取此平均值作为该土层的地基承载力基本容许值 $[f_{a0}]$。

三、圆锥动力触探

动力触探是利用一定质量的落锤，以一定高度的自由落距将标准规格的圆锥形探头打入土层中，根据探头贯入的难易程度（可用贯入度、锤击数或探头单位面积动贯入阻力来表示）判定土层性质。这是公路桥涵工程勘察中的原位测试方法之一。动力触探具有：设备简单，坚固耐用；操作及测试方法容易；适用性广；快速，经济，能连续测试土层；有些动力触探，可同时取样，观察描述；经验丰富，使用广泛等特点。

根据锤击能量，圆锥动力触探的类型可分为轻型、重型和超重型三种。其规格应符合下表 10 - 10 的要求。

表 10 - 10 圆锥动力触探类型

类型		轻型	重型	超重型
落锤	锤的质量（kg）	10	63.5	120
	落距（cm）	50	76	100
探头	直径（mm）	40	74	74
	锥角（°）	60	60	60
探杆直径（mm）		25	42	50～60
指标		贯入 30cm 的读数 N_{10}	贯入 10cm 的读数 $N_{63.5}$	贯入 10cm 的读数 N_{120}

1. 适用范围

轻型圆锥动力触探试验一般适用于贯入深度小于 4m 的黏性土、黏性土组成的素填土和粉土。可用于施工验槽、地基检验和地基处理效果的检测。

重型圆锥动力触探试验一般适用于砂土、中密以下的碎石土和极软岩。

超重型圆锥动力触探试验一般适用于较密实的碎石土、极软岩和软岩。

2. 试验设备

圆锥动力触探试验设备主要由圆锥触探头、触探杆、穿心锤三部分组成,见图 10 - 5、图 10 - 6所示。

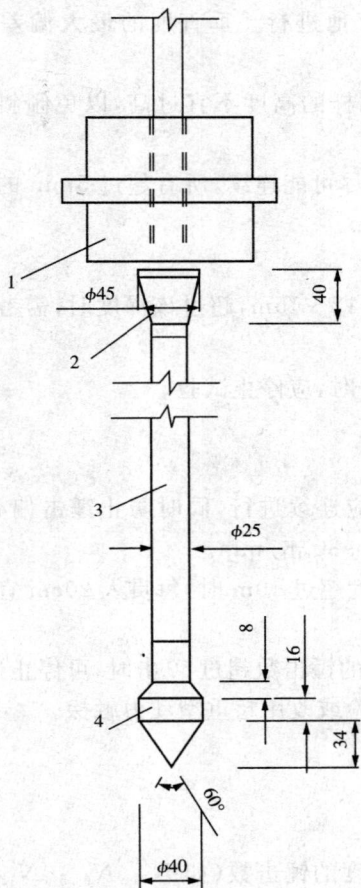

图 10 - 5　轻型圆锥动力触探试验设备

（单位:mm）

1—穿心锤;2—锤垫;3—触探杆;4—探头

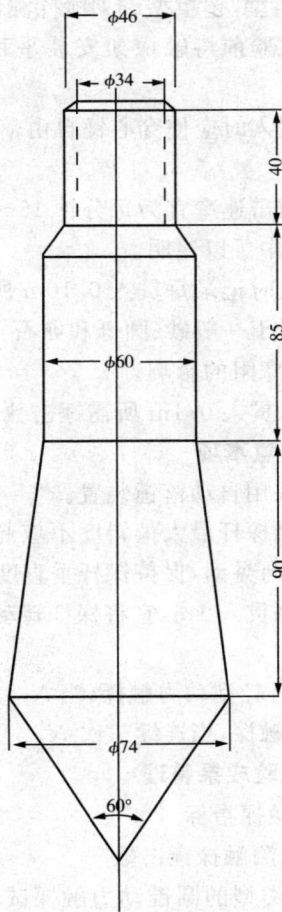

图 10 - 6　重型、超重型圆锥动力触探

试验探头(单位:mm)

3. 试验过程

（1）试验设备安装

试验前和试验过程中,应认真检查机具设备是否完好。安装过程中各部件连接紧固,触探架安装平稳,保持触探孔垂直。

（2）轻型动力触探测试步骤

① 先用轻便钻具钻至试验土层标高以上 0.3m 处,然后对土层进行连续触探。

② 试验时,穿心锤落距为 0.50m±0.02m,记录每打入 0.30m 所需的锤击数。

③ 如想取样,则需把触探杆拔出,换钻头进行取样。

④ 遇坚硬土层,当贯入 0.30m 锤击数大于 100 击或贯入 0.15m 大于 50 击时,即可停

止试验。如需对下卧土层进行试验,可用钻具穿透坚实土层后再贯入。

⑤ 本试验一般用于贯入深度小于 4m 的土层,必要时也可在贯入 4m 后,用钻具清孔后继续贯入 2m。

(3)重型、超重型动力触探测试步骤

① 试验前将触探架安装平稳,使触探保持垂直地进行。垂直度的最大偏差不得超过 2%。

② 贯入时应使穿心锤自由落下。地面上的触探杆的高度不宜过高,以免倾斜与摆动太大。

③ 锤击速率宜为每分钟 15～30 击,打入过程应尽可能连续,所有超过 5min 的间断都应在记录中予以注明。

④ 及时记录每贯入 0.10m 所需的锤击数。

⑤ 对于一般砂、圆砾和卵石,触探深度不宜超过 12～15m,超过该深度时,需考虑触探杆的侧壁摩阻的影响。

⑥ 每贯入 0.1m 所需锤击数连续三次超过 50 击时,应停止试验。

4. 注意事项

(1)采用自动落锤装置。

(2)触探杆最大偏斜度不应超过 2%,锤击贯入应连续进行,同时防止锤击偏心、探杆倾斜和侧向晃动,保持探杆垂直度;锤击速率宜为 15～30 击/min。

(3)每贯入 1m,宜将探杆转动一圈半;当贯入深度超过 10m 时,每贯入 20cm 宜转动探杆一次。

(4)对轻型动力触探,当 $N'_{10} > 100$ 或贯入 15cm 的锤击数超过 50 击时,可停止试验;对重型动力触探,当连续三次 $N'_{63.5} > 50$ 时,可停止试验或改用超重型动力触探。

5. 试验成果整理

(1)触探指标

① 实测触探锤击数

各种类型的圆锥动力触探试验是以贯入一定深度的锤击数(如 N'_{10}、$N'_{63.5}$、N'_{120})作为触探指标,通过与其他室内试验和原位测试指标建立相关关系获得地基土的物理力学性质指标,从而评价地基土的性质。

② 修正后的触探杆锤击数

a. 探杆长度的修正。当采用重型和超重型圆锥动力触探试验确定碎石土的密实度时,锤击数应按式(10-5)、式(10-6)进行修正。

$$N_{63.5} = \alpha_1 \cdot N'_{63.5} \qquad (10-5)$$

$$N_{120} = \alpha_2 \cdot N'_{120} \qquad (10-6)$$

式中:$N_{63.5}$、N_{120}——修正后的重型和超重型圆锥动力触探试验锤击数;

α_1、α_2——重型和超重型圆锥动力触探试验锤击数修正系数,按表 10-11、表 10-12 取值;

$N'_{63.5}$、N'_{120}——实测重型和超重型圆锥动力触探锤击数。

表 10 - 11　重型圆锥动力触探锤击数修正系数 α_1

$N'_{63.5}$ 杆长(m)	5	10	15	20	25	30	35	40	≥50
2	1.00	1.00	1.00	1.00	1.00	1.00	1.00	1.00	—
4	0.96	0.95	0.93	0.92	0.90	0.89	0.87	0.86	0.84
6	0.93	0.90	0.88	0.85	0.83	0.81	0.79	0.78	0.75
8	0.90	0.86	0.83	0.80	0.77	0.75	0.73	0.71	0.67
10	0.88	0.83	0.79	0.75	0.72	0.69	0.67	0.64	0.61
12	0.85	0.79	0.75	0.70	0.67	0.64	0.61	0.59	0.55
14	0.82	0.76	0.71	0.66	0.62	0.58	0.56	0.53	0.50
16	0.79	0.73	0.67	0.62	0.57	0.54	0.51	0.48	0.45
18	0.77	0.70	0.63	0.57	0.53	0.49	0.46	0.43	0.40
20	0.75	0.67	0.59	0.53	0.48	0.44	0.41	0.39	0.36

表 10 - 12　超重型圆锥动力触探锤击数修正系数 α_2

N'_{120} 杆长(m)	1	3	5	7	9	10	15	20	25	30	35	40
1	1.00	1.00	1.00	1.00	1.00	1.00	1.00	1.00	1.00	1.00	1.00	1.00
2	0.96	0.92	0.91	0.90	0.90	0.90	0.90	0.89	0.89	0.88	0.88	0.88
3	0.94	0.88	0.86	0.85	0.84	0.84	0.84	0.83	0.82	0.82	0.81	0.81
5	0.92	0.82	0.79	0.78	0.77	0.77	0.76	0.75	0.74	0.73	0.72	0.72
7	0.90	0.78	0.75	0.74	0.73	0.72	0.71	0.70	0.68	0.68	0.67	0.66
9	0.88	0.75	0.72	0.70	0.69	0.68	0.67	0.66	0.64	0.63	0.62	0.62
11	0.87	0.73	0.69	0.67	0.66	0.66	0.64	0.62	0.61	0.60	0.59	0.58
13	0.86	0.71	0.67	0.65	0.64	0.63	0.61	0.60	0.58	0.57	0.56	0.55
15	0.86	0.69	0.65	0.63	0.62	0.61	0.59	0.58	0.56	0.55	0.54	0.53
17	0.85	0.68	0.63	0.61	0.60	0.60	0.57	0.56	0.54	0.53	0.52	0.50
19	0.84	0.66	0.62	0.60	0.58	0.58	0.56	0.54	0.52	0.51	0.50	0.48

b. 侧壁摩擦影响的修正。对于砂土和松散-中密的圆砾、卵石,触探深度在 1~15m 范围内时,一般不考虑侧壁摩擦的影响。

c. 地下水影响的修正。对于地下水位以下的中砂、粗砂、砾砂和圆砾、卵石,锤击数可按式(10-7)修正。

$$N_{63.5}=1.1N'_{63.5}+1.0 \tag{10-7}$$

式中：$N'_{63.5}$——修正前的锤击数。

（2）绘制触探曲线。对于圆锥动力触探试验所获得的锤击数值，在剖面图上或柱状图上绘制随深度变化的关系曲线。

6. 评价地基承载力

黏性土地基的承载力，当贯入深度小于 4m 时，可根据 $\bar{N}_{10}$ 按表 10-13 确定。

表 10-13　地基承载力值（单位:kPa）

$\bar{N}_{10}$（击/30cm）	15	20	25	30
黏性土	100	140	180	220

冲积、洪积成因的中砂、砾砂和碎石类土地基的承载力，当贯入深度小于 20m 时，可根据 $\bar{N}_{63.5}$ 按表 10-14 确定。

表 10-14　中砂、砾砂、碎石土地基承载力值（单位:kPa）

$\bar{N}_{63.5}$（击/10cm）	3	4	5	6	7	8	9	10	12	14
碎石土	140	170	200	240	280	320	360	400	480	540
中砂、砾砂	120	150	180	220	260	300	340	380	—	—
$\bar{N}_{63.5}$（击/10cm）	16	18	20	22	24	26	28	30	35	40
碎石土	600	660	720	780	830	870	900	930	970	1 000

【学习实践】

一、选择题

1. 简述浅层平板荷载试验要点。

（1）承载板尺寸为（　　）。

A. 直径 30cm 圆板　　　　B. 70cm×70cm 方板

C. 直径 80cm 圆板　　　　D. 50cm×50cm 方板

（2）试验加荷分级应满足（　　）。

A. 分级不小于 10 级，第一级荷载不包括设备重力

B. 分级不小于 8 级，第一级荷载包括设备重力

C. 每级荷载增量为预估极限承载力 1/10～1/8

D. 每级荷载增量为预估极限承载力 1/15～1/10

（3）试验精度应满足（　　）。

A. 荷载精度不低于最大荷载 1%，沉降测量精度不应低于 0.01mm

B. 荷载精度不低于最大荷载 0.1%，沉降测量精度不应低于 0.01mm

C. 分荷载精度不低于最大荷载 1%，沉降测量精度不应低于 0.1mm

D. 荷载精度不低于最大荷载0.1%,沉降测量精度不应低于0.1mm

(4)加荷稳定标准( )。

A. 当连续一小时内,每小时的沉降量小于0.1mm时,可加下一级荷载

B. 当连续两小时内,每小时的沉降量小于0.1mm时,可加下一级荷载

C. 当连续两小时内,每小时的沉降量小于0.01mm时,可加下一级荷载

D. 当连续一小时内,每小时的沉降量小于0.01mm时,可加下一级荷载

(5)终止加载条件包括( )。

A. 承载板周围土体有明显侧向挤出或发生裂纹

B. 某一级荷载下,24小时内沉降速率不能达到稳定标准

C. 沉降曲线出现陡降段,本级荷载沉降量大于前级荷载沉降量的5倍

D. 沉降量与承压板宽度或直径之比等于或大于0.06

2. 某桥梁扩大基础,基坑已开挖,开挖的基底为细砂,水下,中密。需进行承载力判定。

(1)地基承载力通常由( )几种途径确定。

A. 由现场载荷试验或原位测试确定

B. 按地基承载力理论公式

C. 按现行规范提供的经验公式计算

D. 在土质基本相同的条件下,参照邻近结构物地基容许承载力

(2)圆锥动力触探试验采用质量为( )kg的穿心锤,以( )cm的落距,对土层进行触探,将标准贯入器再打入土中( )cm,记录锤击数 N。

A.63.5,76,10   B.10,100,15   C.63.5,100,15   D.10,76,10

(3)砂土地基可根据土的( )确定承载力的基本容许值。

A. 密实度   B. 水位情况   C. 含水量   D. 天然孔隙比

(4)进行平板载荷试验,当试验出现下列情况之一,可停止加载。( )

A. 当出现承压板周围的土体有明显的侧向挤出或发生裂纹

B. 在24小时内沉降随时间趋于等速增加

C. 荷载增加很小,但沉降却急剧增大时

D. 相对沉降已等于或大于0.06

(5)浅层平板载荷试验的设备由( )组成。

A. 稳压加载装置 B. 反力装置   C. 沉降观测装置   D. 重型贯入装置

二、问答题

1. 收集最新的桥涵地基检测相关规程。

2. 简述地基的检验内容有哪些。

3. 简述如何用《公路桥涵地基与基础设计规范》确定地基承载力。

4. 简述浅层平板荷载试验要点。

5. 简述动力触探有哪些类型,各适用于什么情况。

6. 简述动力触探的试验要点。

学习项目十一　钻(挖)孔灌注桩检测

任务 11-1　施工过程检测

【学习要求】

1. 了解钻孔灌注桩的实测项目有哪些;
2. 熟悉泥浆性能指标的检测、成孔质量的检验及标准。

【学习内容】

桩基工程是隐蔽工程,影响桩基工程的因素非常多,桩的施工质量具有很多不确定因素。因此,加强基桩施工过程中的质量管理和施工后的质量检测,提升基桩检测工作的质量和提高检测评定结果的可靠性,对确保整个桩基工程的质量与安全有着重要的意义。

桩基工程的检验按时间顺序可分为三个阶段:施工前检验、施工检验和施工后检验。

施工前应严格对桩位进行检验。灌注桩施工前应进行下列检验:混凝土拌制应对原材料质量、混凝土配合比、坍落度、混凝土强度等级等进行检查;钢筋笼制作应对钢筋规格、焊条规格、品种、焊口规格、焊缝长度、焊缝外观和质量、主筋和箍筋的制作偏差等进行检查,钢筋笼制作允许偏差应符合相关要求。

灌注桩施工过程中,灌注混凝土前,应按照有关施工质量要求,对已成孔的中心位置、孔深、孔径、垂直度、孔底沉渣厚度进行检验;应对钢筋笼安放的实际位置等进行检查,并填写相应质量检测、检查记录;干作业条件下成孔后应对大直径桩桩端持力层进行检验。

施工后检验,根据不同桩型应检查成桩桩位偏差。工程桩应进行承载力和桩身质量检验。

一、钻孔灌注桩实测项目

1. 基本要求

(1)桩身混凝土所用的水泥、砂、石、水、外掺剂及混合材料的质量和规格必须符合相关规范的要求,按规定的配合比施工。

(2)成孔后必须清孔,测量孔径、孔深、孔位和沉淀层厚度,确认满足设计或施工技术规范要求后,方可灌注水下混凝土。

(3)水下混凝土应连续灌注,严禁有夹层和断桩。

(4)嵌入承台的锚固钢筋长度不得低于设计规范规定的最小锚固长度。

(5)应选择有代表性的桩用无破损法进行检测,重要工程或重要部位的桩宜逐根进行检测。设计有规定或对桩的质量有怀疑时,应采取钻取芯样法对桩进行检测。

(6)凿除桩头预留混凝土后,桩顶应无残余的松散混凝土。

2. 实测项目

钻孔灌注桩实测项目见表 11-1 所列。

表 11-1　钻孔灌注桩实测项目

项次	检查项目			规定值或允许偏差	检测方法和频率	权值
1△	混凝土强度(MPa)			在合格标准内	按《公路工程质量检验评定标准》(JTG F80/1—2004)附录D检查	3
2△	桩位(mm)	群桩		100	全站仪或经纬仪:每桩检查	2
		排架桩	允许值	50		
			极值	100		
3△	孔深(m)			不小于设计	测绳量:每桩测量	3
4△	孔径(mm)			不小于设计	探孔器:每桩测量	3
5	钻孔倾斜度(mm)			1‰桩长,且不大于500	用测壁(斜)仪或钻杆垂线法:每桩检查	1
6△	沉淀厚度(mm)	摩擦桩		符合设计规定,设计未规定时按施工规范要求	沉淀盒或标准测锤:每桩检查	2
		支承桩		不大于设计规定		
7	钢筋骨架底面高程(mm)			±50	水准仪:测每桩骨架顶面高程后反算	1

3. 外观鉴定

(1)桩的质量有缺陷,但经设计单位确认仍可用时,应减 3 分。

(2)桩顶面应平整,桩柱连接处应平顺且无局部修补,不符合要求时减 1～3 分。

二、泥浆性能指标检测

钻孔灌注桩的施工中,泥浆调制可能存在泥浆原料膨润土性能差,泥浆外加剂纯碱、氢氧化钠或膨润土粉末等掺入量不合适等问题,加上地质条件复杂、施工人员专业素质参差不齐等因素,调制的泥浆性能指标可能存在不符合要求的现象,从而导致塌孔、扩径、缩径、夹泥、孔底沉渣过厚等问题,影响成孔质量,最终影响桩的承载能力的发挥。因此,在钻孔施工中应进行泥浆各种性能指标测定,以确保成孔质量。

1. 灌注桩泥浆性能指标

(1)钻孔泥浆一般由水、黏土(或膨润土)和添加剂按适当配合比配制而成,其性能指标见表 11-2 所列。

表 11-2 泥浆性能指标选择

钻孔方法	地层情况	泥浆性能指标							
		相对密度	黏度 (Pa·s)	含砂率 (%)	胶体率 (%)	失水率 (ml/30min)	泥皮厚 (mm/30min)	静切力 (Pa)	酸碱度 (pH 值)
正循环	一般地层	1.05~1.20	16~22	8~4	≥96	≤25	≤2	1.0~2.5	8~10
	易坍地层	1.20~1.45	19~28	8~4	≥96	≤15	≤2	3~5	8~10
反循环	一般地层	1.02~1.06	16~20	≤4	≥95	≤20	≤3	1.0~2.5	8~10
	易坍地层	1.06~1.10	18~28	≤4	≥95	≤20	≤3	1.0~2.5	8~10
	卵石土	1.10~1.15	20~35	≤4	≥95	≤20	≤3	1.0~2.5	8~10
推钻冲抓	一般地层	1.10~1.20	18~24	≤4	≥95	≤20	≤3	1.0~2.5	8~11
冲击	易坍地层	1.20~1.40	22~30	≤4	≥95	≤20	≤3	3~5	8~11

注:①地下水位高或其流速大时,指标取高限,反之取低限。

②地质状态较好、孔径或孔深较小的取低限,反之取高限。

③在不易坍塌的黏质土层中,使用推钻、冲抓、反循环回转钻进时,可用清水提高水头(≥2m)维护孔壁。

④若当地缺乏优良黏质土,远运膨润土也很困难,调制不出合格泥浆时,可掺用添加剂改善泥浆性能,各种添加剂掺量可按 JTG/T F50—2011 规程附录 C-1 选取。

⑤泥浆的各种性能指标测定方法见后。

(2)对大直径或超长钻孔灌注桩,泥浆的选择应根据钻孔的工程地质情况、孔位、钻机性能、泥浆材料条件等确定。在地质复杂、覆盖层较厚、护筒下沉不到岩层的情况下,宜使用丙烯酰胺,即 PHP 泥浆。

2. 泥浆性能指标检测

(1)相对密度 ρ_x

可用泥浆相对密度计测定。将要量测的泥浆装满泥浆杯,加盖并洗净从小孔溢出的泥浆,然后置于支架上,移动游码,使杠杆呈水平状态(即气泡处于中央),读出游码左侧所示刻度,即为泥浆的相对密度。

若工地无以上仪器,可用一口杯,先称其质量为 m_1,再装满清水称其质量 m_2,再倒去清水,装满泥浆并擦去杯周溢出的泥浆,称其质量设为 m_3,则:

$$\rho_x = \frac{m_3 - m_1}{m_2 - m_1} \tag{11-1}$$

(2)黏度 $\eta(s)$

工地用标准漏斗黏度计测定,黏度计如图 11-1 所示。用两端开口量杯分别量取 200ml 和 500ml 泥浆,通过滤网滤去大砂粒后,将泥浆 700ml 均匀注入漏斗,然后使泥浆从漏斗流出,流满 500ml 量杯所需时间(s),即为所测泥浆的黏度。

校正方法:漏斗中注入 700ml 清水,流出 500ml,所需时间应是 15s,其偏差如超过±1s,则量测泥浆黏度时应校正。

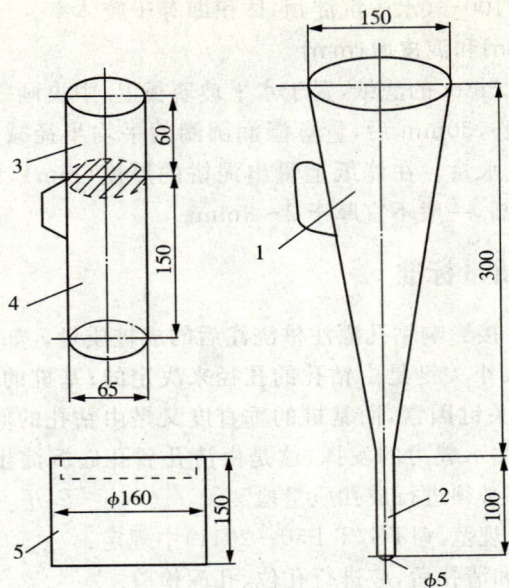

图 11 - 1 黏度计(单位:mm)

3. 含砂率(%)

工地用含砂率计(图 11 - 2)测定。量测时,把调制好的泥浆 50ml 倒进含砂率计,然后再倒入 450ml 清水,将仪器口塞紧,摇动 1min,使泥浆与水混合均匀,再将仪器竖直静放 3min,仪器下端沉淀物的体积(由仪器上刻度读出)乘以 2 就是含砂率(%)。(有一种大型的含砂率计,容积为 1 000ml,从刻度读出的数不需乘 2,即为含砂率。)

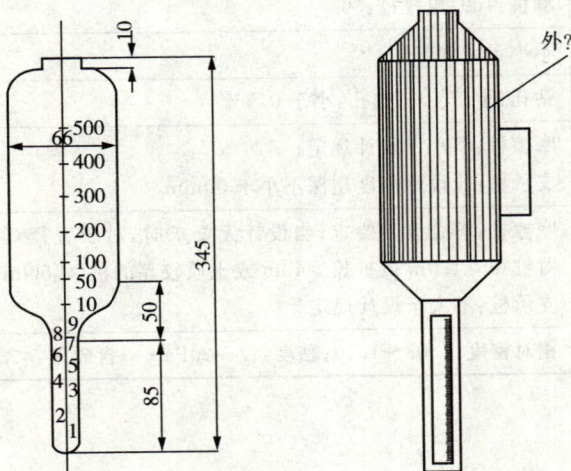

图 11 - 2 含砂率计(单位:mm)

4. 胶体率(%)

胶体率也称稳定率,它是泥浆中土粒保持悬浮状态的性能。测定方法:可将 100ml 泥浆倒入干净量杯中,用玻璃片盖上,静置 24h 后,量杯上部泥浆可能澄清为透明的水,量杯底部可能有沉淀物。以 100－(水＋沉淀物)体积即等于胶体率。

5. 失水率(ml/30min)和泥皮厚(mm)

用一张 120mm×120mm 的滤纸,置于水平玻璃板上,中央画一直径 30mm 的圆圈,将 2ml 的泥浆滴于圆圈中心,30min 后,量算湿润圆圈的平均半径减去泥浆摊平成为泥饼的平均半径(mm),即为失水量。在滤纸上量出泥饼的厚度(mm),即为泥皮厚。泥皮愈平坦、愈薄,则泥浆质量愈高,一般不宜厚于 2～3mm。

三、成孔质量检验及质量标准

成孔质量的好坏,直接影响钻孔灌注桩浇注后的成桩质量。如桩径是保证基桩承载力的基本因素,而桩径的大小关键是由钻孔的孔径来决定的;基桩的垂直度是衡量基桩承载力能否有效发挥作用的关键因素,而基桩的垂直度又是由钻孔的倾斜度来决定的;桩底沉渣厚度极大地影响了桩端承载力的发挥,这是由清孔后孔底沉淀土厚度决定的。因此,成孔后,在灌注混凝土之前必须进行成孔质量检测。

《公路桥涵施工技术规范》(JTG/T F50—2011)中规定:

(1)钻、挖孔在终孔和清孔后,应进行孔位、孔深检验。

(2)孔径、孔形和倾斜度宜采用专用仪器测定。当缺乏专用仪器时,可采用外径为钻孔桩钢筋笼直径加 100mm(不得大于钻头直径),长度为 4～6 倍外径的钢筋检孔器吊入钻孔内检测。

(3)钻、挖孔成孔的质量标准见表 11－3 所列。

表 11－3　钻、挖孔成孔质量标准

项目	允许偏差
孔的中心位置(mm)	群桩:100;单排桩:50
孔径(mm)	不小于设计桩径
倾斜度	钻孔:小于 1%;挖孔:小于 0.5%
孔深	摩擦桩:不小于设计规定; 支承桩:比设计深度超深不小于 50mm
沉淀厚度(mm)	摩擦桩:符合设计要求;当设计无要求时,对于直径≤1.5m 的桩,≤300mm; 对桩径>1.5m 或桩长>40m 或土质较差的桩:≤500mm; 支承桩:不大于设计规定
清孔后泥浆指标	相对密度:1.03～1.10;黏度:17～20Pa·s;含砂率:<2%;胶体率:>98%

任务 11-2　混凝土钻孔灌注桩完整性检测

【学习要求】

1. 掌握低应变反射波法和超声波法检测基桩完整性的试验步骤、数据分析与判定；
2. 掌握钻探取芯法钻探的技术、芯样试件的截取和加工、抗压强度试验以及资料的分析与判定。

【学习内容】

桩身完整性是评价基桩质量的主要指标之一，在《公路工程基桩动测技术规程》（JTG/T F81—01—2004）中规定：公路工程基桩应进行100%的完整性检测，各种方法的选定应具有代表性和满足工程检测的特定要求。

其检测方法主要有低应变反射波法、声波透射法以及钻探取芯法。实际检测过程中，应将三种方法有机结合，并考虑桩的设计条件、承载性状及施工过程等因素进行综合分析。如低应变反射波法操作简单、成本低，可以进行高比例的抽样检测，但是对于桥梁基础长桩，由于能量的消耗，桩底反射信号微弱甚至不可见桩底反射信号，这样会给桩身完整性判定带来困难。因此，必须选取一定比例的基桩，用声波透射法进行完整性检测。对于桩身情况复杂，或者对判定结果仍存在疑虑的情况，可用钻芯法进行验证。下面逐一介绍这三种方法。

一、低应变反射波法

1. 基本原理

低应变反射波法是目前国内外使用最广泛的一种基桩无损检测方法，它借一维弹性波动理论对实测桩顶速度或加速度响应信号的时、频域特征来分析判定被检桩的桩身完整性，其中包括桩身存在的缺陷位置及其影响程度、桩端与持力层的结合状况。

根据一维弹性杆件波动理论，对桩顶进行锤击产生入射波，入射波为下行压力波，当桩身某处波阻抗发生变化时将产生上行反射波。从广义上讲，在某一桩身截面处波阻抗降低，则表现为反射波与入射波的相位相同，如夹泥、离析、缩径甚至断裂等；反之则表现为相位相反，如扩径等。根据反射波与入射波相位的关系，可判别某一波阻抗界面的性质，这是低应变反射波法判别桩底情况及桩身缺陷的理论依据。

2. 试验目的及适用范围

本方法通过分析实测桩顶速度响应信号的特征来检测桩身的完整性，判定桩身缺陷位置及影响程度，判断桩端嵌固情况。适用于混凝土灌注桩和预制桩等刚性材料桩的桩身完整性检测。使用本方法时，被检桩的桩端反射信号应能有效识别。

反射波法仪器设备轻便，操作简单，成本低廉；可对桩基工程进行普查，检测覆盖面大，是一种广泛使用的基桩无损检测方法。但是，仅仅通过反射波的相位特征来判定桩身缺陷的具体类型具有一定的困难。因此，本方法应结合岩土工程地质和施工技术资料，通过综合分析来对桩身和桩端存在的缺陷及其类型和影响程度做出定性判定。

另外,对于嵌岩桩,由于桩端嵌入基岩之中,往往存在有桩材料与基岩广义波阻抗相接近的情况,使得在时域曲线上桩端反射不明显或基本无法识别,这时应结合岩土工程勘察资料和实测时域曲线来判断桩端嵌固情况。

3. 检测仪器设备

反射波法检测系统由基桩动测仪、传感器和激振设备组成,如图 11-3 所示。《公路工程基桩动测技术规程》(JTG/T F81—01—2004)作以下规定:

(1)基桩动测仪信号采集及处理要求

① 数据采集装置的模-数转换器不得低于 12bit。

② 采样间隔宜为 $10\sim500\mu s$,可调。

③ 通道采样点不少于 1 024 点。

④ 放大器增益宜大于 60dB,可调,线性度良好,其频响范围应满足 $5\sim5\,000Hz$。

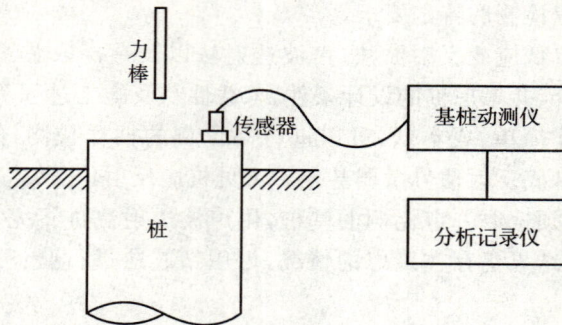

图 11-3 反射波法测试仪器设备框图

(2)传感器的性能要求

① 传感器宜选用压电式加速度传感器或磁电式速度传感器,频响曲线的有效范围应覆盖整个测试信号的频带范围。

② 加速度传感器的电压灵敏度应大于 100mV/g,电荷灵敏度应大于 20PC/g,上限频率不应小于 5kHz,安装谐振频率不应小于 6kHz,量程应大于 100g。

③ 速度传感器的固有谐振频率不应大于 30Hz,灵敏度应大于 $200mV/(cm\cdot s^{-1})$,上限频率不应小于 1.5kHz,安装谐振频率不应小于 1.5kHz。

(3)激振设备要求

根据桩型和检测目的,宜选择不同材质和质量的力锤和力棒,以获得所需的激振频率和能量。

4. 现场检测技术

(1)准备工作

① 现场踏勘及资料收集

接受检测任务后,检测人员应对被检工程进行现场调查,搜集其工程地质资料、基桩设计图纸和施工记录、监理日志等,了解施工工艺及施工过程中出现的异常情况。然后根据检测委托书编制检测纲要。

② 桩头处理

被检桩顶面条件的好坏直接影响着测试信号的质量和对桩身完整性判定的准确性,因此要求被检桩顶面的混凝土质量、截面尺寸应与桩身设计条件基本相同。检测前需凿去桩顶浮浆或松散、破损部分,以露出坚硬的混凝土表面为准;桩顶表面平整干净、无积水;将传感器安装点与敲击点部位磨平;当周围钢筋笼对信号存在干扰时,应将钢筋截除后再进行检测。对于混凝土预应力管桩,当法兰盘与桩身混凝土之间结合紧密时,可不进行处理,若有损裂现象,则必须用电锯或电砂轮将其截除磨平后方可进行检测。检测前将被检桩顶部与相连的垫层或承台断开。

(2)仪器设置安装

① 传感器的选择及安装

目前基桩动测所用的传感器主要为压电式加速度传感器,其频率响应范围较宽、动态范围大、失真度小,能较好地反映桩身的反射信息。速度传感器多为磁电式,高频响应受到限制,可测范围窄,但灵敏度高,低频部分性能好,对检测桩体深部缺陷信息好。

传感器的安装可采用石膏、黄油、橡皮泥等耦合剂,黏结应牢固,黏结层应尽可能薄,必要时,可采用冲击钻打孔安装,传感器与桩顶面垂直。对混凝土灌注桩,传感器宜安装在距桩中心 $1/2 \sim 1/3$ 半径处,根据桩径大小,桩心对称布置,且距离桩的主筋不宜小于 50mm。当桩径不大于 1 000mm 时,不宜少于 2 个测点;当桩径大于 1 000mm 时,不宜少于 4 个测点;对混凝土预制桩,当边长不大于 600mm 时,不宜少于 2 个测点;当边长大于 600mm 时,不宜少于 3 个测点;对预应力混凝土管桩不应少于 2 个测点。

② 动测仪的参数设置

桩长参数以实际施工记录的桩长为依据,设定桩长为桩顶测点至桩底的距离。测试前,桩身波速可根据本地区同类型桩的测试值初步设定;然后,根据测试的若干根桩的真实波速的平均值,对初步设定的波速进行调整。

《建筑基桩检测技术规范》(JGJ 106—2014)中规定:时域信号记录的时间段长度应在 $2L/c$ 时刻后延续不少于 5ms;幅频信号分析的频率范围上限不应小于 2 000Hz。时域信号采样点数不宜少于 1 024点。在保证以上规定的前提下,选用较高的采样频率或较小的采样时间间隔,时域的分辨率越高,越有利于缺陷位置的判断,但是频域的分辨率会越低。因此,对不同的测试要求,可适当改变频率范围。

③ 激振设备的选择

瞬态激振通过改变锤的重量及锤头材料,可改变冲击入射波的脉冲宽度和频率成分。锤头质量较大或刚度较小时,冲击入射波脉冲较宽,低频成分为主;当冲击力大小相同时,其能量较大,应力波衰减较慢。锤头较轻或刚度较大时,冲击入射波脉冲较窄,含高频成分较多;冲击力大小相同时,虽其能量较小并加剧大直径桩的尺寸效应影响,但较适宜于桩身浅部缺陷的识别及定位。因此,短桩或浅部缺陷桩的检测宜采用轻锤短脉冲激振;长桩、大直径桩或深部缺陷桩的检测宜采用重锤宽脉冲激振,也可采用不同的锤垫来调整激振脉冲宽度。

(3)激振及信号采集

混凝土灌注桩的检测宜在成桩 14d 以后进行;打入或静压式预制桩的检测应在相邻桩

打完后进行。将选择好满足以上仪器设置要求的激振设备、传感器及动测仪,按图 11-3 在处理好的桩顶连接好,并检查测试系统各部分之间是否连接良好,确认整个测试系统处于正常工作状态。

混凝土灌注桩、混凝土预制桩的激振点宜在桩顶中心部位;预应力混凝土管桩的激振点和传感器安装点与桩中心连线的夹角不应小于 45°,如图 11-4 所示。采用力棒激振时,应自由下落;采用力锤敲击时,应使其作用力方向与桩顶面垂直。

实测信号应能反映桩身完整性特征,有明显的桩底反射信号,每个检测点记录的有效信号数不宜少于 3 个。不同测点及同一测点的多次实测时域信号应一致性好,不好时应分析原因,找出问题后进行重测。信号幅值不应超过测量系统的量程。

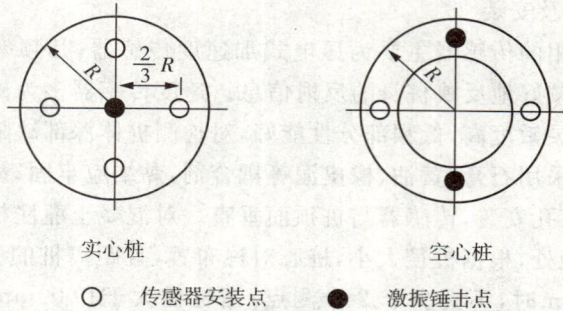

实心桩　　　　　　　　　　　　空心桩

○ 传感器安装点　　　　● 激振锤击点

图 11-4　传感器安装点、锤击点布置图

5. 检测数据分析与判定

桩身完整性分析宜以时域曲线为主,辅以频域分析,并结合施工情况、岩土工程勘察资料和波形特征等因素进行综合分析判定。

(1)确定桩身波速的平均值:

① 当桩长已知、桩端反射信号明显时,选取相同条件下不少于 5 根 Ⅰ 类桩的桩身波速,按下式计算平均值:

$$c_m = \frac{1}{n} \sum_{i=1}^{n} c_i \tag{11-2}$$

$$c_i = \frac{2L \times 1\,000}{\Delta T} \tag{11-3}$$

$$c_i = 2L \cdot \Delta f \tag{11-4}$$

式中:c_m —— 桩身波速平均值,m/s;

c_i —— 第 i 根桩的桩身波速计算值,m/s;

L —— 完整桩桩长,m;

ΔT —— 时域信号第一峰与桩端反射波峰间的时间差,ms;

Δf —— 幅频曲线桩端相邻谐振峰间的频差,Hz,计算时不宜取第一峰与第二峰;

n —— 基桩数量,$n \geqslant 5$。

② 当桩身波速平均值无法按上款确定时,可根据本地区相同桩型及施工工艺的其他桩基工程的测试结果,并结合桩身混凝土强度等级与实践经验综合确定。

(2)计算桩身缺陷位置：

按以下两式之一计算桩身缺陷位置：

$$x = \frac{1}{2\,000} \cdot \Delta t_x \cdot c \qquad (11-5)$$

$$x = \frac{1}{2} \cdot \frac{c}{\Delta f_x} \qquad (11-6)$$

式中：x—— 测点至桩身缺陷之间的距离，m；

Δt_x—— 时域信号第一峰与缺陷反射波峰间的时间差，ms；

Δf_x—— 幅频曲线所对应缺陷的相邻谐振峰间的频差，Hz；

c—— 桩身波速，m/s，无法确定时用 c_m 值替代。

(3)桩身完整性类别应按下列原则判定：

Ⅰ类桩：桩端反射较明显，无缺陷反射波，振幅谱线分布正常，混凝土波速处于正常范围。

Ⅱ类桩：桩端反射较明显，但有局部缺陷所产生的反射信号，混凝土波速处于正常范围。

Ⅲ类桩：桩端反射不明显可见缺陷二次反射波信号，或有桩端反射但波速明显偏低。

Ⅳ类桩：无桩端反射信号，可见因缺陷引起的多次强反射信号，或按平均波速计算的桩长明显短于设计桩长。

(4)混凝土灌注桩采用时域信号分析时，应结合有关施工和岩土工程勘察资料，正确区分由扩径处产生的二次同相反射与因桩身截面渐扩后急速恢复至原桩径处的一次同相反射，以避免对桩身完整性的误判。

(5)对于嵌岩桩，当桩端反射信号为单一反射波且与锤击脉冲信号同相时，应结合岩土工程勘察和设计等有关资料以及桩端同相反射波幅的相对高低来推断嵌岩质量，必要时采取其他合适方法进行检验。

(6)桩身完整性的分析出现下列情况之一时，宜结合其他检测方法：

① 超过有效检测长度范围的超长桩，其测试信号不能明确反映桩身下部和桩端情况。

② 桩身截面渐变或多变，且变化幅度较大的混凝土灌注桩。

③ 桩长的推算值与实际桩长明显不符，且又缺乏相关资料加以解释或验证。

④ 实测信号复杂、无规律，无法对其进行准确的桩身完整性分析和评价。

⑤ 对于预制桩，时域曲线在接头处有明显反射，但又难以判定是断裂错位还是接桩不良。

6. 检测报告

检测报告应包括：

(1)工程概述。

(2)岩土工程条件。

(3)检测方法、原理、仪器设备和过程叙述。

(4)相关的施工记录。

(5)桩身混凝土波速值。

(6)桩身完整性描述,包括缺陷位置、性质及类别。

(7)时域曲线图,并注明桩底反射位置。

(8)桩位编号及平面布置示意图,地质柱状图。

(9)时域信号时段所对应的桩身长度标尺、指数或线性放大的范围及倍数,或幅频信号曲线分析的频率范围,桩底或桩身缺陷对应的相邻谐振峰间的频差。

低应变桩基完整性检测附图

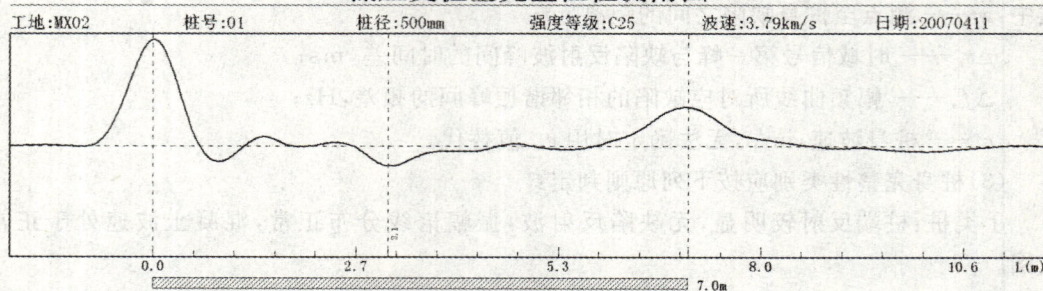

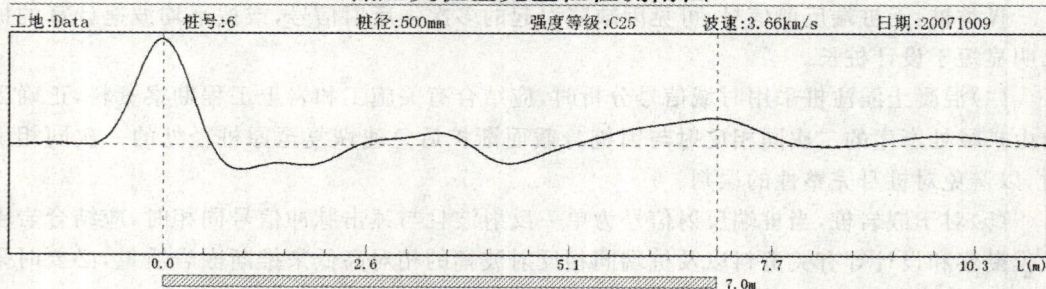

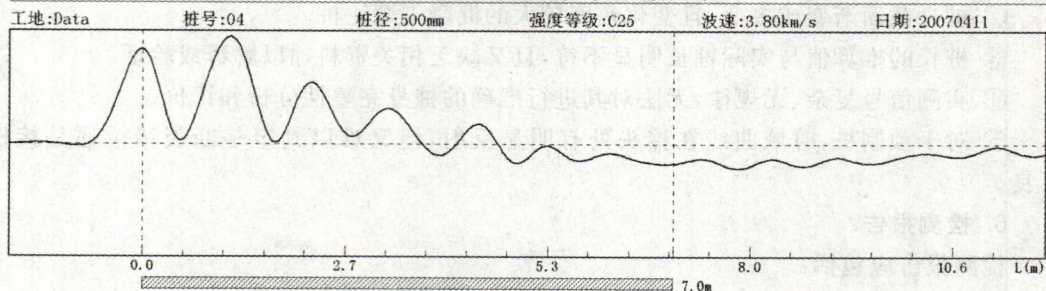

| 工地:MX02 | 桩号:01 | 桩径:500mm | 强度等级:C25 | 波速:3.79km/s | 日期:20070411 |

0.0　　　　2.7　　　　5.3　　　　8.0　　　　10.6　　L(m)

7.0m

(a)

低应变桩基完整性检测附图

| 工地:Data | 桩号:6 | 桩径:500mm | 强度等级:C25 | 波速:3.66km/s | 日期:20071009 |

0.0　　　　2.6　　　　5.1　　　　7.7　　　　10.3　　L(m)

7.0m

(b)

低应变桩基完整性检测附图

| 工地:Data | 桩号:04 | 桩径:500mm | 强度等级:C25 | 波速:3.80km/s | 日期:20070411 |

0.0　　　　2.7　　　　5.3　　　　8.0　　　　10.6　　L(m)

7.0m

(c)

图 11-5　低应变完整性检测

【学习案例 11 - 1】

在图 11-5 中基桩桩长 7m,桩径 0.5m。其中(a)图从时域波形曲线来看,桩身无明显缺陷反射,波速 3.79km/s,桩底反射明显,由于采用人工挖孔桩桩型,护壁接口处产生变阻抗截面,在时域曲线中有所反映,不会影响桩的竖向承载力,可定为Ⅰ类桩。(b)图在 3.5m 有明显缩径反应,桩底反射明显,波速 3.66km/s,桩身完整性定为Ⅱ类桩。(c)图按邻近桩平均波速估计 3.80km/s,图中显示在 1.1m 处开始多次发生同相反射,反射波等距出现,振幅和频率逐次下降,无法判断桩底反射,桩身完整性定为Ⅳ类桩。

二、超声透射法

1. 基本原理

超声透射法检测是在结构混凝土声学检测技术基础上发展起来的。其基本原理是:在桩身预埋一定数量的声测管,通过水的耦合,超声波从一根声测管中发射,在另一根声测管中接收,或单孔中发射并接收,测出被测混凝土介质的声学参数。由于超声波在混凝土中遇到缺陷时会发生绕射、反射和折射,因而到达接收换能器的声时、波幅及主频发生改变。利用这些声波特征参数来判别桩身的完整性。

超声透射法现场操作简单、方便、迅速,不受场地、桩长、长径比的限制,检测范围可覆盖全桩长的各个检测剖面,检测细致、全面,信息量丰富,检测结果准确可靠,同时还可估算混凝土强度;但检测费用较高。是大型、特大型灌注桩检测的重要手段。

2. 试验目的及适用范围

本方法适用于在灌注成型过程中已预埋声测管的混凝土灌注桩桩身完整性检测,判定桩身缺陷的程度并确定其位置。本方法包括跨孔透射法和单孔折射法,在《公路工程基桩动测技术规程》(JTG/T F81—01—2004)中规定:对跨孔透射法,当桩径较小时,声测管间距也较小,测试误差相对较大,同时预埋声测管可能引起附加的灌注桩施工质量问题。因此,声波透射法只适用于桩径不小于 800mm 的灌注桩;单孔透射波法是根据公路桥梁对桩基的质量要求,检测钻芯孔孔壁周围的混凝土质量。

3. 检测仪器设备

(1)超声波检测仪

超声波检测仪包括模拟式声波仪和数字式声波仪。其中,数字式声波仪检测精确度高,检测效率高,使用广泛。声波仪检测系统包括信号放大器、数据采集及处理存储器、径向振动换能器等;应具有一发双收功能;声波发射应采用高压阶跃脉冲或矩形脉冲,其电压最大值不应小于 1 000V,且分档可调。

接收放大与数据采集器应符合下列规定:

① 接收放大器的频带宽度为 5~200kHz,增益不应小于 100dB,放大器的噪声有效值不大于 $2\mu V$;波幅测量范围不小于 80dB,测量误差小于 1dB。

② 计时显示范围应大于 $2\,000\mu s$,精度优于 $0.5\mu s$,计时误差不应大于 2%。

③ 采集器模—数转换精度不应低于 8bit,采样频率不应小于 10MHz,最大采样长度不应小于 32kB。

径向振动换能器应符合下列规定：

① 径向水平面无指向性。

② 谐振频率宜大于 25kHz。

③ 在 1MPa 水压下能正常工作。

④ 收、发换能器的导线均应有长度标注，其标注允许偏差不应大于 10mm。

⑤ 接收换能器宜带有前置放大器，频带宽度宜为 5～60kHz。

⑥ 单孔检测采用一发双收一体型换能器，其发射换能器至接收换能器的最近距离不应小于 30cm，两接收换能器的间距宜为 20cm。

（2）声测管

声测管是声波透射法测桩时径向换能器的通道，常用的声测管有钢管、钢质波纹管、塑料管 3 种。考虑到混凝土的水化热作用及施工过程中受外力作用较大，容易使声测管变形、断裂，影响换能器上、下管道的畅通，目前许多大直径灌注桩均采用钢管作为声测管，但钢管的价格较贵。在《公路工程基桩动测技术规程》(JTG/T F81—01—2004)中提出：声测管宜采用金属管，其内径应比换能器外径大 15mm，管的连接宜采用螺纹连接，且不漏水。

4. 准备工作

（1）声测管的埋设要求

① 埋设数量及布置

声测管的埋设数量决定了检测剖面的个数，同时也决定了检测精度。《公路工程基桩动测技术规程》(JTG/T F81—01—2004)中规定：当桩径不大于 1 500mm 时，应埋设三根管；当桩径大于 1 500mm 时，应埋设四根管。声测管的布置以路线前进方向的顶点为起始点，按顺时针旋转方向进行编号和分组，每两根编为一组。

如图 11-6 所示，检测剖面分组编号为：

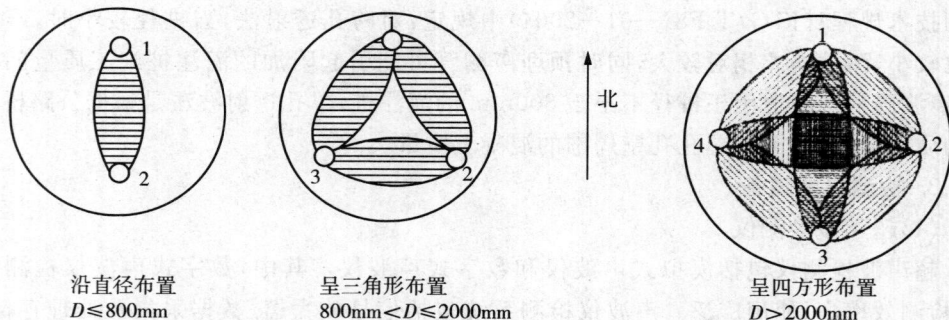

图 11-6　测管布置图

② 连接及预埋

声测管一般随钢筋笼分段安装，焊接或绑扎固定在钢筋笼内侧。声测管之间应互相平行、定位准确，并埋设至桩底，管口宜高出桩顶面 300mm 以上。声测管的平行对测试结果影响很大，甚至可能导致检测方法失效，如果受检桩不是通长钢筋，还应在无钢筋笼处的声测管间设加强箍筋，以保证声测管的平行度。钢管作为声测管时都不长（一般 6m 每根），需将钢管一段一段连接起来。接口处必须有足够的强度和刚度；在较高的静水压力下不漏浆;同时接口内壁要保持平整通畅,不应有焊渣、毛刺等凸出物,以免妨碍探头的移动。声测管管底应密封。安装完毕后,声测管管口应加盖。

(2)检测准备工作

① 了解灌注桩有关技术资料及施工情况,了解桩的类型、尺寸、标高、成孔方法及工艺,地质资料,有关的设计参数,混凝土参数,混凝土施工工艺、过程及施工中出现的问题等。

② 被检桩的混凝土龄期应大于 14d。

③ 声测管内应灌满清水,且保证畅通。

④ 标定超声波检测仪发射至接收的系统延迟时间 t_0。

⑤ 准确量测声测管的内、外径和两相邻声测管外壁间的距离,量测精度为 ±1mm。

⑥ 取芯孔的垂直度误差不应大于 0.5%,检测前应进行孔内清洗。

5. 现场检测技术

(1)平测普查(图 11-7)

①按图 11-6 进行分组编号。将发射与接收换能器分别置于某一剖面的两根声测管中,放至桩底,保持相同标高。

② 测点间距不宜大于 250mm,自下而上将发射与接收换能器以相同标高同步升降,其累计相对高差不应大于 20mm,并随时校正。每提升一次,进行一次测试。测试参数包括声时、振幅和主频率,重点是声时和振幅,必要时也可注意观察和记录波形的变化。一对声测管测完后,再转到另一对声测管测量。

③ 在对同一根桩的检测过程中,声波发射电压应保持不变。

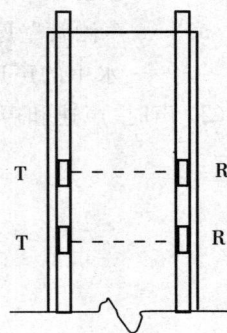

图 11-7 平测普查
T-发射换能器;R-接收换能器

(2)可疑测点细测

对于声时值和波幅值出现异常的部位,应采用水平加密、斜测或扇形扫测等方法进行细测,结合波形分析确定桩身混凝土缺陷的位置及其严重程度。

斜测如图 11-8 所示,让发射、接收换能器保持一定的高程差,在声测管中以相同步长,同步升降进行测试。斜测分单向斜测和交叉斜测。斜测时,发射、接收换能器中心连线与水平夹角一般取 30°~40°。斜测可探出局部缺陷、缩径或专测管附着泥团、层状缺陷等。

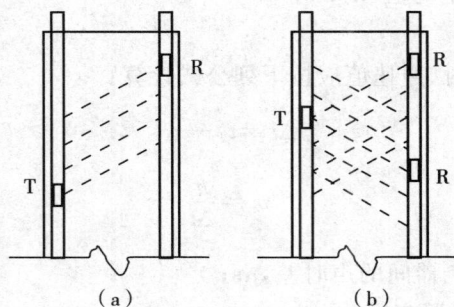

(a)　　　　　　　(b)

图 11-8 斜测细查
(a)单向斜测;(b)交叉斜测

扇形扫测一般在桩顶、桩底斜测范围受限或为减小换能器升降次数时采用。它是一只换能器固定在某一高程不动,另一只逐步移动,测线呈扇形分布。此时换算的波速可以相互比较,但幅值无可比性,只能根据相邻测点幅值的突变来判断是否有异常。

6. 检测数据分析与判定

(1)声时修正值可按下式计算:

$$t' = \frac{D-d}{v_t} + \frac{d-d'}{v_w} \qquad (11-7)$$

式中:t'—— 声时修正值,μs,(t 为声波在混凝土中的传播时间,简称声时);

D—— 声测管外径,mm;

d—— 声测管内径,mm;

d'—— 换能器外径,mm;

v_t—— 声测管壁厚度方向声速值,km/s;

v_w—— 水中的声速值,km/s。

(2)声时、声速和声速平均值应按下列公式计算,并绘制声速-深度曲线、波幅-深度曲线。

$$t = t_i - t_0 - t' \qquad (11-8)$$

$$v_i = \frac{l}{t} \qquad (11-9)$$

$$v_m = \sum_{i=1}^{n} \frac{v_i}{n} \qquad (11-10)$$

式中:t—— 声时值,μs;

t_i—— 超声波第 i 个测点声时值,μs;

t_0—— 声波检测系统延迟时间,μs;

t'—— 声时修正值,μs;

v_i—— 第 i 个测点声速值,km/s;

l—— 两根检测管外壁间的距离,mm;

v_m—— 混凝土声速平均值,km/s;

n—— 测点数。

(3)单孔折射法的声时、声速值应按下列公式计算:

$$\Delta t = t_2 - t_1 \qquad (11-11)$$

$$v_i = \frac{h}{\Delta t} \qquad (11-12)$$

式中:Δt—— 两个接收换能器间的声时差,μs;

t_1—— 近道接收换能器声时,μs;

t_2—— 远道接收换能器声时,μs;

v_i—— 第 i 个测点声速值,km/s;

h—— 两个接收换能器间的距离，mm。

（4）桩身混凝土缺陷应根据下列方法综合判定：

① 声速判据

当实测混凝土声速值低于声速临界值时应将其作为可疑缺陷区。

$$v_i < v_D \qquad (11-13)$$

式中：v_i—— 第 i 个测点声速值，km/s；

　　　v_D—— 声速临界值，km/s。

声速临界值为正常混凝土声速平均值与 2 倍声速标准偏差之差，即：

$$v_D = \bar{v} - 2\sigma_v \qquad (11-14)$$

$$\bar{v} = \sum_{i=1}^{n} \frac{v_i}{n} \qquad (11-15)$$

$$\sigma_v = \sqrt{\sum_{i=1}^{n} \frac{(v_i - \bar{v})^2}{n-1}} \qquad (11-16)$$

式中：$\bar{v}$—— 正常混凝土声速平均值，km/s；

　　　σ_v—— 正常混凝土声速标准差；

　　　v_i—— 第 i 个测点声速值，km/s。

　　　n—— 测点数。

当检测剖面 n 个测点的声速值普遍偏低且离散性很小时，宜采用声速低限值判据。即实测混凝土声速值低于声速低限值时，可直接判定为异常。

$$v_i < v_L \qquad (11-17)$$

式中：v_i—— 第 i 个测点声速值，km/s；

　　　v_L—— 声速低限值，km/s。

声速低限值应由预留同条件混凝土试件的抗压强度与声速对比试验结果，结合本地区实际经验确定。

② 波幅判据

用波幅平均值减 6dB 作为波幅临界值，当实测波幅低于波幅临界值时，应将其作为可疑缺陷区。

$$A_D = A_m - 6 \qquad (11-18)$$

$$A_m = \sum_{i=1}^{n} \frac{A_i}{n} \qquad (11-19)$$

式中：A_D—— 波幅临界值，dB；

　　　A_m—— 波幅平均值，dB；

　　　A_i—— 第 i 个测点相对波幅值，dB；

　　　n—— 测点数。

③ PSD 判据

采用斜率法作为辅助异常判据,当 PSD 值在某测点附近变化明显时,应将其作为可疑缺陷区。

$$PSD = \frac{(t_i - t_{i-1})^2}{z_i - z_{i-1}} \tag{11-20}$$

式中:t_i—— 第 i 个测点声时值,μs;

t_{i-1}—— 第 $i-1$ 个测点声时值,μs;

z_i—— 第 i 个测点深度,m;

z_{i-1}—— 第 $i-1$ 个测点深度,m。

(5)对于混凝土声速和波幅值出现异常并判为可疑缺陷区的部位,应按要求确定桩身混凝土缺陷的位置及影响程度。

(6)对支承桩或嵌岩桩,宜同时采用低应变反射波法检测桩段的支承情况。

(7)桩身完整性类别判定见下表 11-4 所列。

表 11-4　桩身完整性类别判定

类别	特征
Ⅰ类桩	各声测剖面每个测点的声速、波幅均大于临界值,波形正常
Ⅱ类桩	某一声测剖面个别测点的声速、波幅略小于临界值,但波形基本正常
Ⅲ类桩	某一声测剖面连续多个测点或某一深度桩截面处的声速、波幅值小于临界值,PSD 值变大,波形畸变
Ⅳ类桩	某一声测剖面连续多个测点或某一深度桩截面处的声速、波幅值明显小于临界值,PDS 突变,波形严重畸变

7. 检测报告

检测报告应包括:

(1)工程名称、地点,委托方、建设、勘察、设计、监理和施工单位;

(2)检测目的,检测依据,检测数量,检测日期等;

(3)地质条件描述;

(4)受检桩的桩号、桩位和相关施工记录;

(5)检测方法、原理、仪器设备和过程叙述;

(6)声测管布置图,并应包括每根被检桩各剖面的声速-深度、波幅-深度曲线及各自的临界值,声速、波幅的平均值,桩身缺陷位置及程度的分析说明。

【学习案例 11-2】

如上图 11-9 所示为声波透射图,被检基桩桩径 1.5m,孔深 41m,对三个剖面进行检测。在图中 23～24m 处声速、幅值靠近或超过临界值,PSD 值也有异常反应;桩底声学参量明显超过临界值。经钻探取芯验证,23m 附近混凝土轻微不密实,桩底有少量沉渣,说明该桩两处有较轻的质量问题,因是摩擦桩,桩身完整性类别判定为Ⅱ类桩。

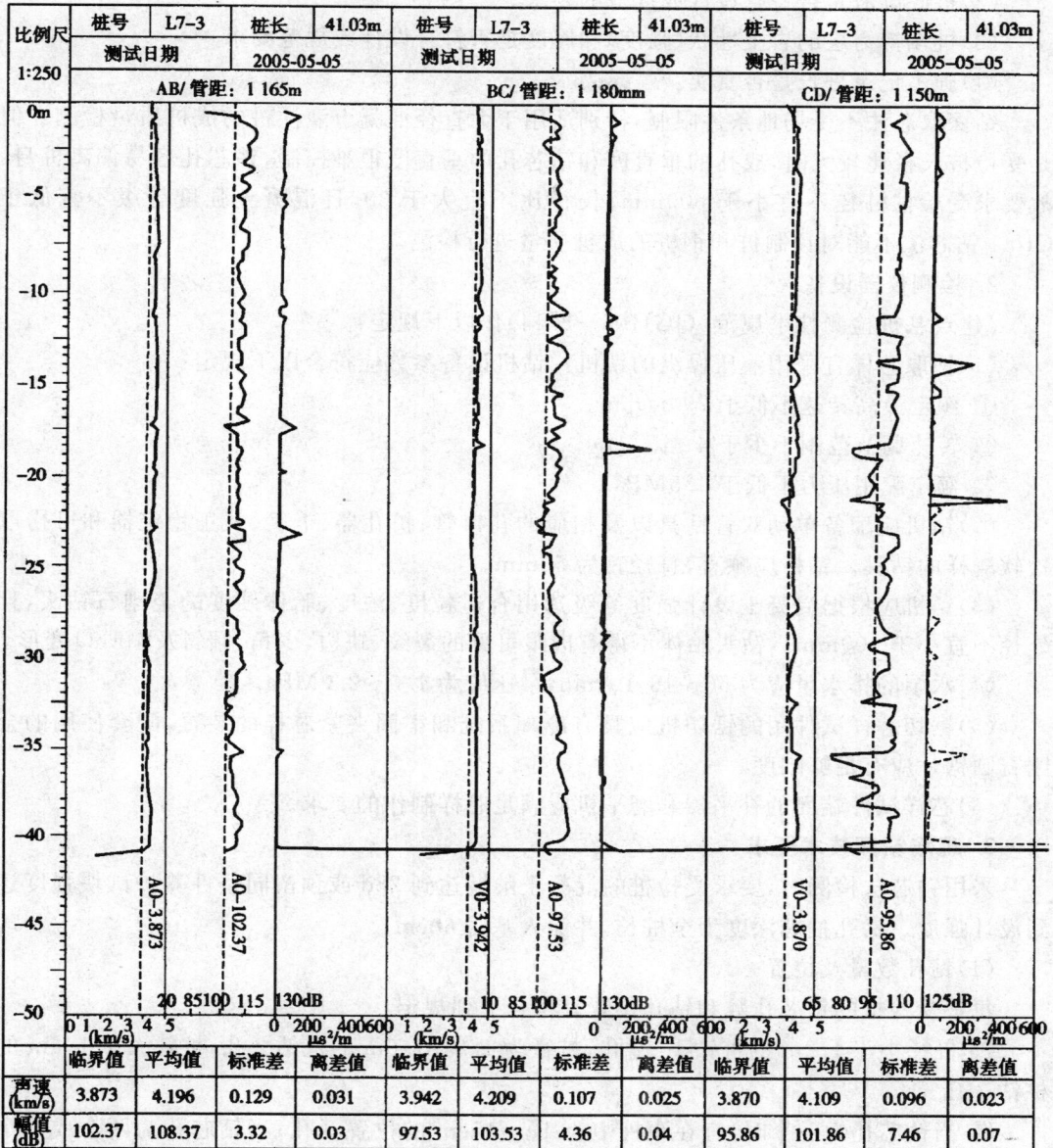

图 11-9 声波透射法

三、钻探取芯法

1. 试验目的及适用范围

钻探取芯法是检测钻（冲）孔、人工挖孔等现浇混凝土灌注桩的成桩质量的一种有效手段。钻探取芯法检测的主要目的有四个：

（1）检测桩身混凝土质量情况，如桩身混凝土胶结状况、有无气孔、松散或断桩等，桩身混凝土强度是否符合设计要求。

(2)桩底沉渣是否符合设计或规范的要求。

(3)桩端持力层的岩土性状(强度)和厚度是否符合设计或规范要求。

(4)施工记录桩长是否真实。

钻探取芯法不受场地条件限制,特别适用于大直径混凝土灌注桩的成桩质量检测。但是受检桩长径比较大时,成孔的垂直度和钻芯孔的垂直度很难控制,钻芯孔容易偏离桩身,故要求受检桩桩径不宜小于 800mm、长径比不宜大于 30,且混凝土强度等级不宜低于 C10。钻芯法不能对预制桩和钢桩的成桩质量进行检测。

2. 检测仪器设备

《建筑基桩检测技术规范》(JGJ106—2014)作以下规定:

(1)钻取芯样宜采用液压操纵的钻机。钻机设备参数应符合以下规定:

① 额定最高转速不低于 790r/min。

② 转速调节范围不少于 4 档。

③ 额定配用压力不低于 1.5MPa。

(2)钻机应配备单动双管钻具以及相应的孔口管、扩孔器、卡簧、扶正稳定器和可捞取松软渣样的钻具。钻杆应顺直,直径宜为 50mm。

(3)钻机应根据混凝土设计强度等级选用合适粒度、浓度、胎体硬度的金刚石钻头,且外径不宜小于 100mm。钻头胎体不得有肉眼可见的裂纹、缺边、少角、倾斜及喇叭口变形。

(4)水泵的排水量应为 50~160L/min,泵压应为 1.0~2.0MPa。

(5)锯切芯样试件用的锯切机应具有冷却系统和牢固夹紧芯样的装置,配套使用的金刚石圆锯片应有足够刚度。

(6)芯样试件端面的补平器和磨平机应满足芯样制作的要求。

3. 现场钻探技术要求

采用钻芯法检测时,要求受检桩的混凝土龄期达到 28d 或预留同条件养护试块强度达到设计强度。钻孔抽芯深度为全桩长,并深入基岩 60cm。

(1)钻孔数量及位置

每根受检桩的钻芯孔数和钻孔位置宜符合下列规定:

① 桩径小于 1.2m 的桩钻 1~2 孔,桩径为 1.2~1.6m 的桩钻 2 孔,桩径大于 1.6m 的桩钻 3 孔。

② 当钻芯孔为一个时,宜在距桩中心 10~15cm 的位置开孔;当钻芯孔为两个或两个以上时,开孔位置宜在距桩中心 0.15~0.25D 内均匀对称布置。

③ 对桩端持力层的钻探,每根受检桩不应少于一孔,且钻探深度应满足设计要求。

(2)钻机安装

钻机设备安装必须周正、稳围、底座水平。钻机立轴中心、天轮中心(天车前沿切点)与孔口中心必须在同一铅垂线上。当桩顶面与钻机底座的距离较大时,应安装孔口管,孔口管应垂直且牢固。

(3)钻进取芯

设备安装后,接通水源和电源,进行试运转,在确认正常后才可开钻。钻进过程中经常对钻机立轴进行校正,及时纠正立轴偏差,确保钻芯过程中不发生倾斜、移位,钻芯孔垂直度偏差不大于0.5%。一旦出现钻芯孔与桩体偏离，应立即停机记录，分析原因。必要时，可对钻孔测斜，判断受检桩倾斜超过规范要求还是钻芯孔倾斜超过要求。同时，在钻进过程中钻孔内循环水流不得中断，应根据回水含砂量及颜色调整钻进速度。

每回次进尺宜控制在1.5m内。提钻卸取芯样时，应控卸钻头和扩孔器，严禁敲打卸芯。卸取的芯样应冲洗干净后，由上而下按回次顺序放进芯样箱中，芯样侧面上清晰标明回次数、块号、本回次总块数，如 $2\frac{3}{5}$ 表示第2回次共有5块芯样，本块芯样为第3块。及时记录钻进情况和钻进异常情况，对芯样质量进行初步描述。

当钻孔接近可能存在裂缝或混凝土可能存在疏松、离析、夹泥等质量问题的部位时，应改用适当的钻进方法和工艺，并注意观察回水变色、钻进速度的变化，做好记录。钻至桩底时，为检测桩底沉渣或虚土厚度，应采用减压、慢速钻进，如遇钻具突降，应即停钻，及时测量机上余尺，准确记录孔深及有关情况，并采用适宜的方法对桩端持力层岩土性状进行鉴别。对芯样混凝土、桩底沉渣以及桩端持力层详细编录。

(4)钻芯结束后，应对芯样和标有工程名称、桩号、钻芯孔号、芯样试件采取位置、桩长、孔深、检测单位名称的标示牌的全貌进行拍照，然后截取芯样试件。取样完毕剩余芯样移交委托单位妥善保存。

(5)当单桩质量评价满足设计要求时，应采用(0.5～1.0)MPa压力，从钻芯孔孔底往上用水泥浆回灌封闭；否则应封存钻芯孔，留待处理。

4. 芯样试件截取与加工

(1)芯样试件截取

① 截取混凝土抗压芯样试件应符合下列规定：

a. 当桩长为10～30m时，每孔截取3组芯样；当桩长小于10m时，每孔可取2组芯样；当桩长大于30m时，每孔截取芯样不少于4组。

b. 上部芯样位置距桩顶设计标高不宜大于1倍桩径或1m，下部芯样位置距桩底不宜大于1倍桩径或1m，中间芯样宜等间距截取。

c. 缺陷位置能取样时，应截取一组芯样进行混凝土抗压试验。

d. 当同一基桩的钻芯孔数大于一个，其中一孔在某深度存在缺陷时，应在其他孔的该深度处截取芯样进行混凝土抗压试验。

② 当桩端持力层为中、微风化岩层且岩芯可制作成试件时，应在接近桩底部位截取一组岩石芯样；遇分层岩性时宜在各层取样。

(2)芯样加工

每组芯样应制作三个芯样抗压试件。芯样试件应按下述内容进行加工和测量。

① 应采用双面锯切机加工芯样试件。加工时应将芯样固定，锯切平面垂直于芯样轴线。锯切过程中应淋水冷却金刚石圆锯片。

② 锯切后的芯样试件，当试件不能满足平整度及垂直度要求时，应选用以下方法进行端面加工：

a. 在磨平机上磨平。

b. 用水泥砂浆(或水泥净浆)或硫黄胶泥(或硫黄)等材料在专用补平装置上补平。水泥砂浆(或水泥净浆)补平厚度不宜大于5mm，硫黄胶泥(或硫黄)补平厚度不宜大于 1.5mm。

补平层应与芯样结合牢固,受压时补平层与芯样的结合面不得提前破坏。

③ 试验前,应对芯样试件的几何尺寸做下列测量:

a. 平均直径:用游标卡尺测量芯样中部,在相互垂直的两个位置上,取两次测量的算术平均值,精确至 0.5mm。

b. 芯样高度:用钢卷尺或钢板尺进行测量,精确至 1mm。

c. 垂直度:用游标量角器测量两个端面与母线的夹角,精确至 0.1°。

d. 平整度:用钢板尺或角尺紧靠在芯样端面上,一面转动钢板尺,一面用塞尺测量与芯样端面之间的缝隙。

④ 试件有裂缝或有其他较大缺陷、芯样试件内含有钢筋以及试件尺寸偏差超过下列数值时,不得用做抗压强度试验:

a. 芯样试件高度小于 $0.95d$ 或大于 $1.05d$ 时(d 为芯样试件平均直径)。

b. 沿试件高度任一直径与平均直径相差达 2mm 以上时。

c. 试件端面的不平整度在 100mm 长度内超过 0.1mm 时。

d. 试件端面与轴线的不垂直度超过 2°时。

e. 芯样试件平均直径小于 2 倍表观混凝土粗集料最大粒径时。

5. 抗压强度试验

(1)芯样试件制作完毕可立即进行抗压强度试验。

(2)混凝土芯样试件的抗压强度试验应按现行国家标准《普通混凝土力学性能试验方法》(GB/T 50081—2002)的有关规定执行。

(3)抗压强度试验后,当发现芯样试件平均直径小于 2 倍试件内混凝土粗骨料最大粒径且强度值异常时,该试件的强度值不得参与统计平均。

(4)混凝土芯样试件抗压强度应按下式(11-21)计算:

$$f_{cu} = \xi \cdot \frac{4P}{\pi d^2} \tag{11-21}$$

式中:f_{cu}——混凝土芯样试件抗压强度,MPa,精确至 0.1MPa;

P——芯样试件抗压试验测得的破坏荷载,N;

d——芯样试件的平均直径,mm;

ξ——混凝土芯样试件抗压强度折算系数,应考虑芯样尺寸效应、钻芯机械对芯样扰动和混凝土成型条件的影响,通过试验统计确定;当无试验统计资料时,宜取为 1.0。

(5)桩底岩芯单轴抗压强度试验可按现行国家标准《建筑地基基础设计规范》(GB 50007—2011)附录 J 执行。

6. 检测资料分析与判定

(1)混凝土芯样试件抗压强度代表值应按一组三块试件强度值的平均值确定。同一受检桩同一深度部位有两组或两组以上混凝土芯样试件抗压强度代表值时,取其平均值为该桩该深度处混凝土芯样试件抗压强度代表值。

(2)受检桩中不同深度位置的混凝土芯样试件抗压强度代表值中的最小值为该桩混凝土芯样试件抗压强度代表值。

(3)桩端持力层性状应根据芯样特征、岩石芯样单轴抗压强度试验、动力触探或标准贯入试验结果,综合判定桩端持力层岩土性状。

(4)桩身完整性类别应结合钻芯孔数、现场混凝土芯样特征、芯样单轴抗压强度试验结果,按《建筑基桩检测技术规范》(JGJ 106—2014)中有关规定和表 11-5 的特征综合判定。

表 11-5　桩身完整性判定

类别	特征
I	混凝土芯样连续、完整、表面光滑、胶结好、骨料分布均匀、呈长柱状、断口吻合,芯样侧面仅见少量气孔
II	混凝土芯样连续、完整、胶结较好、骨料分布基本均匀、呈柱状、断口基本吻合,芯样侧面局部见蜂窝麻面、沟槽
III	大部分混凝土芯样胶结较好,无松散、夹泥或分层现象,但有下列情况之一: 　芯样局部破碎且破碎长度不大于 10cm; 　芯样骨料分布不均匀; 　芯样多呈短柱状或块状; 　芯样侧面蜂窝麻面、沟槽连续
IV	有下列情况之一: 　钻进很困难; 　芯样任一段松散、夹泥或分层; 　芯样局部破碎且破碎长度大于 10cm

(5)成桩质量评价应按单桩进行。当出现下列情况之一时,应判为该桩不满足设计要求:

① 桩身完整性类别为Ⅳ类的桩;

② 受检桩混凝土芯样试件抗压强度代表值小于混凝土设计强度等级的桩;

③ 桩长、桩底沉渣厚度不满足设计或规范要求的桩;

④ 桩端持力层岩土性状(强度)或厚度未达到设计或规范要求的桩。

7. 检测报告

检测报告应包括:

(1)工程概况、检测目的、工期、工作量及完成情况;

(2)地质条件概述、桩基设计概况及有关设计参数;

(3)检测桩数、钻孔数量,架空、混凝土芯进尺、岩芯进尺、总进尺,混凝土试件组数、岩石试件组数、动力触探或标准贯入试验结果;

(4)钻芯设备情况;

(5)芯样单轴抗压强度试验结果;

(6)每孔的柱状图;

(7)芯样彩色照片;

(8)异常情况说明。

【学习实践】

一、选择题

1. 根据《公路工程基桩动测技术规程》进行钻孔灌注桩桩身完整性声波透射法检测时

(1)声测管要求( )。

A. 内径大于换能器外径 15mm   B. 内径 50mm

C. 宜采用塑料管   D. 宜采用金属管   E. 宜采用非金属管

(2)声测管埋设要求( )。

A. 用适宜方法固定   B. 对称布置

C. 平行布置   D. 管口与桩头齐平   E. 管口高出桩头

(3)声测管数量与桩径有关( )。

A. 桩径 $D \leq 800mm$,埋设 2 根   B. $D \leq 1\ 500mm$,埋设 3 根

C. $D > 1\ 500mm$,埋设 4 根管   D. $D > 2\ 000mm$,不少于 5 根

(4)数字式检测系统主要包括( )。

A. 加速度计   B. 径向振动换能器

C. 超声检测仪   D. 数据采集系统   E. 位移量测系统

(5)测试方式有( )。

A. 对测   B. 斜测   C. 平测   D. 交叉测

2. 某桥钻孔桩基础,桩长 50m,基底嵌入微风化基岩。施工过程中进行成孔和成桩检验。

(1)成孔质量检验的内容包括( )。

A. 钻孔位置、孔径、孔深   B. 泥浆的性能指标

C. 垂直度   D. 沉渣厚度

(2)清孔后泥浆的指标应从桩孔的顶、中、底部分别取样检验的平均值,检测的指标包括( )。

A. 相对密度   B. 黏度   C. 含砂率   D. 胶体率

(3)钻孔灌注桩桩身完整性检测的方法有( )。

A. 低应变反射波法   B. 声波透射法   C. 钻芯取样法   D. 超声回弹法

(4)基桩静荷载试验通常可分为( )。

A. 单桩竖向荷载试验   B. 竖向抗拔试验

C. 水平静推试验   D. 桩顶沉降试验

(5)超声波透射法可以采用( )对检测数据进行处理。

A. 声速判据   B. 波幅判据   C. PSD 判据

D. 多因素概率分析   E. 抽样

二、问答题

1. 收集最新的公路桥涵施工检测的相关规范。

2. 叙述钻孔灌注桩施工过程检测项目。

3. 钻孔灌注桩泥浆性能指标有哪些?

4. 简述泥浆性能指标的检测方法。

5. 钻孔灌注桩质量评定实测项目有哪些?

6. 简述钻孔灌注桩成孔孔径的测量方法。

7. 简述钻孔灌注桩成孔垂直度的测量方法。

8. 简述反射波法检测桩基质量的使用范围。

9. 简述低应变反射波法判桩的原理及几种基本缺陷波形的特点。

10. 在某桥梁工程中,桩基础的直径为 1.8m,基础检测采用声波透射法,声测管的数量、材质的选择和预埋要注意什么?

11. 简述声波透射法的测试过程,如何判断桩身缺陷?

学习项目十二 桥涵混凝土与预应力混凝土结构检测

任务 12 - 1 混凝土与钢筋混凝土质量检测

【学习要求】

1. 熟悉桥梁用预应力钢材焊接性能;混凝土构件强度和缺陷的无损检测方法;

2. 掌握桥梁用预应力钢材的力学性能测试方法以及焊接钢筋质量检测方法,钻芯法、回弹法、超声法和超声-回弹综合法的测定内容、适用范围、现场操作步骤。

【学习内容】

一、焊接钢筋质量检测方法

钢筋接头一般应采用焊剂,螺纹筋可采用挤压套管接头或镦螺纹接头。钢筋的焊接应优先选用闪光对焊,当缺乏闪光对焊条件时,也可采用电弧焊、电渣压力焊、气压焊等。

图 12 - 1　钢筋焊接

1. 钢筋闪光对焊接头

(1)批量规定

在同一台班内,由同一焊工按同一焊接参数完成的 300 个同类型(指钢筋级别和直径均相同)接头作为一批。一周内连续焊接时可以连续计算,不足 300 个接头时也按一批计算。

(2)外观检查

每批抽查 10% 的接头,并不得少于 10 个。

(3)焊接等长预应力钢筋(包括螺丝端杆与钢筋)时,可按生产时同等条件制作模拟试件。

（4）螺丝端杆连接接头可只做拉伸试验

（5）力学性能试验

包括拉伸试验和弯曲试验。应从每批成品中切取 6 个试件，3 个进行拉伸试验，3 个进行弯曲试验。试验结果应符合下列要求。

3 个热轧钢筋接头试件的抗拉强度均不得小于该级别钢筋规定的抗拉强度，如：热处理Ⅲ级钢筋接头试件的抗拉强度均不得小于 HRB400 钢筋的抗拉强度。

Ⅰ. 应至少有 2 个试件断于焊缝之外，并呈延性断裂。

当试验结果有 1 个试件的抗拉强度小于上述规定值，或有 2 个试件在焊缝或热影响区发生脆性断裂时，应再取 6 个试件进行复验。

Ⅱ. 预应力钢筋与螺丝端杆闪光对焊接头拉伸试验结果，3 个试件应全部断于焊缝之外，呈延性断裂。

Ⅲ. 当试验结果有 1 个试件在焊缝或热影响区发生脆性断裂时，应从成品中再切取 3 个试件进行复验，当仍有 1 个试件在焊缝或热影响区发生脆性断裂时，应确定该批为不合格品。

Ⅳ. 模拟试件的试验结果不符合要求时，应从成品中再切取试件进行复验，其数量和要求应与初始试验时相同。

Ⅴ. 闪光对焊接头弯曲试验时，应将受压面的金属毛刺和镦粗变形部分消除，且与母材的外表齐平。

Ⅵ. 弯曲试验可在万能试验机、手动或电动液压弯曲试验器上进行。焊缝应处于弯曲中心，弯心直径和弯曲角应符合规定：当弯至 90°时，至少有 2 个试件不得发生破断。

Ⅶ. 当试验结果有 2 个试件发生破断时，应再取 6 个试件进行复验，当仍有 3 个试件发生破断时，该批接头为不合格品。

2. 钢筋电弧焊接头

（1）批量规定

以 300 个同类型接头作为一批，不足 300 个接头仍作为一批。

（2）外观检查

焊缝表面平整，不得有较大的凹陷、焊瘤。接头处不得有裂纹。咬边深度、气孔、夹渣的数量和大小及接头偏差，不得超过规定的数值。焊接头，其焊缝加强高度不大于 3mm。

（3）强度检验试验

从每批成品中切取 3 个试件进行拉伸试验，试验结果应符合下列要求。

Ⅰ. 3 个热轧钢筋接头试件的抗拉强度均不得小于该级别钢筋规定的抗拉强度，如热处理Ⅲ级钢筋接头试件的抗拉强度均不得小于 HRB400 钢筋的抗拉强度。

Ⅱ. 应至少有 2 个试件并呈塑性断裂，3 个试件均断于焊缝之外。当试验结果有 1 个试件的抗拉强度小于上述规定值，或有 2 个试件发生脆性断裂时，应取双倍数量的试件进行复验。复验结果若仍有 1 个试件抗拉强度低于规定指标或有 1 个试件断于焊缝位置，或有 3 个试件呈脆性断裂，该批接头为不合格品。

3. 钢筋机械连接接头检测

接头抗拉强度达到或超过母材抗拉强度的标准，并具有高延性及反复拉压性能。

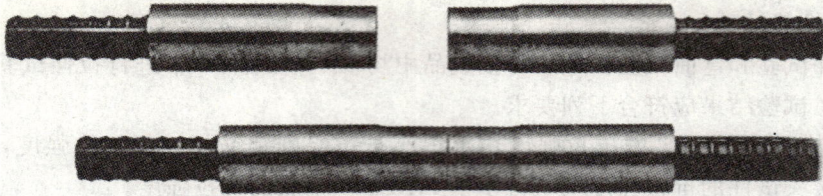

图 12-2　钢筋机械连接接头

4. 金属螺旋管检测

（1）金属螺旋管检测项目：包括外观、尺寸、集中荷载下径向刚度、荷载作用下抗渗漏、抗弯曲渗漏等。

（2）质量要求：

外观要求：外观应清洁，内外表面无油污，无引起生锈的附着物，无空洞和不规则的折皱，咬口无开裂、无脱扣。

抗渗漏性能：在规定的集中荷载和均匀荷载作用后，或在弯曲情况下，不得渗出水泥浆，但允许渗水。

（四）预应力钢材试验检测

1. 预应力混凝土用钢筋、钢丝和钢绞线的力学性能和表面质量要求

预应力混凝土用钢筋有热处理钢筋、冷拉钢筋和精轧螺纹钢筋。预应力混凝土用的钢丝有冷拔低碳钢丝、冷拉或消除应力的光圆钢丝、螺旋肋钢丝和刻痕钢丝。消除应力钢丝包括低松弛钢丝和普通松弛钢丝两种，桥涵工程用钢丝一般为低松弛钢丝。

（1）热处理钢筋

热处理钢筋由热轧螺纹钢筋经淬火和回火的调质处理而成，改变了钢筋的内部组织结构，其性能得到改善，抗拉强度提高到预应力钢筋所需要的强度等级。热处理钢筋按其螺纹外形分有纵肋和无纵肋。热处理钢筋的力学性能有屈服强度、抗拉强度和伸长率等指标。

表面质量要求：钢筋表面不得有肉眼可见的裂纹、结疤、折叠；允许有凸块，但不得有超过横肋高度的凸块；表面允许有不影响使用的缺陷，但不得沾有油污。

（2）冷拉钢筋

冷拉是将钢筋在常温下拉伸超过屈服点，以提高钢筋的屈服极限、强度极限和疲劳极限，降低钢筋的延伸率、断面收缩率、冷弯性能和冲击韧性的一种加工工艺。预应力混凝土结构所用的钢筋，主要要求具有高的屈服极限、变形极限等强度性能，而对延伸率、冲击韧性和冷弯性能要求不高。冷拉钢筋的力学性能包括屈服强度、抗拉强度、伸长率和冷弯性能。

表面质量要求：钢筋冷拉后，其表面不应产生裂纹。冷弯试验后无裂纹、鳞落或断裂现象。

（3）精轧螺纹钢筋

精轧螺纹钢筋是用热轧方法直接产生的一种无纵肋的钢筋，钢筋的连接是在端部用螺

纹套筒进行连接接长，其力学性能包括屈服强度、抗拉强度、冷弯性能和10h松弛率。

表面质量要求：钢筋表面不得有横向裂缝、结疤和机械损伤，钢筋表面允许有不影响力学性能和连接的缺陷。

(4)冷拔钢丝

冷拔钢丝是把直径6～8mm的普通碳素钢筋条用强力拉过比它本身直径还小的硬质合金拉丝模，受到纵向拉力和横向压力的作用，截面变小，长度拉长，经过几次拉丝，其强度比原来有极大提高。冷拔钢丝的力学性能包括屈服强度、伸长率和180°反复弯曲次数。

表面质量要求：钢丝表面不得有裂纹和机械损伤。

(5)高强钢丝

高强钢丝有冷拉钢丝、消除应力钢丝和消除应力刻痕钢丝。

冷拉钢丝是用盘条通过拔丝模或轧辊经冷加工而成的钢丝。力学性能包括抗拉强度、规定非比例伸长应力、最大力下总伸长率、弯曲次数、弯曲半径、断面收缩率，每210mm扭矩的扭转次数和初始应力相当于70%公称抗拉强度时1 000h后应力松弛率。

消除应力钢丝是按一次性连续处理方法生产的钢丝。刻痕钢丝是钢丝表面沿着长度方向上具有规则间隔的压痕。消除应力钢丝和刻痕钢丝的力学性能包括抗拉强度、规定非比例伸长应力、最大力下总伸长率、弯曲次数、弯曲半径、初始应力相当于70%公称抗拉强度的百分数和1 000h后应力松弛率。

表面质量要求：钢丝表面不得有裂纹、小刺、机械损伤、氧化铁皮及油污；回火成品表面允许有回火颜色。不得锈蚀成目视可见的麻坑。

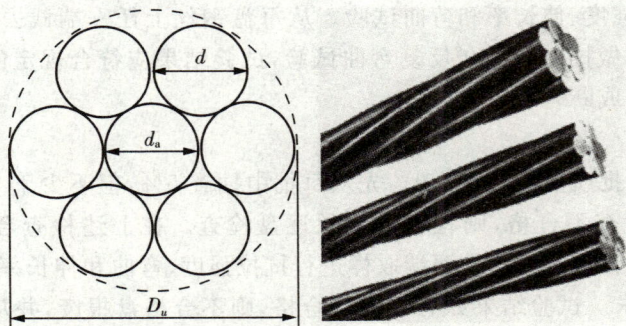

图12-3 1×7结构钢绞线外形示意图

(6)钢绞线

钢绞线是钢厂用优质碳素结构钢经过冷加工、再经回火和绞捻等加工而成的，塑性好、无接头、使用方便，专供预应力砼结构使用。其力学性能包括抗拉强度、整根钢绞线的最大力、规定非比例延伸率、最大力总伸长率和1 000h后应力松弛率等。

表面质量要求：钢绞线表面不得带有降低钢绞线与砼黏结力的润滑剂、油渍等物质，允许有轻微的浮锈，但不得锈蚀成肉眼可见的麻坑。

2. 预应力砼用钢筋、钢丝和钢绞线的力学性能检测

(1)组批规则

各种预应力砼用钢筋、钢丝和钢绞线应按批进行检查和验收，每批应由同一牌号、同一外形、同一规格、同一生产工艺和同一交货状态的钢筋组成。

(2)取样、复验规则

① 热处理钢筋

每批钢筋的质量应不大于 60t。从每批钢筋中抽取 10% 的盘数(不少于 25 盘)进行表面质量和尺寸偏差检查。如检查不合格,则对该批钢筋进行逐盘检查。再同上比例抽取钢筋进行力学性能试验。试验结果如有一项不符合规定的要求,该不合格盘应报废,并在从未试验过的钢筋中取双倍数量的试样进行复验,如仍有一项不合格,则该批钢筋不合格。

② 冷拉钢筋

分批进行检验,每批质量不得大于 20t。每批钢筋的级别和直径应相同。每批钢筋外观经逐根检查合格后,再从任选的两根钢筋上各取一套试件进行拉力试验(屈服强度、抗拉强度、伸长率)和冷弯试验。如有一项结果不符合规定的要求,则另取双倍数量的试件重做全部各项试验,如仍有一根试件不合格,则该批钢筋不合格。

计算冷拉钢筋的屈服强度和抗拉强度时,采用冷拉前的公称截面面积。冷弯试验后,冷拉钢筋的外观不得有裂纹、鳞落和断裂现象。

③ 精轧螺纹钢筋

应分批检验,每批质量不大于 100t,对表面质量逐根进行目视检查,外观检查合格后,在每批中仍选两根钢筋截取试件进行拉伸试验。试验结果如有一项不符合要求,则另取双倍数量的试件重做全部各项试验,如仍有一根试件不合格,则该批钢筋不合格。

④ 冷拔低碳钢丝

逐盘进行抗拉强度、伸长率和弯曲试验。从每盘钢丝上任一端截去不少于 500mm 后再取两个试样,分别做拉力和 180°反复弯曲试验,试验结果应符合规定的要求。弯曲试验时不得有裂纹、鳞落或断裂现象。

⑤ 高强钢丝

应分批检验,每批质量不大于 60t。先从每批中抽查 5%,但不少于 5 盘,进行形状、尺寸和表面检查,如检查不合格,则将该批钢丝逐盘检查。在上述检查合格的钢丝中抽取 5%,但不少于 3 盘,在每盘钢丝的两端取样进行抗拉强度、弯曲和伸长率的试验,其力学性能应符合规定的要求。试验结果如有一项不合格,则不合格盘报废,并从同批未试验过的钢丝盘中取双倍数量的试样进行不合格项的复验,如仍有一项不合格,该批钢丝不合格。

⑥ 钢绞线

每批质量不大于 60t。从每批钢绞线中任取 3 盘,并从每盘所选的钢绞线端部正常部位截取一根试样进行表面质量、直径偏差和力学性能试验。试验结果如有一项不合格的应报废,并从该批未试验过的钢绞线中取双倍数量的试样进行不合格项的复验;如仍有一项不合格,则该批钢绞线不合格。

(3)规定非比例延伸力测试

钢绞线规定非比例延伸力采用的是引伸计标距的非比例延伸达到原始标距 0.2% 时所受的力($F_{p0.2}$)。为方便供方日常检验,也可以测定规定总延伸达到原始标距 1% 的力(F_{t1}),其值符合本标准规定的 $F_{p0.2}$ 值的可以交货,但仲裁试验时测定 $F_{p0.2}$。测定 $F_{p0.2}$ 和 F_{t1} 时,预加负荷为规定非比例延伸力的 10%。

(4)应力松弛性能试验

应力松弛时预应力筋在恒定长度下应力随时间而减小的现象。目前,桥涵施工中普遍要求测量预应力钢筋的松弛率。

应力松弛性能试验时,要求试验期间试件的环境温度始终保持在 20℃±2℃内。试验标注长度不小于公称直径的 60 倍。试样制备后不得进行任何热处理加工和冷加工。初始负荷应在 3~5min 内均匀施加完毕,持荷 1min 后开始记录松弛值。允许用 100h 的测试数据推算 1 000h 的松弛率值。

【学习案例 12-1】

对 7 根 ϕ15.24mm 钢绞线进行预应力张拉,先张法直线布筋,张拉长度为 20m,张拉控制应力为 1 090MPa,预应力钢绞线截面积为 973mm²,$E_y=1.9\times10^5$ MPa,张拉到控制应力时,实测伸长值为 11.20cm,试计算理论伸长值,并评价是否符合要求。

答:理论伸长值为 $\Delta L=\dfrac{\sigma_k}{\sigma_y}L=\dfrac{1\,090}{1.9\times10^5}\times2\,000=11.47(\text{cm})$

实测值与理论值的相对偏差:$\dfrac{11.47-11.20}{11.47}=2.4\%<6\%$,故符合规范要求。

二、混凝土构件强度检测方法

结构混凝土强度的检测方法可分为无损检测、半破损检测和破损检测。

(一)钻芯取样法

1. 测定内容

钻芯取样法检测混凝土强度指从混凝土结构物中钻取芯样和检查芯样,测定混凝土的劈裂抗拉强度或抗压强度,作为评定结构的主要品质指标。也可作为抽检混凝土均匀性和内部缺陷(裂缝、接缝、分层、孔洞或离析等)的指标。该法是一种直观准确的方法。

2. 适用范围

(1)对试块抗压强度的测试结果有怀疑时;

(2)因材料、施工或养护不良而发生混凝土质量问题时;

(3)混凝土遭受冻害、火灾、化学侵蚀或其他损害时;

(4)需检测经多年使用的建筑结构筑物中的混凝土强度时。

3. 现场操作步骤

(1)芯样钻取

在钻取芯样时,应尽可能避免在靠近混凝土构件的接缝或边缘钻取。钻芯部位宜选在结构或构件受力较小的部位;混凝土强度质量具有代表性的部位;便于钻芯机安放与操作的部位;避开主筋、预埋件和管线的位置,并尽量避开其他钢筋。

芯样直径应为混凝土所有集料最大粒径的 3 倍,任何情况下不小于集料最大粒径的 2 倍。

(2)钻芯的芯样数量应满足的规定

① 按单个构件检验时,每个构件钻取芯样数不少于 3 个,对较小构件至少应取 2 个。

② 对构件局部区域检验时,应由要求检验的单位确定取芯位置及数量。

③ 芯样的高度

芯样抗压试件的高度和直径之比应在 $1\sim2$ 的范围之内,宜为 1.0。

④ 钻取芯样检查

每个芯样应详细描述有关裂缝、分层、麻面或离析等,并估计集料的最大集料的最大粒径、形状种类及粗细集料的比例与级配,检查并记录存在的气孔的位置、尺寸与分布情况。

⑤ 芯样的测量

在芯样的中间两个垂直方向测量确定芯样的平均直径 d,精确至 mm;取芯样直径两端侧面测定钻取后芯样的长度。

⑥ 试件的制作

芯样端面必须平整。芯样两端平面应与轴线垂直,误差不应大于 $1°$。必要时应磨平或用硫黄胶泥(硫黄)或水泥砂浆(水泥净浆)抹顶等方法处理。

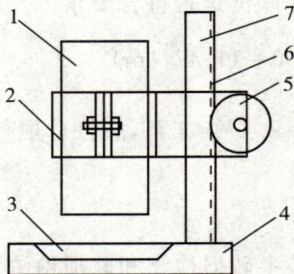

图 12-4 硫黄胶泥补平示意图
1—芯样;2—夹具;3—硫黄液体;
4—底盘;5—手轮;6—齿条;7—立柱

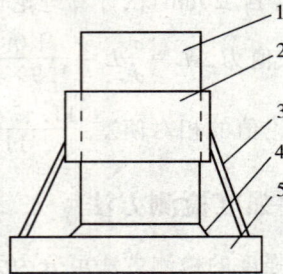

图 12-5 水泥砂浆补平示意图
1—芯样;2—套模;3—支架;
4—水泥砂浆;5—钢板

⑦ 试样抗压强度 f_{cu}^{c} 按式(12-1)计算:

$$f_{cu}^{c}=\partial\frac{4F}{\pi d^{2}} \tag{12-1}$$

式中:f_{cu}^{c}——混凝土芯样抗压强度,MPa;

　　　F——芯样试件抗压试验测得的最大压力,N;

　　　d——芯样截面的平均直径,mm;

　　　∂——不同高径比芯样试件混凝土强度换算系数。

(二)回弹法

1. 回弹法的基本原理

回弹法使用弹簧驱动重锤,通过弹击杆弹击混凝表面,并测出重锤被反弹回来的距离,以回弹值(反弹距离与弹簧初始长度之比)作为与强度相关的指标,来推定混凝土强度的一种方法。

2. 适用范围

回弹法的使用前提,是要求被测结构或构件混凝土的内外质量基本一致。因此,当混凝土表层与内部质量有明显差异,如遭受化学腐蚀或火灾、硬化期间遭受冻伤等内部存在缺陷时,不能用回弹法评定混凝土强度。

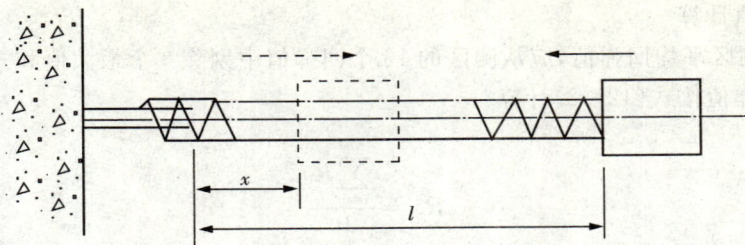

图 12-6　回弹法原理示意

3. 现场操作步骤

(1)每一构件的测区,应符合下列要求。

① 对长度不小于 3m 的构件,其测区数不小于 10 个;对长度小于 4.5m 且高度低于 0.3m 的构件,其测区数量可适当减少但不应少于 5 个。

② 相邻两测区的间距在 2m 以内,测区离构件边缘的距离在 0.5m 以内。面积控制 在 0.04m²。

③ 测区应选在使回弹仪处于水平方向检测混凝土浇筑侧面,当不能满足这一要求时, 可选在使回弹仪处于非水平方向,检测混凝土浇筑侧面、表面或底面。

④ 测区宜选在构件的两个对称可测面上,也可选在一个可侧面上,且应均匀分布。在 构件的受力部位及薄弱部位必须布置测区,并应避开预埋件。

⑤ 检测面应为原状混凝土面,并应清洁、平整,不应有疏松层和杂物,且不应有残留的 粉末或碎屑。

(2)测点宜在测区范围内均匀分布,相邻两测点的净距不宜小于 20mm,测点距外露钢 筋、预埋件的距离不宜小于 30mm。测点不应在气孔或外露石子上,同一测点只应弹击一 次。每一测区应记取 16 个回弹值,每一测点的回弹值读数估读至 1。

(3)检测时,回弹仪的轴线应始终垂直于结构或构件混凝土检测面,缓慢施压,准确读 数,快速复位。

(4)回弹值测量完毕后,应选择不小于构件 30% 测区数在有代表性的位置上测量碳化 深度值。

(5)测量碳化深度值时,可采用适当的工具在测区表面形成直径约 15mm 的空洞。空洞中 的粉末和碎屑应除净,并不得用水擦洗。同时,采用浓度为 1% 的酚酞酒精溶液滴在孔洞内壁的 边缘处,当已碳化与未碳化界限清楚时,再用深度测量工具测量已碳化与未碳化混凝土交界面到 混凝土表面的垂直距离,测量不应少于 3 次,取其平均值。每次读数精确至 0.5mm。

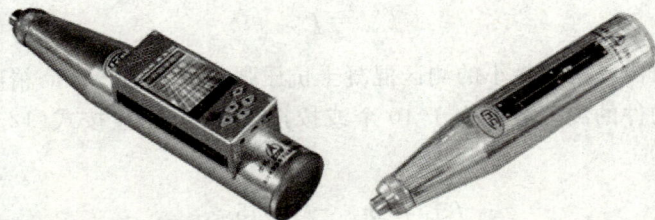

图 12-7　回弹仪

学习项目十二　桥涵混凝土与预应力混凝土结构检测

（6）回弹值计算

① 计算测区平均回弹值，应从测区的 16 个回弹值中剔除 3 个最大值和 3 个最小值，余下的 10 个回弹值按式（12 - 2）计算：

$$R_{\mathrm{m}} = \frac{\sum\limits_{i=1}^{10} R_i}{10} \qquad (12 - 2)$$

式中：R_{m}—— 测区平均回弹值，精确至 0.1；

R_i—— 第 i 个测点的回弹值。

② 非水平方向检测混凝土浇筑侧面时，应按式（12 - 3）修正：

$$R_{\mathrm{m}} = R_{\mathrm{m}\alpha} + R_{\alpha\alpha} \qquad (12 - 3)$$

式中：$R_{\mathrm{m}\alpha}$—— 非水平状态检测时测区的平均回弹值，精确至 0.1；

$R_{\alpha\alpha}$—— 非水平状态检测时回弹值的修正值。根据不同的角度进行修正。

③ 水平方向检测混凝土浇筑顶面或底面时，应按式（12 - 4）和式（12 - 5）修正：

$$R_{\mathrm{m}} = R_{\mathrm{m}}^{\mathrm{t}} + R_{\alpha}^{\mathrm{t}} \qquad (12 - 4)$$

$$R_{\mathrm{m}} = R_{\mathrm{m}}^{\mathrm{b}} + R_{\alpha}^{\mathrm{b}} \qquad (12 - 5)$$

式中：$R_{\mathrm{m}}^{\mathrm{t}}$、$R_{\mathrm{m}}^{\mathrm{b}}$—— 水平方向检测混凝土浇筑表面、底面时，测区的平均回弹值，精确 0.1；

R_{α}^{t}、$R_{\mathrm{a}}^{\mathrm{b}}$—— 混凝土浇筑表面、底面回弹值的修正值。

④ 当检测时回弹仪为非水平方向且测试面为非混凝土的浇筑侧面时，应先对回弹值进行角度修正，再对修正后的值进行浇筑面修正。

当碳化深度值不大于 2.0mm 时，每一测区混凝土强度换算值应按规范规定修正。

当碳化深度值大于 2.0mm 时，可采用同条件试件或钻取混凝土芯样进行修正。

（7）混凝土强度的推算

① 结构或构件第 i 个测区混凝土强度换算值，可按平均回弹值 R_{m} 及求得的平均碳化深度值 d_{m} 由规范查得。有地区或专用测强曲线时，混凝土强度换算值应按地区或专用测强曲线换算得出。

② 结构或构件的测区混凝土强度平均值可根据各测区的混凝土强度换算值计算。当测区数为 10 个及以上时，应计算强度标准值。

③ 结构或构件的混凝土强度推定值（$f_{\mathrm{cu,e}}$）应按式（12 - 6）确定：

当该结构或构件的测区数少于 10 个时：

$$f_{\mathrm{cu,e}} = f_{\mathrm{cu,min}}^{\mathrm{c}} \qquad (12 - 6)$$

式中：$f_{\mathrm{cu,min}}^{\mathrm{c}}$——结构或构件最小的测区混凝土抗压强度换算值，MPa，精确到 0.1MPa。

当该结构或构件的测区数不少于 10 个或按批量检测时，应按式（12 - 7）和式（12 - 8）计算：

$$f_{\mathrm{cu,e_1}} = m_{f_{\mathrm{cu}}^{\mathrm{c}}} - 1.645 s_{f_{\mathrm{cu}}^{\mathrm{c}}} \qquad (12 - 7)$$

$$f_{\mathrm{cu,e_2}} = m_{f_{\mathrm{cu,min}}^{\mathrm{c}}} \qquad (12 - 8)$$

式中：$m_{f_{cu,min}^c}$——该批每个构件中最小的测区混凝土强度换算值的平均值，MPa，精确至 0.01MPa。取两者中的较大值为该批构件的混凝土强度推定值。

④ 对按批量检测的构件，当该构件混凝土强度标准差出现下列情况之一时，则该批构件应全部按单个构件检测：

Ⅰ. 当该批构件混凝土强度平均值小于 25MPa 时，应按式(12-9)计算：

$$s_{f_{cu}} > 4.5 \text{MPa} \tag{12-9}$$

Ⅱ. 当该批构件混凝土强度平均值不小于 25MPa 时，应按式(12-10)计算：

$$s_{f_{cu}} > 5.5 \text{MPa} \tag{12-10}$$

(三)超声-回弹综合法

超声-回弹综合法是指采用超声仪和回弹仪，在结构混凝土同一测区分别测量声时值和回弹值，然后利用测强公式推算该测区混凝土强度的一种方法。此法具有受混凝土龄期和含水率的影响小、测试精度高、适用范围广、能够较全面地反映结构混凝土的实际质量等优点。

1. 现场操作步骤

(1)测区布置规定

① 当单个构件检测时，应在构件上均匀布置测区，每个构件的测区数不应少于 10 个；

② 当对同批构件抽样检测时，构件抽样数应不少于同批构件的 30%，且不少于 10 件，每个构件测区数不少于 10 个；

③ 对长度小于或等于 2m 的构件，其测区数量可适当减少，但不应少于 3 个。

(2)当按批抽样检测时，混凝土强度等级相同；原材料、配合比、成型工艺、养护条件及龄期相同；构件种类相同；所处状态相同。符合上述条件的构件才可作为同批构件。

(3)对构件测区布置的要求

① 测区的布置应在构件混凝土浇筑方向的侧面；

② 测区应均匀分布，相邻两测区的间距不宜大于 2m；

③ 测区宜避开钢筋密集区和预埋件；

④ 测区尺寸为 200mm×200mm；相对的两个 200mm×200mm 方块应视为一个测区；

⑤ 测试面应清洁、平整、干燥，不应有接缝、饰面层、浮浆和油垢，并避开蜂窝、麻面部位，必要时可用砂轮片清除杂物和磨平不平整处，并擦净残留粉尘；

(4)结构或构件的每一测区，宜先进行回弹测试，后进行超声测试。

3. 超声声速值的测量与计算

(1)超声测点应布置在回弹测试的同一测区内。应保证换能器与混凝土耦合良好。

(2)测试的声时值应精确至 0.1μs，声速值应精确至 0.01km/s。超声测距的测量误差不应大于±1%。

(3)每个测区内的相对测试面上应布置三个测点，且发射和接收换能器的轴线应在同一轴线上。

(4)测区声速应按式(12-11)和式(12-12)计算：

$$v = l/t_m \qquad (12-11)$$

$$t_m = (t_1 + t_2 + t_3)/3 \qquad (12-12)$$

式中：v——测区声速值，km/s；

　　　l——超声测距，mm；

　　　t_m——测区平均声时值，μs；

　　　t_1、t_2、t_3——分别为测区中 3 个测点的声时值，μs。

（5）当在混凝土浇筑的顶面与底面测试时，由于上表面砂浆较多，强度偏低，底面粗骨料较多强度偏高，综合起来与成型侧面是有区别的，另浇筑表面不平整，因此会使声速偏低，所以应按式（12-13）进行修正：

$$v_a = \beta v \qquad (12-13)$$

式中：v_a——修正后的测区声速值，km/s；

　　　β——超声测试面修正系数，在顶面及底面时，$\beta = 1.034$，在侧面测试时，$\beta = 1$。

4. 混凝土强度的推定

（1）构件第 i 个测区的混凝土强度换算值应采用修正后的测区回弹值及修正后的测区声速值。

（2）当结构所用材料与制定的测强曲线所用材料有较大差异时，须用同条件试件块或从结构构件测区钻取的混凝土芯样进行修正，试件数量应不少于 3 个。此时，得到的测区混凝土强度换算值应乘以修正系数。

（3）结构或构件混凝土强度的推定

结构或构件的混凝土强度推定值应按下列公式确定：

① 当按单个构件检测时，单个构件的混凝土强度推定值 $f_{cu,i}$ 取该构件各测区中最小的混凝土强度换算值 $f^c_{cu,min}$。

② 当按批抽样检测时，该批构件的混凝土强度推定值应按式（12-14）计算：

$$f_{cu,e} = m_{f^c_{cu}} - 1.645 s_{f^c_{cu}} \qquad (12-14)$$

式中各测区混凝土强度换算值的平均值 $m_{f^c_{cu}}$ 及标准差 $S_{f^c_{cu}}$ 应按式（12-15）和式（12-16）计算

$$m_{f^c_{cu}} = \frac{1}{n} \sum_{i=1}^{n} f^c_{cu,i} \qquad (12-15)$$

$$s_{f^c_{cu}} = \sqrt{\frac{\sum_{i=1}^{n} (f^c_{cu,i})^2 - n(m_{f^c_{cu}})^2}{n-1}} \qquad (12-16)$$

当同批测区混凝土强度换算值标准差过大时，混凝土强度推定值可按式（12-17）计算：

$$f_{cu,e} = m_{f^c_{cu,min}} = \frac{1}{m} \sum_{i=1}^{n} f^c_{cu,min,i} \qquad (12-17)$$

式中：$m_{f_{cu,min}}$——该批每个构件中最小的测区混凝土强度换算值的平均值，MPa；

$f^c_{cu,min,i}$—— 第 i 个构件中的最小测区混凝土强度换算值，MPa；

m—— 抽取构件数。

（4）当同批构件按批检测时，若标准差出现下列情况时，则该批应全部按单个构件检测：

① 当该批构件混凝土强度平均值小于 25MPa 时：$S_{f_{cu}} > 4.5MPa$；

② 当该批构件混凝土强度平均值 $m_{f_{cu}} = 25 \sim 50MPa$ 时：$S_{f_{cu}} > 5.0MPa$；

③ 当该批构件混凝土强度平均值大于 50MPa 时：$S_{f_{cu}} > 6.5MPa$。

（四）后拔出法检测混凝土强度

后拔出法检测混凝土强度，是指在已硬化混凝土表面进行钻孔、磨槽、嵌入锚固件，使用拔出仪进行拔出试验，测定极限拔出力，并根据预先建立的拔出力与混凝土强度之间的相关关系检测混凝土强度。

1. 使用范围

当对结构或构件的混凝土强度有怀疑时·或旧结构混凝土强度需要检测时，可采用后拔出试验进行检测，检测结果可作为评价混凝土质量的一个主要依据。

2. 现场检测步骤

（1）检验前具备下列有关资料

① 工程名称及设计、施工、建设单位名称；

② 结构或构件名称、设计图纸及图纸要求的混凝土强度等级；

③ 粗骨料品种及最大粒径；

④ 混凝土浇筑和养护情况以及混凝土的龄期；

⑤ 结构或构件存在的质量问题等。

（2）测点布置应符合下列规定

① 按单个构件检测时，应在构件上均匀布置 3 个测点。当最大拔出力和最小拔出力与中间值之差均小于中间值的 15% 时，仅布置 3 个测点；当最大拔出力或最小拔出力与中间值之差大于中间值的 15%（包括两者均大于中间值的 15%）时，应在最小力测点附近加 2 个测点。

② 当同批构件按批抽样检测时，抽检数量应不少于同批构件总数的 30%，且不少于 10 件，每个构件不应少于 3 个测点。

③ 测点宜布置在构件混凝土成型的侧面，如不能满足这一要求时，可布置在混凝土成型的表面或底面。测点应避开接缝、蜂窝、麻面部位和混凝土表层的钢筋、预埋件。

（3）钻孔

钻孔应始终与混凝土表面垂直，垂直度偏差不大于 3°。钻孔直径应比规定值大 0.1mm，且不宜大于 1.0mm。钻孔深度应比锚固深度深 20～30mm。锚固深度应符合规定，允许误差为 ±0.8mm。环形槽深度应为 3.6mm 至 4.5mm。

（4）磨槽

磨槽时，磨槽机的定位圆盘应始终紧靠混凝土表面回转，磨出的环形槽形状应规整。

（5）安装锚固件

将胀簧插入成型孔内，通过胀杆使胀簧锚固台阶完全嵌入环形槽内，保证锚固可靠。

(6)拔出试验

摇动拔出仪的摇把,对锚固件施加拔出力。加荷速度控制在 $0.5\sim1kN/s$。当荷载加至混凝土开裂破坏、测力显示器读数不再增加为止。

3. 混凝土强度换算及推定

(1)混凝土强度换算值计算

(2)单个构件混凝土弹度推定

① 单个构件的拔出力计算值,应按下列规定取值:

当构件 3 个拔出力中的最大或最小拔出力与中间值之差均小于中间值的 15% 时,取小值作为该构件拔出力计算值;当加测时,加测的 2 个拔出力值和最小拔出力值一起取平均值,再与前一次的拔出力中间值比较,取小值作为该构件拔出力计算。

② 将单个构件拔出力计算强度换算值(修正系数 n 乘以强度换算值)作为当构件混凝土强度推定值 $f_{cu,e}$

$$f_{cu,e} = f_{cu}^{c} \tag{12-18}$$

(3)抽检构件的混凝土强度推定

混凝土强度的推定值 $f_{cu,e}$ 按式(12-19)、式(12-20)计算:

$$f_{cu,e_1} = m_{f_{cu}^c} - 1.645 S_{f_{cu}^c} \tag{12-19}$$

$$f_{cu,e_2} = m_{f_{cu,min}^c} = \frac{1}{m}\sum_{j=1}^{n} f_{cu,min,j}^c \tag{12-20}$$

式中:$m_{f_{cu}^c}$ —— 每个构件混凝土强度换算值中最小值的平均值,MPa,精确至 0.1MPa;

$m_{f_{cu,min,j}^c}$ —— 第 j 个构件混凝土强度换算值中的最小值,MPa,精确至 0.1MPa;

m —— 批抽检的构件数;

$m_{f_{cu,min}^c}$ —— 批抽检构件混凝土强度换算值的平均值,MPa,精确至 0.1MPa,按式(12-21)计算:

$$m_{f_{cu,min}^c} = \frac{1}{n}\sum_{i=1}^{n} f_{cu,i}^c \tag{12-21}$$

式中:$f_{cu,i}^c$ —— 第 i 个测点混凝土强度换算值;

$S_{f_{cu}^c}$ —— 批抽检构件混凝土强度换算值的标准差,MPa,精确至 0.1MPa,按式(12-22)计算:

$$S_{f_{cu}^c} = \sqrt{\frac{\sum_{i=1}^{n}(f_{cu,i}^c)^2 - n(m_{f_{cu}^c})^2}{n-1}} \tag{12-22}$$

n —— 批抽检构件的测点总数;

取式(12-21)、式(12-22)中较大值作为该批构件的混凝土强度推定值。

(五)混凝土构件缺陷的无损检测方法

可用于探伤的无损检测手段有超声脉冲法和射线法两大类,其中射线法需解决人体防护等问题,在我国很少使用。目前最有效的方法是超声脉冲波检测法。

1. 混凝土超声探伤判别缺陷的基本依据

(1)超声脉冲波遇到缺陷时产生绕射,根据声时及声程判别和计算缺陷的大小;

(2)超声脉冲波在缺陷界面产生散射和反射,到达接收换能器的声波能量(波幅)显著减小,可根据波幅化的程度来判断缺陷的性质和大小;

(3)超声脉冲波中各频率成分在缺陷界面衰减程度不同,接收信号的频率明显降低或接受频谱产生差异,也可判别内部缺陷情况;

(4)超声脉冲波通过缺陷时,部分声波会产生路径和相位变化,不同路径或不同相位的声波叠加后,造成接收信号波形畸变,可参考畸变波形分析判断缺陷。

2. 声学参数测量

(1)声时测量时,应将发射换能和接收换能器分别耦合在测区同一测点相对应位置上,用"衰减器"将接收信号首波调至一定高度,在调节游标脉冲,用其前沿对准首波前沿基线弯曲的起始点,读取调节游标脉冲,用其用其前沿对准首波前沿基线弯曲的起始点,读取声时值(精确至 $0.01\mu s$)。该测点混凝土声时值应按式(12-23)计算:

$$t_{ct} = t_i - t_0 \qquad (12-23)$$

式中:t_{ct}——第 j 点混凝土声时值,X_i;

t_i——第 i 点测读声时值,μs;

t_0——声时初读数,当采用厚度振动式换能器时,可参照仪器使用说明书测得,当采用径向振动换能器时,可按"时-距"法测得。

(3)频率测量时,应先将游标脉冲调至首波前半个周期的波谷(或波峰),读取声时值 t_1,再将游标脉冲调至相邻的波谷(或波峰),读取声时值 t_2,由此即可求出该点第一周期波的频率 f_i,应按式(12-24)计算:

$$f_i = \frac{1\,000}{t_2 - t_1} \qquad (12-24)$$

(4)波形观察时主要观察接收信号的波形是否畸变或观察包括线的形状,必要时可绘制或拍照。

3. 测前准备

(1)对检测面的要求

测区混凝土表面应清洁、平整,必要时可砂轮磨平或用高强度等级快凝砂浆抹平。换能器应通过耦合剂与结构表面接触,耦合层中不得夹泥沙或空气。

(2)测点间距

普通的测点间距宜为 $200\sim500mm$(平测法例外),对出现可疑数据的区域,应加密布点进行细测。

(3)换能器频率选择

换能器频率选择根据测点间距和结构最小截面面积尺寸进行选择。

(4)换能器布置方式

① 直穿法:两只换能器对面布置(直接传播)。

② 斜穿法:两只换能器在相邻面面布置(半直接传播)。

③ 平测法：两只换能器布置在同一表面（间接传播或表面传播）。

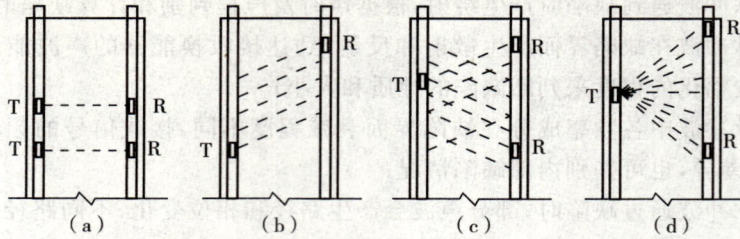

图 12-8　换能器布置方式图

④钻孔法：一对换能器分别置于两个应对钻孔中，采用孔中对测（两个换能器位于同一高度进行测试）、孔中斜测（一对换能器分别置于两个应对钻孔中，但不在同一高度而是保持一定高程差的条件下进行测试）和孔中平测（一对换能器置于同一钻孔中，以一定的高程差同步移动进行测试）。

4. 混凝土缺陷检测

(1)混凝土相对均匀性检测

构件内部或个构件之间的混凝土不均匀性可引起脉冲速度的差异，脉冲速度的测量为研究均质性提供了手段。选定足以均匀地布置该混凝土结构一定体积的若干测点，测点的间距一般为 200～500mm，测点布置时应避开与声波传播方向相一致的钢筋。

① 各测点的混凝土声速值应按式(12-25)计算：

$$v_i = l_i / t_{ci} \tag{12-25}$$

式中：v_i—— 第 i 点混凝土声速值，km/s；

　　l_i—— 第 i 点测距；

　　t_{ci}—— 第 i 混凝土声时值，μs；

② 各混凝土声速的平均值 m_v 和标准差 s_v 及离差系数 c_v 应按式(12-26)、式(12-27)、式(12-28) 分别计算：

$$m_v = \frac{1}{n} \sum_{i=1}^{n_{i=1}} v_i \tag{12-26}$$

$$s_v = \sqrt{\frac{\sum v_i^2 - nm_v^2}{n-1}} \tag{12-27}$$

$$c_v = \frac{s_v}{m_v} \tag{12-28}$$

式中：v_i—— 第 i 个测点混凝土声速值，km/s；

　　n—— 测点数。

根据声速的标准差和离差系数的大小，可以相对比较相同测距的同类结构或各部位混凝土的质量均匀性的优劣。

(2)混凝土结合面质量检测

按布置好的测点分布测出各点的声时、波幅和频率值对某一测区点声时、波幅和频率值分别进行统计和异常值判读,当通过结合面的某些测点的数据被判为异常,并查明无其他因素影响时,可判定混凝土结合面在该部位结合不良。

(3)混凝土表面损伤层检测

① 根据结构的损伤情况和外观质量选取有代表性的部位布置测区;

② 结构被测表面应平整并处于自然干燥状态,且无接缝和饰面层;

③ 点布置时应避免 T、R 换能器的连线方向与附近主钢筋的轴线平行。

测试时 T 换能器应耦合好保持不动,而后将 R 换能器依次耦合在测点 1、2、3、……。位置上,如图 12-9 所示,读取相应的声时值 t_1、t_2、t_3、……,并测量每次 R、T 换能器之间的距离 l_1、l_2、l_3、……,R 换能器每次移动的距离不宜大于 100mm,每次的测点数不少于 5 个。

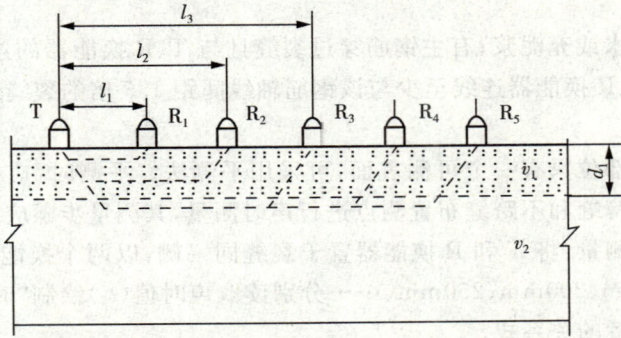

图 12-9 损伤层检测换能器布置

当结构的损伤层厚度不均匀时,应适当增加测区数。

以各测点的声时值 t_i 和相应测距值 l_i 绘制"时-距"坐标图。由图可得到声速改变所形成的拐点,计算出该损伤混凝土的声速(v_f)和未损伤混凝土的声速(v_a)。

(4)不密实区和空洞检测

① 适用情况

当结构混凝土因振捣不够、漏浆或石子架空等原因造成混凝土局部区域呈蜂窝状、空洞等缺陷时。

② 检测要求

Ⅰ. 被测部位应具有一对(或两对)相互平行的测试面。

Ⅱ. 测试范围除应大于有怀疑的区域外,还应有同条件的正常混凝土进行对比,且对比测点数不应少于 20。

Ⅲ. 在测区布测点时,应避免 T、R 换能器的连线与附近的主钢筋轴线平行。

Ⅳ. 根据被测结构实际情况,可按下列方法之一布置换能器:

(Ⅰ)当结构具有两对互相平行的测试面时可采用对测法。在测区的两对相互平行的测试面上,分别画间距为 100~300mm 的网栅,然后编号、确定对应的测点位置。

(Ⅱ)当结构中只有一对相互平行的测试面时采用对测和斜测相结合的方法。即在测区的两个相互平行的测试面上,分别画出交叉测试的两组测点位置。

(Ⅲ)当结构的测试距离较大时,在测区适当位置钻出平行出侧面的测试孔。测孔直径 40~50mm,结构侧面采用厚度振动换能器,用黄油耦合。有径向振动式换能器,用水耦合。

（Ⅳ）每一测点的声速值、波幅、频率和测距的测量，应分别按规定进行。测区混凝土声时（或声速）、波幅、频率测量值的平均值（m_x）和标准差（S_x）应按式（12-29）、式（12-30）计算：

$$m_x = \frac{1}{n} \sum_{i=1}^{n} X_i \tag{12-29}$$

$$S_x = \sqrt{\left(\sum_{i=1}^{n} X_i^2 - n m_x^2 \right) / (n-1)} \tag{12-30}$$

式中：X_i—— 第 i 点的声时（或声速）、波幅、频率的测量值；

　　　n—— 一个测区参与统计的测点数。

4. 浅裂缝检测

裂缝中不得充水或充泥浆；有主钢筋穿过裂缝且与 T、R 换能器的连线大致平行，布置测点时应注意使 T、R 换能器连线至少与该钢筋轴线间距 1.5 倍的裂缝预计深度。

（1）平测法

当结构的裂缝部位只有一个可测表面，可采用平测法。平测时，应在裂缝被测比为以不同的测距同时按跨缝和不跨缝布置测点进行声时测量，其测量步骤应为：

1）不跨缝声时测量：将 T 和 R 换能器置于裂缝同一侧，以两个换能器内边缘间距（l_i'）等于 100mm、150mm、200mm、250mm、……分别读取声时值（t_i）绘制"时-距"坐标图，或用统计的方法求出两者的关系式。

$$l_i = l_i' + \alpha \tag{12-31}$$

式中：l_i——第 i 点的超声波实际传播距离，mm；

　　　l_i'——第 i 点的 R、T 换能器内边缘间距，mm；

　　　α——"时-距"图中 l' 轴的截距或回归直线方程的常数项，mm。

2）跨缝声时测量：将 T、R 换能器分别置于裂缝为轴线的对称两侧，两换能器中心连线垂直于裂缝走向，以 $l_i' = 100mm$、150mm、200mm、250mm、300mm、……分别读声时值 t_i^0，同时观察首波相位的变化。

3）当结构的裂缝部位具有两个相互平行的测试表面时，可采用斜测法检测。将 T、R 换能器分别置于对应测点 1、2、3、…的位置，读取相应声时值和波幅值及频率值。

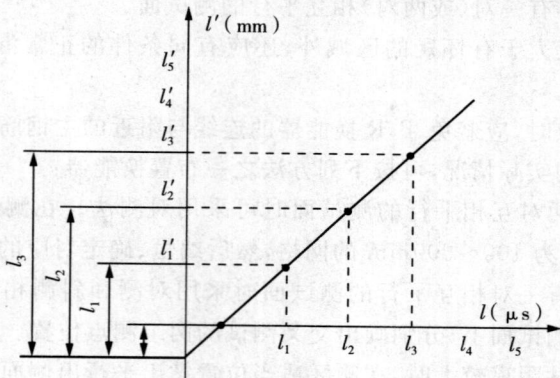

图 12-10　平测"时-距"图

4)平测法检测,裂缝深度按式(12-32)计算:

$$d_{ci} = \frac{l_i}{2}\sqrt{\left(\frac{t_i^0}{t_i}\right)^2 - 1} \tag{12-32}$$

式中:d_{ci}——裂缝深度,mm;

t_i、t_i^0——分别代表测距为 l_i 时不跨缝、跨缝平测的声时值,μs。

以不同测距取得的 d_{ci} 的平均值作为该裂缝的深度值 d_c。如所得的 d_c 值大于原测距中任一个 l_i',则应把该 l_i 距离的 S_s 舍弃后重新计算 d_c 值。

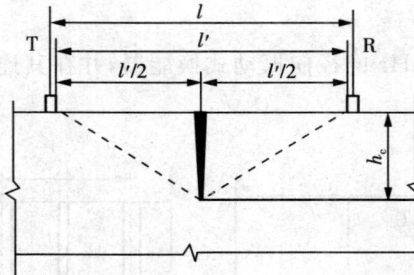

图 12-11 绕过裂缝示意图

5)裂缝深度的确定方法

① 跨缝测量中,当在某测距发现首波反相时,可用该测距及两个相邻测距的测量值式计算 h_{ci} 的平均值作为该裂缝的深度值(h_c);

② 跨缝测量中如难于发现首波反相,则以不同测距计算 h_{ci} 及其平均值(m_{bc})。将各测距 L_i' 与 m_{bc} 比相比较,凡测距 L_i' 小于 m_{bc} 和大于 $3m_{bc}$,应剔除该组数据,然后取余下 h_{ci} 的平均值作为该裂缝的深度值(h_c)。

(2)双面斜测法

当结构的裂缝部位具有两个相互平行的测试表面时,可采用双面穿透斜测法检测。测点布置如图 12-12 所示,将 T、R 换能器分别置于两测试表面对应测点 1、2、3……的位置,读取相应声时值 t_i、波幅值 A_i 及主频率 δ。如 T、R 换能器的连线通过裂缝,则接收信号的波幅和频率明显降低。根据波幅和频率的突变,可以判定裂缝深度以及是否在平面方向贯通。

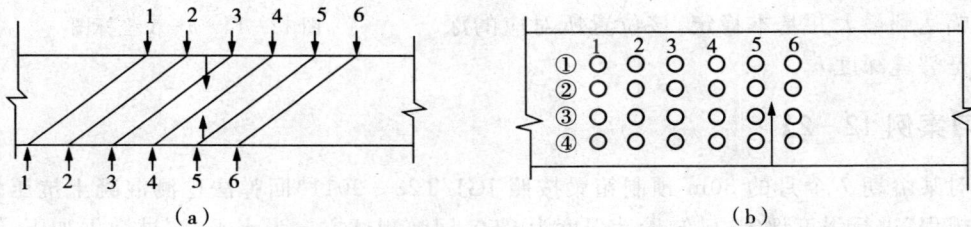

图 12-12 倾斜测裂缝测点布置示意图
(a)平面图;(b)立面图

5. 深裂缝检测

(1)适用情况

对于大体积混凝土,当预计开裂深度大于 500mm 时。

(2)检测要求

① 需要检测的裂缝中,不得充水或泥浆;允许在裂缝两旁钻测试孔。

② 孔径应比换能器直径大 5～10mm;孔深应至少比裂缝预计深度深 700mm,经测试如浅于裂缝深度,则应加深钻孔。

③ 测试孔始终位于裂缝两侧,其轴线应保持平行;间距宜为 2 000mm,同一结构的各对应测试孔间距应相同。孔中粉末碎屑应清理干净。

(3)检测方法

① 选用频率为 20～40kHz 的径向振动式换能器,并在其连接线上做出等距离标志(一般间隔 100～500mm)。

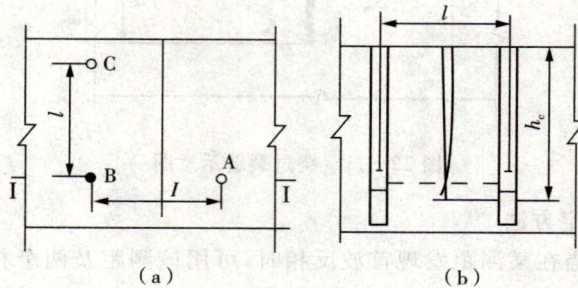

图 12-13 钻孔测裂缝深度示意图
(a)平面图(C 为比较孔);(b)Ⅰ—Ⅰ剖面图

② 测试前应先向测试孔中注满清水,然后将 T、R 换能器分别置于裂缝两侧的对应孔中,以相同高程等间距从上至下同步移动,逐点读取声时、波幅和换能器所处的深度。

以换能器所处深度(h)与对应的波幅值(A)绘制 h-A 坐标图(图 12-14),随着换能器位置的下移,波幅逐渐加大,当换能器移至某一位置后波幅达到最大并基本稳定,该位置所对应的深度便是裂缝深度 h_c。

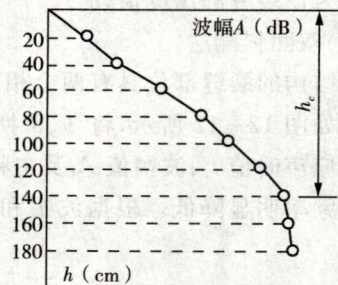

图 12-14 h-A 坐标图

【学习案例 12-2】

对某龄期 7 个月的 30m 预制箱梁按照 JGJ/T23—2011"回弹法检测混凝土抗压强度技术规程"进行强度评定,已知设计强度为 C50,回弹测试方向为水平,测试数据如下,请采用专用测强曲线计算推定强度并判定是否符合设计要求。(数据取舍和计算过程数据可直接划选和填写在表格中)

表 12-1 回弹法检测混凝土抗压强度结果

测点\测区	1	2	3	4	5	6	7	8	9	10	11	12	13	14	15	16	平均回弹值	强度换算值（MPa）
1	42	41	43	40	44	45	45	43	44	48	39	43	42	46	45	49	43.6	52.2
2	42	44	48	50	46	44	45	43	40	46	43	43	39	52	41	42	43.8	52.7
3	46	48	44	42	52	50	49	42	44	48	45	50	47	45	46	46	46.4	59.0
4	43	43	52	48	46	51	48	46	49	44	46	43	47	48	48		46.6	59.5
5	49	46	43	49	50	52	53	46	48	43	47	49	46	48	50		48.0	63.0
6	46	39	55	39	47	46	44	46	43	45	47	48	45	47	50		46.0	58.0
7	48	49	52	53	50	49	47	49	50	51	48	46	40	47	50		48.8	65.0
8	39	49	50	47	45	44	40	48	44	47	54	52	50	49	48		47.6	62.0

答题方法：

1. 计算测区平均回弹值，应从该测区的个回弹值中剔除除 3 个最大值和 3 个最小值，余下的 10 个回弹值计算平均值。

2. 水平测试不需进行非水平方向修正。

3. 碳化深度 d_m 按 0 取值。

4. 测区数为 8 个，小于 10 个，按照 JTJ/T023—2011《回弹法检测混凝土抗压强度技术规程》。构件的现龄期混凝土强度推定值取最小值 52.2MPa 为推定强度，符合设计要求，评定结果合格。

【学习案例 12-3】

表 12-2 回弹法检测混凝土强度试验记录

委托单位	×××检测有限责任公司	检测依据	JGJ/T23—2011
工程名称、部位	立柱	施工日期	2014/03/04
设计强度等级	40MPa	检测日期	2014/04/01

构件名称	测区	回弹值（MPa） 1 2 3 4 5 6 7 8 9 10 11 12 13 14 15 16	平均值	修正值	修正值回弹值	碳化深度mm	混凝土抗压强度换算值（MPa） 换算值 平均值 标准差 最小值	现龄期混凝土强度推定值（MPa）

	序号																	平均值			碳化					
立柱	1	37	41	41	41	40	39	41	38	42	39	41	50	40	39	39	42	41.3	/	41.3	0.5	44.3				
	2	38	37	39	40	42	40	43	45	39	38	42	41	39	45	49	46	40.9	/	40.9		43.5				
	3	41	47	42	49	38	44	38	53	39	39	45	51	38	41	39	42	41.9	/	41.9	0.5	45.6				
	4	41	43	44	45	41	42	43	38	44	40	39	43	41	36	39	41	41.0	/	41.0		43.7				
	5	38	39	42	38	38	41	45	40	38	44	39	42	33	37	46	53	40.2		40.2	0.5	42.0	44.2	1.71	41.6	41.4
	6	39	40	40	39	40	38	49	49	39	46	49	38	38	39	39	40	40.0		40.0		41.6				
	7	46	44	46	43	41	43	40	44	42	43	42	41					41.7		41.7	0.5	45.2				
	8	46	47	38	44	45	42	43	43	39	41	44	37	36	51			42.7		42.7		47.4				
	9	40	39	41	46	37	41	42	42	41	42	40	42					41.6		41.6	0.5	45.0				
	10	39	42	40	41	40	40	42	46	41	42	40	42	42	42	41	43	41.1	/	41.1		43.9				

测面状态	侧面/光洁/干燥		测试角度	水平		回弹仪型号、编号及率定值		ZC3—A
备注								

复核：	试验：	

【学习案例 12－4】

回弹法检测混凝土强度报告见表 12－3 所列。

表 12－3　回弹法检测混凝土强度报告

委托单位	综合部	委托编号	1404001
工程名称	比对试验	强度等级	40MPa
回弹部位	立柱	混凝土来源	商品砼
主要仪器	/	检测日期	2014/04/01
环境温度	22℃	检测日期	2014/04/03

检测结果

构件名称	碳化深度（mm）	测区混凝土抗压强度换算值（MPa）			构件现龄期混凝土强度
		平均值	标准差	最小值	推算值（MPa）
立柱	0.5	44.2	1.71	41.6	41.4

执行标准	JGJ/T23—2011
检测结论	经检验，该样品按照 JGJ/T23—2011 要求，所检项目的检验结果符合设计要求。
备注	1. 对本报告如有异议，请于十五日内向本试验单位提出，逾期恕不受理； 2. 本报告无报告专用章、无报告/审核/签发人签字、复印件未重新盖章，均属无效； 3. 本检验结果仅对受检样本/样品的本次检验有效

地址：	电话：	
批准：	审核：	试验：

【学习案例 12 - 5】

表 12 - 4　裂缝观测检测记录

委托单位	/	试验环境	温度 25℃晴
试样名称	立柱	试验规程	GB/T50344—2004
主要仪器及编号	读数显微镜 HJJC09—153	试验日期	2014/04/02
检测位置	裂缝坐标	裂缝宽度(mm)	裂缝长度(cm)
①		0.3	2.1
②		0.3	2.0
③		0.2	2.0
④			
⑤			
裂缝位置示意图			立柱解剖图
备注			
	复核：　　　　　试验：		

【学习案例 12 - 6】

表 12 - 5　结构物裂缝宽度检测报告

工程部位			检测依据	GB/T50344—2004
主要仪器			检测日期	2012/04/02
检测环境			报告日期	2012/04/03
试验项目	单位	规范要求	检测结果	单项判定
裂缝宽度	mm	/	0.3	/
裂缝长度	mm	/	2.1	/
结论			结果见实测值	
备注	1. 对本报告如有异议,请于十五日内向本试验单位提出,逾期恕不受理; 2. 本报告无报告专用章、无报告/审核/签发人签字、复印件未重新盖章,均属无效; 3. 本检验结果仅对受检样本/样品的本次检验有效			

任务 12-2　预应力混凝土结构构件检测

【学习要求】

掌握预应力筋用锚具、夹具和连接器检测方法及静载锚固效率系数的概念;张拉设备校验的校验方法等。

【学习内容】

一、预应力锚具、夹具和连接仪器的检测

锚具是在后张法结构或构件施工时,为保持预应力筋的拉力将其传递到混凝土上所用的永久性锚具装置。

夹具是先张法构件结构施工时,为保持预应力筋的拉力并将其固定生产台座上的临时性锚固装置;在后张法结构或构件施工时,在张拉千斤顶设备上夹持预应力的临时性锚固装置。

连接器:用于连续预应力筋的装置。

(一)产品分类与代号

1. 锚具、夹具和连接器按锚固方式不同,可分为夹片式、支承式、锥塞式和握裹式四种。

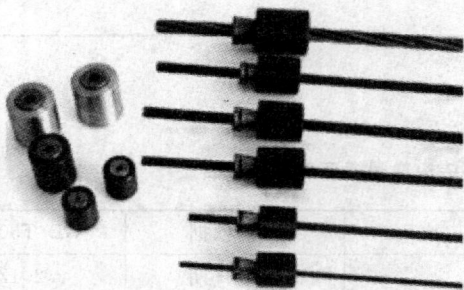

图 12-15　锚具、夹具图　　　　　图 12-16　连接器

2. 锚具、夹具或连接器的代号可以用两个汉语拼音字母表示。第一位字母为预应力体系代号,研制单位选定,无研制单位者可省略不写。第二位字母为锚具(M)、夹具(J)或连接器(L)代号。锚具、夹具或连接器的标记由代号、预应力钢材三部分组成。

【学习案例 12-7】

锚固 9 根直径 15.2mm 预应力混凝土用钢绞线的 QM 锚具,标记为 QM15-9。

（二）常规检测项目及抽样方法

1. 常规检测项目有外观、硬度和静载锚固性能试验。

2. 同一类产品，同一原材料，用同一种工艺一次投料生产的产品为一组批。每个抽验组批不得超过1 000套。外观检查抽取10%，且不少于10套。对其中有硬度要求的零件做硬度检验，硬度检验抽取5%。静载锚固性能检验抽取3套试件的锚具、夹具或连接器。

3. 疲劳试验、周期荷载试验及补助试验抽取3套试件。

预应力锚具按锚固性能分为Ⅰ类和Ⅱ类两种，Ⅰ类锚具用于承受动、静载作用的预应力混凝土，Ⅱ类锚具仅用于有黏结的预应力混凝土结构中预应力应力变化不大的部位。

（三）技术要求

锚具、夹具和连接器具有可靠的锚固性能、足够的承载力和良好的适用性，以保证充分发挥预应力筋的强度，并安全地实现张拉作业。

1. 锚具

（1）锚具的静载锚固性能，应有静载试验时测定的锚具系数 η_a 达到实测极限拉力的预应力筋-锚具受力长度的总应变。锚具的静载锚固性能同时满足下列要求：

$$\eta_a \geqslant 0.95, \varepsilon_{apu} \geqslant 0.95, F_{apu} \geqslant 2.0\%$$

（2）在预应力筋-锚具组装件达到实测极限拉力时，应当是由于预应力筋的断裂，而不应当是由于夹具的破坏所导致。

（3）预应力筋-锚具装件满足静载锚固性外，尚须满足循环次数为200万次的疲劳性试验。试验后，锚具零件不应疲劳破坏。预应力筋疲劳破坏的面积不应大于试件面积的5%。

（4）用于抗震要求结构中的锚具，预应力筋-锚具组件还应满足循环次数为50次的周期荷载试验。试验后，预应力筋在锚具区域不应发生破坏、滑动的夹片松脱现象。

（5）锚固过程预应力筋的内缩量不大于6mm，锚口摩阻损失不大于2.5%。

2. 夹具

（1）夹具的效率系数要求：$\eta_a \geqslant 0.92$。

（2）在预应力筋-夹具组装达到实测极限拉力时，应当是由于预应力筋的断裂，而不应当是由于夹具的破坏导致。夹具的全部零件不应出现肉眼可见的裂缝或破坏；夹具应有良好的自锚性能、松锚性能和重复使用性能。

（3）连接器

在先张法或后张法施工中，在张拉预应力永久留在混凝土结构或构件中的连接器，都必须符合锚具的性能要求；若在张拉还需放张和拆卸的连接器，则必须符合夹具的性能要求。

（四）静载锚固性能试验

1. 试验要求

（1）试验用的预应力筋-锚具、夹具或连接器组装件应由全部零件和预应力筋组装而成。组装时锚固零件必须干净。其受力长度不应小于3m。

（2）预应力筋在锚具夹持部位有偏转角度而必须使预应力筋、钢材在某个位置弯折时，可以在此处安装轴向可移动的偏转装置。

（3）单根钢绞线的组装试件，不包括夹持部位的受力长度不应小于 0.8m。

（4）全部力学性能必须严格符合该产品的国家标准或行业标准；同时，所选用的预应力钢材直径公差应在锚具、夹具或连接器产品设计的允许范围之内。对符合要求的预应力钢材进行母材试验，试件不应小于 3 根，证明符合国家或行业产品标准后才可用于组装件试验。

图 12 - 17　静载锚固性能试验

（5）在锚具确定适用于某一等级的预应力钢材，试验用的预应力钢材极限抗拉强度平均值 f_{pm} 不应高于产品系列中高一等级的抗拉强度标准值 f_{ptk}。

（6）试验用于的测力系统，其不确定不得大于 2%；测量应变的量具，其标距的不确定不得大于标距的 0.2%，指示应变的不确定不得大于 0.1%。

2. 试验方法

（1）对于先安装锚具、夹具或连接器在张拉预应力筋的预应力体系，可直接用试验机或试验台座加载。初应力可取钢材抗拉强度标准值 f_{ptk} 的 5%～10%。正确的加载步骤为：按预应力钢材抗拉强度标准值的 20%、40%、60%、80% 分 4 级等速加载，加载速度宜为 100MPa/min，达到 80% 后，持荷 1h，再逐步加载至破坏。

① 在试验过程中测量以下项目：

Ⅰ. 有代表性的若干根预应力钢材与锚具、夹具或连接器之间在预应力筋达到 $0.8f_{ptk}$ 时的相对位移。

Ⅱ. 锚具、夹具或连接器若干有代表性的零件之间在预应力筋应达到 $0.8f_{ptk}$ 时相对位移。

Ⅲ. 试件的实测极限拉力 F_{apu}，将其代入式（12 - 32）可得静载锚固效率系数 η_a。

$$\eta_g = \frac{F_{apu}}{\eta_p F_{pm}} \tag{12-32}$$

式中：F_{apu}——预应力筋-锚具组装件的实测极限拉力；

$\quad\quad F_{pm}$——按预应力钢材试件实测评断荷载平均值计算的预应力筋的实际平均极限抗拉力；

$\quad\quad \eta_g$——预应力筋-锚具组装件中预应力钢材为 1～5 根时，$\eta_g=1$；6～12 根时 $\eta_g=$

0.99；$13\sim19$ 根时，$\eta_g=0.98$；20 根以上时，$\eta_g=0.97$。

Ⅳ. 达到实测极限拉力时的总变 ε_{apu}，其值由下式（12-34）确定：

$$\varepsilon_{apu}=\frac{L_2-L_1-\Delta a}{L_0}\times100\%\qquad(12-34)$$

式中：L_1——千斤顶活塞初始行程读数；

$\quad L_2$——试件破坏时活塞终了行程读数；

$\quad \Delta a$——预应力钢材与锚具、夹具或连接器在预应力筋达到极限拉力时的相对位移。

（2）在试验过程中测量以下项目：

① 在预应力筋达到 $0.8f_{ptk}$ 时，持荷 1h，观察锚具、夹具或连接器的变形；

② 试件的破坏部位与形式。

Ⅰ. 用试验机进行单根预应力筋-锚具组装件静载试验时，在应力达到 $0.8f_{ptk}$ 时，持荷时间可以缩短，但不少于 10min。

Ⅱ. 对于先张拉预应力筋在锚固的预应力体系，应先用施工用的张拉设备，按预应力钢材抗拉强度标准值的 20%、40%、60%、80% 分 4 级等速加载，加载速度宜为 100MPa/min，达到 80% 后，持荷 1h，再逐步加载至破坏。

（五）其他试验

1. 疲劳试验

（1）疲劳试验在专用疲劳试验机上进行。

（2）以约 100MPa/min 的速度加载试验限制，再调节达到规定后，开始记录循环次数。

（3）选择疲劳试验机的脉冲频率不应超过 500 次/min。

2. 周期荷载试验

以约 100MPa/min 的速度加荷试验应力上限值，在卸荷试验应力下限值为第一周期，然后荷载自下限值再回复到下限值为第 2 个周期重复 50 个周期。

3. 辅助性试验

对新型锚具和连接器，应进行辅助试验，包括锚具和夹具的内缩量试验、锚口摩阻损失试验和张拉锚固工艺试验。

（1）锚具和夹具的内缩量试验

试件组装后测量每根预应力筋的 α_i 值，用试验设备张拉试件至预应力筋张拉控制应力后锚固，测量每根预应力筋的 δ 值，代入式（12-35）计算出每根预应力筋的内缩量 Δ_{ai} 和锚具组装件的内缩量 Δ_a：

$$\Delta_{ai}=\alpha_i-\alpha'_i$$

$$\Delta_a=\frac{1}{n}\sum_{i=1}^{n}\Delta_{ai}\qquad(12-35)$$

式中：n——锚具组装件中预应力筋的根数。

试验用的试件不得少于 3 个，取平均值，并用标准表记录。

（2）锚口摩阻损失试验

锚口摩阻损失试验使用的设备和仪器也和静载试件相同，试件安装好后，用试验设备张拉组装件至预应力的张拉控制应力,进行锚固,测出锚具前后预应力筋拉力差值 ΔF。按式(12-36)计算锚口摩阻损失:

$$u=\frac{\Delta F}{npF_{pk}}\times100\%\qquad(12-36)$$

式中:n——锚具组装件中预应力的根数;

$\quad F_{pk}$——预应力筋抗拉强度标准值;

$\quad p$——最大张拉控制应力与预应力筋抗拉强度标准之比,对钢丝和钢绞线 $p=0.8$,对于冷拉锚钢筋 $p=0.95$;

锚口摩阻损失试验试件数不得少于 3 个,试验结果取平均值,并有标准表记录。

(3)张拉锚固工艺试验

用预应力张拉设备对锚具或对用张拉法的连接器张拉锚固预应力筋的试验,最高张拉力预应力筋的 $0.8f_{ptk}A_p$,等分 4 级张拉,每拉 1 级锚固 1 次。张拉完毕后,用专门设备特别方法放松应力。

(六)检测结果判定

1. 外观检验

如表面无裂缝,影响锚固能力的尺寸符合设计要求,应判为合格;如此项尺寸有 1 套超过允许偏差,则应取双倍数量的零件做检验;如仍有 1 套不合格,则应逐个检验,合格者方可使用。如发现一套有裂纹,应对全部产品进行逐件检验,合格者方可使用。

2. 硬度检验

每个零件测试 3 点,当硬度符合设计要求的范围应判为合格;如有 1 个零件不合格,则应另取双倍数量的零件做检验;如仍有 1 个零件不合格,则应逐个检验,合格者方可使用。

3. 静载锚固性能检验

静载试验连续进行三个组装的试验,全部试验结果均应做出记录。试验结果均应满足锚固效率系数 $\eta_a\geqslant0.95$ 或 $\eta_g\geqslant2.0\%$ 的规定,不得进行平均。若有一个试件不符合要求,则另取双倍数量的零件重做试验,如仍有一个试件不合格,则该批为不合格。

二、张拉设备校验

常用的张拉设备由千斤顶和配套的高压、压力表及外接油管组成。

(一)张拉设备校验时间的规定

1. 新千斤顶使用前;

2. 油压表指针不能退回零点时;

3. 千斤顶、油压表和油管进行过更换或维修后;

4. 千斤顶使用超过 6 个月或张拉超过 200 次以上。

(二)用长柱压力试验机校验

压力试验机的精度不得低于 2%,校验时应采取被动校验法,即在校验时用千斤顶试验机,这样活塞运行方向、摩阻力的方向与实际工作时相同,校验比较准确。其步骤如下:

1. 千斤顶就位当校验穿心式千斤顶时,将千斤顶放在试验机台面上,千斤顶活塞或套与试验机压板紧密接触,且千斤顶与试验机的受力中心重合。

2. 校验千斤顶开动油泵,千斤顶进油,使活塞上升,试验机上压板。在千斤顶试验荷载平缓增加的过程中,自零位到最大吨位将被动标定的结果标定到千斤顶的油压表上。

3. 对千斤顶校验数值采用标准表记录,应根据校验结果千斤顶校验曲线预应力筋钢材张拉使用,可采用最小二乘法求出千斤顶校验公式,供预应力筋张拉时使用。

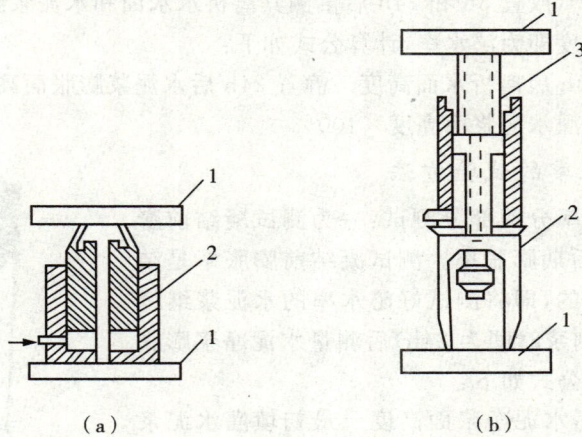

图 12-18　用压力试验机校验拉伸机
(a)校验穿心式千斤顶;(b)校验拉杆式千斤顶
1—试验机上下压板;2—拉伸机;3—无缝钢管

(三)用标准测力计校验

用水银压力计、测力计、弹簧拉力计等标准测力校验千斤顶时,千斤顶进油,活塞出,顶压测力计。当测力计达到一定吨位 T_1 时,立即读出千斤顶读数 P_1,同样方法可得 T_2、P_2;T_3、P_3;……,此时 T_1、T_2、T_3、……即为相应于油压表读数为 P_1、P_2、P_3、……时的实际作用力。将测得值绘成曲线,实际使用时,即可由此曲线找出要求的 T 值和相应的 P 值。

(四)用电侧传感器校验

传感器是在金属弹性元件表面贴上电阻应变片所组成的一个测力装置。当金属元件受外力作用变形后,电阻片也相应变形而改变其电阻值。该值通过电阻应变仪器测定处理,即可从预先标定的数据中查出

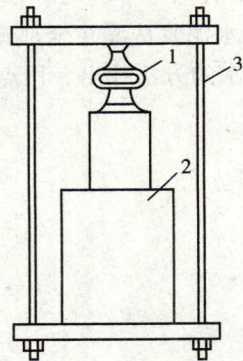

图 12-19　标准测力计校验
1—标准测力计;2—千斤顶;3—框架

外力的大小。将数据再标定到千斤顶油压表上,进行作用力的控制。

三、水泥浆的检测

压浆工作宜在预应力筋张拉完毕后尽早进行,且应在 48h 内完成,否则应采取避免预应力筋锈蚀的措施。

（一）水泥浆的强度

压浆时，每一个工作班应制作留取 3 组尺寸为 40mm×40mm×160mm 的试件，标准养护 28d，进行抗压强度和抗折强度试验，作为质量评定的依据。

（二）水泥净浆泌水率的试验方法

往高约 120mm 的有机玻璃容器中填灌水泥浆约 100mm 深，测填灌面高度并记录下来，然后用密封盖盖严，放置 3h 和 24h 后量测其离析水水面和水泥浆膨胀面。离析水的高度除以原填灌浆液高度即为泌水率，计算公式如下：

$$泌水率＝（静置 3h 后离析水面高度－静置 24h 后水泥浆膨胀面高度）/$$
$$最初填灌水泥浆面高度×100\%$$

（三）水泥净浆膨胀率的试验方法

水泥净浆的膨胀率分两部分测试：一为测试凝结前膨胀率；另一为测试中后期膨胀率。测试凝结前膨胀率是结合泌水率的测试进行的，即将测试好泌水率的水泥浆继续静置 21h（实际距离制浆时间为 24h）后测量水泥净浆膨胀后的浆面高度。计算公式如下：

$$膨胀率＝（膨胀后水泥净浆面高度－最初填灌水泥浆$$
$$面高度）/最初填灌水泥面高度×100\%$$

图 12－20　水泥浆稠度试验漏斗

（四）稠度试验

水泥浆稠度测定仪用于测试水泥浆的标准稠度。水泥是采用硅酸盐水泥或普通水泥，若采用矿渣水泥时，应加强检查，以防止材性不稳定。水泥的标号不宜低于 425 号。水泥浆稠度宜控制在 14～18s 之间，稠度的测定采用 1 725ml 漏斗试验，水泥浆从漏斗全部流出的时间（s），即为水泥浆的稠度。水泥浆面位置可用灌入 1 725ml 水的方法找出。用点测规标记。

任务 12-3　桥梁材质状况与耐久性检测评定

【学习要求】

1. 了解构件材质状况与耐久性检测评定的目的和基本内容。

2. 熟悉桥梁用钢材的主要力学性能；混凝土构件强度和缺陷的无损检测方法；构件材质状况与耐久性检测、评价的有关标准、规范与规程；刚构件缺陷的无损检测方法和标准。

3. 掌握混凝土桥梁单一构件的耐久性评价及桥梁结构技术状态综合评估；主要参数检测方法、数据处理与结果的评定：构件外观损伤、混凝土内部缺陷与损伤、钢筋锈蚀电位、混凝土中氯离子含量、混凝土中钢筋分布及保护层厚度、混凝土电阻率、混凝土碳化深度。

【学习内容】

一、桥梁结构外观质量检测

结构外观质量检测主要以人力目测为主，辅以裂缝观测仪、刻度放大镜、钢卷尺、望远镜、铁锤等工具、设备进行检查，对结构物表面损伤、病害进行检测，对检测结果尽可能采用坐标图形或照片并结合文字描述进行记录。

（一）桥梁外观检测的主要内容

1. 构件是否完好，有无损坏、开裂、剥落、锈迹，涂装有无老化变色、起皮。

2. 桥面铺装是否平整，有无裂缝、局部坑槽、积水、沉陷、波浪、碎边；混凝土桥面是否有剥离、渗漏，钢筋是否漏筋、锈蚀，填缝料是否老化、损坏，桥头有无跳车；伸缩缝是否堵塞卡死，连接部件有无松动、脱落、局部破坏。

3. 排水设施是否良好；桥面泄水管是否堵塞和破损；人行道、缘石、栏杆、扶手、防撞护栏和引道护栏有无撞坏、断裂、松动、错位、缺件、剥落、锈蚀等。

4. 观察桥梁结构有无异常变形，异常的竖向振动、横向摆动等情况。

5. 支座是否有明显的缺陷，活动支座是否灵活，位移是否正常。

6. 桥位区段河床充淤变化情况。基础是否受到冲刷损坏、外露、悬空、下沉；墩台及基础是否受到生物侵蚀；墩台是否受到船只或漂浮物撞击而受损。

7. 翼墙有无开裂、倾斜、滑移、沉降、风化剥落和异常变形；锥坡、护坡、调治构造物有无塌陷；铺砌面有无缺损、勾缝脱落、灌木杂草丛生。

（二）桥面系构件的外观检测

1. 桥面铺面层纵、横坡是否顺适，有无严重的裂缝、坑槽、波浪、桥头跳车、防水层漏水。

2. 伸缩缝是否有异常变形、破损、脱落、漏水，是否造成明显的跳车。

3. 人行道构件、栏杆、护栏有无撞坏、断裂、错位、缺件、剥落、锈蚀等；桥面排水是否顺畅，泄水管是否完好、畅通，桥头排水沟功能是否完好；锥坡有无冲蚀、塌陷。

（三）钢筋混凝土和预应力混凝土梁桥的外观检测

1. 梁端头、底面是否损坏；箱型梁内是否有积水；通风是否良好。

2. 混凝土有无裂缝、渗水、表面风化、剥落、露筋和钢筋锈蚀，有无碱集料反映引起的整体龟裂现象。混凝土表面有无严重碳化。

3. 预应力钢束锚固区段混凝土有无开裂；沿预应力筋的混凝土表面有无纵向裂缝。

4. 梁（板）式结构的跨中、支点及变截面处，悬臂端牛腿或中间铰部位，刚构的固结处和桁架节点部位，混凝土是否开裂、缺损和出现钢筋锈蚀。

5. 装配式梁桥应注意联结部位的缺损状况。

① 组合梁的桥面板与梁的结合部位及预制桥面板之间的接头处混凝土有无开裂、渗水。

② 横向联结构件是否开裂；连接钢板的焊缝有无锈蚀、断裂；边梁有无横移或外向倾斜。

（四）钢筋混凝土和预应力混凝土拱桥的外观检测

1. 主拱圈的拱板或拱肋是否开裂；钢筋混凝土拱有无露筋、钢筋锈蚀；圬工拱桥砌块有无压碎、局部掉块；砌缝有无脱离或脱落、渗水，表面有无苔藓、草木滋生；拱铰工作是否正常；空腹拱的小拱有无较大的变形、开裂、错位；立墙或立柱有无倾斜、开裂。

2. 拱上立柱（或立墙）上下端、盖梁和横系梁的混凝土有无开裂、剥落、露筋和锈蚀；中、下乘式拱桥吊杆上下锚固区的混凝土有无开裂、渗水；吊杆锚头附近有无锈蚀现象；外罩是否有裂纹；锚头夹片、楔块是否发生滑移；吊杆钢索有无断丝。采用型钢或钢管混凝土的劲性骨架拱桥，混凝土是否沿骨架出现纵向或横向裂缝。

3. 拱的侧墙与主拱圈间有无脱落；侧墙有无鼓突变形、开裂；实腹拱拱上填料有无沦陷；肋拱桥的拱肋间的横向联结是否开裂、表面剥落、钢筋外露、锈蚀等。

4. 双曲拱桥拱肋处横向联结拉杆是否松动或断裂；拱波与拱肋结合处是否开裂、脱开；拱波之间砂浆有无松散脱落；拱波顶是否开裂、渗水等。

5. 薄壳拱桥壳体纵、横向及斜向是否出现裂缝及系杆是否开裂。

6. 系杆拱的系杆是否开裂；无混凝土包裹的系杆是否有锈蚀。

（五）钢桥的外观检测

1. 构件（特别是受压构件）是否扭曲变形、局部损伤。

2. 铆钉和螺栓有无松动、脱落或断裂，节点是否滑动、错裂。

3. 焊缝边缘（热影响区）有无裂纹或脱开。

4. 油漆区有无裂纹、起皮、脱落，构件有无锈蚀。

（六）悬索桥和斜拉桥的外观检测

1. 主梁或加劲梁的检查，按预应力混凝土或钢结构的相应要求进行。

2. 悬索桥的锚碇及锚杆有无异常的拨动；锚头、散索鞍有无锈蚀破损；锚室（锚洞）有无开裂、变形、积水；温、湿度是否符合要求。

3. 主缆、吊杆及斜拉索的表面封闭、防护是否完好，有无破损、老化。

4. 悬索桥的索鞍是否有异常的错位、卡死、辊轴歪斜；构件是否有锈蚀、破损；主缆索跨过索鞍部分是否有挤扁现象。

5. 悬索桥吊杆上端与主缆索的索夹是否松动、移位和破损;下端与梁连接的螺栓有无松动。

6. 索体是否开裂、鼓胀及变形,必要时可剥开护套检查索内干湿情况和钢索的锈蚀情况。检查后应做好保护套剥开处的防护处理。

7. 逐个检查锚具及周围混凝土的情况,锚具是否渗水、锈蚀,是否有锈水流出的痕迹,周围混凝土是否开裂。必要时可打开锚具后盖抽查锚杯内是否积水、潮湿,防锈油是否结块、乳化失效,锚杯是否锈蚀。

8. 检查索端出索处钢护筒、钢管与索套管连接处的外观情况。检查钢护筒是否松动脱落、锈蚀、渗水,抽查连接处钢护筒内防水垫圈是否老化失效,筒内是否潮湿积水。

(七)支座的外观检测

1. 支座组件是否完好、清洁,有无断裂、错位、脱空。

2. 活动支座是否灵活,实际位移量是否正常,固定支座的锚销是否完好。

3. 支承垫石是否有裂缝;简易支座的油毡是否老化、破裂或失效。

4. 橡胶支座是否老化、开裂,有无过大的剪切变形或压缩变形;各夹层钢板之间的橡胶层外凸是否均匀。

5. 四氟滑板支座是否脏污、老化;四氟乙烯板是否完好;橡胶块是否滑出钢板。

6. 盆式橡胶支座的固定螺栓是否剪断;螺母是否松动;钢盆外露部分是否有锈蚀;防尘罩是否完好。

7. 组合式钢支座是否干涩、锈蚀;固定支座的锚栓是否紧固;销板或销钉是否完好。

8. 摆柱支座各组件相对位置是否准确,受力是否均匀;辊轴支座的辊轴是否出现不允许的爬动、歪斜;摇轴支座是否倾斜。

9. 钢筋混凝土摆柱支座的柱体有无混凝土脱皮、开裂、露筋;钢筋及钢板有无锈蚀。

(八)墩台与基础的外观检测

1. 墩台及基础有无滑动、倾斜、下沉或冻拔。

2. 台背填土有无沉降或挤压隆起。

3. 混凝土墩台及帽梁有无冻胀、风化、开裂、剥落、露筋等。

4. 石砌墩台有无砌块断裂,通缝脱开、变形,砌体泄水孔是否堵塞,防水层是否损坏。

5. 墩台顶面是否清洁,伸缩缝处是否漏水。

6. 基础下是否发生冲刷或淘空现象,扩大基础的地基有无侵蚀。桩基顶段在水位涨落、干湿交替变化出有无冲刷磨损、颈缩、露筋,有无环状冻裂,是否受到污水、咸水或生物的腐蚀。

二、钢筋锈蚀电位的检测与判定

(一)概述

钢筋锈蚀是一个电化学过程。下面以硅酸盐水泥为例,介绍一下混凝土中钢筋表面钝化膜的破坏与腐蚀半电池的形成机理。

硅酸盐水泥,水化过程产生一定的碱,方程式按式(12-37):

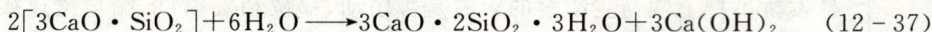

$$2[3CaO \cdot SiO_2] + 6H_2O \longrightarrow 3CaO \cdot 2SiO_2 \cdot 3H_2O + 3Ca(OH)_2 \qquad (12-37)$$

$Ca(OH)_2$一部分溶解于混凝土的液相中,使混凝土 pH 在 13~14 之间,另一部分则沉淀于混凝土的微孔中,处于强碱环境中的钢筋处于钝化状态,同时混凝土对钢筋也起着物理保护作用。但钝化状态的条件一旦改变,钢筋钝化状态便向活化状态转变。

混凝土通常是具有连续贯通的毛细空隙,起初这些毛细空隙被水泥水化过程中所产生的自由水和固体 $Ca(OH)_2$ 所填塞,但是随着时间的推移,会发生式(12-38)反应:

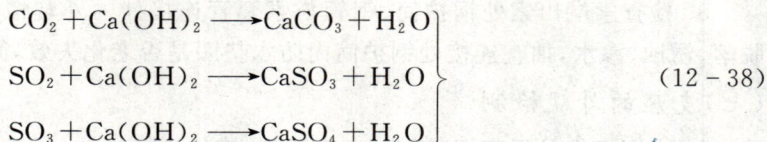

$$\left. \begin{array}{l} CO_2 + Ca(OH)_2 \longrightarrow CaCO_3 + H_2O \\ SO_2 + Ca(OH)_2 \longrightarrow CaSO_3 + H_2O \\ SO_3 + Ca(OH)_2 \longrightarrow CaSO_4 + H_2O \end{array} \right\} \qquad (12-38)$$

这就是我们所说的混凝土碳化。混凝土碳化会使混凝土的 pH 值降低。当 pH 值小于 11 时,这时混凝土中钢筋表面的致密钝化膜就被破坏,不仅如此,$CaSO_3$、$CaSO_4$ 还会与水泥水化产物中的铝酸三钙反应,生成物体积增大,从而使混凝土胀裂,这就是硫酸盐侵蚀破坏。

一旦钢筋表面钝化膜局部破坏或变得致密度差,即不完整,则钝化膜就会形成阳极,而周围钝化膜完好的部位构成阴极,从而形成了若干个半电池。在一定条件下可以激化,从而使其处于活化状态发生氧化还原反应,造成钢筋的锈蚀,宏观上混凝土和握裹其中的钢筋形成半电池,通过检测钢筋锈蚀半电池电位来判断目前混凝土内的钢筋锈蚀活化程度。

(二)半电池的电位法

半电池法是利用混凝土中钢筋锈蚀的电化学反应引起的电位变化来测定钢筋锈蚀状态的一种方法。通过测定钢筋/混凝土半电池电极与在混凝土表面的铜/硫酸铜参与电极之间电位差的大小,评定混凝土中钢筋的锈蚀活化程度。

此方法用于检测混凝土中钢筋的活化程度。电位的测量需有经验的、从事结构检测的工程师或相关技术专家检测并解释,除了半电池电位之外,有必要使用其他数据,如氯离子含量、碳化深度、层离状况、混凝土的电阻率和所处环境调查等,以形成钢筋腐蚀活动及其对结构使用寿命可能产生的影响。

(三)测量装置

1. 参考电极(半电池)

(1)本方法参考电极为铜/硫酸铜半电池。它由一根不与铜或硫酸铜发生化学反应的刚性有机玻璃管、一只通过毛细作用保持湿润的多孔塞、一个处在刚性管里饱和硫酸铜溶液中的紫铜棒构成,如图 12-21 所示。

(2)铜/硫酸铜参考电极温度系数为 0.9mV/℃。

2. 二次仪表的技术性能要求

测量范围大于 1V;准确度优于 $0.5\% \pm 1mV$;输入电阻大于 $10^{10}\ \Omega$;仪器使用环境条件:环境温度 0℃~40℃,相对湿度≤95%。

3. 导线

总长不超过 150m、截面积大于 $0.75mm^2$ 的导线,回路中产生的电压不超过 $0.1mV$。

4. 接触液

用家用液态洗涤剂和水对被测表面进行润湿,减少接触电阻与电路电阻。

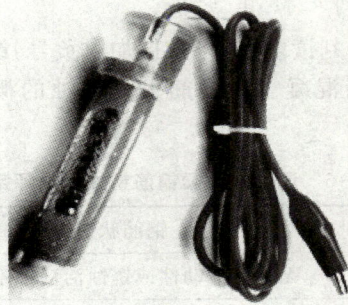

图 12-21　铜/硫酸铜参考电极结构图

5. 使用情况

在使用接触液后仍然无法得到稳定的电位差时,不应使用半电池电位法。

(四)测试方法

1. 测区的选择与测点布置

(1)钢筋锈蚀状况检测范围应为主要承重构件的主要受力部位,或根据一般检查结果有迹象表明钢筋可能存在锈蚀的部位。但测区不应有明显的锈蚀胀裂、脱空或层离现象。

(2)在测区上布置测试网格,网格节点为测点,网格间距可选 20cm×20cm、30cm×30cm 等,根据构件尺寸而定,测点位置距构建边缘应不大于 5cm。一般不宜少于 20 个测点。

(3)当一个测区内存在相邻测点的读数超过 150mV 时,通常应减小测点的间距。

(4)测区应统一编号,注明位置,并描述外观情况。

2. 混凝土表面处理

用钢丝刷、砂纸打磨测区混凝土表面,去除涂料、浮浆、污迹、尘土等,并用接触液将表面润湿。

3. 二次仪表与钢筋的电连接

(1)铜/硫酸铜电极一般接三次仪表的正输入端,钢筋接二次仪表的负输入端。

(2)局部打开混凝土或裸露的钢筋,在钢筋上钻一小孔并拧上攻螺钉,用加压型鳄鱼夹夹住并润湿,确保有良好的电连接。

(3)铜/硫酸铜参考电极与测点的接触。测量前应预先将电极前端多孔塞充分浸湿,以保证良好的导电性,正式测读前应再次用喷雾器将混凝土表面润湿,但应注意被测表面不应存在游离水。

4. 铜/硫酸铜电极的准备

饱和硫酸铜溶液由硫酸铜晶体溶解在蒸馏水中制成。当有多余的未溶解硫酸铜晶体沉淀在溶液底部时,可以认为该溶液是饱和的。电极铜棒应清洁,无明显缺陷。硫酸铜溶液应注意更换,保持清洁,溶液应充满电极,以保证电连接。

5. 测量值的采集

测点读数变动不超过 2mV,可视为稳定。在同一支测点,同一支参考电极,重复测度的差异不超过 10mV;不同的参考电极重复测度的差异不超过 20mV。

(五)钢筋锈蚀点位的一般判定标准

1. 在对已处理的数据进行判读之前,将数据加以负号,绘制等电位图,然后进行判读。

2. 按表 12-6 的规定判断混凝土中钢筋发生锈蚀的概率或钢筋正在发生锈蚀活化程度。

表 12-6　混凝土桥梁钢筋锈蚀电位评定标准

点位水平(mV)	钢筋状况	评定标度
≥−200	无锈蚀活动性或锈蚀活动性不确定	1
(−200,−300]	有锈蚀活动性,但锈蚀状态不确定,可能抗蚀	2
(−300,−400]	有锈蚀活动性,发生锈蚀概率大于 90%	3
(−400,−500]	有锈蚀活动性,严重锈蚀可能性极大	4
<−500	构件存在锈蚀开裂区域	5

注:①量测时,混凝土桥梁结构或构件应为自然状态。
　　②表中电位水平采用钢/硫酸铜电机时的量测值。

三、结构混凝土中氯离子含量的测定与评定

(一)概述

有害物质侵入混凝土将会影响结构的耐久性。混凝土中氯离子可引起并加速钢筋的锈蚀;硫酸盐的侵入可使混凝土成为易松散状态,强度下降。

(二)结构混凝土中氯离子含量的测定方法

1. 混凝土中氯离子含量测定方法比较简单的有两种:实验室化学分析法和滴定条法。

2. 混凝土中氯离子含量,可采用现场按混凝土不同深度取样,测定结果须能反映氯离子在混凝土中随深度的分布,根据钢筋处混凝土氯离子含量判断引起钢筋锈蚀的危险性。

3. 应根据构件的工作环境条件及构件本身的质量状况确定测区,测区应能代表不同工作条件及不同混凝土质量的部位,测区宜参考钢筋锈蚀电位测量结果确定。

(三)滴定条法

分析步骤如下:

1. 将采回的样品过筛,去掉其中较大的颗粒。

2. 将样品置于 105℃±5℃烘箱内烘 2h 后,冷却至室温。称取 5g 样品粉末放入烧杯中。

3. 缓慢加入 50ml 1.0mol/L HNO_3 并彻底搅拌直至嘶嘶声停止。

4. 用石蕊试纸检查溶液是否呈酸性(石蕊试纸变红),如果不呈酸性,再加入适量硝酸。

5. 加入约 5g 无水碳酸钠（Na_2CO_3）。用石蕊试纸检查溶液是否呈中性（石蕊试纸不变）；否则，再加入少量无水碳酸钠直至溶液呈中性。

6. 用过滤纸做一锥斗加入液体。当纯净的溶液掺入锥头后，把滴定条插入液体中。

7. 滴定条顶端水平黄色细条转变成蓝色，取出滴定条并顺着由上至下的方向将其擦干。

8. 读取滴定条颜色变化处的最高值。若分析过程取样 5g，加硝酸 50ml，则将查表所得的值除以 1 000 即为百分比含量。

9. 如果使用样品质量不是 5g 或使用过量的硝酸，则应按式（12-39）修正百分比含量：

$$氯离子百分比含量 = \frac{a \times b}{10\,000c} \tag{12-39}$$

式中：a——查表所得的值；

b——硝酸体积，ml；

c——样品质量，g。

（四）试验室化学分析法

1. 混凝土中游离氯离子含量的测定

（1）适用范围

测定硬化混凝土中砂浆的游离氯离子含量。

（2）所需化学药品

硫酸（相对密度 1.84）、酒精（95%）、硝酸银、铬酸钾、酚酞（以上均为化学纯）、氯化钠（分析纯）。

（3）试验步骤

① 样品处理

取混凝土中的砂浆约 30g，研磨至全部通过 0.63mm 筛。然后置于 105℃±5℃烘箱中加热 2h，并取出后放入干燥器冷却至室温。称取 20g（精确至 0.01g），质量为 G，置于三角烧瓶中并加入 200ml（V_3）蒸馏水，塞紧瓶塞，剧烈震荡 1～2min，浸泡 24h。

② 将上述试样过滤。用移液管分别吸取滤液 20ml（V_4），置于两个三角瓶中，各加 2 滴酚酞，使溶液呈微红色，再用稀硫酸中和至无色后，加铬酸钾指示剂 10～20 滴，立即用硝酸银溶液滴定至呈砖红色。记录所消耗的硝酸银毫升数（V_5）。

（4）实验结果计算

游离氯离子含量按式（12-40）计算：

$$P = \frac{N_2 V_5 \times 0.03545}{G \cdot V_4 / V_3} \times 100\% \tag{12-40}$$

试中：P——砂浆样品游离氯离子含量，%；

N_2——硝酸银标准溶液的当量浓度；

G——砂浆样品重，g；

V_3——浸样品的水重，ml；

V_4——每次滴定时提取的滤液量，ml；

V_5——每次滴定时消耗的硝酸银溶液,ml;

0.03545——氯离子的毫克当量。

2. 混凝土中氯离子总含量的测定

(1)适用范围

测定混凝土中砂浆的氯离子总含量,其中包括已和水泥结合的氯离子量。

(2)化学药剂

氯化钠、硝酸银、硫氰化钾、硝酸、铁矾、铬酸钾(以上均为化学纯)。

(3)试验步骤

① 试剂配制

Ⅰ.0.02N 氯化钠标准溶液的配置。

Ⅱ.0.02N 硝酸银溶液配置与标定。

Ⅲ.6N 硝酸溶液的配置——取含量 65%～68%的 25.8ml 化学纯浓硝酸(HNO$_3$)置于容量瓶中。用蒸馏水稀释至刻度。

Ⅳ.10%铁矾溶液——用 10g 化学纯铁矾溶于 90g 蒸馏水配成。

Ⅴ.0.02N 硫氰化钾标准溶液——用天平称取化学纯硫氰化钾晶体约 1.95g,溶于 100ml 蒸馏水中,充分摇匀,装在瓶内配置成硫氰化钾溶液,并用硝酸银标准溶液进行标定。将硝酸银标准溶液装入滴定管,从滴定管放出硝酸银标准溶液约 25ml,加 6N 硝酸 5ml 和 10%铁矾溶液 4ml,然后用硫氰化钾标准溶液滴定。当滴至红色维持 5～10s 不退时即为终点。

② 混凝土试样处理和氯离子测定步骤

Ⅰ.取适量的混凝土试样(约 40g),用小锤仔细除去混凝土试样中石子部分,保存砂浆,把砂浆研碎成粉末状,置于 105℃±5℃烘箱中烘 2h。取出放入干燥器内冷却至室温,用感量为 0.01g 天平称取 10～20g 砂浆试样倒入三角锥瓶。

Ⅱ.用容量瓶盛 100ml 稀硝酸(按体积比为浓硝酸:蒸馏水=15:85)倒入盛有砂浆试样的三角锥瓶内,盖上瓶盖,防止挥发。

Ⅲ.砂浆试样浸泡一昼夜左右(以水泥全部溶解为度),期间应摇动三角锥瓶,然后用滤纸过滤,除去沉淀。

Ⅳ.用移液管准确量取滤液 20ml 两份,置于三角锥瓶中,每份由滴定管加入硝酸银溶液约 20ml(可估算氯离子含量的多少而酌量增减),分别用硫氰化钾溶液滴定。滴定时激烈摇动溶液,当滴至红色能维持 5～10s 不褪色时即为终点。

(4)试验结果计算

氯离子含量按式(12-41)计算:

$$P=\frac{0.03545(NV-N_1V_1)}{GV_2/V_3} \tag{12-41}$$

式中:P——砂浆样品中氯离子总含量,%;

N——硝酸银标准溶液的当量浓度;

V——加入滤液试样中的硝酸银标准溶液,ml;

N_1——硫氰化钾标准溶液的物质的量浓度;

V_1——加入滤液试样中的硫氰化钾标准溶液,ml;

V_2——每次滴定时提取的滤液量,ml;

V_3——浸样品的水量,ml;

G——砂浆样品重,g;

0.03545——氯离子的毫克当量。

(五)氯离子含量的评判标准

1. 多种因素的影响:碳化深度、混凝土含水量、混凝土质量等。因此应进行综合分析。

2. 根据每一取样层氯离子含量的测定值,作出氯离子含量的深度分析曲线,判断氯化物是混凝土生成时已有的,还是结构使用过程中由外界浸入的。

3. 混凝土中的氯离子含量可按表12-7的评判经验值确定其引起钢筋锈蚀的可能性。

表 12-7　氯离子含量的评判标准

氯离子含量(占水泥含量的百分比)	诱发钢筋锈蚀的可能性	评定标准
<0.15	很小	1
[0.15,0.40)	不确定	2
[0.40,0.70)	有可能诱发钢筋锈蚀	3
[0.70,0.70)	会诱发钢筋锈蚀	4
≥1.00	钢筋锈蚀活化	5

四、混凝土中钢筋分布及保护层厚度的检测

(一)应用范围

混凝土中钢筋分布及保护层厚度的检测针对主要承重构件或承重构件的主要受力部位,或钢筋锈蚀电位测试结果表明钢筋可能锈蚀活化的部位以及根据结构检算及其他检测需要确定的部位。

(二)检测方法

采用电磁法无损检测方法确定钢筋位置,辅以现场修正确定保护层厚度,估测钢筋直径,量测值精确至毫米。

(三)仪器技术要求

1. 检测仪器的技术要求

检测仪器一般包含探头、仪表和连接导线,仪表可进行模拟或数字的指示输出,较先进的仪表还具有图形显示功能,仪器可用电池或外接电源供电。

2. 钢筋保护层测试仪的技术要求

(1)钢筋保护层测试仪应通过技术鉴定,必须具有产品合格证。

(2)仪器的保护层测量范围应大于 120mm。

(3)仪器的准确度应满足规范要求。

(4)适用的钢筋直径范围应为 6~50mm,并不少于符合有关钢筋直径系列规定的 12

个档次。

(5)仪器应具有在未知保护层厚度的情况下,测量钢筋直径的功能。

(6)仪器应能适用于温度0℃~40℃、相对湿度≤85%、无损磁场干扰的环境条件。

(7)仪器工作时应为直流供电,连续正常工作时间不小于6h。

(四)仪器的标定

1. 钢筋保护层测试仪使用期间的标定校准应使用专用的标定块。当测量标定块所给定的保护层厚度时,测读值应在说明书所给定的准确度范围之内。

2. 标定块由一根16mm的普通碳素钢筋垂直浇筑在长方体无磁性的塑料块内,使钢筋距四个侧面分别为15mm、30mm、60mm、90mm。

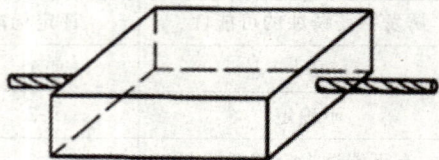

图12-22 标定块

图12-23 钢筋保护层测试仪

3. 标定应在无外界磁场干扰的环境中进行。

4. 每次试验检测前均应对仪器进行标定。

(五)操作程序

1. 混凝土结构钢筋分布状况调查的范围

其范围应为主要承重构件或承重构件的主要受力部位,或钢筋锈蚀电位测试结果表明钢筋可能锈蚀活化的部位以及根据结构检算及其他检测需要确定的部位。

2. 测区布置原则

(1)按单个构件检测时,应根据尺寸大小,在构件上均匀布置测区,每个构件上的测区数不应少于3个。

(2)对于最大尺寸大于5m的构件,应适当增加测区数量。

(3)测区应均匀分布,相邻两侧区的间距不宜小于2m。

(4)测区表面应清洁、平整,避开接缝、蜂窝、麻面、预埋件等部位。

(5)测区应注明编号,并记录测区位置和外观情况。

(6)对构件上每一测区应检测不少于10个测点。测点间距应小于测试仪传感器长度。

(7)对某一类构件的检测,可采取抽样的方法,抽样数不少于同类构件数的30%,且不少于3件,每个构件测区布置按单个构件要求进行。

(8)对结构整体的检测,可先按构件类型分类,再按类型进行检测。

3. 测量步骤

(1)测试前应了解有关图纸资料,以确定钢筋的种类和直径。

(2)进行保护层厚度测读前,应先在测区内确定钢筋的位置与走向。

(3)保护层厚度的测读。

① 将传感器置于钢筋所在位置正上方,并左右稍稍移动,读取仪器显示最小值即为该处保护层厚度。

② 每一测点值宜读取 2～3 次稳定读数,取其平均值,精确至 1mm。

③ 应避免在钢筋交叉位置进行测量。

(4)对于缺少资料、无法确定钢筋直径的构件,应首先测量钢筋直径。对钢筋直径的测量宜采用 5～10 次测读,剔除异常数据,求其平均值的测量方法。

【学习案例 12 – 7】

工程塑料或电工用绝缘板,平面尺寸与仪器传感器底面相同,厚度 S_b 为 10mm 或 20mm,修正系数 K 的计算方法如下:

① 将传感器直接置于混凝土表面已标好的钢筋位置正上方,读取测量值 S_{m1}。

② 将标准垫块置于传感器原混凝土表面位置,并把传感器放于标准垫块之上,读取测量值 S_{m2},则修正系数 K 的值按式(12 – 42)计算:

$$K = (S_{m1} - S_{m2})/S_b \qquad (12 - 42)$$

③对于不同钢种和直径的试块应确定修正系数,每一修正系数应采用 3 次平均求得。

(3)用校准孔进行综合修正,这也是现场校准测量值的有效方法。

① 用 6mm 钻头在钢筋位置正上方,垂直于构件表面打孔,手感碰到钢筋立即停止,用深度卡尺量测钻孔深度,即为实际的保护层厚度 S_t,则修正系数按式(12 – 43)计算:

$$K = S_m/S_t \qquad (12 - 43)$$

式中:S_m——仪器读数值。

②对于不同钢种和直径的试块应打各自的校准孔,一般应不少于 2 个,求其平均值。

(4)现场检测的准确度。经过修正后确定的保护层厚度值,精确度可在 10% 以内,因混凝土表面的平整度及各种影响因素仍会给测量带来误差。

(5)用图示方式注明检测部位及测区位置,将各个测区的钢筋分布、走向绘制成图,并在图上标注间距、保护层厚度及钢筋直径等数据。

(七)钢筋分布及保护层厚度的评定

1. 数据处理

(1)首先根据某一测值部位各测点混凝土厚度实测值,按式(12 – 44)求出混凝土保护层厚度平均值 $\overline{D_n}$(精确至 0.1mm):

$$\overline{D_n} = \frac{\sum_{i=1}^{n} D_{ni}}{n} \qquad (12 - 44)$$

式中:D_n——结构或构件测量部位测点混凝土保护层厚度,精确至 0.1mm;

n——检测构件或部位的测点数。

(2)按式(12 – 45)计算确定测量部位混凝土保护层厚度特征值 D_{nc}(精确至 0.1mm):

$$D_{nc} = \overline{D}_n - K_p S_D \tag{12-45}$$

式中:S_D——测量部位测点保护层厚度的标准差,精确至 0.1mm,按式(12-46)计算:

$$S_D = \sqrt{\frac{\sum\limits_{i=1}^{n}(D_{ni})^2 - n(\overline{D}_n)^2}{n-1}} \tag{12-46}$$

K_p—— 合格判定系数值,按表 12-8 取用。

表 12-8　混凝土保护层厚度合格判定系数值

n	10~15	16~24	≥25
K_p	1.659	1.645	1.595

2. 结果评定

根据测量部位实测保护层厚度特征值 D_{nc} 与其设计值 D_{nd} 的比值,混凝土保护层厚度对结构钢筋耐久性评判可参考表 12-9 中的经验值。

表 12-9　钢筋保护层厚度评定标准

D_{ne}/D_{nd}	对结构钢筋耐久性的影响	评定标度
>0.95	影响不显著	1
(0.85,0.95]	有轻度影响	2
(0.70,0.85]	有影响	3
(0.55,0.70]	有较大影响	4
≤0.55	钢筋易失去碱性保护,发生锈蚀	5

五、混凝土碳化深度的检测与评定

(一)检测方法

钢筋锈蚀电位测试结果表明可能存在钢筋锈蚀活动的区域(钢筋锈蚀电位评定标度值为 3、4、5),应进行碳化深度测量。混凝土碳化状况的检测通常采用在混凝土新鲜断面喷洒酸碱指示剂,通过观察酸碱指示剂颜色变化来确定混凝土的碳化深度。

(二)检测步骤

测区位置的选择原则可参照钢筋锈蚀自然电位测试的要求,若在同一测区,应先进行保护层和锈蚀电位、电阻率的测量,再进行碳化深度及氯离子含量的测量,具体检测步骤如下。

1. 测区及测孔布置

(1)测区应包括锈蚀电位测量结果有代表性的区域,同时能反映不同条件及不同混凝土质量的部位,结构外侧面应布置测区。

(2)测区数不应小于 3 个,测区应均匀布置。

(3)每一测区应布置 3 个测孔,3 个测孔应呈"品"字排列,孔距应大于 2 倍孔径。

(4)测孔距构件边角的距离应大于 2.5 倍保护层厚度。

2. 形成测孔

(1)用装有 20mm 直径钻头的冲击钻在测点位置钻孔。

(2)成孔后用圆形毛刷将孔中碎屑、粉末清除,露出混凝土新茬。

(3)将测区测孔统一编号,并绘出示意图。

3. 碳化深度的测量

(1)检测前配制好指示剂(酚酞试剂):75%的酒精溶液与白色酚酞粉末配制成酚酞浓度为 1%～3%的酚酞溶剂,装入喷雾器备用,溶剂应为无色透明的液体。

(2)将酚酞指示剂喷到测孔壁上。待酚酞指示剂变色后,用测深卡尺测量混凝土表面至酚酞变色交界处的深度,准确值 1mm。酚酞指示剂从无色变为紫色时,混凝土未碳化,酚酞指示剂未改变颜色处的混凝土已经炭化。

4. 数据整理

将测量结果标注在测区、测孔布置图上。整理列表,应列出最大值、最小值和平均值。

(三)碳化深度检测结果的评定

混凝土碳化深度对钢筋锈蚀影响的评定,可取构件的碳化深度平均值与该类构件保护层厚度平均值之比 K_c,并考虑其离散情况,参考表 12-10 对单个构件进行评定。

表 12-10　碳化深度评定标准

K_c	评定标度	K_c	评定标度
<0.5	1	[1.5,2.0)	4
[0.5,1.0)	2	≥2.0	5
[1.0,1.5)	3		

六、混凝土电阻率的检测与评定

(一)混凝土电阻率的检测方法

混凝土的电阻率反映其导电性。混凝土电阻率大,若钢筋发生锈蚀,则发展速度慢,扩散能力弱;混凝土电阻率小,锈蚀发展速度快,扩散能力强。测区根据钢筋锈蚀电位测量结果确定,对钢筋锈蚀电位测试结果表明钢筋可能锈蚀活化的区域,应进行混凝土电阻率测量。

混凝土电阻率可采用四电极阻抗测量法测定,即在混凝土表面等间距接触四支电极,外侧电极为电流电极,内侧电极为电压电极,检测阻抗获得混凝土电阻率 ρ,按式(12-47)计算:

$$\rho = \frac{2\pi dV}{I} \tag{12-47}$$

式中:V——电压电极间所测电压;

　　I——电流电极通过的电流;

d——电极间距。

(二)仪器的检查

在四个电极上分别接上三支电阻,则仪器的显示值为相应的电阻率值。

(三)混凝土电阻率的测量

测区与测位布置可参照钢筋锈蚀自然电位测量的要求,在电位测量网格间进行,并做好编号工作。混凝土表面应清洁、无尘、无油脂。调节好仪器电极的间距,一般采用的间距为 50mm。为了保证电极与混凝土表面有良好、连续的电接触,应在电极前端涂上耦合剂。

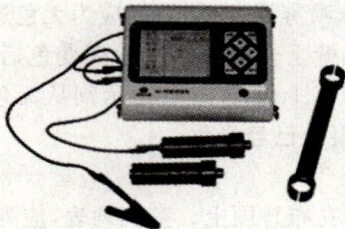

图 12-24　钢筋锈蚀仪

(四)混凝土电阻率的评定标准

混凝土电阻率的评定标准见表 12-11 所列。

表 12-11　混凝土电阻率的评定标准

电阻率(Ω·cm)	可能的锈蚀速度	评定标度
≥20 000	很慢	1
[15 000,20 000)	慢	2
[10 000,15 000)	一般	3
[5 000,10 000)	快	4
<5 000	很快	5

七、混凝土桥梁结构耐久性综合评价

(一)评价原则

可对结构的单一构件进行耐久性评价,也可对结构整体进行评价,耐久性评价基于前面各项耐久性检测指标进行,重点针对结构材质状况和表观损伤的耐久性方面。

(二)单一构件评价方法

单一构件的耐久性评定以该构件的各项耐久性评定标度为依据,考虑构件所处环境条件及各项耐久性指标权重值,按式(12-48)进行评价:

$$E_{\text{单}} = \delta \times \sum_{i=1}^{n} A_i \alpha_i \qquad (12-48)$$

式中:$E_单$—— 单一构件的耐久性评定结果;

δ—— 构件所处环境影响系数;

A_i—— 所检测的构件各项材质状况指标和耐久性检测指标的评定标度;

α_i—— 材质状况指标与耐久性检测指标的推荐权重值,见表 12-12 所列;

n—— 所检测的材质状况指标及耐久性指标数,一般 $n=9$。

δ、A_i 参数的取值参见《混凝土旧桥材质状况与耐久性检测评定指南及工程实例》。

表 12-12　混凝土构件材质状况检测指标与耐久性指标推荐权重值

项目		耐久性指标	权重值	备注
混凝土表观损伤 α_i	裂缝	1	0.20	取用时按照实际检测项目的权重值进行取值
	层离、剥落或露筋、掉棱与缺角	2	0.07	
	蜂窝麻面、表面侵蚀、表面沉积	3	0.05	
混凝土强度 α_2		4	0.05	
钢筋自然电位 α_3		5	0.11	
氯离子含量 α_4		6	0.15	
钢筋分布及保护层厚度 α_5		7	0.12	
混凝土碳化深度 α_6		8	0.20	
混凝土电阻率 α_7		9	0.05	

（α_i 一列 0.32 跨前三行）

考虑部分耐久性检测指标之间的相互关联性,当对混凝土单一构件仅检测了表 12-12 所列部分指标,即 $n \leqslant 9$ 时,可按式(12-49)进行评价:

$$E_单 = \frac{\delta \times \sum_{i=1}^{n} A_i \alpha_i}{\sum_{i=1}^{n} \alpha_i} \tag{12-49}$$

混凝土单一构件的耐久性评定标准见表 12-13 所列。

表 12-13　混凝土单一构件的耐久性评定标准

$E_单$ 范围	$0.7 \leqslant E_单 < 2$	$2 \leqslant E_单 < 3$	$3 \leqslant E_单 < 4$	$4 \leqslant E_单 < 5$	$E_单 > 5$
构件耐久性等级	5	4	3	2	1
构件耐久性状况	完好	较好	一般	较差	很差

（三）结构耐久性综合评价

结构的耐久性综合评价综合考虑各类构件的权重系数,按式(12-50)进行评价:

$$E_{总} = \sum_{i=1}^{n} E_{单i}\alpha_i \tag{12-50}$$

式中：$E_{总}$——构件整体的耐久性评定结果；

$E_{单i}$——单一构件的耐久性评定结果；

α_i——结构构（部）件推荐权重值，见表 12-14 所列；

m——进行了耐久性检测的结构构（部）件件数。

表 12-14　推荐的混凝土桥梁各构（部）件权重值

构（部）件	名　称	推荐权重 α_i
1	桥台与基础	0.23
2	桥墩与基础	0.24
3	支座	0.07
4	上部主要承重构件	0.26
5	下部一般承重构件	0.12
6	桥面铺装	0.02
7	人行道承重构件	0.05
8	栏杆或防撞墙	0.01

注：当评定标度值为"1"时，表示好的状态，或表示没有设置的构件部件，不再进行叠加。

结构整体的耐久性综合评价标准见表 12-15 所列。

表 12-15　结构整体的耐久性综合评价标准

$E_{总}$ 范围	$1 \leq E_{总} < 2$	$2 \leq E_{总} < 3$	$3 \leq E_{总} < 4$	$4 \leq E_{总} < 5$	$E_{总} \geq 5$
构件耐久等级	5	4	3	2	1
构件耐久性状况	好	较好	一般	较差	很差

【学习案例 12-8】

1. 用回弹法对混凝土箱梁强度进行测定。某测区如下图示（$\alpha=45°$），其回弹值为：36、35、35、32、32、33、33、34、33、34、33、34、34、34、34、35，碳化深度为零（$d_m = 0mm$），该浇筑面未进行原浆抹面，求该测区混凝土强度测定值。

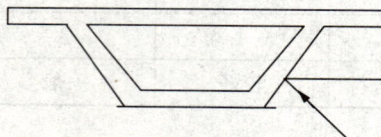

解：测区 16 个测点，去掉 3 个最大值 36、35、35，3 个最小值 32、32、33，测区平均回弹值

$$\overline{R} = \frac{1}{10}\sum_{i=1}^{10}R_i = \frac{1}{10}(33+34+33+34+33+34+34+34+34+35) = 33.8$$

由检测角度向上 45°及 $\overline{R}$＝33.8 查表得角度修正值：$R_{\alpha\alpha}$＝－2.36

角度修正后的回弹值：$R_\alpha = \overline{R} + R_{\alpha\alpha} = 33.8 - 2.36 = 30.44$

由于该浇筑面未进行原浆抹面，因此不需进行表面修正

由 R_α 与碳化深度 d_m＝0 查表得测区的混凝土强度值：R_c＝23.9MPa

【学习案例 12－9】

施工中测得箱梁侧面测区回弹值分别为 34、35、35、35、35、35、36、36、36、37、37、38、38、38、38、38，箱梁侧面与水平方向成 45°，碳化深度为 0，请用通用测强曲线计算该侧区砼抗压强度。

已知：非水平方向回弹修正值

R_{ma}	45°	－45°
34	－3.3	＋2.3
35	－3.3	＋2.3
36	－3.2	＋2.2
37	－3.2	＋2.2
38	－3.1	＋2.1

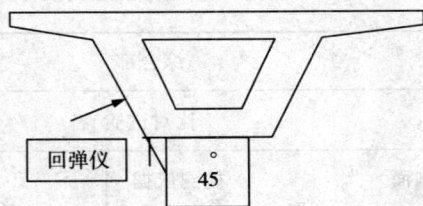

解： $$R_{ma} = \frac{1}{10}\sum_{i=1}^{10}R_i = \frac{35\times3+36\times3+37\times2+38\times2}{10} = 36.3(MPa)$$

$$R_m = R_{ma} + R_{\alpha\alpha} = 36.3 - 3.2 = 33.1(MPa) \quad R_n = 0.025\times33.1^{2.0108} = 28.4(MPa)$$

答：该测区砼抗压强度为 28.4MPa。

【学习案例 12－10】

表 12－16　钢筋保护层厚度检测记录表

工程名称	比对试验	检测依据	JGJ/T152—2008
检测部位	立柱	主要仪器	钢筋保护层测定仪 HJJC09—142
检测环境	温度：21℃晴	检测日期	2014/04/02

桩号	构件名称	设计要求(mm)	规范要求(mm)	检测结果(mm)										平均值(mm)	合格率(%)
				1	2	3	4	5	6	7	8	9	10		

工程名称: 比对试验　　检测依据: JGJ/T152—2008

桩号	构件名称	设计要求(mm)	规范要求(mm)	1	2	3	4	5	6	7	8	9	10	平均值(mm)	合格率(%)
/	1#墩1#立柱	55	55±5	53	56	58	55	53	52	55	57	55	58	55	100
/	/	/	/	/	/	/	/	/	/	/	/	/	/	/	
备注															

【学习案例 12-11】

表 12-17　钢筋保护层厚度检测报告

委托单位	综合部		
工程名称	比对试验		
检测部位	立柱侧面	检测依据	JTG F80/1—2004
检测环境	温度:25℃	检测日期	2014/04/02
主要仪器	钢筋保护层测定仪 HJJC09—142	报告日期	2014/04/03
桩号	构件名称	标准要求(mm)	检测结果(mm)	合格率
/	1#墩1#立柱	55±5	55	100%
以下空白				

结论: 经检验,该产品按照 JTG F80/1—2004 要求,所检的项目检验结果符合标准及设计要求

备注:
1. 对本报告如有异议,请于十五日内向本试验单位提出,逾期恕不受理;
2. 本报告无报告专用章、无报告/审核/签发人签字、复印件未重新盖章,均属无效;
3. 本检验结果仅对受检样本/样品的本次检验有效

【学习案例 12-12】

表 12-18 某桥梁主拱圈构件钢筋锈蚀状况评定

序号	测区位置	锈蚀电位（mV）							锈蚀电位平均值（mV）	钢筋状态
2	1#拱肋	−205	−248	−261	−300	−284	−225	−204	−252	有锈蚀活动性,但锈蚀状态不稳定,可能坑蚀
		−218	−206	−288	−245	−289	−210	−275		
		−273	−227	−268	−256	−283	−266	−220		
		−289	−206	−257	−251	−231	−281	−292		
3	3#拱肋	−230	−283	−204	−264	−277	−252	−265	−245	有锈蚀活动性,但锈蚀状态不稳定,可能坑蚀
		−251	−235	−246	−211	−229	−214	−251		
		−289	−235	−213	−254	−244	−263	−249		
		−266	−263	−278	−256	−207	−216	−223		

【学习实践】

1. 桥梁用钢材的主要力学性能有哪些？
2. 桥梁用钢材的力学性能测试方法有哪些？
3. 混凝土构件外形检测项目有哪些？
4. 试比较混凝土强度常用的检测方法。
5. 钢筋焊件的检验如何取样？
6. 水泥浆的检测项目与检测方法有哪些？
7. 锚具和连接器的检验项目与技术要求有哪些？
8. 锚具静载试验的检测目的与检测方法有哪些？
9. 张拉设备如何校验？
10. 混凝土中氯离子总含量的测定基本原理是什么？
11. 桥梁钢筋锈蚀电位如何进行检测与判定？
12. 混凝土中的钢筋的分布及保护层厚度如何进行检测？
13. 混凝土电阻率如何进行检测与评定？
14. 如何进行混凝土桥梁结构耐久性综合评价？

学习项目十三 桥梁支座和伸缩装置检测

任务 13－1 桥梁支座检测

【学习要求】

1. 熟悉桥梁支座的类型、构造及适用条件。

2. 掌握板式橡胶支座的力学性能、外观质量和解剖检验的相关要求；板式橡胶支座的极限抗压强度和抗压弹性模量的测试方法。

【学习内容】

一、桥梁支座分类

桥梁支座是连接桥梁上部结构与下部结构的重要结构部件。它能将桥梁上部结构的反力和变形（位移和转角）可靠地传递给桥梁下部结构，从而使结构的实际受力情况与计算的理论图式相符合。

桥梁支座必须满足以下功能要求：首先，桥梁支座必须具有足够的承载能力，以保证安全可靠地传递支座反力；其次，支座对桥梁变形（位移和转角）的约束应尽可能的小，以适应梁体自由伸缩及转动的需要；此外，支座应便于安装、养护和维修，并在必要时进行更换。桥梁支座的分类方法如下：

① 按支座变形可能性分类有：固定支座、单向活动支座、多向活动支座等。

② 按支座用材料分类有：钢支座、聚四氟乙烯支座、橡胶支座、混凝土支座、铅支座、油毛毡支座和铅板支座等。

③ 按支座的结构形式分类有：弧形支座、摇轴支座、辊轴支座、板式橡胶支座、四氟板式橡胶支座、盆式橡胶支座、球形支座等。

二、板式桥梁橡胶支座构造特性

（一）板式桥梁橡胶支座构造特性

板式桥梁橡胶支座通常由若干层橡胶片与以薄钢板为刚性加劲物组合而成，各层橡胶与上下钢板经加压硫化牢固地黏结成为一体。支座在竖向荷载作用下，具有足够的刚度，主要是由于嵌入橡胶片之间的钢板可以限制橡胶的侧向膨胀。在水平作用下，支座的水平位移量取决于橡胶片的净厚度。支座的上下面及四边都有橡胶保护层。

（二）板式桥梁橡胶支座构造分类及使用条件

1. 按支座形状划分：分为矩形板式橡胶支座和圆形板式橡胶支座。

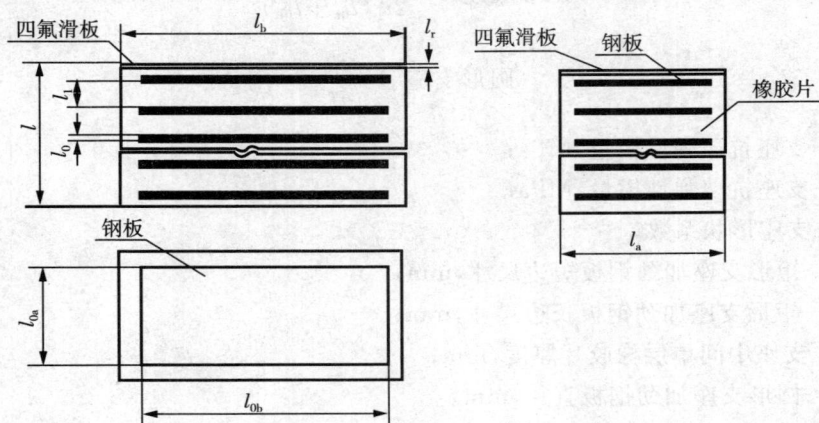

图 13 - 1 矩形四氟滑板橡胶支座

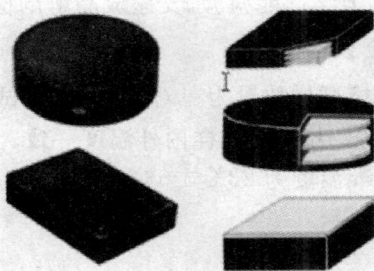

图 13 - 2 板式橡胶支座

2. 按橡胶种类划分：分为氯丁橡胶（CR）支座（适用的温度为 $-25℃ \sim 60℃$）和天然橡胶（NR）支座（适用的温度为 $-35℃ \sim 60℃$）。

3. 按结构形式划分：分为普通橡胶支座和聚四氟乙烯滑板式橡胶支座。

（三）型号

【学习案例 13 - 1】

公路桥梁矩形普通氯丁胶支座，短边尺寸为 300mm、长边尺寸为 400mm、厚度为 47mm 的支座，表示为：GJZ300×400×47（CR）。

【学习案例 13 - 2】

公路桥梁圆形四氟滑板天然橡胶支座，直径为 300mm、厚度为 54mm 的立座，表示为：$GYZF_4300×54$（NR）。

（四）支座抗压弹性模量 E 和支座形状系数 S 的计算

支座抗压弹性模量 E 和支座形状系数 S 按式（13 - 1）、式（13 - 2）、式（13 - 3）计算：

$$E = 5.4GS^2 \qquad\qquad (13-1)$$

$$矩形支座\ S = \frac{l_{0a} \times l_{0b}}{2t_1(l_{0a} + l_{0b})} \qquad\qquad (13-2)$$

$$圆形支座\ S = \frac{d_0}{4t_1} \qquad\qquad (13-3)$$

式中：E——支座抗压弹性模量，MPa；

　　　G——支座抗剪弹性模量，MPa；

　　　S——支座形状系数；

　　　l_{0a}——矩形支座加劲钢板短边尺寸，mm；

　　　l_{0b}——矩形支座加劲钢板长边尺寸，mm；

　　　t_1——支座中间单层橡胶片厚度，mm；

　　　d_0——圆形支座加劲钢板直径，mm。

三、板式桥梁橡胶支座检验方法

主要检验项目有支座成品力学性能检验、支座成品解剖检验和外观、几何尺寸检验等。

(一)试样、试验条件和试验设备要求

1. 试样：随机抽取每种规格试样数量为三对，各种试验试样通用。试样试验前应暴露在标准温度 23℃±5℃下，停放 24h 以使试样内外温度一致。

2. 试验条件：试验室的标准温度为 23℃±5℃，且不能有腐蚀性气体及振动源。

3. 仪器设备：试验机、承载板。

(二)抗压弹性模量检验

试验方法为通过中心受压试验，得出橡胶支座的应力-应变曲线，并据此求出支座的抗压弹性模量，实测出使用应力下支座的最大压缩量并观察支座在受压情况下的工作状态。

1. 试验步骤

(1)将橡胶支座成品直接置于试验加荷装置上对准承压板中心，加荷至压力应为 1.0MPa，在承载板的四角对称安装四只位移计。

(2)预压。将压应力以 0.03~0.04MPa/s 的速率连续地增至平均压应力 10MPa，持荷 2min，然后以连续均匀的速度将压应力卸至 1.0MPa，持荷 5min，记录百分表初始值，预压三次。

(3)正式加载。每一加载循环自 1.0MPa 开始，将压应力以 0.03~0.04MPa/s 的速率均匀加载至 4MPa，持荷 2min 后，采集变形值，然后以同样速率每 2MPa 为一级逐级加载，每级持荷 2min 后，采集变形数据直至平均压应力为止，绘制的应力-应变图应呈线性关系。然后以连续均匀的速度卸载至 1.0MPa。10min 后进行下一加载循环。加载过程应连续进行三次。

(4)以承载板四角所测得的变化值的平均值作为各级荷载下试样的累计竖向压缩变形 ΔC，按试样橡胶层的总厚度 t_e，求出在各级试验荷载作用下，试样的累计压缩应变 ε_i。

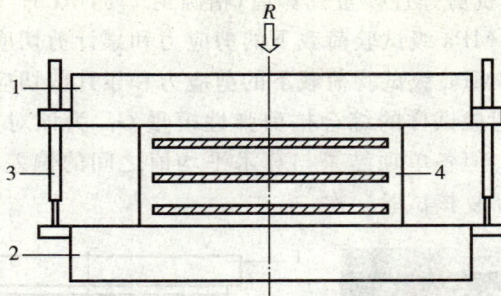

图 13-3　压缩试验设备图

1—上承载板；2—下承载板；3—位移传感器；4—支座试样

2. 抗压弹性模量的计算

试样实测抗压弹性模量应按式（13-4）计算：

$$E_1 = \frac{\sigma_{10} - \sigma_4}{\varepsilon_{10} - \varepsilon_4} \tag{13-4}$$

式中：E_1——试样实测的抗压弹性模量计算值，精确至 1MPa；

σ_4、ε_4——第 4MPa 级试验荷载下的压应力和累积压缩应变值；

σ_{10}、ε_{10}——第 10MPa 级试验荷载下的压应力和累积压缩应变值。

每一块试样的抗压弹性模量 E_1，为三个实测结果的算术平均值。但单项结果和算术平均值之间的偏差不应大于算术平均值的 3%，否则应对该试样重新复核试验一次。

（三）极限抗压强度检验

以 0.1MPa/s 的加荷速率加载试样极限抗压强度 R_u 不小于 70MPa 为止，绘制应力-时间图，并随时观察试样受力状况及变形情况，试样是否完好无损。

（四）抗剪弹性模量试验

橡胶支座抗剪弹性模量试验是以正压力为容许压应力，采用 2 块支座用中间钢拉板推或拉组成双剪装置，橡胶支座的顶面或底面必须与实桥（钢筋混凝土梁、钢梁）设计图纸一致，而且中间钢拉板的对称轴应和加压设备中轴处在同一垂直面上，剪切变形量的量测一般采用 2 个大标距的位移传感器或百分表，正压力和剪切力一般采用力传感器进行量测控制。正式试验前应进行预载，以控制安装偏差和消除初应力，正式加载时，施加水平力至剪切力 $\tau = 0.1$MPa 后持荷 5min，然后卸载至剪切力为 0.1MPa 后记录位移计初始值。

正式加载：每一加载值循环自 $\tau = 0.1$MPa 开始，每级剪应力增加 0.1MPa，持荷 1min，读取位移计读数，至 $\tau = 0.1$MPa 为止，然后卸载剪应力为 0.1MPa。10min 后进行下一循环。加载过程持续进行三次。

将各级水平荷载下位移计所测出的试样累积为水平变形式 Δ_i，按试档橡胶层的总厚度 δ_i，求出在各级试验荷载作用下试样的累计剪切应变 γ_i。

按式（13-5）计算抗剪弹性模量：

$$G_1 = \frac{\tau_{1.0} - \tau_{0.3}}{\gamma_{1.0} - \gamma_{0.3}} \tag{13-5}$$

式中：G_1——试样的实测抗剪弹性模量计算值，精确至1%，MPa；

$\tau_{1.0}$、$\gamma_{1.0}$——第1.0MPa级试验荷载下的剪应力和累计剪切应变值，MPa；

$\tau_{0.3}$、$\gamma_{0.3}$——第0.3MPa级试验荷载下的剪应力和累计剪切应变值，MPa。

每两个检验支座所组成试样的综合抗剪弹性模量G_1，为该对试件三次加载所得到的三个结果的算术平均值。但各单项结果与算术平均值之间的偏差应不大于算术平均值的3%，否则应对该试样重新复核试验一次。

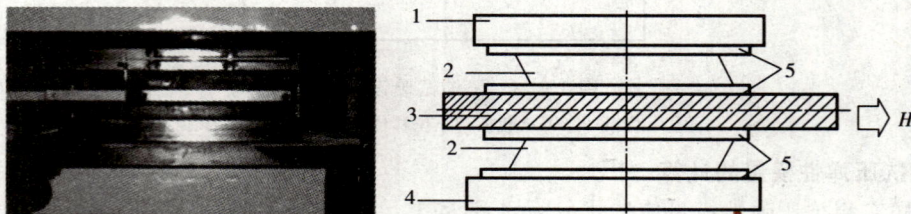

图13-4 剪切试验设备图

1—上承载板；2—支座试样；3—中间钢拉板；4—下承载板；5—防滑摩擦板

（五）抗剪黏结性能试验

将压应力以0.03~0.04MPa/s的速率连续地增至平均压应力，绘制应力-时间图，并在整个试验过程中保持不变。然后以0.002~0.003MPa/s的速率连续施加水平力，当剪应力达到2MPa，持荷5min后，水平力以连续均匀的进度连续卸载，在加、卸载过程中绘制应力-应变图。试验中随时观察试件受力状态及变化情况，水平力卸载后试样是否完好无损。

（六）抗剪老化试验

将试样置于老化箱内，在70℃±2℃温度下经72h后取出，将试样在标准温度23℃±5℃下停放48h，再在标准试验室温度下进行剪切试验，试验与标准抗剪弹性模量试验方法步骤相同。老化后抗剪弹性模量G_2的计算方法与标准抗剪弹性模量计算方法相同。

（七）摩擦系数试验

摩擦系数试验，除要求必须对四氟板与不锈钢板进行检验外，对橡胶与混凝土、橡胶与钢板间摩擦系数试验可按需要或用户要求进行检验。

1. 将试样按规定摆好，对准试验机承压板中心位置。

2. 将压应力以0.03~0.04MPa/s的速率连续地增至平均压应力，绘制应力-时间图，并在整个摩擦系数试验过程中保持不变。其预压时间为1h。

3. 以0.002~0.003MPa/s的速率连续地施加水平力，直至不锈钢板与四氟滑板试样接触时间发生滑动为止，记录此时的水平剪应力并作为初始值。试验过程应连续进行三次。

4. 摩擦系数按式(13-6)、式(13-7)、式(13-8)计算：

$$\mu_f = \frac{\tau}{\sigma} \tag{13-6}$$

$$\tau = \frac{H}{A_0} \tag{13-7}$$

$$\sigma = \frac{R}{A_0} \qquad\qquad (13-8)$$

式中：μ_f——四氟滑板与不锈钢板表面的摩擦系数，精确至 0.01；

τ——接触面发生滑动时的平均剪应力，MPa；

σ——支座的平均压应力，MPa；

H——支座承受的最大不平为，kN；

R——支座最大承压力，kN；

A_0——支座有效承压面积，mm^2。

5. 结果

每对试样的摩擦系数为三次试验结果的算术平均值。

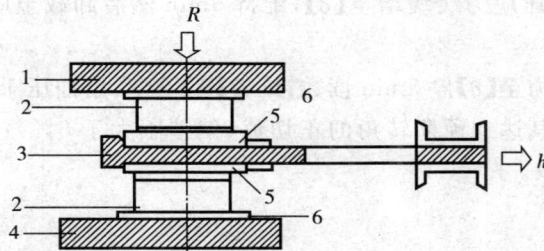

图 13-5　摩擦系数试验设备图

1—试验机上承载板；2—四氟滑板支座试样；3—中间钢拉板；

4—试验机上承载板；5—不锈钢板试样；6—防滑摩擦板

（八）允许转角检验

在外荷载作用下，支座在发生竖向压缩的同时，由于梁体的挠曲作用还产生转动。支座转动时，一侧的橡胶被压缩，而另一侧则逐渐被抬起。如果竖向压缩回弹变形值大于其总压缩量，支座边缘必将出现脱空现象。这是检验橡胶支座的厚度在梁体端部可能出现最大转角的作用下能否满足设计要求的必要条件。

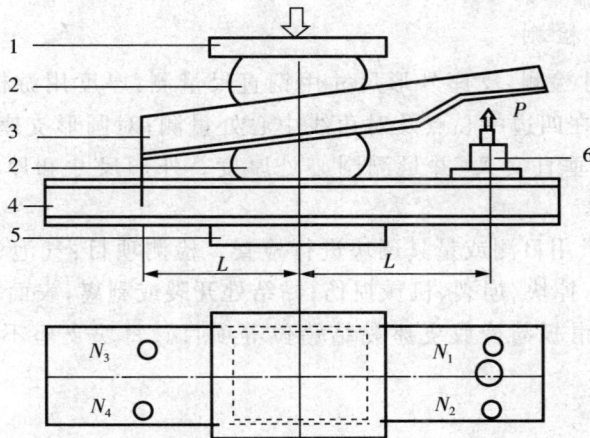

图 13-6　转角试验设备图

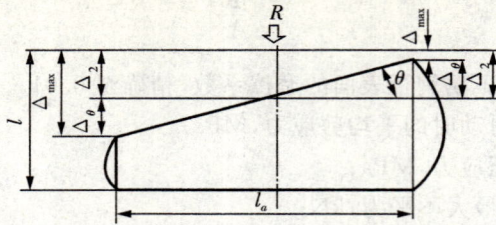

图 13-7　转角计算图

检测时,在距支座中心 600mm 处,安装使支座产生转动的千斤顶和测力传感器,并在假定梁体的四角安置位移传感器或百分表。

首先进行预压,将压应力缓缓增至【δ】,维持 5min 然后卸载至应力为 1.0MPa。如此反复预压三遍。

正式加载:施加压力至【δ】停 5min 读数;维持【δ】不变,用油压千斤顶对中间工字梁施加一个向上的力 P,使其达到预期转角的正切值(偏差不大于 5%);停 5min 后,读取千斤顶力 P 及百分表的读数。

(九)判定规则

1. 支座在不小于 70MPa 压应力时,橡胶层未被挤坏,中间层钢板未断裂,四氟板与橡胶未发生剥离,则试样的抗压强度是满足要求的;

2. 支座在两倍剪应力作用下,橡胶层未被剪坏,中间层钢板未断裂错位,卸载后,支座变形恢复正常,认为试样抗剪黏结性能满足要求;

3. 试样的容许转角正切值,混凝土、钢筋混凝土桥在 1/300,钢桥在 1/500 时,试样边缘最小变形值大于或等于零时,则试样容许转角满足要求;

4. 三块(或三对)试样中,有两块(或两对)不能满足要求,则认为该批产品不合格。若有一块(或一对)试样不能满足要求,则应从该批产品中随机再取,双倍试样时不合格项目进行复验,若仍有一项不合格,则判定该批产品不合格。

(十)支座外形质量检测

1. 支座外形尺寸检测:支座外形尺寸用钢直尺量测,厚度用游标卡尺或量规量测。对矩形支座,厚度应在四边中心点及对角线中心处量测;对圆形支座,其直径、厚度应至少量测四次,测点应垂直交叉,并量测圆心处厚度。外形尺寸和厚度取其实测值的平均值。

2. 支座外观质量用目测或量具逐块进行检查。检测项目:气泡、杂质、凹凸不平;四侧面裂纹、钢板外露;掉块、崩裂、机械损伤;黏结处开裂或剥离;表面平整度;四氟滑板划痕、碰伤、敲击;四氟滑板与橡胶支座黏结错位等项目。每块支座不允许有两项以上的缺陷。

(十一)解剖检验

解剖检验项目有:支座用钢锯锯后检验项目有橡胶层厚度、钢板与橡胶粘结、剥离胶层后橡胶的性能等,均应满足表 13-1 的要求。

表 13-1 产品支座解剖检验要求

序号	名称	解剖检验标准
1	锯开后胶层厚度	胶层厚度应均匀,其厚度为 5mm 或 8mm 时,其偏差为 ±0.4mm;其厚度为 11mm 时,其偏差不得大于 ±0.7mm;其厚度为 15mm 时,其偏差不得大于 ±1.0mm
2	钢板与橡胶黏结	钢板与橡胶黏结应牢固,且无高层现象,其平面尺寸偏差为 ±1mm;上下保护层偏差为 (+0.5,0)mm
3	剥离胶层	剥离胶层后,测定的橡胶性能,其拉伸强度的下降不应大于 15%,扯断伸长率的下降不应大于 20%

【学习案例 13-3】

叙述下列符号的意义:GYZF$_4$300×49(NR)、GPZ22.5SX100、QZ20000DX/Z±100/R0.05。

答:1.GYZF$_4$300×49(NR):公路圆形四氟滑板天然橡胶支座,直径 300mm,厚度 49mm。

2.GPZ22.5SX100:设计竖向承载力为 22.5MN 的双向活动型,顺桥向位移量为 ±100mm 的盆式支座。

3.QZ20000DX/Z±100/R0.05:球形支座设计竖向承载力为 20 000kN 的单向活动球型支座,其纵向位移量为 ±100mm,转角为 0.05rad。

任务 13 - 2 桥梁橡胶伸缩装置检测

【学习要求】

1. 熟悉伸缩装置的类型、构造及适用条件；
2. 掌握桥梁伸缩装置的分类与检测项目。

【学习内容】

一、桥梁橡胶伸缩装置的作用及分类

桥梁橡胶伸缩装置的主要作用是满足桥梁上部结构的需要，并保证车辆通过桥面时平稳。桥梁橡胶伸缩装置按照伸缩体结构不同可划分为四类。

1. 模数式伸缩装置

其伸缩体是由钢梁和 80mm 的单元橡胶密封带组合而成的伸缩装置。适用于伸缩量为 160～1 200mm 的公路桥梁工程。

2. 梳齿板式伸缩装置

其伸缩体是由钢制伸缩体组合而成的伸缩装置。一般适用于伸缩量不大于 300mm 的公路桥梁工程。

3. 橡胶式伸缩装置

(1)板式橡胶伸缩装置：伸缩体是橡胶、钢板或角钢硫化为一体的板式伸缩装置。它适用于伸缩量小于 60mm 的公路桥梁工程。

(2)组合式橡胶伸缩装置：伸缩体是由橡胶板和刚托板组合而成的组合式橡胶伸缩装置。适用于伸缩量不大于 120mm 的公路桥梁工程。

4. 异型钢单缝式伸缩装置

伸缩体完全由橡胶密封带组成的伸缩装置。由单缝钢和橡胶密封带组成的单缝式伸缩装置，适用于伸缩量不大于 60mm 的公路桥梁工程。由边梁钢和橡胶密封带组成的单缝式伸缩装置，适用于伸缩量不大于 80mm 的公路桥梁工程。

二、检测项目

1. 模数式伸缩装置应进行拉伸、压缩、纵向、横向错位试验，测定水平摩阻力、变位均匀性。应按实际受力荷载测定中梁、支撑横梁及其连接部件应力、应变值。并对试样进行振动冲击试验，对橡胶密封带进行防水性能试验。

2. 梳齿板式伸缩装置应进行拉伸、压缩试验，测定水平摩阻力、变位均匀性。

3. 橡胶伸缩装置应进行拉伸、压缩试验，测定水平摩阻力及垂直变形；且试验应在 15℃～28℃温度下进行。

(1)异型钢单缝伸缩装置应进行橡胶密封带防水试验。

(2)尺寸偏差：伸缩装置的尺寸偏差，应采用标定的钢直尺、游标卡尺、平整度仪、水准

仪等测量。橡胶伸缩装置平面尺寸除量测四边长度以外,还应量测对角线尺寸,厚度应在四边量测 8 点取其平均值。模数式和梳齿式伸缩装置应每 2m 取其断面量测后,取其平均值。

图 13-8　橡胶伸缩装置试验设备

　　(3)外观质量:产品的外观质量,应用目测方法和相应精度量具逐步进行检测,不合格产品可进行一次修补。

　　(4)内在质量:橡胶板式伸缩装置解剖检验应每 100 块取 1 块,沿中横向锯开进行规定项目检验。

　　(5)原材料伸缩装置中使用的钢材、橡胶、不锈钢板、聚四氟乙烯板、硅脂等应按《公路桥梁伸缩缝装置》中规定的方法进行试验。

三、判定规则

　　1. 出厂检验时,若有一项指标不合格,则应从该产品中再随机抽取双倍的试样,对不合格的项目进行复检;若仍有一项不合格,则判定该产品不合格。

　　2. 整体性试验全部满足要求为合格,若有一项不合格,则从该产品中再随机抽取双倍数目的试样,对不合格项目进行复检;若复检仍有一项不合格,则判定该产品不合格。

【学习实践】

　　1. 支座成品外观检验项目有哪些?

　　2. 如何确定支座的形状系数?

　　3. 叙述板式橡胶支座抗压弹性模量的检验方法。

　　4. 桥梁板式橡胶支座抗剪弹性模量试验步骤有哪些?

　　5. 橡胶伸缩装置成品力学性能的检验项目有哪些?

　　6. 桥梁橡胶伸缩装置的检验原则和判定规则是什么?

　　7. 试述橡胶伸缩装置成品外观检验项目与方法。

　　8. 桥梁支座如何进行分类?

学习项目十四 桥梁荷载试验

任务 14-1 桥梁结构的考察、试验设计与准备

【学习要求】

1. 了解桥梁荷载试验的目的、内容和意义。

2. 熟悉桥梁荷载试验所需观测的物理量以及所需要的仪器、仪表、各种传感器以及相关设备的功能、技术要求和使用方法,荷载效率系数和校验系数的定义。

3. 掌握桥梁荷载试验的准备工作;常见桥型的测点设置、试验工况;电阻应变片的粘贴、温度补偿方法;试验过程中的观测内容和终止加载的控制条件;实测数据的修正方法;桥梁承载力的评定方法;桥梁动载试验时频率、阻尼和冲击系数的测量方法等。

【学习内容】

一、桥梁静载试验

(一)桥梁静载试验的目的、内容及意义

1. 检验桥梁设计与施工的质量;
2. 判断桥梁结构的实际承载力;
3. 验证桥梁结构设计理论和设计方法。

(二)荷载试验的主要内容

1. 明确荷载试验的目的;
2. 试验准备工作;
3. 加载方案设计;
4. 测点设置与测试;
5. 加载控制与安全措施;
6. 试验结果分析与承载力评定;
7. 试验报告编写。

(三)荷载试验的准备工作

1. 试验孔(或墩)的选择

对多孔桥梁中跨径相同的桥孔(或墩)可选 1～3 孔具有代表性的桥孔(或墩)进行加载

试验。选择时应综合考虑以下因素：

(1)该孔(或墩)计算受力最不利；

(2)该孔(或墩)施工质量较差、缺陷较多或病害较严重；

(3)该孔(或墩)便于搭设脚手架，便于设置测点或便于实施加载。

2. 搭设脚手架和测试支架

脚手架和测试支架应分开搭设互不影响，脚手架和测试支架应有足够的强度、刚度和稳定性。测试支架要满足仪表安装的需要，不因自身变形影响测试的精度，同时还应保证试验时不受车辆和行人的干扰。

图 14-1　桥梁静载试验

3. 静载试验加载位置的放样和卸载位置的安排

静载试验前应在桥面上对加载位置进行放样，以便于加载试验的顺利进行。静载试验荷载卸载的安放位置应预先安排。卸载位置的选择既要考虑加、卸载方便，离加载位置近一点，又要使安放的荷载不影响试验孔(或墩)的受力。

4. 试验人员组织及分工

应设试验总指挥 1 人，根据特长进行分工。

5. 其他准备工作

加载试验的安全设施、供电照明设施、通讯联络设施、桥面交通管制等工作应根据荷载试验的需要进行准备。

(四)常见桥梁的试验工况和测点设置

1. 荷载试验工况的确定

为了满足鉴定桥梁承载力的要求，荷载工况选择应反映桥梁设计的最不利受力状态，简单结构可选 1~2 个工况，复杂结构可适当多选几个工况，但不宜过多。

(1)简支梁桥：跨中最大正弯矩工况；$L/4$ 最大正弯矩工况；支点最大剪力工况；桥墩最大竖向反力工况。

(2)连续梁桥：主跨跨中最大正弯矩工况；主跨支点负弯矩工况；主跨桥墩最大竖向反力工况；主跨支点最大剪力工况；边跨最大正弯矩工况。

(3)悬臂梁桥(T 型刚构桥)：支点(墩顶)最大负弯矩工况；锚固孔跨中最大正弯矩工况；支点(墩顶)最大剪力工况；挂孔跨中最大正弯矩工况。

（4）无铰拱桥：跨中最大正弯矩工况；拱脚最大负弯矩工况；拱脚最大推力工况；正负挠度绝对值之和最大工况。

（5）刚架桥（包括斜腿刚架和刚架-拱式组合体系）：跨中截面最大弯矩工况；柱腿截面最大应力工况；节点附近截面最大应力工况。

（6）悬索桥：主梁控制截面最大弯矩应力工况；主梁扭转变形工况；主梁控制截面位移或挠度工况；塔顶最大水平变位工况；塔柱底截面最大应力工况；钢索（主缆、吊索）最大拉力工况。

（7）斜拉桥：主梁跨中最大正弯矩工况；主梁最大负弯矩工况；主塔塔顶顺桥向最大水平位移工况；斜拉索最大索力工况；主梁最大挠度工况。

2．测点设置

（1）主要测点的布设

测点的布设不宜过多，但要保证观测质量。对主要测点的布设应能控制结构的最大应力（应变）和最大挠度（或位移）。常用桥梁体系的主要测点布设如下。

简支梁桥：跨中挠度，支点沉降，跨中截面应变。

连续梁桥：跨中挠度，支点沉降，跨中和支点截面应变。

悬臂梁桥：悬臂端部挠度，支点沉降，支点截面应变。

拱桥：跨中 $L/4$ 处挠度，拱顶 $L/4$ 和拱脚截面应变。

挠度观测测点一般布置在桥中轴线位置。截面抗弯应变测点应设置在截面横桥向应力可能分布较大的部位，沿截面上、下缘布设，横桥向测点设置一般不少于 3 处，以控制最大应力的分布。

（2）其他测点的布设

对于剪切应变测点一般采取设置应变花进行观测。剪应力也可在截面中性轴处主应力方向设置单一应变测点来进行观测。梁桥的实际最大剪应力应设置在支座附近而不是支座上。

（3）温度测点的布设

选择与大多数测点较接近的部位设置 1～2 处气温观测点，或进行单点补偿。

二、静载试验仪器设备

桥梁荷载试验时需测结构的反力、应变、位移、倾角、裂缝等物理量，应选择适当的仪器进行量测。常用的仪器有百分表、千分表、位移计、应变仪、应变计（应变片）、精密水准仪、经纬仪、倾角仪、刻度放大镜等。这些测试仪器按其工作原理可分为机械测试仪器、电测仪器、光测仪器等。

（一）机械式位移计

机械式位移计包括百分表、千分表及位移和挠度计等，主要区别在于精度和量程不同。

1．百分表的使用方法

使用时，百分表装在表座上（目前大都采用磁性表座），表架安装在临时专门搭设的支架上，支架应具有一定的刚度，并与被测结构物分开。

（1）将百分表轴颈插于表架横杆上的颈箍相应孔中，并旋紧螺栓；

（2）接通磁路：顺时针旋转磁体开关至限位处，磁性表座即与被吸附面吸牢；

（3）调节：旋转螺栓，并移动连接杆，可将表调节到需要的位置；

（4）微调：旋转微调螺栓即能达到微调；

（5）切断磁路：逆时针旋转磁体开关至限位处，磁性表座即可由吸附面取下。

图 14-2 百分表

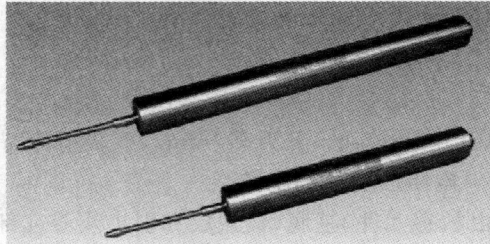

图 14-3 位移计

2. 位移计

（1）用位移计测挠度与变位

用位移计测挠度或某点的位移时，要注意位移的相对性，位移计的定点（表壳）和动点（测杆）必须分别和相对位移的两点连接。

（2）用位移计测应变

应变，就是结构上某区段纤维长度的相对变化（$\varepsilon = \Delta L / L$）。应变仪就是用来测定这个长度变化的仪器。粘贴是最常用的固定方式。在混凝土结构上贴夹具时，应先将混凝土表面用砂轮打磨，除去泥灰再用细砂布略为磨光，用丙酮等擦净，随后用胶粘剂将夹具按选定的标距粘上，待胶粘剂固化后，即可安装位移计进行量测。

（二）手持式应变仪

此仪器的主要部分是千分表，它固定在一根金属杆上，其测杆则自由地顶在另一金属杆的突出部分上，两金属杆之间用两片富有弹性的薄钢片相连，因而能平行地相对移动，每根金属杆的一端带有一个尖形插轴，两插轴间的距离 L 即仪器的标距。二次读数差即为结构在区段 L 内的变形 ΔL，除以标距 L 即得杆件的应变值。为了保证仪器工作稳定可靠，标距两端的小孔必须钻得和仪器的插轴钢尖相吻合。测孔的制作方法建议如下：

1. 钢构件可在杆件上直接钻孔。

2. 圬工或木质构件则可粘贴特制的钢脚标（用环氧树脂粘贴剂粘贴）。

（三）水准管式倾角仪

其原理是使用高灵敏度的水准管来测定结构节点、截面或支座处的位移。电子式数显倾角仪，具有使用方便、测量准确的特点，具有数字显示角度、倾斜度（％）和相对角度的功能。此外，仪器内置温度传感器，系统可自动完成零点和灵敏度补偿。

（四）连通管

连通管是一种可用来测量桥梁结构挠度的简单装置。优点是可靠、易行。

（五）电阻应变仪

用电阻式应变仪测试桥梁结构应变时需要应变仪和电阻应变片（应变计）配合使用。

1. 电阻应变片

电阻应变片又称电阻应变计，简称应变片或电阻片。应变片电测法与其他测试方法比较，有以下一些优点。

（1）灵敏度高。电阻应变仪可以精确地分辨出 1×10^{-6} 应变，这个应变的量级对于钢材而言相当于 0.2MPa 的应力。

（2）电阻片尺寸小、质量小且粘贴牢固。

（3）可以在高温（800℃～100℃）、低温（－100℃～－70℃）、高压（上万个大气压）、高速旋转（几千转/min～几万转/min）、核辐射等特殊条件下成功地使用。

2. 电阻应变片的构造

由敏感元件、基底、覆盖层和引出线等几部分组成。

3. 电阻应变片的分类

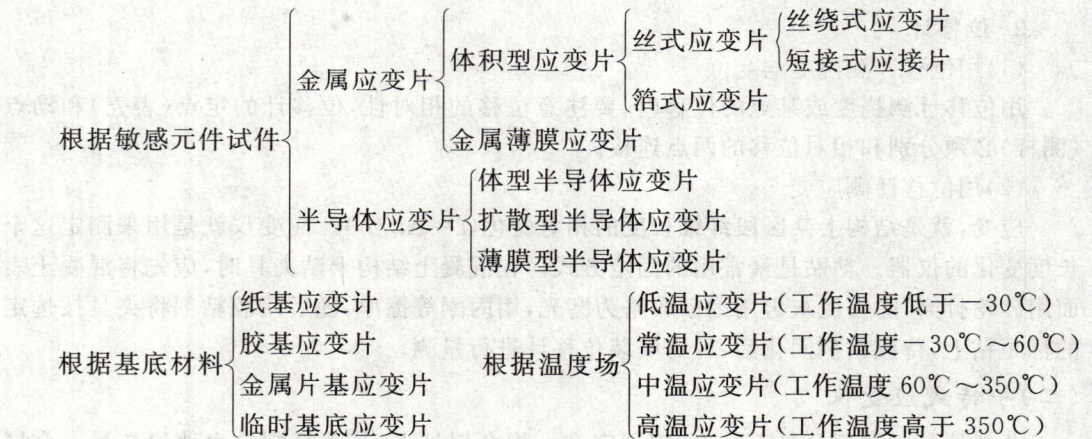

图 14-3 电阻应变片的分类

此外，按敏感栅的长度分，有大标距应变片和小标距应变片；按敏感栅形状分，有单轴应变片和应变花。还有各种特殊用途的应变片，如防磁应变片、防水应变片、埋入式应变片、层式应变片、可拆式应变片、疲劳寿命片、测压片、无基底式应变片、大应变片、裂缝探测片、温度自补偿应变片等。

（1）电阻应变片的选用

选用应变片时应根据应变片的初始参数及试件的受力状态、应变梯度、应变性质、工作条件、测试精度要求等综合考虑。对于一般的结构试验，采用120Ω纸基金属丝应变片就可满足试验要求。其标距可结合试件的材料来选定，如钢材常用 5～20mm，混凝土则用 40～150mm，石材用 20～40mm。

（2）电阻应变片的粘贴技术

① 黏结剂

对应变胶的性能要求是：黏结强度高，电绝缘性能好，化学稳定性及工艺性好等。在特殊条件下，还要考虑耐高温、耐老化、耐介质（油、水、酸和碱等）、耐疲劳等。目前常用的应变胶分为有机胶和无机胶两类。常温下用有机胶，无机胶则用于高温应变片的粘贴。

常规桥梁试验粘贴应变片的应变胶一般为快干胶和热固性树脂胶等。

② 应变片的粘贴技术

选片：用放大镜对应变片进行检查，保证选用的应变片无缺陷和破损。同批试验选用灵敏系数和阻值相同的应变片，采用兆欧表或万能表对其阻值进行测量，保证误差不大于 0.5Ω。

定位：先初步画出贴片位置，用砂布或砂轮机将贴片位置打磨平整，钢材光洁度达到▽3～▽5；混凝土表面无浮浆，必要时用涂底胶处理，待固化后再次打磨。在打磨平整的部位准确画出测点的纵、横中心及贴片方向。

贴片：用镊子夹脱脂棉球蘸酒精（或丙酮）将贴片位置清洗干净。用手握住应变片引出线，在其背面均匀涂抹一层胶水，然后放在测点上，使其可准确定位。在应变片上覆盖小片玻璃纸，用手指轻压，挤出多余胶水和气泡。注意不要使应变片位置移动。用手指轻按 1～2min，待胶水初步固化后，即可松手。粘贴质量较好的应变片，应是胶层均匀、位置准确。

干燥固化：干燥才能固化，气温较高、相对湿度较低的短期试验，可用自然干燥，时间一般为 1～2d。人工干燥：待自然干燥 12 小时后，用红外线灯烘烤，温度不要高于 $50℃$，还要避免骤热，烘干到绝缘电阻符合要求时为止。

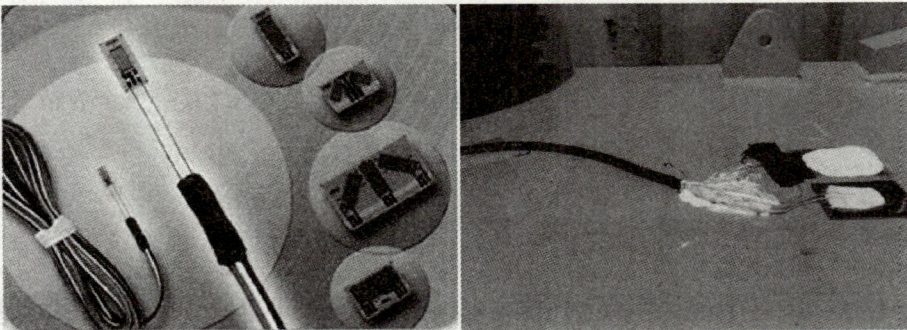

图 14-4　电阻应变片粘贴

应变片的防护：在应变片引线端贴上接线端子，把应变片引线和连接导线分别焊在接线端子上，然后立即涂防护层，以防止应变片受潮和机械损伤。防潮尤为重要。

（3）电阻应变测量的温度补偿

用应变片测量应变时，它除了能感受试件受力后的变形外，同样也能感受环境温度变化，并引起电阻应变仪指示部分的示值变动，这称为温度效应。

消除温度效应的应变值主要是利用惠斯登电桥桥路的特性进行，称为温度补偿。

2. 应变仪

（1）测量电路

测量电路是应变仪的重要组成部分，其作用是将应变片的电阻变化转换为电压（或电流）的变化。在特殊情况下，应根据测量的目的和具体要求自行设计测量电路。应变片电测一般采用两种测量电路，一种是电位计式电路，一种是桥式电路，通常采用惠斯登电桥。

如图14-5所示，惠斯登电桥具有四个电阻，采用电桥能够精确地测量微小的电阻变化。

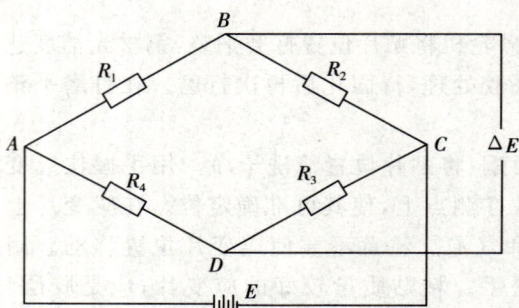

图14-5　惠斯登电桥

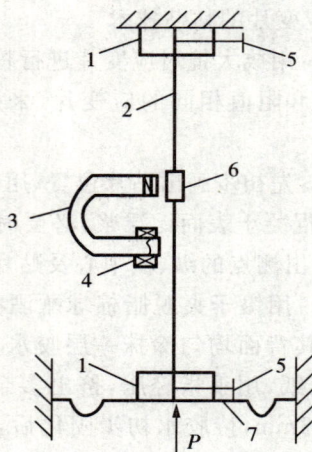

图14-6　管弦式传感器机构原理
1—夹块；2—振弦；3—永久磁铁；
4—线圈；5—螺钉；6—软铁块；7—膜片

根据电桥的测量电路，对应变吊桥的测量方法有下列几种。

① 单点测量

单点测量时，组成测量电桥的四个电阻中，R_1为电阻片电阻，其余三个为精密电阻（无电阻变化）。

② 半桥测量

其方法是将半桥接电阻片，另半桥为精密电阻。

③ 全桥测量

其方法是组成测量电桥的四个电阻全由电阻片组成。电桥的增减特性：相邻的输出符号相反，电桥输出具有相减特性；相对两臂符号相同，电桥输出具有相加特性。

（2）电阻应变仪

电阻应变仪按使用内容不同，分为静态应变仪、动态应变仪和静动态应变仪。

（六）传感器

1. 应变式测力传感器

圆柱（或筒）形弹性承受轴向力，而粘贴在元件上面的应变片感受其应变。知道元件的截面积，即可求得压力。为了提高量测的灵敏度和达到温度补偿，在元件上粘贴8片应变片，并组成全桥式接线。

2. 电子式位移传感器

电子式位移传感器是一种位移测量计,属于一次仪表,它只能检测试件的位移,而本身不能显示其数值,因此使用时必须依赖二次仪表进行显示。

(七)钢弦应变计和光纤传感器

1. 钢弦应变计

钢弦式应变计是以被张紧的钢弦作为敏感元件,利用其固有频率与张拉力的函数关系,根据固有频率的变化来反映外界作用力大小。

2. 光纤传感器

(1)光纤传感器体积小、重量轻,结构简单,安装方便,埋入土木工程结构内部几乎不受温、湿度和绝缘不良的影响;

(2)光纤传感器的应用场合,其电器回路不受电器设备和雷电等电磁场干扰的影响;

(3)光缆容量大,可以实现多通道多用途测量,可以省去大量导线的配置和接线的麻烦,省力、省事;

(4)灵敏度高,精度高;

(5)光纤技术的数字化信号,具有高速远程传送信息的突出优点,可以实现对超高层建筑物和超大跨度桥梁的远距离测量和健康测量。

光纤布拉格光栅传感系统由光源、传感头和波长探测装置三个基本部分组成,光源将光摄入到传输光纤中,一段包括布拉格波长的狭窄光谱被光栅反射回波长探测装置,在没有被反射的透射光谱中就缺少了这段光谱,应变和温度引起的布拉格波长漂移就可以通过反射光和透射光的光谱获得。

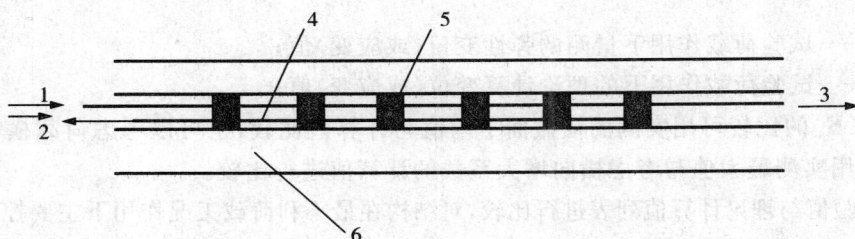

图 14-7 光栅基本构造示意图

1—输入信号;2—反射信号;3—传输信号;4—光纤光芒;
5—紫外写入光栅;6—光纤布拉格光栅周期

三、静载试验方法及评价

(一)荷载效率系数和检验系数

1. 荷载效率系数

荷载试验应尽量采用与控制荷载相同的荷载,而组成控制荷载(标准设计荷载)的车辆是由运管车辆统计而得的概率模型。当客观条件所限,采用的试验荷载与控制荷载有差别时,为保证试验效果,在选择试验荷载的大小和加载位置时采用静载试验效率 η_q、动载试验效率 η_d 进行控制。

(1)静载试验效率

静载试验效率为 η_q，按式(14-1)计算：

$$\eta_q = S_s / S(1+\mu) \qquad (14-1)$$

式中：S_s——静载试验荷载作用下控制截面内力计算值；

S——控制荷载作用下控制截面最不利内力计算值；

μ——按规范采用的冲击系数，平板挂车、附带车、重型车辆，取 $\mu=0$。

η_q 值可采用 $0.95 \sim 1.05$，当桥梁的调查、检算工作比较完善而又受加载设备能力所限，η_q 值可采用低限；当桥梁的调查、检算工作不允许，尤其是缺乏桥梁计算资料时，η_q 值应采用高限。总之，应根据前期工作的具体情况来确定，一般情况下 η_q 值不宜小于 0.95。

(2)动载试验效率

$$\eta_d = S_d / S(1+\mu) \qquad (14-2)$$

式中：S_d——动载试验荷载作用下控制截面计算最大内力值；

S——标准汽车荷载作用下控制截面最大计算内力值(不计入汽车荷载冲击系数)。

η_d 值一般取用 1，动载试验的效率不仅取决于试验车型与车重，而且取决于实际跑车时的车间距。跑车时应采用实际测定跑车的车间距作为修正动载试验效率 η_d 的计算依据。

2. 荷载试验系数

为了量化以及描述试验值与理论分析值比较的结果，此处引入结构校验系数：

$$\eta = S_e / S_s \qquad (14-3)$$

式中：S_e——试验荷载作用下量测的弹性变位(或应变)值；

S_s——试验荷载作用下的理论计算变位(或应变)值；

S_e 与 S_s 的比较可用实测的横截面平均值与计算值比较，也可以考虑荷载横向不均匀分布而选用实测最大值与考虑横向增大系数的计算值进行比较。

将试验值与理论计算值列表进行比较，对结构在最不利荷载工况作用下主要控制测点的位移、应力的实测值与理论分析值，要分别绘出荷载-位移($P-\Delta$)曲线，荷载-应力($P-\sigma$)曲线，并绘出最不利荷载工况作用下位移沿结构(纵横向)分布曲线和控制面应变(沿高度)分布图，绘制结构裂缝分布图(对裂缝编号注明长度、宽度、初裂荷载以及裂缝发展情况)。

(二)试验过程中的观测内容和终止加载的条件

1. 试验过程中的观测内容

(1)温度稳定观测

仪表安装完毕后，一般在加载试验之前应对各测点进行一段时间的温度稳定观测，中间可每隔 10min 读一次。观测时间应尽量选择在加载试验时外界气候条件对观测造成误差的影响范围，用于测点的温度影响修正。

(2)仪表的测读与记录

人工读表时，仪表的测读应准确，迅速并记录在专门的表格上，以便于资料的整理和计算。记录者应对所有测点量测值变化情况进行检查，看其变化是否符合规律。当采用仪器自动采集数据记录时,应对控制点的应变和位移进行监控,测试结果规律异常时,应查明原因采取补救措施。整理记录结果,进行结果分析,与原始记录一同保存备查。

(3)加载稳定时间控制

为控制加、卸载稳定时间,应选择一个控制观测点(如简支梁的跨中挠度或应变测点),在每级加载(或卸载)后立即测读一次,计算其与加载前(或卸载前)测读值之差值 S_s,然后每隔 2min 测读一次,计算 2min 前后读的差值 Δs,并按式(14 - 4)计算相对读数差值 m:

$$m = \Delta s / S_s \qquad\qquad (14 - 4)$$

当 m 值小于 1‰或小于量测仪器的最小分辨值时即认为结构基本稳定,可进行测点读数。

(4)裂缝观测

加载试验中裂缝观测的重点是结构承受拉力较大部位及旧桥原有裂缝较长、较宽的部位。在这些部位应测量裂缝长度、宽度,并在混凝土表面沿裂缝走向进行描绘。加载过程中观测裂缝长度及宽度的变化情况,可直接在混凝土表面进行描绘记录,也可采用专门表格记录。必要时可将裂缝发展情况绘制在裂缝展开图上。

(5)加载过程的观察

加载试验过程应对结构控制点位移(或应变)、结构整体行为和薄弱部位破损实行监控,随时将控制点位移与计算结果比较,如实测值超过计算值较多,则应暂停加载,待查明原因再决定是否继续加载。随时观察结构可能产生的新裂缝:构件薄弱部位是否有开裂、破损,组合构件的结合面是否有开裂错位,支座附近混凝土是否开裂,结构是否产生不正常响声,加载时墩台是否发生摇晃现象等。如发生异常应报告试验指挥人员,以便采取相应的措施。

2. 终止加载控制条件

发生下列情况应中途终止加载:

(1)控制测点应力值已达到或超过用弹性理论按规范安全条件反算的控制应力值时;

(2)控制测点变位(或挠度)超过规范允许值时;

(3)由于加载,使结构裂缝的长度、缝宽超过允许值的裂缝大量增多,对结构使用寿命造成较大的影响时:

(4)拱桥加载时沿跨长方向的实测挠度曲线分布规律与计算值相差过大或实测挠度超过计算值过多时;发生其他损害,影响桥梁承载能力或正常使用时。

(三)桥梁承载能力的评定

经过荷载试验的桥梁,应根据整理的试验资料分析结构的工作状况,进一步评定桥梁承载能力,为新建桥验收做出鉴定结论,或作为旧桥承载力鉴定验算的依据。

1. 结构工作状况

(1)校验系数 η

校验系数 η 是评定结构工作状况、确定桥梁承载能力的一个重要指标。不同结构形式的桥梁其 η 值常不相同,η 值常见的范围可参考相关规范。一般要求 η 值不大于 1,η 值越小,结构的安全储备越大。

（2）实测值与理论值的关系曲线

由于理论的变位（或应变）一般按线性关系计算，所以如测点实测弹性变位（或应变）与理论计算值成正比，其关系曲线接近于直线，说明结构处于良好的弹性工作状况。

（3）相对残余变位（或应变）

测点在控制荷载工况作用下的相对残余变位（或应变）S_p/S_t 越小，说明结构越接近弹性工作状况。一般要求 S_p/S_t 值不大于 20%，当 S_p/S_t 大于 20% 时，应查明原因。如确系桥梁强度不足，应在评定时酌情降低桥梁的承载能力。

2. 结构的强度及稳定性

采用荷载试验主要挠度测点的效验系数 η 来评定结构的强度和稳定性。检算时用荷载试验后桥梁检算系数 Z_2 代替《公路桥梁承载能力检测评定规程》中旧桥承载能力检算系数 Z_1 对桥梁结构抗力效应予以提高或折减。

3. 地基与基础

当试验荷载作用下墩台沉降、水平位移及倾角较小，符合上部结构检算要求，卸载后变位基本回复时，认为地基与基础在计算荷载作用下能正常工作。

4. 结构的刚度

试验荷载作用下，主要测点挠度校验系数 η 应不大于 1。各点的挠度不超过"桥规"规定的允许值，即圬工拱桥：一个桥范围内正负挠度的最大绝对值之和不小于 $L/1000$，履带车和挂车要验算时提高 20%。钢筋混凝土桥：桥梁主梁跨中 $L/600$；桥梁主要悬臂端 $L/300$；桁架、拱桥 $L/300$。

5. 裂缝

对于新建桥试验荷载作用下预应力结构不应出现裂缝，钢筋混凝土结构裂缝不超"桥规"容许值，按式（14-5）：

$$\delta_{max} \leqslant [\delta] \tag{14-5}$$

通过对桥梁结构工作状态、强度、刚度、稳定性和抗裂性各项指标进行综合评定，并结合结构下部评定和动力性能评定，综合给出桥梁承载能力评定结论，将评定结论写入桥梁承载能力鉴定报告。

任务 14 - 2 桥梁结构动载试验

【学习要求】

1. 了解桥梁荷载试验的目的、内容和意义。

2. 熟悉桥梁荷载试验所需观测的物理量以及所需要的仪器、仪表、各种传感器以及相关设备的功能、技术要求和使用方法。

3. 掌握试验过程中的观测内容和终止加载的控制条件；实测数据的修正方法；桥梁承载力的评定方法；桥梁动载试验时频率、阻尼和冲击系数的测量方法等。

【学习内容】

一、结构动力特性的基本概念

桥梁结构承受车辆、人群、风力和地震等动力荷载作用下产生振动。桥梁的动力特性（频率、振型和阻尼比）是评定桥梁承载力状态的重要参数，桥梁结构振动问题涉及震源（输入）、结构（系统）和影响（输出），它们的关系为：震源（输入）→结构（系统）→响应（输出）。

1. 测定桥梁荷载的动力特征（数值、方向、频率等）。

2. 测定桥梁的动力特征（自振频率、阻尼、振型等）。

3. 测定桥梁在动荷载作用下的响应（动位移、动应力等）。

二、桥梁动载试验的测试仪器

1. 测振传感器

测振传感器的基本原理为：由惯性质量、阻尼和弹簧组成一个动力系统，这个系统固定在振动体上（即传感器的外壳固定在振动体上），与振动体一起振动。通过测量惯性质量相对于传感器外壳运动，引到振动体的振动。由于这是一种非直接的测量方法，所以这个传感器动力系统的动力特征对测量结构具有很重要的影响。

图 14 - 8 测振传感器

2. 磁电式速度传感器

磁电式速度传感器依据电磁感应的原理。它由中磁钢和壳体相固连，并通过壳体安装在振动体上，与振动体一起振动。芯轴和线圈组成传感器的系统质量，通过弹簧片（系统弹簧）与壳体连动。振动体振动时，系统质量与传感器壳体之间发生相对位移，因此线圈与磁钢间发生相对运动。传感器的电压输出（即感应电动势 E）与相对运动速度 v 成正比。

3. 磁带记录仪

磁带记录仪是利用磁记录技术在磁带上记录（存储）被测信号的一种记录仪器。主要由磁带、磁头、记录放大器和重放放大器三部分组成。

4. 信号处理机

一般信号处理机首先通过低通抗混滤波器和前置放大器，然后经过模数转换器，将模拟电量信号转换成数字信号输入给计算机，在数据处理硬件和软件支持下进行各种数据处理，最后将分机结果显示在屏幕上或通过打印机(绘图仪)打印出来。

5. 桥梁动力测试系统

基于计算机控制的一体化动力数据测试系统是动载试验的主要仪器。一般该系统主要由激振装置、传感器、信号采集系统和信号分析系统四大部分组成。

三、桥梁动载试验的激振方法

1. 自振法(瞬态激振法)

自振法的特点是使桥梁产生有阻尼的自由衰减振动，记录到的振动图形是桥梁的衰减振动曲线。为使桥梁产生自由振动，一般常用突加载和卸荷载两种方法。

2. 突加荷载法(冲击法)

对于中、小型桥梁结构，可用落锤激振器(或枕木)垂直地冲击桥梁，激起桥梁竖直方向的振动。如果水平方向冲击桥面缘石，则可激起横向振动。

工程界常利用试验车辆在桥面上驶越三角垫木，利用车轮的突然下落对桥梁产生冲击作用，激起桥梁的竖向振动。

冲击法引起的自由振动，一般可记录到第一固有频率的振动图形。如用磁带记录仪录取结构某处的响应，通过频谱分析，则可获得多个固有频率的参数。

3. 突然卸载法(位移激振法)

采用突然卸载法，在结构上预先施加一个荷载作用，使结构产生一个初位移，然后突然卸去荷载，利用结构的弹性性质使其产生自由振动。

4. 共振法(强迫振动法)

激振设备有机械式激振器、电磁式激振器和电器液压式振动台。

共振法是利用激振器，对结构施加激振力，使结构产生强迫振动，改变激振力的频率而使结构产生共振现象并借助共振现象来确定结构的动力特性。

在桥梁的动载试验中，常用载重车队以由低到高的不同速度驶过桥梁，使结构产生不同程度的强迫振动。在若干次运动车辆荷载试验中，当某一行驶速度产生的激振力的频率与结构的固有频率相接近时，结构便产生共振现象，此时结构各部位的振动响应达最大值。车辆驶离桥后，结构做自由衰减振动，这时可由记录到的波形曲线分析得出结构的动力特性。

5. 脉动法

对于大跨度悬吊结构，如悬索桥、斜拉索桥跨结构、塔墩以及均有分离式拱助的大跨度下承式或中承式拱桥，可利用结构由于外界各种因素所引起的微小不规则的振动来确定结构的动力特性。这种微振动通常称为"脉动"，它是由附近的车辆、机器等振动或附近地壳的微小破裂和远处的地震传来的脉动所产生的。结构的脉动能明显地反映出结构的固有频率。

在动载试验中,应采用车辆荷载作为试验荷载,以确定桥梁荷载作用下动力特性及影响。

四、桥梁结构动力性能评价

桥梁结构动力性能的参数(如固有频率、阻尼比、震动、动力冲击系数等)及动力响应的大小,是宏观评价桥梁结构的整体刚度、运营性能的重要指标,也是一些规范评价桥梁安全运营性能的主要尺度。在实际测试中,通常通过以下几个方面来评价桥梁结构的动力性能。

1. 比较桥梁结构频率的理论值与实测值,如果实测值大于理论计算值,说明桥梁结构的实际刚度较大,反之则说明桥梁结构的刚度偏小,可能存在开裂或其他不正常的现象。

2. 根据动力冲击系数的实测值来评定桥梁结构的行车性能,实测冲击系数较大则说明桥梁结构的行车性能差,桥面平整度不良,反之亦然。

3. 实测阻尼比的大小反映了桥梁结构耗散外部能量输入的能力,阻尼比大,说明桥梁耗散外部能量输入的能力大,震动衰减的慢。但是,过大的阻尼比可能是由于桥梁结构存在开裂或支座工作不正常等现象引起的。

【学习案例 14－1】

某预应力混凝土简支"工"字梁桥进行荷载试验,该桥跨径组合为 $4 \times 25m + 3 \times 30m + 4 \times 25m$,每孔 7 片梁,下列正确的是:

1. 按照《公路桥梁承载能力检测评定规程》要求试验效率(　　)。

    A. 宜介于 0.95 至 1.05 之间

    B. 宜介于 0.80 至 1.00 之间

    C. 宜介于 0.90 至 1.05 之间

    D. 宜介于 0.85 至 1.05 之间

    答案:A

2. 挠度测试测点布置应能反映(　　)。

    A. 跨中下挠

    B. 支座压缩

    C. 梁板扭转

    D. 横向联系

    答案:AB

3. 试验孔跨选择正确的是(　　)。

    A. 应选择最大跨径的做试验,3孔 30m

    B. 不同跨径的各选择 1 孔,最少 2 孔

    C. 应选择最大跨径的做试验,1孔 30m

    D. 不同跨径的各选择 2 孔

    答案:B

    解析:不同跨径各选择 1 孔,最少 2 孔。

4. 应变测点布设应( )。

    A. 跨中断面沿梁高度在侧面布置应变花

    B. 跨中断面沿梁高度在侧面布置水平向应变花

    C. 支点附近沿梁高度在侧面布置应变花

    D. 支点附近沿梁高度在侧面布置水平向应变花

答案:BD

解析:参照应变测点布置。

5. 动载试验测试动力响应时( )。

    A. 可选择用一辆加载车以不同车速通过被测桥跨以测试桥梁基频

    B. 可通过跳车试验测试桥梁阻尼比

    C. 可通过加载车在指定位置紧急制动以记录动态响应时程曲线

    D. 可采用强迫振动法获得桥梁的动态放大系数

答案:AC

【学习案例 14-2】

某桥梁动载试验结果:

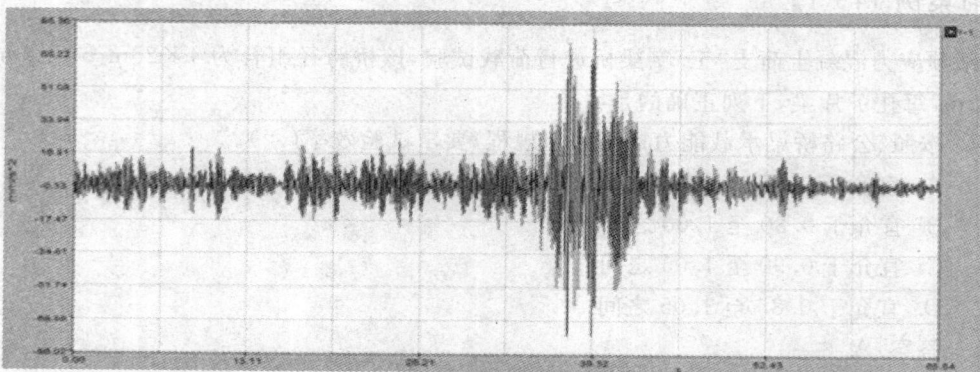

图 14-9　实测典型时域图

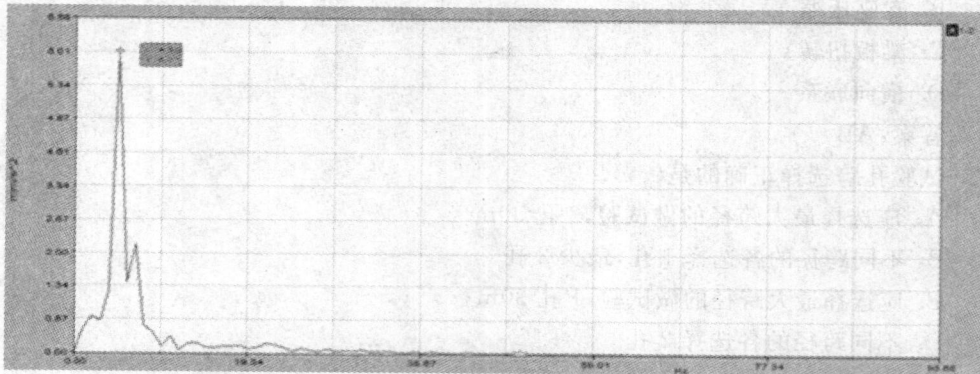

图 14-10　实测典型频域图

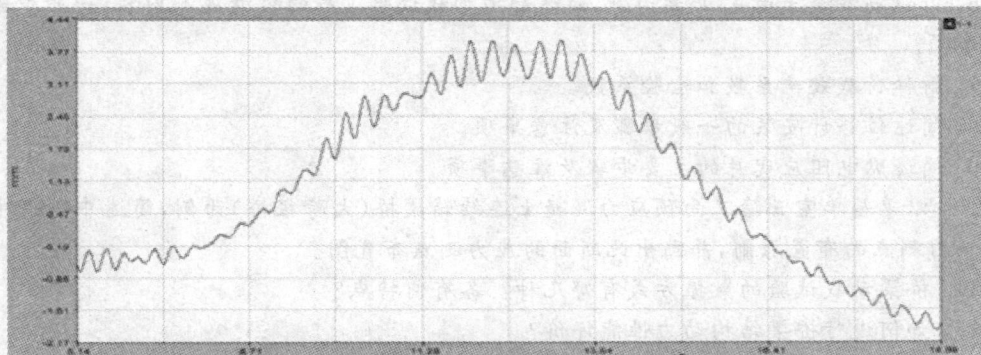

图 14 - 11　实测典型动挠度图

一阶频率试验结果：

通过对有限元模型的求解，在结构动力性能分析中，一般情况下结构前几阶自振频率和振型起控制作用。

表 14 - 1　理论固有频率与实测固有频率对比(单位:Hz)

测试位置	理论固有频率	实测固有频率	校验系数
第一跨	3.52	4.48	1.27

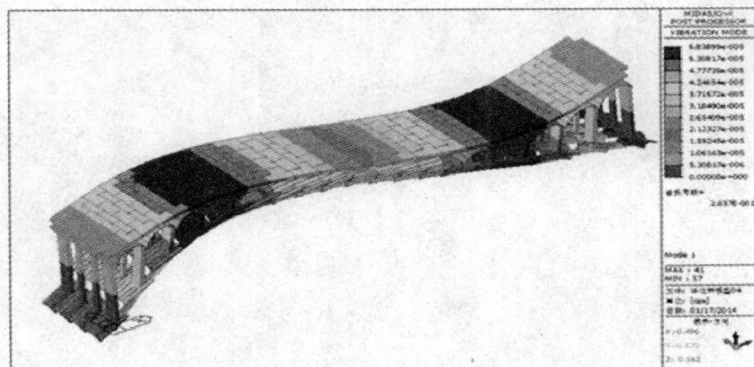

图 14 - 12　华佗桥一阶模态

试验结果表明，试验桥跨各工况一阶面内自振频率实测值均大于理论值，这说明该桥整体刚度较好，有较强的抗冲击性能，即结构动力特性能够满足设计要求。

【学习实践】

1. 桥梁静载试验的目的、内容及意义是什么？
2. 简述桥梁荷载试验的准备工作。
3. 简述终止加载控制条件。
4. 静动载试验仪器设备有哪些？
5. 什么是电阻应变测量的温度效应？简述消除温度影响的方法。

6. 以钢筋混凝土简支 T 梁为例,简述静力加载试验过程的裂缝观测内容,一般步骤及注意事项。

7. 解释荷载效率系数和检验系数。

8. 简述位移计安装的一般步骤及注意事项。

9. 简述贴电阻应变片的主要步骤及注意事项。

10. 以单箱单室三跨三向预应力混凝土连续箱梁桥(大跨径桥)为例,简述中跨跨中截面及应力测点的布置原则,并画出此断面的应力测点布置图。

11. 桥梁动载试验的激振方式有哪几种? 各有何特点?

12. 如何进行桥梁结构动力性能评价?

13. 静载荷试验终止加载控制条件是什么?

14. 桥梁动载试验的激振方法有哪些?

任务 15 - 1　超前支护与预加固围岩施工质量检测

【学习要求】

1. 熟悉超前支护施工质量检测的主要内容;
2. 掌握注浆材料性能试验、注浆效果检查方法。

【学习内容】

一、超前锚杆

(一)基本要求

1. 锚杆材质、规格等应符合设计和规范要求。
2. 超前锚杆与隧道轴线外插角宜为 $5°\sim10°$,长度应大于循环进尺,宜为 $3\sim5m$。
3. 超前锚杆与钢架支撑配合使用时,应从钢架腹部穿过,尾端与钢架焊接。
4. 锚杆插入孔内的长度不得短于设计长度的 95%。
5. 锚杆搭接长度应不小于 1m。

(二)实测项目(表 15 - 1)

表 15 - 1　超前锚杆实测项目

	检查项目	规定值或允许偏差	检查方法和频率	权值
1	长度(m)	不小于设计	尺量:检查锚杆数的 10%	2
2	孔位(mm)	±50	尺量:检查锚杆数的 10%	2
3	钻孔深度(mm)	±50	尺量:检查锚杆数的 10%	2
4	孔径(mm)	大于杆体直径+15	尺量:检查锚杆数的 10%	2

(三)外观鉴定

锚杆沿开挖轮廓线周边均匀布置,尾端与钢架焊接牢固,锚杆入孔长度符合要求。不符合要求时每处减 $3\sim5$ 分。

二、超前钢管

(一)基本要求

1. 钢管的型号、规格、质量等应符合设计和规范要求。

2. 超前钢管与钢架支撑配合使用时,应从钢架腹部穿过,尾端与钢架焊接。

3. 钢管插入孔内的长度不得短于设计长度的 95%。(评定标准无此项)

（二）实测项目（表 15 - 2）

表 15 - 2　超前钢管实测项目

	检查项目	规定值或允许偏差	检查方法和频率	权值
1	长度(m)	不小于设计	尺量:检查 10%	2
2	孔位(mm)	±50	尺量:检查 10%	2
3	钻孔深度(mm)	±50	尺量:检查 10%	2
4	孔径(mm)	大于杆体直径+20	尺量:检查 10%	2

（三）外观鉴定

钢管沿开挖轮廓线周边均匀布置,尾端与钢架焊接牢固,入孔长度符合要求。不符合要求时减 1~5 分。

三、注浆材料的性能试验

（一）黏度

黏度是用来表示液体流动时,因分子之间互相作用产生的阻碍运动的内摩擦力。其单位为帕斯卡秒(Pa·s),工程上常用厘泊(cP)来计量,$1cP=10Pa·s$(帕斯卡秒)。

浆液在固化过程中,黏度变化有两种类型:

曲线 I 是一般浆液材料,如单液水泥浆、环氧树脂类、铬木素等,黏度逐渐增加,最后固化。随着黏度增长,浆液扩散由易到难。曲线 II 表示如丙烯酰胺类浆液,到凝胶发生,黏度突变,顷刻形成固体,有利于注浆。注浆材料的分类见表 15 - 3 所列。

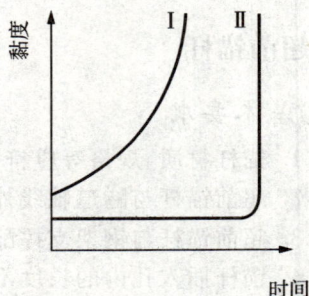

图 15 - 1　浆液黏度变化曲线

表 15 - 3　注浆材料的分类

注浆材料	水泥浆	单液水泥浆
		水泥-水玻璃双液浆
	化学浆	水玻璃类
		脲醛树脂类
		铬木素类
		丙烯酰胺类
		聚氨酯类
		其他

(二)渗透能力

渗透能力,即渗透性,浆液注入的难易程度。对于悬浊液,渗透能力取决于颗粒大小;对于溶液,则取决于黏度。砂性土孔隙直径(D)必须大于浆液颗粒直径(d)的 3 倍以上才能注入。即:注入条件为:$k=D/d>3$,k 也称为注入系数。

(三)凝胶时间

凝胶时间指参加反应的全部成分从混合至凝胶发生,浆液不再流动为止的一段时间。其测定方法,凝胶时间长的用维卡仪;一般浆液,通常采用手持玻璃棒搅拌浆液,以手感觉不再流动或拉不出丝为止,来测定凝胶时间。

(四)渗透系数

渗透系数表示浆液固化后结石体渗水性的高低,或表示结石体抗渗性的强弱。

(五)抗压强度

注浆材料自身抗压强度的大小决定材料的使用范围。大者用于加固地层,小者能堵水。

四、化学浆液黏度测定

(一)本试验方法的工作原理、试样制备、结果表示等部分参照相关规范的规定。

(二)仪器:NDJ—7 型旋转式黏度计,选择转速为 750r/min,第二单元 2 号转子(因子为 10);恒温水:温控精度 25℃±1℃。

(三)测定步骤:将试样注入测试器,直到它的高度达到锥形面下部边缘,将转筒浸入液体直到完全浸润为止,将测试器放在仪器支柱架上,并将转筒挂于仪器转轴钩上。启动电动机,转筒从开始晃动直到完全对准中心为止。将测试器在托架上前后左右移动以加快对准中心,指针稳定后方可读数。

五、注浆堵水效果检查方法、内容及技术要求(表 15-4)

表 15-4　注浆堵水效果检查方法、内容及技术要求

检查方法	内容及技术要求
检查施工记录资料	对注浆过程中的各种记录资料综合分析,看注浆压力和注浆量变化是否合理,是否达到设计要求
设检查孔	工作面预注浆每段 2~3 个检查孔,地面预注浆 10~15m 设 1 个检查孔。 1. 检查所取岩芯,观察浆液充填情况。 2. 检查孔内涌水量,严重破碎带应小于 0.2L/min,且某一处漏水小于 10L/min;一般地段应小于 0.4L/min,且某一处漏水小于 10L/min;或进行压水检查,在 1.0MPa 压力下,进水量小于 2L/min
声波测试	根据注浆前后地层声波速度的大小来判断浆液充填的密实程度

任务 15-2　开挖质量检测

【学习要求】

1. 了解开挖质量评定内容；
2. 熟悉超欠挖测定方法；
3. 掌握激光断面仪的操作方法、步骤。

【学习内容】

一、爆破后开挖断面检查内容与质量要求（表 15-5）

表 15-5　开挖断面检查内容与质量要求

检查内容	质量要求
欠挖或超挖	符合图纸设计要求和施工规范的规定
周边炮眼痕迹保存率	硬岩 80%、中硬岩 70%、软岩 50%，痕迹应在开挖轮廓面上均匀分布
两茬炮衔接的台阶形误差	两茬炮衔接时出现的台阶误差不得大于 15cm

1. 外观鉴定

洞顶无浮石。不符合要求时每处减 1 分并及时清除。

2. 洞身开挖基本要求

(1)隧道断面开挖形状和尺寸应符合设计要求。

(2)要严格控制欠挖；允许欠挖值：当岩层完整、岩石抗压强度大于 30MPa 时，个别突出部分(1m² 内不大于 0.1m²)侵入衬砌断面，锚喷支护时凸入不大于 30mm，衬砌时不大于 50mm。拱脚、墙脚以上 1m 内断面严禁欠挖。

(3)要尽量减少超挖。

(4)开挖轮廓应按设计要求预留变形量，预留变形量大小宜根据监控量测信息进行调整。

(5)超挖部分必须回填密实。

3. 洞身开挖实测项目（表 15-6）

表 15-6　洞身开挖实测项目(mm)

项目		规定值或允许偏差(mm)	检查方法和频率
拱部	破碎岩、土(Ⅳ、Ⅴ级围岩)	平均 100，最大 200	水准仪或断面仪：每 20m 一个断面
	中硬岩、软岩(Ⅱ、Ⅲ、Ⅳ级围岩)	平均 150，最大 250	
	硬岩(Ⅰ级围岩)	平均 100，最大 200	

项目		规定值或允许偏差（mm）	检查方法和频率
边墙	每侧	+100，−0	尺量：每20m检查1处
	全宽	+200，−0	
仰拱、隧底		平均100，最大250	水准仪：每20m检查3处

注：① 最大超挖值系指最大超挖处至设计开挖轮廓线切线的垂直距离。

② 列表数值不包括测量贯通误差、施工误差。

③ 炮孔深度大于3m时，允许超挖值可根据情况另行确定。

二、超欠挖的测得方法（表15－7）

表15－7 超欠挖的测得方法

测定方法及采用的测定仪			测定法概要
测量断面的方法	直接测量的方法	1. 以内模为参照物直接测量法	以内模为参照物用直尺直接测量超欠挖量，施工常用方法
		2. 使用激光束的方法	略，少用
		3. 使用投影机的方法	略，几乎不用
		4. 极坐标法（断面仪法）	以某物理方向（如水平方向）为起算方向，按一定间距（角度或距离）依次测定仪器旋转中心与实际开挖轮廓线的交点之间的矢径（距离）及该矢径与水平方向的夹角，将这些矢径端点依次相连即可获得实际开挖的轮廓线（常用方法）

1. 以内模为参照物直接测量法

（1）测量方法：在二次衬砌立模后，以内模为参照物，从内模量至围岩壁的数据加上内净空即为开挖断面数据。自一侧模板底至拱顶平均分为9段，两侧共18段，19个点。隧道内每隔5m(10m)测量一个开挖断面。测量时，钢尺尽量与内模（梳形木、钢拱架）垂直。

（2）开挖质量评价原理：应以某一长度段内(50m、100m)所有的实测数据的综合计算分析来评价本段开挖质量，并与设计要求进行比较分析。

2. 激光断面仪法

用断面仪进行测量，断面仪可以放置于隧道中任何适合测量的位置（任意位置），扫描断面的过程（测量记录）可以自动完成。所测的每点均由断面仪发出的一束十分醒目的单色可见红色激光指示，而且可以人工随时加以干预。

其操作步骤：

（1）选择测量断面，确定仪器架设位置，安放仪器。

（2）设定仪器参数及扫描间距，自动扫描测量断面。

（3）检查测量断面，进行修正和补测，数据分析。

图 15-2 激光断面仪

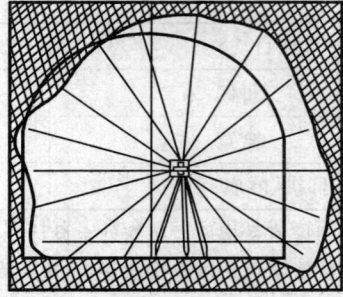

图 15-3 断面仪法测量原

五、隧道开挖质量的评定

开挖质量的评定包含两项内容：一是检测开挖断面的规整度；二是超欠挖控制。对于规整度，一般采用目测的方法进行评定；对于超欠挖，则需通过对大量实测开挖断面数据的计算分析，做出正确的评价，及时指导下一步的施工。

任务 15-3 初期支护施工质量检测

【学习要求】

1. 了解初期支护的形式、作用及施工工艺；影响喷射混凝土质量的因素。
2. 熟悉钢支撑施工质量检测；地质雷达法检测初期支护缺陷的方法。
3. 掌握锚杆加工质量与安装尺寸检测的内容；锚杆拉拔力的测试方法；砂浆锚杆砂浆注满度检测方法；喷射混凝土质量检测内容与方法。

【学习内容】

一、支护方式及适用范围(表 15-8)

表 15-8 支护方式及适用范围

支护方式	适用范围	备注
不支护	Ⅰ级围岩	
局部喷混凝土或局部锚杆	Ⅱ级围岩	为防止岩爆和局部落石可局部加挂钢筋网
锚杆、锚杆挂网、喷混凝土或锚喷联合支护	Ⅲ～Ⅳ级围岩	Ⅲ类围岩必要时可加设钢架
锚喷挂网联合支护，并可结合辅助施工方法进行施工支护	Ⅴ～Ⅵ级围岩	地质条件差、围岩不稳定时，可采用构件支撑

常用支护方式：锚杆支护、喷混凝土支护、锚喷联合支护及钢构件支撑。前三种为主动支护，后一种为被动支撑。

二、初期支护的作用及施工工艺

1. 锚杆的作用：锚杆具有"悬吊作用"、"组合梁作用"和"加固拱作用"等而使围岩得到加固。
2. 喷射混凝土的作用：喷层凝固后具有"支撑作用"、"填补作用"、"黏结作用"和"封闭作用"。
3. 喷射混凝土施工工艺：喷射混凝土施工工艺有三种：干喷、潮喷、湿喷。

规范只允许用湿喷，干喷、潮喷已禁止使用。潮喷工艺实质也是一种干喷工艺，只是喷射干料中的含水率提高一些而已。

三、锚杆实测项目(表 15 - 9)

15 - 9　锚杆实测项目

材料	项次	检查项目	规定值或允许偏差	检查方法和频率
锚杆	1	锚杆数量(根)	不少于设计	按分项工程统计
	2	锚杆拔力(kN)	28d 拔力平均值不小于设计值,最小拔力不小于 0.9 倍的设计值	按锚杆数 1%,且不小于 3 根做拔力试验
	3	孔位(mm)	±50	尺量:检查锚杆数的 10%
	4	钻孔深度(mm)	±50	尺量:检查锚杆数的 10%
	5	孔径(mm)	砂浆锚杆:>杆体直径+15 符合设计要求	尺量:检查锚杆数的 10%
	6	锚杆垫板	锚杆垫板与岩面紧贴	检查锚杆数的 10%
	7	外观鉴定	钻孔方向应尽量与围岩和岩层主要结构面垂直	

四、锚杆拉拔力试验

1. **拉拔设备**:中空千斤顶、手动油压泵、油压表、千分表

2. **测试方法**:

(1)根据试验目的,在隧道围岩指定部位钻锚杆孔。

(2)按照正常的安装工艺安装待测锚杆。

(3)根据锚杆的种类和试验目的确定拉拔时间。

(4)在锚杆尾部加上垫板,套上中空千斤顶,将锚杆外端与千斤顶内缸固定在一起,并装设位移量测设备与仪器。

(5)通过手动油压泵分级加压,从油压表读取油压,根据活塞面积换算锚杆承受的拉拔力;同时读取位移值。加载速率为 10kN/min。

3. **注意事项**

(1)安装拉拔设备时,应使千斤顶与锚杆同心,避免偏心受拉。

(2)加载应匀速,一般以每分钟 10kN 的速率增加。

(3)如无特殊需要,可不做破坏性试验,拉拔到设计拉力即停止加载。

4. **千斤顶应固定牢靠,并有必要的安全保护措施**

试验要求:

(1)每安装 300 根锚杆至少随机抽样一组(3 根),设计变更或材料变更时另做一组拉拔力测试。

(2)同组锚杆锚固力或拉拔力的平均值,应大于或等于设计值。

(3)同组单根锚杆的锚固力或拉拔力,不得低于设计值的 90%。

五、砂浆锚杆注满度检测

在施工现场按设计参数,对不同类型的围岩各设 3～4 组标准锚杆,每组 1～2 根。在这些标准锚杆上测定反射波振幅值(若每组有一根以上锚杆则取平均值),这些值即作为检测其他锚杆的标准。这些标准值在进行其他锚杆的检测前储入仪器,在检测其他锚杆时可由测量仪器自动显示被测锚杆的长度与砂浆密实度的级别。

六、端锚式锚杆施工质量无损检测

检测原理:对于带有螺栓和托板的端锚式锚杆来说,托板和螺母安装后,可通过拧紧压在托板上的螺母使锚杆杆体受拉,拉力的大小与螺母拧紧的程度有关,拧紧程度又与加在螺母上的力矩有关,所以锚杆上的拉力取决于加在螺母上的力矩。为了利用螺母上的力矩来检测锚杆的拉力,必须事先在实验室进行试验,建立力矩-锚固力关系,然后根据此关系检测锚杆的锚固质量以及锚杆上的预应力。

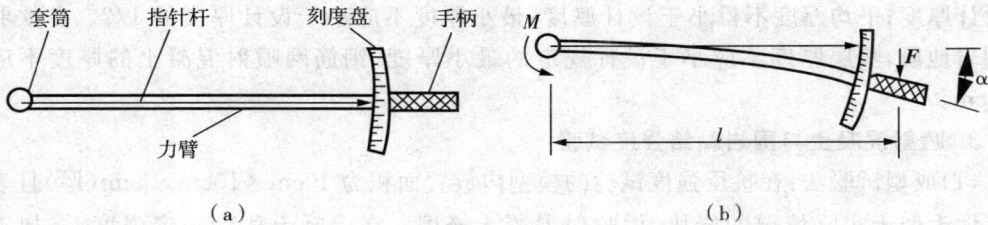

图 15-4 扭力扳手

七、喷射混凝土

(一)喷射混凝土材料质量要求(表 15-10)

表 15-10 喷射混凝土材料质量要求

材料类型	基本要求
水泥	喷射混凝土应优先选用普通硅酸盐水泥,也可采用矿渣硅酸盐水泥
砂	应采用洁净的中砂或粗砂,细度模数宜大于 2.5。含水一般为 5%～7%,使用前应一律过筛
集料	采用坚硬耐久的碎石或卵石,粒径不宜大于 16mm。钢纤维喷射混凝土的粒径不应大于 10mm,且级配良好。当使用碱性速凝剂时,石料不得含活性二氧化硅
速凝剂	必须采用合格产品。应根据水泥品种、水灰比等,通过试验确定速凝剂的掺量。使用前应做速凝效果试验,初凝不超过 5min,终凝不超过 10min
钢纤维	直径宜为 0.3～0.5mm,长度 20～25mm,长度直径比宜为 40～60;抗拉强度不得低于 380MPa,不得有油渍及明显的锈蚀。钢纤维含量宜为混合料质量的 1.5%～4%(33～96kg/m)
水	水质应符合工程用水的有关标准,水中不得含有影响水泥正常凝结与硬化的有害物质
钢筋网	一般为 φ6mm～φ12mm 的钢筋制成,网孔间距宜为 150～300mm,搭接长度应不小于 35d,双层网间距应不小于 60mm,单层喷射砼厚≥80mm,双层厚≥150mm

（二）喷射混凝土质量检测内容

检测内容包括：强度、厚度、回弹率、断面尺寸以及外观无裂缝、露筋、渗漏水等情况。

1. 抗压强度试验

满足以下条件者为合格，否则为不合格。

（1）同批（指同一配合比）试块的抗压强度平均值，不低于设计强度或 C20。

（2）任意一组试块抗压强度平均值不得低于设计强度的 80%。

（3）同批试块为 3～5 组时，低于设计强度的试块组数不得多于 1 组；试块为 6～16 组时，不得多于 2 组；17 组以上，不得多于总组数的 15%。

2. 喷射混凝土厚度的检测

（1）喷层厚度可用凿孔或激光断面仪、光带摄影等方法检查。

（2）检查断面数量。每 10cm 至少检查一断面，从拱顶中线起每隔 3m 凿孔检查一点。

（3）合格条件。每个断面拱、墙分别统计，全部检查孔处喷层厚度应有 60% 以上不小于设计厚度；平均厚度不得小于设计厚度；最小厚度不应小于设计厚度的 1/2。在软弱破碎围岩地段，喷层厚度不应小于设计规定的最小厚度，钢筋网喷射混凝土的厚度不应小于 6cm。

3. 喷射混凝土与围岩黏结强度试验

（1）成型试验法：在抗压强度试验的模型内放置面积为 10cm×10cm×5cm（厚）且表面粗糙度近似于实际情况的岩块，用喷射混凝土掩埋。在混凝土达到一定强度后，加工成 10cm×10cm×10cm 的立方体试块，在标准条件下养护至 28d，用劈裂法进行试验。

（2）直接拉拔法：在围岩表面预先设置带有丝扣和加力板的拉杆，用喷射混凝土将加力板埋入，喷层厚度约 10cm，试件面积约 30cm×30cm（周围多余的部分应予清除）。经 28d 养护，进行拉拔试验。

（3）强度标准：III 级及以上岩石大于 0.8MPa；IV 级大于 0.5MPa。

（三）锚喷混凝土支护实测项目（表 15－11）

表 15－11　锚喷混凝土支护实测项目

项次	检查项目	规定值或允许偏差	检查方法和频率	备注
1	喷射混凝土强度（MPa）	在合格标准内	双车道每 10m，至少在拱脚部和边墙各取一组试样，材料和配合比变更时另取一组，每组至少取 3 个试样进行抗压试验	若不合格，该分项工程不合格，要查明原因，采取措施
2	喷层厚度（mm）	平均厚度≥设计厚度，检查点 60%≥设计厚度，最小厚度≥0.5 设计厚度，且 ≥50mm（最大 30mm，否则易导致喷层出现弯曲破坏，也不经济）	凿孔法或激光断面仪：每 10cm 检查一个断面，每个断面从拱顶中线起每 3m 检查 1 点。也可施工过程中设标志检查	发现喷射混凝土表面有裂纹等情况，应予以修补整治

项次	检查项目	规定值或允许偏差	检查方法和频率	备注
3	空洞检测	无空洞,无杂物	凿孔法或雷达检测仪:每10m检查一个断面,每个断面从拱顶中线起每3m检查1点。	发现一处空洞,本分项工程为不合格

（四）其他

喷射混凝土粉尘、回弹检查:按《公路隧道施工技术规范》(JTG F60—2004)规定。

（1）影响喷射混凝土强度的因素:原材料(水泥、砂、石子、速凝剂等);施工作业(配合比的计量、拌和、喷射距离和压力)。

（2）影响喷射混凝土厚度的因素:爆破效果、回弹率、施工管理、喷射参数。

十一、钢支撑支护

（一）基本要求

1. 钢支撑的形式、制作和架设应符合设计和规范要求。

2. 钢支撑之间必须用纵向钢筋连接,拱脚必须放在牢固的基础上。

3. 拱脚标高不足时,不得用块石、碎石砌垫,而应设置钢板或用混凝土调整。

4. 钢支撑应靠紧围岩,其与围岩的间隙,不得用片石回填,而应用喷射混凝土填实。

（二）实测项目（表15-12）

表15-12　钢支撑支护实测项目

项次	检查项目	规定值或允许偏差	检查方法和频率	权值
1	安装间距(mm)	50	尺量:每榀检查	3
2	保护层厚度(mm)	≥20	凿孔检查:每榀自拱顶每3m检查一点	2
3	倾斜度(°)	±2	测量仪器检查每榀倾斜度(坡度规)	1
4	横向	±50	尺量:每榀检查	1
	竖向	不低于设计标高		
5	拼装偏差(mm)	±3	尺量:每榀检查	1

（三）外观鉴定

无污秽、无锈蚀和假焊,基底无虚渣及杂物,接头连接牢靠。不符合要求时减1～5分。

（四）地质雷达法的原理

1. 原理:利用一个天线发射高频宽频带电磁波,另一个天线接收来自地下介质界面的反射波。电磁波在介质中传播时,其路径、电磁场强度与波形将随所通过介质的电性质及几何形态而变化。根据接收到波的时间、幅度与波形资料,可推断介质的结构。

2. 地质雷达探测系统组成

由地质雷达主机、天线、便携式计算机、数据采集软件、数据分析处理软件等组成。

(五)现场检测

1. 测线布置

(1)以纵向布线为主,横向布线为辅。纵向布线的位置应在隧道拱顶、左右拱腰、左右边墙和隧道底部各布 1 条;横向布线线距 8~12m;采用点测时每断面不少于 6 个点。

(2)隧道竣工验收时质量检测应纵向布线,必要时可横向布线。纵向布线的位置应在隧道拱顶、左右拱腰和左右边墙各布 1 条;横向布线线距 8~12m,采用点测时每断面不少于 5 个点。需确定回填空洞规模和范围时,应加密测线或测点。

(3)三车道隧道应在隧道拱顶部位增加 2 条测线。测线每 5~10m 应有一里程标记。

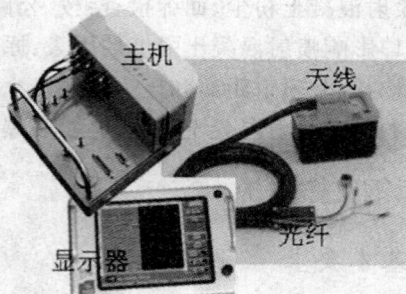

图 15-5 地质雷达探测系统

2. 纵向布线

纵向布线应采用连续测量方式,扫描速度不得小于 40 道(线)/s;特殊地段或条件不允许时可采用点测方式,测量点距不宜大于 20cm。

3. 衬砌背后回填密实度的主要判定特征

(1)密实:信号幅度较弱,甚至没有界面反射信号。

(2)不密实:衬砌界面的强反射信号同相轴呈绕射弧形,且不连续,较分散。

(3)空洞:衬砌界面反射信号强,三振相明显,在其下部仍有强反射界面信号,两组信号时程差较大。

4. 衬砌内部钢架、钢筋位置分布的主要判定特征

钢架:分散的月牙形强反射信号;钢筋:连续的小双曲线形强反射信号。

【学习案例 15-1】

隧道钻爆法施工对炮眼痕迹保存率要求见表 15-13 所列。

表 15-13 炮眼痕迹保存率

围岩条件	硬岩	中硬岩	软岩
炮眼痕迹保存率	≥80%	≥70%	≥50%

某隧道洞口段为软岩,之后为中硬岩,深部为硬岩,施工过程中各段的周边眼数与留有爆破痕迹的炮眼数见表 15-14 所列。试仅据炮眼痕迹保存率评定该隧道的爆破效果。

表 15－14 周边眼数与留有爆破痕迹的炮眼数

围岩条件	软岩	中硬岩	硬岩
周边眼数	56	46	36
有残痕眼数	30	28	30
炮眼痕迹保存率			

分析:软岩段炮眼痕迹保存率$=\dfrac{30}{65}=54\%>50\%$合格

中硬岩段炮眼痕迹保存率$=\dfrac{28}{46}=61\%<70\%$不合格

硬岩段炮眼痕迹保存率$=\dfrac{30}{36}=83\%>80\%$合格

【学习案例 15－2】

检查隧道喷射砼抗压强度时,满足以下条件者为合格,否则为不合格。

(1)同批(指同一配合比)试块的抗压强度平均值,不低于设计强度或 C20;

(2)任意一组试块抗压强度平均值不得低于设计强度的 80%。

某隧道喷射砼设计强度为 C20,在检查抗压强度时,在喷射砼配比一致的 10m 范围内,用凿方切割法在边墙和拱部各取一组试样,并从每组试样中加工出 3 个试块进行抗压强度试验。测值见下表。试据此判断该段喷射砼抗压强度是否合格。

表 15－15 喷射砼抗压强度结果

强度(MPa) 块别 组 别	第一块	第二块	第三块	均值
边墙组	22.3	24.1	21.4	
拱部组	20.1	18.1	16.3	

答:边墙组抗压强度平均值$S_{边}=\dfrac{22.3+24.1+21.4}{3}=22.6(MPa)$;

拱部组抗压强度平均值$S_{拱}=\dfrac{20.1+18.1+16.3}{3}=18.2(MPa)$;

设计强度的 80% 为:$20MPa\times80\%=16(MPa)$。

该批混凝土抗压强度平均值$S_{批}=20.4(MPa)$,满足(1)、(2)要求,合格。

任务 15-4 防排水材料及施工质量检测

【学习要求】

1. 熟悉常用防排水材料及主要性能；土工织物主要性能及检测方法；

2. 掌握防水卷材性能检测方法；混凝土抗渗性能试验；防水板施工质量检测内容及方法。

【学习内容】

一、常用防排水材料及主要性能

（一）高分子防水卷材的种类：隧道防水采用的高分子防水卷材主要是 ECB、EVA 和 LDPE 等，聚乙烯-醋酸乙烯（EVA）和聚乙烯-醋酸乙烯-沥青共聚物（ECB）防水卷材和低密度聚乙烯（LDPE）。

（二）高分子防水卷材的性能：高分子防水卷材与传统的石油沥青油毡相比具有使用寿命长、技术性能好、冷施工、质量轻和污染性低等优点。

（三）取样方法

对于出厂合格的产品，同一生产厂家、同一品种、规格的产品 5 000m 为一批进行验收。从每批产品的 1～3 卷中取样，在距端部 300mm 处截取约 3m 用于厚度允许偏差、最小单个值检验并截取各项物理力学性能试验所需的样片。

试样截取前，在温度 23℃±2℃、相对湿度 45％～55％的标准环境下进行状态调整，调整时间不少于 16h。截取试件的部位、种类、数量及用作试验的项目，应符合规范要求。

（四）试验方法

1. 外观质量检查：外观质量检查包括气泡、疤痕、裂纹、黏结和孔洞。

2. 长度、宽度、厚度、平直度和平整度量测：

（1）合成高分子防水卷材的长度和宽度用卷尺测量。

（2）厚度用压力为 $(2±0.2)×10MPa$、压头直径为 10mm 的测厚仪（分度为 0.01mm）量测。厚度测量点（至少 10 个点）均布在卷材的横向上。

（3）平直度和平整度的量测，在平整基面上展开 10m，用分度值为 1mm 的直尺量测。

试验名称：拉伸性能试验、热处理尺寸变化率试验、低温弯折性试验、抗渗透性试验、抗穿孔性试验、剪切状态下的黏合试验和热老化处理试验。

（五）结果评判

1. 对于防水卷材中的外观质量、面积允许偏差、卷材中的允许接头数、卷材平直度、平整度、厚度允许偏差和最小单个值等 6 项要求，其中有 2 项不合格即为不合格卷材。

2. 不合格卷不多于 2 卷，且卷材的各项物理力学性能均符合要求时，判定为该批合格。

3. 如不合格卷为 2 卷或有 1 项物理力学性能不符合要求，则判定为该批不合格。如不合格卷为 2 卷，但有 2 卷出现上述 6 项中的同 1 项不合格，则仍判该批不合格。

4. 对于判为不合格的批,允许在批中按规定重新加倍抽样,对不合格项目进行重检。如果仍有一组试样不合格,则判定该批不合格。

二、土工布物理及力学特性试验

土工织物也称土工布,是透水性的土工合成材料,按制造方法分为无纺或非织造土工织物和有纺或机织土工织物。

(一)物理特性检测:单位面积质量试验、厚度试验

1. 试样制备及数据整理

(1)试验的制备

1)试样不应含有灰尘、折痕、损伤部分和可见疵点。

2)每项试验的试样应从样品长度与宽度方向上随机取样,但距样品边缘至少100mm。

3)同一试验剪取两个以上的试样时,不应在同一纵向或横向位置上剪取。

4)取试样应满足精度要求。

5)剪取试样时,应先制订剪裁计划,对每项实验所用的全部试样,应予以编号。

(2)试样的调湿与饱和

1)塑料土工合成材料在温度为23℃±2℃下,进行状态调节的时间不得少于4h。一般试样应置于温度为20℃±2℃、相对湿度为60%±2%和标准大气压的环境中调湿24h。

2)如果确认试样不受环境影响,则可不调温度和湿度。

3)土工织物试样在需要饱和时,宜采用真空抽气法饱和。

(3)数据的整理方法

1)算术平均值 $\bar{x}$ 按下式计算

$$\bar{x} = \frac{\sum\limits_{i=1}^{n} X_i}{n} \tag{15-1}$$

式中:n—— 试样个数;

$\quad X_i$—— 第 i 块试验的试样值;

$\quad \bar{x}$——n 块试样试验值的算术平均值。

2)标准差 σ 按下式计算

$$\sigma = \sqrt{\sum_{i=1}^{n} (X_i - \bar{x})^2 / (n-1)} \tag{15-2}$$

3)变异系数按下式计算

$$C_v = \pm \frac{\sigma}{x} \times 100\% \tag{15-3}$$

2. 单位面积质量试验

(1)目的及适用范围:本试验方法适用于土工合成材料,测定其单位面积质量。

(2)仪器和仪具:剪刀;天平,感量0.01g(现场测试可为0.1g);尺,最小分度为1mm。

(3)试样制备

1）试样数量：不得少于 10 块，对试样进行编号。

2）试样面积：对一般土工合成材料，试样面积为 10cm×10cm，剪裁和测量精度为 1mm。

（4）试验步骤

将剪裁好的试样按编号顺序逐一在天平上称量，并细心测读和记录。

（5）结果整理

1）按下式计算每块试样的单位面积质量 $M(g/m^2)$：

$$M=m/A \tag{15-4}$$

式中：m——试样质量，g；

A——试样面积，m^2。

2）按前述方法计算单位面积质量的平均值、标准差及变异系数。

3. 厚度试验

土工织物在承受规定的压力下，正反两面之间的距离称为厚度。常规厚度是指在 2kPa 压力下的试样厚度。

（1）用无侧限抗压强度试验仪测厚度

1）目的和适用范围

本实验方法适用于测定土工合成材料在不同压力下的厚度。

2）仪器和仪具

① 可升降的基准板：其面积要大于两倍的压脚面积。

② 可更换的压脚：面积为 $25cm^2$ 的圆形压脚。

③ 量力系统：量力钢环（或压力传感器）、测力表。量力钢环应定期标定。

④ 其他：百分表（或千分表）、秒表。

3）试验步骤

① 转动手柄，使基准板上升，待其与压脚接触，调整百分表至零读数。

② 转动手柄，使基准板下降，将试样放在板上。

③ 再转动手柄，使基准板上升，试样受压。可

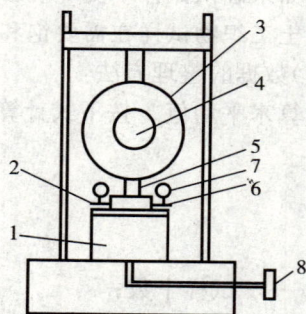

图 15-6　无侧限抗压强度仪示意图
1—基准板；2—试样；3—测力计；4—测力表；
5—加压计；6—压脚；7—指示表；8—手柄

根据 1～300kPa 的压力范围和量力环的钢环系数来确定加压时量力环中测力表的读数范围，一般在此读数范围内分为三级加压。施加压力分别为 2kPa±0.01kPa、20kPa±0.01kPa、200kPa±0.01kPa，每次加压后需稳压 30s 再读数。

④ 土工合成材料的厚度一般指 2kPa 压力下的厚度测定值，在只需要测定该压力的厚度时，可只对试样施加 2kPa±0.1kPa 的压力。

⑤ 重复上述步骤，测试 10 块试样。

4）结果整理

由量力环变形读数和钢环系数，计算各变形值时试样所受的压力。其他数据的整理方法同测厚仪方法。

（2）用厚度试验仪测厚度

1）目的和适用范围

本实验方法适用于测定土工合成材料在不同压力下的厚度。

2）仪器和仪具

厚度试验仪由下列部件及用具组成，如图15-7所示。

① 基准板：其面积要大于2倍的压脚面积。

② 可更换的压脚：采用光滑、面积为25cm² 的圆形压脚。压脚重5N，放在试样上时，其自重对试样施加的压力为2kPa±0.01kPa。

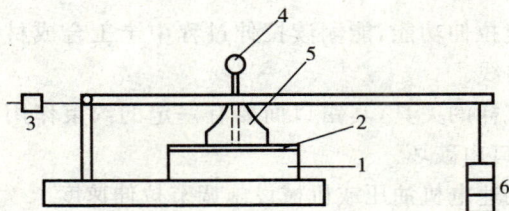

图15-7 厚度试验仪
1-基准板；2-试样；3-平衡锤；
4-指示表；5-压脚；6-砝码

③ 采用砝码或杠杆方法对压脚加压，压力分别为0kPa±0.1kPa、200kPa±1kPa。

④ 百分表（或千分表）：用以量测基准板值压脚的垂直距离。试样厚度大于0.5mm时，表的最小分度值为0.01mm；厚度等于或小于0.5mm时，最小分度值为0.001mm。

⑤ 秒表：最小分度值为0.1s。

3）试样制备

① 试样数量不得少于10块，对试样进行编号；

② 试样面积为10cm×10cm。

4）试验步骤

① 擦净基准板和压脚，检查压脚轴是否灵活，调整百分表至零读数。

② 提起压脚，将试样在不受张力情况下放置在基准板与压脚之间。轻轻放下压脚，稳压30s后记录百分表读数。

③ 土工合成材料的厚度一般指在2kPa压力下的厚度测定值，在需要测定厚度随压力的变化时，尚需进行4～5步骤。

④ 增加砝码对试样施加20kPa±0.1kPa的压力，稳压30s后读数。

⑤ 增加砝码对试样施加200kPa±1kPa的压力，稳压30s后读数。除去压力，取出试样。

⑥ 重复上述步骤，测试完10块试样。

5）结果整理

① 分别计算每种压力下10块试样厚度的算术平均值，以mm表示。当试样厚度大于0.5mm时，要求计算精确至0.01mm；当厚度小于或等于0.5mm时，要求计算精确至0.001mm。

② 计算每种压力下厚度的标准差及变异系数。

③ 在未明确压力时,采用 2kPa 压力下的试样厚度平均值作为土工合成材料试样的厚度。

④ 以压力的对数为横坐标、厚度的平均值为纵坐标,绘制厚度与压力的关系曲线图。

(二)隧道用土工布的力学性能测试一般有:条带拉伸试验、撕裂试验、顶破强度试验、刺破试验等

1. 条带拉伸试验

条带拉伸试验适用于土工合成材料的宽条拉伸试验和窄条拉伸试验。

(1)仪器和仪具

1)拉力机:具有等速拉伸功能,能测读拉伸过程中土工合成材料的拉力和伸长量或直接记录拉力-伸长量的曲线。

2)夹具:一对夹持试样的夹具,其钳口面要有一定的约束作用,防止试样在钳口打滑,同时又要防止试样在钳口内破坏。

3)动力装置:采用调速电机油压或机械设施调节拉伸速度。

4)测量和记录装置:①指示或记录荷载的误差不得大于相应的实际荷载的 2%。②对延伸率超过 10% 的试样,测量拉伸方向的伸长量可用有刻度的钢尺,精度为 1mm;对延伸率小于 10% 的试样,应采用精度不小于 0.1mm 的位移测量装置。③可通过传动机构直接记录土工合成材料试样的拉力-伸长量曲线,也可用拉力传感器和位移传感器测量拉力和伸长量。

(2)试样制备

1)试样数量:分别以土工合成材料纵向和横向作试样长边,剪取试样各 6 块。

2)试样尺寸

① 宽条试样:剪裁试样宽度 200mm,长度至少 200mm,实际长度视夹具而定,必须有足够的长度使试样伸出夹具,试样计算长度为 100mm。对于有纺土工织物,剪裁试样宽度 210mm,再在两边拆去大约相同数量的纤维,使试样宽度达到 200mm[图 15-8(b)]。

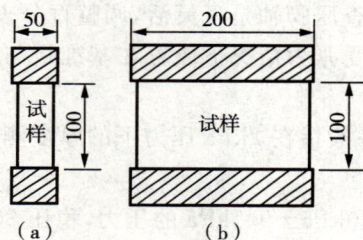

图 15-8 宽条和窄条试样(尺寸单位:m)
(a)窄条 $B/L=1/2$;(b)宽条 $B/L=2.0$

② 窄条试样:剪裁试样宽度 59mm,长度至少 200mm,必须有足够的长度使试样伸出夹具,试样计算长度为 100mm。对于有纺土工织物,剪裁试样宽度 60mm,再在两边拆去大约相同数量的纤维,使试样宽度达到 50mm[图 15-8(a)]。

③ 除测干态强度外,要求测定湿态强度时,剪裁两倍的长度,然后截为等长度的两块。

④ 对湿态试样,要求从水中取出到上机拉伸的时间间隔不大于 10min。

⑤ 取样方法:取样原则与厚度测试相同。

（3）试验步骤

1）调整两夹具的初始间距为100mm。两个夹具中要求其中一个的支点能自由旋转或为万向接头,保证两个夹具平行并在一个平面内。

2）选择拉力机的满量程范围,使试样的最大断裂力在满量程的10%~90%范围内,设定拉伸速率为50mm/min。

3）将试样对中放入夹具内,为方便对中,可在试样上画垂直于拉伸方向的两条相距100mm的平行线作为标志线。

4）测读试样的初始长度L_0。

5）开动试验机,以拉伸速率50mm/min进行拉伸,同时启动记录装置,连续运转指导试样破坏时停机。对延伸率较大的试样,应拉伸至其拉力明显降低时方能停机。

6）测量伸长量:在拉伸过程中,测量拉力的同时测定伸长量。

（4）结果整理

1）抗拉强度:土工织物或小孔径土工网的抗拉强度T_s可按下式计算:

$$T_s = P_f/B \qquad (15-5)$$

式中:T_s——抗拉强度,N/m,kN/m;

P_f——测读的最大的拉力,N,kN;

B——试样宽,m。

2）延伸率:延伸率ε_p按下式计算:

$$\varepsilon_p = (L_f - L_0)/L_0 \qquad (15-6)$$

式中:ε_p——延伸率,%;

L_0——初始长度,mm;

L_f——对应最大拉应力时的试样长度,mm。

3）拉伸模量:由拉伸过程中的拉力-伸长量可转化成应力-应变曲线,并可计算拉伸模量。单位为N/m或kN/m。根据应力-应变曲线的类型,拉伸模量可由以下方法求出:

① 初始拉伸模量E:如果应力-应变曲线在初始阶段是线性的,利用初始切线可取得比较准确的模量值。

② 偏移拉伸模量E_0:当应力-应变曲线开始段坡度很小,在中间部分接近线性时,则把开始段的曲线舍弃,将纵轴向右移到直线部分的延长线与横轴相交的位置,再求出E_0和偏移量[图15-9(b)]。偏移初始模量一般由作图法求出或用直线段斜率代替。

③ 割线拉伸模量E_s:当应力-应变曲线始终呈非线性变化,用上述两种方法不能取得合适的模量时,则采用割线法。从原点到曲线上某一点(如应变为10%或20%)连一直线,该线斜率即为割线拉伸模量[图15-9(c)]。

4）计算抗拉强度、延伸率及各拉伸模量的平均值,并计算标准差σ及变异系数。

2. 撕裂试验

土工织物抵抗扩大破损裂口的能力可以用撕裂强度表示。

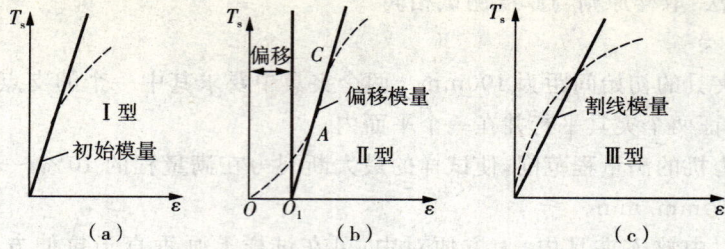

图 15 - 9 拉伸模量表示法

（1）仪器和仪具

1）拉力机：同条带拉伸试验用的拉力机，其拉伸速率为 100mm/min。

2）夹具：夹持面尺寸（长×宽）为 50mm×84mm，宽度要求不小于 84mm，宽度方向垂直于力的作用方向。

3）梯形模板：用于减样，标有尺寸，如图 15 - 10（a）所示。

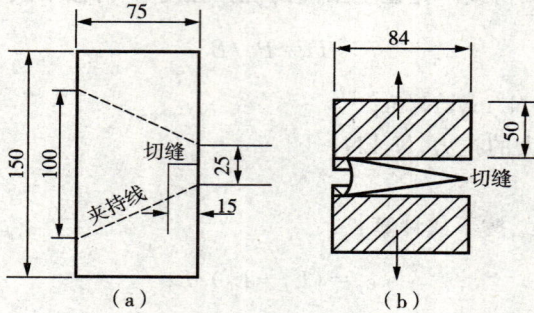

图 15 - 10 梯形撕裂试验（尺寸单位：m）

（a）试件尺寸；（b）夹具尺寸

（2）试样制备

1）试样数量：经向和纬向各取 10 块试样。

2）试样尺寸：在宽为 75mm、长 150mm 的矩形试样中部用梯形模板画一等腰梯形，尺寸如图 15 - 10（b）所示。

3）取样方法：应符合试样制备的一般原则。

4）有纺土工织物试样：测定经向纤维的撕裂强度时，剪取试样长边应与经向纤维平行，使试样被切断和撕裂拉断的为纬向纤维。

5）无纺土工织物试样：测定经向的撕裂强度时，剪取试样长边应与织物经向平行，使切缝垂直于经向；测定纬向时，剪取试样长边应与织物纬向平行，使切缝垂直于纬向。

6）在已画好的梯形试样短边 1/2 处剪一条垂直于短边的长 15mm 的切缝。

（3）试验步骤

1）调整拉力机夹具的初始距离到 25mm，设定拉力机满量程范围，使试样最大撕裂荷载在满量程的 10%～90% 范围内，设定拉伸速率为 100mm/min。

2）将试样放入夹具内，沿梯形不平行的两腰边缘夹住试样。梯形的短边平整绷紧，其余呈起皱叠合状，夹紧夹具。

3)开动拉力机,以拉伸速率 100mm/min 拉伸试样,并记录拉伸过程中的撕裂力,直至试样破坏时停机。撕裂力可能有几个峰值和谷值,也可能是单一上升而只有一个最大值,如图 15-11 所示。取最大作为撕裂强度,单位以 N 表示。

4)在夹具内有打滑现象或有 1/4 以上的试样在夹具边缘 5mm 范围内发生断裂时,则夹具做以下处理:①夹具内加垫片;②与夹具接触部分的织物用固化胶加固;③修改夹具面。

(4)结果整理

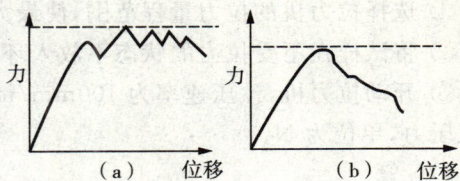

图 15-11 撕裂过程曲线

1)分别计算顺机向和横机向的平均撕裂强度 T_t。

2)分别计算顺机向和横机向撕裂强度的标准差和变异系数。

3. 顶破强度试验

按接触面的受力特征和破坏形式可分为顶破、刺破和穿透等几种受力状态。

(1)圆球顶破试验

以圆球顶杆均匀垂直于土工合成材料平面时,土工合成材料所能承受的最大顶压力。

1)仪器和设备

试验可在测定土工合成材料的条带拉伸强度的拉力机进行,仪器结构及功能如图 15-12 所示。

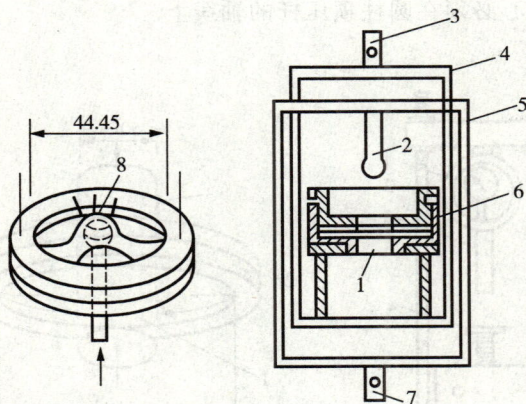

图 15-12 圆球顶破试验示意图(尺寸单位:mm)

① 配有反向器的拉力机,反向器结构简单,由套在仪器的上下两框架组成,上框架连至拉力机的固定夹具,下框架连至拉力机的可移动夹具,当下框架向下拉伸时,固定在上下框架上的圆球顶破装置产生预压。

② 圆球顶破装置由两部分组成,即一端部带有钢球的顶杆和一个安装试样的环形夹具。其中:钢球直径为 25.4mm;环形夹具内径为 44.5mm。

2)试样制备

① 试样数量:每组试验取 10 块试样。

② 试样尺寸:试样尺寸为 ϕ120mm。

③ 取样方法:按前述原则取样。

3)试验步骤

① 选择拉力机的拉力量程范围,使最大压力在满量程的 10%～90% 范围内。

② 将试样在不受拉力的状态下放入环形夹具内,将试样夹紧。

③ 开动拉力机,预压速率为 100mm/min,在此速率下连续运行直至试样被顶破,记下最大压力,单位为 N。

4)计算

① 计算 10 块试样圆球顶破强度 T_b 的算术平均值。

② 计算顶破强度的标准差和变异系数。

(2)CBR 顶破试验

以 CBR 仪的圆柱顶杆均匀垂直顶压于材料平面时,土工合成材料能承受的最大顶压力。

1)仪器与仪具

① CBR 试验仪:如图 15-13(a)所示,试验仪最大压力约 50kN,行程为 100mm;顶压时可用电动驱动,要求顶压速率为 60mm/min。

② 量力环:安装在加荷框架上,量力环下部装有 ϕ50mm 的圆柱形平头顶压针,量力环中的百分表用于测定量力环变形计算顶压力。

③ 环形夹具:如图 15-13(b)所示,夹具内径为 150mm,试样直径为 230mm。

试验仪上的夹具中心必须在圆柱顶压杆的轴线上。

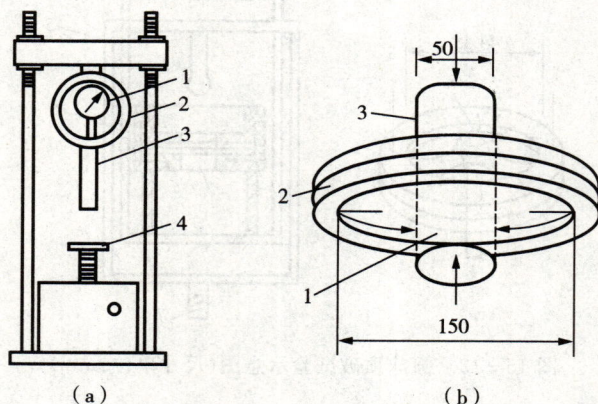

图 15-13 CBR 试验仪及环形夹具示意图
(a)1—百分表;2—量力计;3—圆柱顶杆;4—托盘;
(b)1—织物;2—夹具;3—顶压杆

2)试样制备

① 试样数量:每组试验取 10 块试样。

② 试样尺寸:试样尺寸为 ϕ230mm。

③ 取样方法:按前述原则取样。

3)试验步骤

① 试样放入环形夹具内,拧紧夹具,使试样在自然状态下绷紧。

② 将夹具放在加荷系统的托盘上,调整高度,使试样与顶杆刚好接触。

③ 将顶压速率设定在 60mm/min。开动机器。

④ 圆柱顶压杆接触并顶压试验工程中,记录百分表读数和量力环读数,到确认样破坏为止。

⑤ 停机,取下已破坏试样。

⑥ 重复①～⑤步骤进行试验,每组共进行 10 块试样。

4)结果整理

① 由量力环标定曲线,将量力环中百分表的读数换算为力(N)。

② 计算每块试样的顶破强度 T_c(N)。

③ 计算 10 块试样的顶破强度平均值、标准差及变异系数。

4. 刺破强度试验

刺破强度是反映土工织物抵抗小面积集中荷载,如抵抗有棱角的石子、支护用钢构件端头等的能力。试验方法与圆球顶破试验相似,只是以金属杆代替圆球。

(1)试验仪器和仪具

压力机或带有反向器的拉力机;量力环;环形夹具;刚性顶杆。

(2)试样准备

1)试样数量:每组试验取 10 块试样。

2)试样尺寸:试样尺寸为 $\phi120$mm。

(3)试验步骤

1)将试样放入环形夹具内,使试样在自然状态下放平,拧紧夹具。

2)将夹具放在加荷装置上并对中,如图 15 - 14 所示。

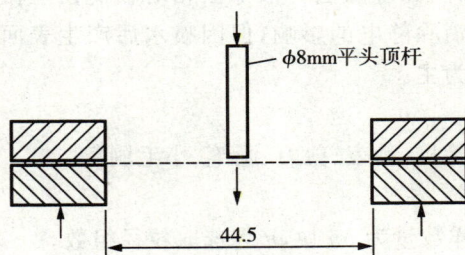

图 15 - 14　刺破试验示意图(尺寸单位:mm)

3)设定试验机满量程,使试样最大刺破强力在满量程的 30%～90%范围内,将顶压杆的下降速率设定为 300 ± 10mm/min。调整高度,使试样与顶杆刚好接触。

4)调整连接在刚性顶杆上的量力环的百分表读数至零。

5)开机,记录顶杆顶压试样时的最大压力值。停机,取下试样。

6)重复(1)～(5)步骤进行试验,每组试验进行 10 块试样。

(4)结果整理

1)由量力环标定曲线,将量力环中百分表的读数换算成力(N)。

2)计算每块试样的顶破强度 T_p(N)平均值,保留三位有效数字。

3)计算 10 块试样的顶破强度平均值、标准差及变异系数。

三、土工织物水力学特性试验

土工布的渗透性表明其在反滤和排水方面的能力。隧道用土工布必须具有以下特性:

(1)保土性:防止被保护围岩、衬砌的颗粒随水流流失;

(2)渗水性:保证渗流水通畅排走;

(3)防堵性:防止被细土粒堵塞失效。

这被称为反滤三准则。主要包括两个方面:一是透水与导水能力;二是阻止颗粒流失的能力。这些特性主要取决于土工织物的孔隙特征和渗透特性等。

1. 土工织物孔隙的特征

(1)孔隙率

土工织物的孔隙率是指其孔隙体积与总体积的比值,以 n(%)表示,它是无纺织物的主要物理性质之一。孔隙率的确定不需要直接进行试验,它可通过下式计算求得。

$$n=(1-m/\rho\delta)\times100\% \qquad (15-7)$$

式中:m——单位面积质量,g/m^2;

ρ——原材料密度,g/m^3;

δ——织物厚度,m。

无纺织物的孔隙率随承受的压力变化很大。不承压时,一般在 90% 以上;承压后,孔隙率明显降低。

(2)筛分法试验

土工布的有效孔径(EOS)或表观孔径(AOS)表示能有效通过的最大颗粒直径。目前具体试验方法有两种:干筛法和湿筛法。干筛法相对较简便但振筛时易产生静电,颗粒容易集结。湿筛法理论上可消除静电的影响,但因喷水后产生表面张力,集结现象并不能完全消除。目前仍以干筛法为主。

1)仪器与器具

标准分析筛;天平;振筛机;秒表、剪刀、画笔、小毛刷等。

2)材料与试样

① 试样数量:剪取试样数量为 $5n$ 块,n 为选取粒径组数。

② 试样的准备按前述原则进行。

③ 标准颗粒材料的准备:将洗净烘干的颗粒材料用筛析法制备分级标准颗粒。

3)试验步骤

① 将试样放在孔径为 2mm 的细筛网上,并固定好。

② 称量某级标准颗粒材料 50g,均匀撒在筛中的试样表面。

③ 将筛子、上盖和下部底盘一起固定在摇筛机上筛析,振筛时间为 20min。

④ 停机后,用天平称量留在底盘上的颗粒,准确至 0.01g。

⑤ 用刷子将刷框上的表面颗粒清理干净,更换试样。

⑥ 采用同级标准颗粒材料,重复①~④步骤,共进行 5 次平行试验。

⑦ 另取一组分级标准颗粒材料按①～⑥步骤进行试验,需要取得不小于 4 级连续分级标准的过筛率,并要由试验点分布均匀,有一组的筛余率在 95% 左右。

4) 结果整理

① 按下式计算某级标准颗粒的筛余率 R_i:

$$R_i = \frac{m_t - m_{pi}}{m_t} \times 100\% \qquad (15-8)$$

式中: m_t——筛析时标准颗粒的总质量,g;

m_{pi}——筛析后底盘中颗粒的质量(过筛量),g。

② 计算 5 次试验筛余率的平均值:

$$\bar{R} = \sum_{i=1}^{5} R_i / 5 \qquad (15-9)$$

③ 绘制孔径分布曲线:以分级标准颗粒粒径平均值为横坐标,筛余率平均值为纵坐标绘制孔径分布曲线。该曲线间接地反映织物孔径的分布情况,曲线上纵坐标为 95% 的点所对应的横坐标即定义为等效孔径 O_{95},单位为 mm。

2. 土工织物的渗透特性有两个试验:垂直渗透系数试验、水平渗透系数试验

试样的制备:

(1)试样不应含有灰尘、折痕、损伤部分和可见疵点。

(2)每项试验的试样应从样品长度与宽度方向上随机抽取,但距样品边缘至少 100mm。

(3)为同一试验剪取两个以上的试样时,不应在同一纵向或横向位置上剪取,如不可避免时,应在试验报告中说明。

(4)剪取试样应满足精度要求。

(5)剪取试样时,应先制订剪裁计划,对每项试验所用的全部试样予以编号。

试样的调湿与饱和:对于土工织物,试样一般应置于温度为 20℃±2℃、相对湿度为 65%±5% 和标准大气压的环境中调和 24h。对于塑料土工合成材料,在 23℃±2℃ 下进行状态调节的时间不得少于 4h。试样不受环境影响,可不调湿,但应注明试验时的温度和湿度。土工织物试样在需要饱和时,宜采用真空抽气法饱和。

四、防水混凝土抗渗性能试验

(一)防水混凝土一般可分为:普通水泥与新品种水泥的防水混凝土、外加剂防水混凝土和塑料混凝土等。其中塑料混凝土由于施工不便、造价高,应用受到限制。

(二)混凝土抗渗性试验

1. 目的和适用范围:主要用于检测混凝土硬化后的防水性能以测定其抗渗强度等级。

2. 防水混凝土的抗渗强度等级可分为三种:

(1)设计强度等级:它是根据地下工程的埋深以及水力梯度(即最大作用水头与建筑物最小壁厚之比)综合考虑而确定的,由勘测设计确定。

(2)试验强度等级:用于确定防水混凝土施工配合比时测定的强度等级,最终的强度等级在设计抗渗强度等级的基础上提高 0.2MPa 来确定。

（3）检验强度等级：它是对防水混凝土抗渗试块进行抗渗试验所测定的强度等级，检验强度等级不得低于设计抗渗强度等级。

3. 试件制备

（1）每组试件为 6 个，人工插捣成型时，分两层装入混凝土拌和物，每层插捣 25 次，在标准条件下养护。每单位工程制件不少于两组，其中至少一组应在标准条件下养护，其余试件与构件在相同条件下养护，试块养护期不少于 28d，不超过 90d。

（2）试件成型后 24h 拆模用钢丝刷刷净两端面水泥浆膜，标准养护龄期为 28d。

（3）试件形状有两种：圆柱体，直径、高度均为 150mm；圆台体，上底直径 175mm，下底直径 185mm，高为 165mm。

4. 仪器设备

混凝土渗透仪；成型试模；螺旋加压器、烘箱、电炉、浅盘、铁锅、钢丝刷；密封材料。

5. 试验步骤

（1）试件到期后取出，擦干表面，用钢丝刷刷净两端面，待表面干燥后，在试件侧面滚涂一层熔化的密封材料，然后立即在螺旋加压器上压入经过烘箱或电炉预热过的试模中，使试件底面和试模底平齐，待试模变冷后即可解除压力，装在渗透仪上进行试验。

（2）试验时，水压从 0.2MPa 开始，每隔 8h 增加水压 0.1MPa，并随时注意观察试件端面情况，一直加至 6 个试件中有 3 个试件表面发现渗水现象，记下此时的水压力，即可停止试验。

图 15-15　HS—40 型混凝土抗渗仪

（3）当加压至设计抗渗标号，经 8h 后第三个试件仍不渗水，表明混凝土已满足设计要求，也可停止试验。

（4）试验结果计算

混凝土的抗渗标号以每组 6 个试件中 4 个未发现有渗水现象时的最大水压力表示。抗渗强度等级按下式计算：

$$S = 10H - 1 \tag{15-10}$$

式中：S——混凝土抗渗强度等级；

H——第三个试件顶面开始有渗水时的水压力，MPa。

混凝土抗渗强度等级分级为 S2、S4、S6、S8、S10、S12，若加压至 1.2MPa，经 8h 后第三个试件仍不渗水，则停止试验，试件的抗渗强度等级以 S12 表示。

五、排水系统施工质量检查

排水系统主要由环向排水管、纵向排水管、横向盲管、中央排水管组成。

检查内容主要是外观检查和安装检查或施工检查。

六、防水板的施工质量检查

(一)防水层作业检查内容、方法及技术要求(表 15 - 6)

表 15 - 6 防水层作业检查内容、方法及技术要求

检查方法	检查内容与技术要求
目测检查	(1)用手托起或挤压防水层,看其是否与喷射混凝土层密贴。 (2)看防水层是否有被划破、扯破、扎破等现象。 (3)看焊缝宽度是否符合要求,有无漏焊、假焊、烤焦和焊穿等现象。 (4)外露的锚固点是否有塑料片覆盖,锚固点是否牢固
焊缝检查	(1)~(4)项同上。 (5)每铺设 20~30m,剪开焊缝 2~3 处,每处 0.5m,看是否有假焊、漏焊现象
漏水检查	(1)~(4)项同上。 (5)焊缝采用双焊缝,进行压水(气)试验,看其有无漏水(气)现象

(二)防水板施工质量标准(表 15 - 17)

表 15 - 17 防水板施工质量标准

序号	项目		规定值或允许偏差	检查方法和频率
1	搭接宽度(mm)		≥100	尺量:全部搭接均要检查,每个搭接检查 3 处
2	缝宽(mm)	焊接	两侧焊缝宽≥25	尺量:每个搭接检查 5 处
		黏结	粘缝宽≥50	
3	固定点间距 (mm)	拱部	符合设计要求 50~70	尺量:检查总数的 10%
		侧墙	符合设计要求 100~120	
4	焊缝与施工缝错开距离(mm)		≥500	尺量:每个搭接检查 5 处

七、止水带(条)安装工艺

(一)止水带主要性能(表 15 -18)

表 15 - 18 止水带主要性能

产品名称	拉伸强度 (MPa)	断裂伸长率 (%)	定伸强度	硬度 (邵氏度)	使用温度 范围(℃)	抗撕强度 (N/m)
软聚氯乙烯塑料止水带	≥12	≥300	≥4.5	60~75		
橡胶止水带	>13.7~20.6	>400~500		50~65	-45~80	>25~40

（二）止水带施工质量标准（表15-19）

表15-19　止水带施工质量标准

序号	项目	规定值或允许偏差	检查方法和频率
1	纵向偏离（mm）	±50	尺量：每环至少检查3处
2	偏离衬砌中心线（mm）	≤30	尺量：每环至少检查3处

【学习案例15-3】

在混凝土抗渗试验中，某组试件各块表面出现渗水现象时的最大水压力见下表所列，试确定混凝土的抗渗标号。

表15-20　最大水压力

试件编号	1	2	3	4	5	6
最大水压力（MPa）	0.9	1.0	1.1	1.0	0.8	0.7

解：第三个顶面开始有渗水的试块的水压力 $H=0.9$MPa；抗渗标号：$S=10H-1=10\times0.9-1=8$

【学习案例15-4】

隧道爆破施工中对平均线性超挖量（超挖面积/不包括隧底的设计开挖断面周长）的要求见表15-21所列。

表15-21　平均线性超挖量

围岩条件	硬岩	中硬岩	软岩
平均线性超挖量（cm）	16～18	18～20	20～25

某隧道爆破开挖过程中揭露的岩层依次为软岩，中硬岩和硬岩。在各类围岩的典型断面上进行了超挖面积和设计开挖断面周长（不包括隧底）的测量，结果见表15-22所列。试据此评定该隧道各段的开挖效果。

表15-22　超挖面积和设计开挖断面周长

围岩条件	软岩	中硬岩	硬岩
超挖面积（cm²）	60000	49000	48000
设计开挖断面周长（cm）	2500	2450	2400
平均线性超挖量（cm）			

分析：软岩段平均线性超挖量 $=\dfrac{60000}{2500}=24$（cm）<25cm　合格

中硬岩段平均线性超挖量 $=\dfrac{49000}{2450}=20$（cm）$=20$cm　合格

硬岩段平均线性超挖量$=\dfrac{48000}{2400}=20(\text{cm})>18\text{cm}$　合格

【学习案例 15－5】

某高分子防水卷材作断裂伸长率试验,试验初始,试件的标距 $L_0=100\text{mm}$,断裂时的标距 $L=325\text{mm}$。试确定该试件的断裂伸长率。

解:$\varepsilon=\dfrac{L-L_0}{L_0}\times100\%=\dfrac{325-100}{100}\times100\%=225\%$

【学习案例 15－6】

某高分子防水卷材哑铃状试件工作部分的宽度 $b=22.5\text{mm}$,厚度 $d=1.0\text{mm}$;拉力 $F=360\text{N}$ 时试件断裂。试确定该试件的拉伸强度。

解:$\sigma=\dfrac{F}{bd}=\dfrac{360}{22.5\times1.0}=16.0(\text{MPa})$

任务 15 - 5　衬砌混凝土施工质量检测

【学习要求】

1. 熟悉二次衬砌质量检测内容、方法及仪器;隧道衬砌裂缝检测方法;混凝土内部缺陷的检测方法。

2. 掌握回弹法、超声波法、超声回弹综合法、钻芯法检测混凝土强度方法;激光断面仪检测隧道断面的方法及数据处理;地质雷达法探测二次衬砌质量的操作方法、步骤。

【学习内容】

一、混凝土分类及检测内容(表 15 - 23)

表 15 - 23　混凝土分类及检测内容

分类方法	类型		常见质量问题	检测内容	备注
按结构形式	复合式衬砌	喷射混凝土	开裂、内部缺陷、强度不足、厚度不够、钢筋锈蚀、背后存在空洞	混凝土强度、厚度、钢筋、混凝土缺陷、几何尺寸等	部分需设置仰拱
		模筑混凝土			
	整体式衬砌				
	明洞衬砌				
按施工方法	喷射混凝土衬砌				
	模筑现浇混凝土衬砌				
	预制拼装混凝土衬砌				

二、模板

模板安装质量要求见表 15 - 24 所列:

表 15 - 24　模板安装质量要求

项次	检查项目	规定值或允许偏差	检查方法和频次
1	平面位置及高程	±15(mm)	尺量:全部
2	起拱线高程	±10(mm)	水准仪测量:全部
3	拱顶高程	+10,0(mm)	水准仪测量:全部
4	模板平整度	5(mm)	2m靠尺和塞尺:每3m测5点
5	相邻浇筑段表面错台	±10(mm)	尺量:全部

三、衬砌钢筋

1. 基本要求:钢筋的品种、规格、形状、尺寸、数量、间距、接头位置必须符合设计要求和有关标准的规定。

2. 衬砌钢筋实测项目见表15-25所列。

表 15-25 衬砌钢筋实测项目

项次	检查项目			规定值或允许偏差	检查方法和频率	权值	检查方法和频率
1	主筋间距(mm)			±10	尺量:每20m检查5点	3	尺量:连续3处以上
2	两层钢筋间距(mm)			±5	尺量:每20m检查5点	2	尺量:两端、中间各1处以上
3	箍筋间距(mm)			±20	尺量:每20m检查5处	1	尺量:连续3处以上
4	绑扎搭接长度	受拉	Ⅰ级钢	30d	尺量:每20m检查3个接头	1	尺量:每20m检查3个接头
			Ⅱ级钢	35d			
		受压	Ⅰ级钢	20d			
			Ⅱ级钢	25d			
5	钢筋加工	钢筋长度(mm)		−10,+5	尺量:每20m检查2根	1	尺量:每20m检查2根
6	钢筋保护层厚度(mm)			−10,+5	——	—	尺量:两端中间各1处

3. 外观鉴定:无污秽、无锈蚀。不符合要求时减1~3分。

备注:钢筋直径和位置的检测可在浇筑前用尺量;浇筑后有电磁感应法、雷达波反射法。

四、仰拱

1. 基本要求

(1)仰拱应结合拱墙施工及时进行,使支护结构尽快封闭。

(2)仰拱浇筑前应清除积水、杂物、虚渣等。

(3)仰拱超挖严禁用虚土、虚渣回填。

2. 仰拱实测项目(表15-26)

3. 外观鉴定:混凝土表面密实,无露筋。不符合要求时每处减2分并进行处理。

表 15-26 仰拱实测项目

项次	检查项目	规定值或允许偏差	检查方法和频率	权值
1	混凝土强度(MPa)	在合格标准内	按附录D检查	3
2	仰拱厚度(mm)	不小于设计	水准仪:每20m检查一个断面,每个断面检查5点	3
3	钢筋保护层厚度(mm)	≥50	凿孔检查:每20m检查一个断面,每个断面检查3点	1

五、混凝土衬砌

（一）基本要求

1. 所用材料、规格必须满足规范和设计要求。

2. 防水混凝土必须满足设计和规范的要求。防水混凝土粗集料尺寸不应超过规定值。

3. 基底承载力应满足设计要求，对基底承载力有怀疑时应做承载力试验。

4. 拱墙背后的空隙必须回填密实。

（二）混凝土衬砌实测项目（表 15－27）

表 15－27　混凝土衬砌实测项目

项次	检查项目	规定值或允许偏差	检查方法和频率	权值
1	混凝土强度（MPa）	在合格标准内	按附录 D 检查	3
2	衬砌厚度（mm）	不小于设计值	激光断面仪或地质雷达：每 40m 检查一个断面	3
3	墙面平整度（mm）	5	2m 直尺：每 40m 每侧检查 5 处	1

（三）外观鉴定

1. 表面密实，每延米的隧道面积中，蜂窝麻面和气泡面积不超过 0.5%。否则，每超过 0.5% 减 0.5～1 分。蜂窝麻面深度超过 5mm 时，一处减 1 分。深度超过 10mm 时应处理。

2. 结构轮廓线条顺直美观，混凝土颜色均匀一致。不符合要求时减 1～3 分。

3. 施工缝平顺无错台。不符合要求时每处减 1～2 分。

4. 混凝土因施工养护不当产生裂缝，每条裂缝减 0.5～2 分。

六、衬砌作业控制要点（表 15－28）

表 15－28　衬砌作业控制要点及内容

序号	要点	内容
1	检查拱架模板结构	
2	检查拱架模板安装	
3	检查模板背后空间	
4	检查拱墙背后超挖	
5	检查边墙基底、隧底	
6	检查施工全过程	

序号	要点	内容
7	混凝土强度检验	试样按边长 150mm 立方体标准养生 28d,3 件为 1 组。每单元结构应制取 2 组,或 80～200m 制取 2 组。 抗压强度(MPa)合格标准按试件组数 $n \geqslant 10$ 采用数理统计评定,或 $n < 10$ 时同批 n 组混凝土试件强度(R_n)满足 $R_n \geqslant 1.15R$,且 n 组试件强度的最小值 $R_{min} \geqslant 0.95R$。试样强度采用数理统计评定时需满足 $R_n - K_1 S_n \geqslant 0.9R$,$R_{min} \geqslant K_2 R$,其中,$R_n$ 为同批 n 组试件强度的标准差(MPa),K_1 和 K_2 取值根据试样组数按下表确定。

组数 n	10～14	15～24	$\geqslant 25$	组数 n	10～14	$\geqslant 25$
K_1	1.7	1.65	1.6	K_2	0.9	0.85

序号	要点	内容
		如试块强度不符合要求,可取芯或用非破损检验法检查,如仍不符合要求,应对已完成的衬砌按实际条件验算结构的安全度,或采取补强措施
8	衬砌厚度检查	可按本表的第 3 点检查,也可用激光断面仪检查。当对衬砌厚度有疑问时,可用凿孔检查(不适宜有防水层的复合衬砌)或地质雷达等手段检测
9	拆模检查 (符合左列要求 可以拆模)	(一)不承受外荷载的拱、墙,混凝土强度达到 5.0MPa,或拆模时混凝土表面和棱角不被损坏并能承受自重; (二)承受围岩压力较大的拱墙,封顶和封口的混凝土应达到设计强度的 100%; (三)承受围岩压力较小的拱墙,封顶和封口的混凝土应达到设计强度的 70%; (四)二次衬砌仅作为保护防水层的不承重结构,其厚度小,自重轻,混凝土强度达到 2.5MPa
10	养护检查	普通混凝土养护时间不得少于 7d;掺有外加剂或抗渗要求的混凝土,不得少于 14d;采用加覆盖物或洒水的方法养护。养护用水温度应与环境温度基本相同;混凝土内部温度与环境温度差不得超过 20℃;混凝土的降温速率最大不应超过 3℃/d

七、拱架标高预留沉落量控制(表 15－29)

表 15－29　拱架标高预留沉落量控制

围岩分级	Ⅲ级及Ⅲ以上	Ⅳ	Ⅴ	Ⅵ
预留沉落量(cm)	$\leqslant 5$	5～10	10～15	15～20

注:① 上述数值适用于先拱后墙法,当采用先墙后拱法时,均不宜大于 5cm;
　　② 本表不包括施工误差。

八、支护与二次衬砌空隙处理(表 15 - 30)

表 15 - 30　支护与二次衬砌间空隙处理

处理方法	要求和适用范围
用同级混凝土回填	适用墙基以上 1m 范围和先拱后墙法拱脚 1m 以上范围内的超挖(不超过允许超挖量),或由于初期支护施工后洞体净空收敛未达到的设计预留变形量
用贫混凝土回填	当超挖较大、用上述方法不能满足密贴要求时以及上述范围以外的其余部位,可分别考虑用同级混凝土、贫混凝土或浆砌片石回填

九、衬砌表面质量、混凝土强度与衬砌厚度检查方法及技术要求(表 15 - 31)

表 15 - 31　衬砌表面质量、混凝土强度与衬砌厚度检查方法及技术要求

项目	检查项目	规定值或允许偏差	检查方法和频率
1	混凝土强度	在合格标准内	试件强度试验报告
2	边墙平面位置(mm)	±10	尺量:全部
3	拱部高程(mm)	+30,0	水准仪测量:全部
4	衬砌厚度	不小于设计值	激光断面仪或地质雷达随机检查
5	边墙、拱部表面平整度(mm)	15	用 2m 直尺、塞尺:每侧检查 5 处,或断面仪测量
6	表面外观鉴定	(一)表面密实 (二)结构轮廓线条顺直美观,混凝土颜色均匀一致 (三)施工缝平顺无错台;无尚在扩展中或危及安全使用的裂缝	观察尺量

十、混凝土缺陷的检测方法

衬砌混凝土在施工和使用过程中所生成的缺陷有裂缝、孔洞、蜂窝和层状破坏等。根据缺陷的部位,分外观表面缺陷检测和内部缺陷检测两部分。内部缺陷检测常用的检测方法有水压法、超声波法、钻孔取芯法、地质雷达法、红外成像法、冲击-回波法等。

(一)外观缺陷检测

隧道衬砌混凝土的外观缺陷检测包括裂缝、蜂窝、麻面、平整度和几何轮廓等。混凝土衬砌裂缝检测采用刻度放大镜和塞尺。

（二）混凝土内部缺陷检测

1. 超声波法

2. 冲击-回波法

（1）原理

冲击-回波法是基于瞬态应力波，利用一个短时的机械冲击波，产生低频应力波。应力波传播到结构内部，被构件底面反射回来，这些反射波被安装在冲击点附近的传感器接收下来，并被送到一个内置高速数据采集及信号处理的便携式仪器。将所记录的信号进行幅值谱分析，谱图中的明显峰正是由于冲击表面、缺陷及其他外表面之间的多次反射产生瞬态共振所致，它可以被识别出来并被用来确定结构混凝土的厚度（h）和缺陷位置：

$$h = v_p / 2f \tag{15-11}$$

式中：v_p——声波在混凝土中的传播速度；

f——频谱分析得出的峰值频率。

（2）密实衬砌检测及分析

对于密实的混凝土衬砌，其冲击波产生的应力波首先沿衬砌的厚度传播，当遇到对面界面时立即返回。装在受冲击表面附近的接受器，监测反射波到达所产生的表面位移。如果在混凝土内部 P 波速度为已知，衬砌的实测厚度 h 可按下式计算：

$$h = (C_p / 2f) \times (1 + h_{max}) \times 100\% \tag{15-12}$$

式中：C_p——衬砌混凝土为 P 波在混凝土内的传播速度，m/s；

f——实测频率，kHz；

h_{max}——设计衬砌厚度，m。

（3）背后存在孔洞的衬砌检测及分析

对衬砌背后存在孔洞的混凝土，可以观察到一个高峰振幅。但是与同设计厚度的密实衬砌相比，该峰值出现在频率值较大处，而对应于设计厚度的频率值峰值不显著。

（4）存在内部缺陷的衬砌检测及分析

在频谱中仍有一个大的振幅峰值，但由于应力波需绕过孔洞传播，与密实混凝土的厚度频率相比略有偏移。因为传播的路径加长，故反射频率降低。由于孔洞的反射作用，还形成一个较低的振幅峰值。该峰值的频率则明显较大。

3. 红外成像法

红外线是介乎可见红光和微波之间的电磁波。由于红外线是辐射波，被测物具有辐射的现象。红外无损检测是测量通过物体的热量和热流来鉴定该物体质量的一种方法。当物体内部存在裂缝和缺陷时，它将改变物体的热传导，使物体表面温度分布产生差别。利用红外成像的检测仪测量它的不同辐射，可以检查隧道衬砌的缺陷。

十二、混凝土厚度检测

（一）冲击-回波法

1. 仪器

冲击-回波测试系统，一般由冲击器（为可更换系列）、接收器、采样分析系统（主机、可与计算机连接)等组成。

图 15-16 红外成像仪

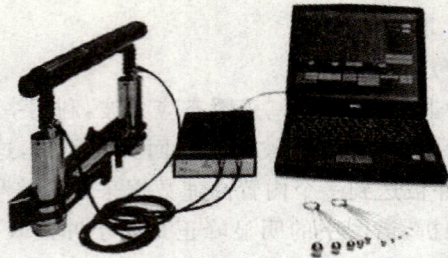

图 15-17 冲击-回波测试系统

2. 检测中应注意的问题

(1)表面处理:在检测之前,一定要对表面进行处理,用砂轮将待测点周围磨平,至少将拉毛层磨掉,保证传感器与待测表面耦合良好。

(2)传感器的设计:用于测厚的传感器必须具有较宽的频带范围,以适应不同厚度混凝土的检测,另外传感器还必须有适宜的灵敏度,使得有用信号突出,干扰信号减低到最低限度,从而提高信号质量测试结果更精确。

(3)冲击器的选择:应选择一种能产生相应频率应力波,但又有足够的能量的冲击器,使得接收信号较强。

(4)声速的测量:采用超声平测法测量混凝土的声速。

(5)厚度的计算:检测出频率后利用式 $h = v_p/2f$ 计算衬砌混凝土厚度。

(二)激光断面仪

基于隧道激光断面仪能快速检测各类隧道界限(内轮廓线),并根据衬砌浇筑前的初期支护内轮廓线或围岩开挖轮廓线的检测结果实现自动数据比较,快速指导施工决策或验收。

(三)地质雷达法

通过电磁波发射器向隧道衬砌发射高频宽频带短脉冲。电磁波经衬砌界面或空洞的反射,再返回到接收天线。如衬砌介质的传播速度和介电常数已知时,按电磁波传播时间,即可求得反射界面的深度。电磁波穿透隧道结构的深度受频率、反射和导电率三个因素的影响。

(四)直接量测法

直接量测法是在混凝土衬砌中打孔或凿槽,直接量测衬砌厚度。该方法是量测衬砌厚度最直接、最准确的方法。目前,常用的方法有两种:冲击钻孔取芯量测法和钻打孔量测法。

【学习案例 15-7】

某高速公路隧道二次衬砌混凝土模板长度为 9m,设计标号为 C25,混凝土浇筑方式为从拱顶泵送混凝土浇筑。现对其中一模浇筑日期为30天的衬砌混凝土采用回弹法进行强度检测。检测分别在隧道左右两侧每侧弹取5个测区,受条件限制检测采用与水平方向为45°夹角向上弹取。检测时混凝土表面干燥平整无浮浆,平均磁化深度值为0mm。回弹检测计算结果见表15-32所列:(按《回弹法检测混凝土抗压强度技术规程》JGJ/T23—2011相关规定进行计算。

表 15-32　计算结果表

测区	平均回弹值	角度修正后值	浇筑面修正后值	强度换算值(MPa)	泵送修正后值(MPa)
1	38.9			33.3	37.8
2	37.9			31.4	35.9
3	37.7			31.1	35.6
4	36.9			29.4	33.9
5	36.6			28.9	33.4
6	36.5			28.8	33.3
7	36.9			29.4	33.9
8	39.5			34.6	39.1
9	34.3			24.9	29.4
10	36.9			29.4	33.9

表 15-33　非水平方向检测时的回弹修正值计算结果表

平均回弹值(R_{ma})				检测角度			
向上				向下			
90°	60°	45°	30°	−30°	−45°	60°	−90°
35	−4.5	−3.8	−3.3	−2.3	1.8	2.3	2.8	3.3
36	−4.4	−3.7	−3.2	−2.2	1.7	2.2	2.7	3.2
37	−4.3	−3.7	−3.2	−2.2	1.7	2.2	2.7	3.2
38	−4.2	−3.6	−3.1	−2.1	1.6	2.1	2.6	3.1
39	−4.1	−3.6	−3.1	−2.1	1.6	2.1	2.6	3.1
40	−4	−3.5	−3	−2	1.5	2	2.5	3

注:表中未给出的按内插法计算,精确至0.1。

1. 根据表15-35计算第6测区非水平方向检测的回弹修正后值为(C)。
   A. 32.6　　　　B. 36.8　　　　C. 33.3　　　　D. 39.7
2. 根据题中所述检测方法是否需要对回弹值进行浇筑面修正(D)。
   A. 需要,修正值为"+"　　　　B. 需要,修正值为"−"

C. 需要,修正值只能为"-"　　　　D. 不需要

3. 根据表 15-35 计算该构件测区混凝土强度的平均值为(C)。

A. 32.1　　　　B. 35.8　　　　C. 34.6　　　　D. 33.4

4. 根据表 15-36 计算该构件混凝土强度的标准差为(A)。

A. 2.68　　　　B. 2.73　　　　C. 3.22　　　　D. 3.45

5. 根据表 15-36 计算该构件测区混凝土强度的推定值为(D)。是否满足设计要求?

A. 34.6,满足　　　　　　　　　B. 24.7,不满足

C. 28.9,满足　　　　　　　　　D. 30.2,满足

任务 15－6　隧道施工监控量测

【学习要求】

1. 了解监控量测的目的和意义。

2. 熟悉监控量测必测项目与选测项目的内容、测点布置等；选测项目量测的基本方法、量测频率及数据处理。

3. 掌握必测项目量测仪器的使用方法、量测频率、量测数据的处理方法。

【学习内容】

一、监控量测必测、量测部位与测点布置(表15－34)

表 15－34　监控量测必测、量测部位与测点布置表

序号	项目名称	方法及工具	布置	测试精度	量测间隔时间			
					1～15d	16d～1个月	1～3个月	大于3个月
1	洞内、外观察	现场观测、地质罗盘等	开挖后及初期支护后进行	—	每次爆破后进行			
2	周边位移	各种类型收敛计	每10～50m一个断面，每断面2～3对测点	0.1mm	1～2次/d	1次/d	1～2次/周	1～3次/月
3	拱顶下沉	水准测量的方法，水平仪，钢尺等	每10～50m一个断面	0.1mm	1～2次/d	1次/d	1～2次/周	1～3次/月
4	地表下沉	水准测量的方法，水平仪、铟钢尺等	洞口段、浅埋段($h_0 \leqslant 2b$)	0.5mm	开挖面距量测断面前后小于2倍隧道开挖宽度时，1～2次/d；开挖面距量测断面前后小于5倍隧道开挖宽度时，1次/2～3d；开挖面距量测断面前后大于5倍隧道开挖宽度时，1次/3～7d			

备注：b 为隧道开挖宽度；h_0 为隧道埋深。

二、量测数据的处理方法（表 15 - 35）

表 15 - 35　量测数据的处理方法

项目	数据处理方法
洞内、外观察（地质和支护状况观察）	围岩和支护稳定状态观察与分析，作地质素描、地质断面展示图或纵、横剖面图
周边位移、拱顶下沉、地表下沉	根据记录绘制位移 u 与时间 t 的关系曲线，绘制位移 u 与开挖面距离 L 的关系曲线；绘制位移速度 v 与时间 t 的关系曲线，以上关系曲线也可以列表
锚杆轴力测试	绘制不同时间锚杆轴力（应力 σ）与深度 L 的关系，各测点轴力（应力 σ）与时间的关系曲线
岩体内位移	绘制孔内各测点位移与时间的关系曲线，不同时间位移与深度（测点位置）的关系曲线
围岩与支护界面上的接触压力	整理出支护内应力及支护与围岩界面上接触压力分布图，绘制应力与时间的关系曲线
围岩弹性波测试	绘制各测孔弹性波传播速度与孔深的关系曲线

三、直观评论已暴露围岩稳定状态（表 15 - 36）

表 15 - 36　围岩开挖后的稳定状态

类别	围岩开挖后的稳定状态
Ⅰ	围岩稳定、无坍塌、可能产生岩爆
Ⅱ	长时间会出现局部小坍塌，侧壁稳定。层间结合差的平缓岩层顶板易坍落
Ⅲ	拱部无支撑时可产生小坍塌，侧壁基本稳定。爆破震动过大，易坍塌
Ⅳ	拱部无支撑时可产生较大的坍塌。侧壁有时失去稳定
Ⅴ	围岩易坍塌，处理不当会出现大坍塌，侧壁经常小坍塌，浅埋时易出现地表下沉（陷）或塌至地表
Ⅵ	围岩极易坍塌变形，有水时土砂常与水一起涌出，浅埋时易塌至地表

四、隧道周边允许相对位移值（表 15 - 37）

表 15 - 37　隧道周边允许相对位移值

覆盖层厚度（m）	<50	50～300	>300
	周边允许相对位移值（%）		
Ⅲ级围岩	0.10～0.30	0.20～0.50	0.40～1.20
Ⅳ级围岩	0.15～0.50	0.40～1.20	0.80～2.00
Ⅴ级围岩	0.20～0.80	0.60～1.60	1.00～3.00

注:1. 相对位移值是指实测位移值与两测点间距离之比,或拱顶位移实测值与隧道宽度之比;

2. 脆性围岩取表中较小值,塑性围岩取较大值;

3. Ⅰ、Ⅱ和Ⅵ级围岩可按工程类比初步选定允许值范围;

4. 本表所列数值可在施工过程中通过实测和资料积累做适当修正。

五、围岩周边位移量测

1. 量测断面间距

必测项目表,应保证沿隧道轴线每级围岩至少有一个量测断面。

2. 量测频率按下表取值

周边位移量测和拱顶下沉的测试频率主要根据位移速度和量测断面距开挖断面距离确定,此外,与量测项目的设定时间有关,开始时频率高,以后逐渐降低。三者量测频率出现较大差异时,应按量测频率较高的作为实施的量测频率。

(1)周边位移和拱顶下沉的量测频率(按位移速度)(表 15-38)

表 15-38　周边位移和拱顶下沉的量测频率表

位移速度(mm/d)	测量频率	位移速度(mm/d)	测量频率
≥5	2~3 次/d	0.2~0.5	1 次/3d
1~5	1 次/d		
0.5~1	1 次/(2~3d)	<0.2	1 次/(3~7d)

(2)周边位移和拱顶下沉的量测频率(按距开挖面距离)(表 15-39)

表 15-39　周边位移和拱顶下沉的量测频率表

量测断面距开挖面距离(m)	测量频率	量测断面距开挖面距离(m)	测量频率
(0~1)b	2 次/d	(2~5)b	1 次/(2~3d)
(1~2)b	1 次/d	>5b	1 次/(3~7d)

注:b 为隧道开挖宽度。

(3)结束条件:应持续到变形基本稳定 2~3 周后结束。对于膨胀性围岩和挤压性围岩位移没有减缓趋势时,应适当延长量测时间。

3. 量测点埋设时间

一般情况下,测点距开挖工作面应小于 1~2m。测点埋设后,第一次量测时间应在上次爆破后 24h 内,并在下次爆破前进行。第一次量测的初读数是关键性数据,应反复测读;当连续量测 3 次的误差 $R \leqslant 0.18mm$ 时,才能继续爆破掘进(R 根据收敛计而异)。

4. 收敛测线布置

全断面开挖时,埋深小于两倍洞径地段或浅埋隧道,采用 3~6 条测线;一般地段应采用 2~3 条测线,但拱脚处必须有一条水平测线。若位移值较大或偏压显著,可同时进行绝对位移量测。

5. 量测仪器

目前,我国公路隧道施工中常用接触量测和非接触量测,接触量测收敛计为机械式收敛计和数显式收敛计;非接触量测主要用全站仪。

6. 原始记录和量测资料整理

(1)原始记录表及实际测点布置图。

(2)位移随时间以及开挖面距离的变化图。

(3)位移速度、位移加速度随时间以及开挖面距离的变化图。

7. 数据处理

对现场量测数据绘制时态曲线(或散点图)和空间关系曲线。

8. 收敛量测结果的应用

隧道周壁任意点的实测相对位移值或用回归分析推算的总相对位移值均应小于规定数值。按照《公路隧道施工技术规范》规定,二次衬砌的施工应在满足下列要求时进行:

(1)各测试项目的位移速率明显收敛,围岩基本稳定。

(2)已产生的各项位移已达预计总位移量的 80%~90%。

(3)周边位移速率小于 0.1~0.2mm/d,或拱顶下沉速率小于 0.07~0.15mm/d。

六、拱顶下沉量测

1. 量测方法

对于浅埋隧道,可由地面钻孔,使用挠度计或其他仪表测定拱顶相对地面不动点的位移值。对于深埋隧道,拱顶下沉量测方法有接触观测法(精密水准仪法)和非接触观测法(全站仪)两种。此外还有激光围岩实时监控系统。

2. 量测要求

(1)拱顶下沉量测断面间距、量测频率、初读数的测取等同收敛量测。

(2)每个断面布置 1~3 个测点,测点设在拱顶中心或其附近。

(3)量测精度为±0.1mm。

(4)量测时间应延续到拱顶下沉稳定后。

3. 量测仪器

拱顶下沉量测主要用隧道拱部变位观测计。

4. 原始记录和量测资料积累

量测的原始记录与收敛量测相同,用下沉量、下沉速度与时间关系图来表示。

七、地表下沉量测

1. 量测方法

一般用水准仪量测,量测精度±0.5mm。

2. 量测断面及测点的布置

量测断面沿纵向(隧道中线方向)布置,其间距为:当埋深 $h>2D$ 时,取 20~50m;当埋深 $D<h<2D$ 时,取 10~20m;当埋深 $h<D$ 时,取 5~10m(D 为隧道直径或宽度)。每个隧道至少两个断面。

横向测点布置间距范围为 2~5m;布置 7~11 个测点,隧道中线附近密些,远离隧道中线处疏些。

3. 量测频率

地表下沉量测应从开挖工作面前方、隧道埋深与开挖高度之和处开始,直到衬砌结构封闭,下沉基本停止时为止。量测频率与拱顶下沉和周边位移量测频率相同。

4. 原始记录和量测资料积累

分别作出纵向下沉-时间曲线和横向下沉-时间曲线。最大下沉量的控制标准根据地面结构的类型和质量要求而定,大约 $1\sim2cm$;在弯变点的地表倾斜应小于结构的要求,一般应小于 $1/300$。

根据回归分析,如果地表下沉量超过上述标准,应采取措施。

八、围岩内部位移量测

1. 量测断面选择

量测断面应设在有代表性的地质地段。在一般围岩条件下,每隔 $200\sim500m$ 设一个量测断面比较适宜。

2. 量测断面上的测点布置

每一量测断面应布设 $3\sim11$ 个测点,要尽量靠近锚杆或周边位移量测的测点处,以便计算分析。

3. 量测频率

围岩内位移的量测频率与同一断面其他项目量测频率相同。

4. 量测仪器

量测仪器为多点位移计。多点位移计根据测点锚固方式可分为弦式(钻孔伸长计、引伸计)和杆式(杆式多点位移计)两类;根据数据采集方式可分为机械式(百分表、数显百分表、游标卡尺)和电测式(差动电阻式、电感式、振弦式等)。

安装方法:一般在拱部或顶部导洞开挖后,立即钻孔安装伸长计,然后进行扩挖,隔一定时间测读各点位移值;进行校正后,求出相对于最深一点的位移值,绘制时间-位移曲线,分析各点的变形速率及稳定性。

5. 测读方法

用 $0\sim300mm$ 的深度游标卡尺(精度为 $\pm0.2mm$)测读。每点需进行 5 次测读,取其 3 次相近的读数平均值作为此处测读结果;测读间隔时间由数小时到数天,一般间隔 1d 测读一次。

6. 量测资料的应用

实用中,一般根据量测结果,先绘出位移-深度关系曲线和位移-时间关系曲线。通过位移-时间曲线,掌握围岩内部随时间变形的规律,则可更好地用于指导施工。

九、锚杆轴力量测

1. 量测方法及仪器

(1)机械式量测锚杆是在中空的杆体内放入 4 根细长杆,将其头部固定在锚杆内预计的位置上。量测锚杆一般长度在 6m 以内,测点最多为 4 个,用千分表直接读数,量出各点间的长度变化。而后与被测点间距相除得出应变值,再乘以钢材的弹性模量,即得各测点间的应力。了解锚杆轴力及其应力分布状态,再配合以岩体内位移的量测结果就可以设计锚杆长度及锚杆根数,还可以掌握岩体内应力重分布的过程。

(2)电阻应变片式量测锚杆是在中空锚杆内壁或在实际使用的锚杆上轴对称贴 4 块应变片,以 4 个应变的平均值为量测应变值。这样可消除弯曲应力的影响,测得的应变值乘以钢材的弹性模量得该点的应力。

(3)钢弦式测力锚杆:由若干个钢弦式钢筋应力计、测量线、分线器插头和分线器组成。

2. 成果整理

(1)绘制不同时间($t_1,t_2,\cdots$)锚杆轴力(应力 σ)与深度 L 关系曲线。

(2)绘制各测点(1,2,$\cdots$)轴力(应力)与时间关系曲线。

十、钢支撑压力量测

1. 量测方法

(1)根据量测目的选择量测断面。

(2)在量测断面内布置测点。测点一般为 3 个,也可视需要灵活设置。

(3)根据液压测力计的使用要求,安装测力计于钢支撑上面。

(4)通过高压软管将压力表接到读数方便位置,固定管束和压力表于钢支撑或隧道壁面上。

(5)读取初读数,并定期记录各点压力值。

(二)成果整理:绘制各测点的压力-时间变化曲线。

十一、衬砌混凝土应力量测

(一)量测仪器

测试系统一般由钢弦式传感器(或调频弦式传感器)和钢弦频率测定仪组成。

(二)压力盒的类型

钢弦式传感器根据它的用途、结构形式和材料不同,一般有多种类型,可根据用途选择。

(三)传压囊的设置

为了增大钢弦压力盒接触面,避免由于埋设接触不良而使压力盒失效或测值很小,有时采用传压囊增大其接触面。装配传压囊时,必须将油尽量注满,且囊内无空气;钢弦压力盒与传压囊接触处,用 O 形密封圈密封,压紧套管要压紧压力盒。

(四)钢弦压力盒的性能试验

1. 钢弦抗滑性能试验

钢弦通常用销钉夹紧装置安装并经过热处理。抗滑性试验时,将压力盒放在频率为 50 周/s 的电振动台上持续振动 10~15s,然后检查其结构的初频变化情况。此外,还应做锤击试验。用小木槌以每分钟 15 次的速度,垂直敲打压力盒承压膜,持续 2min 再测量其初频变化;若初频变化在 ±10Hz 以内,则可认为性能良好。

2. 密封防潮试验

试验时，将压力盒放在专设的压力罐中，先让其在水中浸泡 7d，然后加 0.4MPa 的压力，恒压 6h 取出压力盒并启开，检查其密封质量。

3. 稳定性试验

把已经做过抗滑和密封防潮试验的压力盒在完全不受载荷的情况下静置 1 年，再测量其初始频率值；若仍在 ±10Hz 的频差范围内，可认为是稳定可靠的。

4. 重复性试验

其试验方法与压力盒的标定方法相同。

5. 压力盒的布置与埋设

埋设压力盒总的要求是：接触紧密和平稳，防止滑移，不损伤压力盒及引线，并且需在上面盖一块厚 6～8mm、直径与压力盒直径大小相等的铁板。

6. 压力盒的布置及观测方法

(1)混凝土应力量测与其他选测项目的布置基本相同，一般一个断面布置三测点、六测点、九测点等多种形式。量测频率与其他量测项目相同。

(2)观测时，根据具体情况及要求，定期进行测量；每次每个压力盒的测量应不少于 3 次，力求测量数值可靠、稳定，并做好原始记录。

图 15-18 钢弦压力盒

【学习案例 15-8】

某两车道隧道用上下阶法开挖，对其 V 级围岩段进行拱顶下沉变形位移监测时，监测断面测点埋设于隧道初期支护拱顶部位，基点埋设于已施作仰拱回填的路基面上，测量仪器为精密水准仪（配合使用测微器）。由于测点与基点间高差大，无法直接量测，因此在上下台阶中部设置转点，每次进行量测时均先对基点和转点间高差进行量测，后对测点和转点间高差进行量测。测点埋设后前半个月内每天量测 1 次，后半个月内每 2 天量测 1 次。在测点埋设后第 1～第 15 次内量测时，测点和转点处读数采用倒挂钢卷尺的方法采集数据；其后转点处采用竖立塔尺的方法采集数据。在整个检测过程中，测点埋设符合规范要求，不改变量测基点，忽略量测误差，各次检测数据如下表 15-40：单位（mm）

表 15-40　检测数据

序号	监测次数	测点埋设天数	第一次架设水准仪读数		第二次架设水准仪读数	
			基点读数	转点读数	转点读数	测点读数
1	1	1	2902.32	1048.74	210.46	4024.35
2	3	3	2742.44	1207.68	225.38	4035.42
3	5	5	2942.36	1005.37	205.26	4013.47
4	9	9	2838.12	1106.26	217.38	4023.14

序号	监测次数	测点埋设天数	第一次架设水准仪读数		第二次架设水准仪读数	
			基点读数	转点读数	转点读数	测点读数
5	16	17	1466.98	1439.52	2906.16	4812.23
6	18	21	1528.25	1502.37	2815.56	4903.25
7	22	29	1538.90	1512.46	2841.56	4875.46

综合题下列各题均有 1 个或 1 个以上备选答案符合题意出现漏选或错误选项均不得分完全正确得满分。

1. 第一次监测量时的基点与转点间的高差和第 3 次监测量时转点与监测点的高差分别为（B/D）。

A.1853.58mm　　　B.3951.06mm　　　C.4260.80mm　　　D.3810.04mm

第 1 次监测量时的基点与转点间的高差＝基点读数＋转点读数

第 3 次监测量时转点与监测点的高差＝转点读数－测点读数

2. 第 16 次监测量时，基点与转点间的高差为（D）。

A.−2906.50mm　　B.2906.50mm　　　C.−27.46mm　　　D.27.46mm

第 16 次监测量时的基点与转点间的高差＝基点读数－转点读数

3. 第 9 次测量时，监测点拱顶下沉变形（B）。

A.−14.81mm　　　B.14.81mm　　　　C.−1.45mm　　　D.1.45mm

第 9 次测量时，监测点拱顶下沉变形＝第 1 次测量测点相对基点高程－第 9 次测量测点相对基点高程

4. 第 22 次监测量时，监测点拱顶下沉变形位移累积值为（D）。

A.16.20mm　　　　B.17.20mm　　　　C.20.49mm　　　　D.21.49mm

第 9 次测量时，监测点拱顶下沉变形＝第 1 次测量测点相对基点高程－第 22 次测量测点相对基点高程

5. 该断面经过 22 次监测后，监测方对该断面围岩稳定性判断为（AD）。

A. 围岩变形速率基本稳定，围岩状态稳定　　B. 围岩变形速率有突变，该断面将失稳

C. 变形值较大，应进行预警　　　　　　　　D. 变形值在正常范围内，继续监测

最后 8 天围岩变形速率为 0.15，小于 0.2 时围岩状态稳定

表 15−41　测点相对基点高程计称（mm）

序号	监测次数序号	测点埋设天数（天）	第一次架设水准仪读数		第二次架设水准仪读数		测点相对基点高程
			基点读数	转点读数	转点读数	测点读数	
1	1	1	2902.32	1048.74	210.46	4024.35	7764.95
2	3	3	2742.44	1207.68	225.38	4035.42	7760.16
3	5	5	2942.36	1005.37	205.26	4013.47	7755.94
4	9	9	2838.12	1106.26	217.38	4023.14	7750.14

序号	监测次数序号	测点埋设天数（天）	第一次架设水准仪读数		第二次架设水准仪读数		测点相对基点高程
			基点读数	转点读数	转点读数	测点读数	
5	16	17	1466.98	1439.52	2906.16	4812.23	7745.85
6	18	21	1528.25	1502.37	2815.56	4903.25	7744.69
7	22	29	1538.9	1512.46	2841.56	4875.46	7743.46

【学习实践】

1. 简述各种辅助工程措施及其适用条件。

2. 简述超前锚杆和超前钢管的基本要求、实测项目、外观鉴定。

3. 注浆效果检查有哪些方法？

4. 如何测定化学浆液黏度？

5. 简述超欠挖测定方法和隧道开挖质量的评定。

6. 简述砂浆锚杆注满度检测的基本原理和方法

7. 简述影响喷射混凝土质量的因素。

8. 简述地质雷达法的原理。

9. 如何进行初期支护施工质量检测？

10. 简述隧道防排水的目的及原则。

11. 简述隧道防排水的质量要求。

12. 混凝土厚度的检测方法有哪些？

13. 隧道施工量测中，力的量测有哪些项目？

14. 隧道施工量测中，位移的量测有哪些项目？

15. 简述超声波法测混凝土强度的原理、方法及强度确定。

附录一 正态分布概率系数表

附表1 正态分布概率系数表($\int_{K_q}^{\infty} \frac{1}{\sqrt{2\pi}} e^{-\frac{x^2}{2}} dx = \beta$)

K_q	0.00	0.01	0.02	0.03	0.04	0.05	0.06	0.07	0.08	0.09
0.0	0.5000	0.4960	0.4920	0.4880	0.4840	0.4801	0.4761	0.4721	0.4681	0.4641
0.1	0.4602	0.4562	0.4522	0.4483	0.4443	0.4404	0.4364	0.4325	0.4286	0.4247
0.2	0.4207	0.4168	0.4129	0.4090	0.4052	0.4013	0.3974	0.3936	0.3897	0.3859
0.3	0.3821	0.3783	0.3745	0.3707	0.3669	0.3632	0.3594	0.3557	0.3520	0.3483
0.4	0.3446	0.3409	0.3372	0.3336	0.3300	0.3264	0.3228	0.3192	0.3156	0.3121
0.5	0.3085	0.3050	0.3015	0.2981	0.2946	0.2912	0.2877	0.2843	0.2810	0.2776
0.6	0.2743	0.2709	0.2676	0.2643	0.2611	0.2578	0.2546	0.2514	0.2483	0.2451
0.7	0.2420	0.2389	0.2358	0.2327	0.2296	0.2266	0.2236	0.2206	0.2177	0.2148
0.8	0.2119	0.2090	0.2061	0.2033	0.2005	0.1977	0.1949	0.1922	0.1894	0.1867
0.9	0.1841	0.1841	0.1788	0.1762	0.1736	0.1711	0.1685	0.1660	0.1635	0.1611
1.0	0.1587	0.1562	0.1539	0.1515	0.1492	0.1469	0.1446	0.1423	0.1401	0.1379
1.1	0.1357	0.1335	0.1314	0.1292	0.1271	0.1251	0.1230	0.1210	0.1190	0.1170
1.2	0.1151	0.1131	0.1112	0.1093	0.1075	0.1056	0.1038	0.1020	0.1003	0.0985
1.3	0.0968	0.0951	0.0934	0.0918	0.0901	0.0885	0.0869	0.0853	0.0838	0.0823
1.4	0.0808	0.0793	0.0778	0.0764	0.0749	0.0735	0.0721	0.0708	0.0694	0.0681
1.5	0.0668	0.0655	0.0643	0.0630	0.0618	0.0606	0.0594	0.0582	0.0571	0.0559
1.6	0.0548	0.0537	0.0526	0.0516	0.0505	0.0495	0.0485	0.0475	0.0465	0.0455
1.7	0.0446	0.0436	0.0427	0.0418	0.0409	0.0401	0.0392	0.0384	0.0375	0.0367
1.8	0.0359	0.0351	0.0344	0.0336	0.0329	0.0322	0.0314	0.0307	0.0301	0.0294
1.9	0.0287	0.0281	0.0274	0.0268	0.0262	0.0256	0.0250	0.0244	0.0239	0.0233
2.0	0.0228	0.0222	0.0217	0.0212	0.0207	0.0202	0.0197	0.0192	0.0188	0.0183
2.1	0.0179	0.0174	0.0170	0.0166	0.0162	0.0158	0.0154	0.0150	0.0146	0.0143
2.2	0.0139	0.0136	0.0132	0.0129	00.0125	0.0122	0.0119	0.0116	0.0113	0.0110

K_q	0.00	0.01	0.02	0.03	0.04	0.05	0.06	0.07	0.08	0.09
2.3	0.0107	0.0104	0.0102	0.00990	0.00964	0.00939	0.00914	0.00889	0.00866	0.00842
2.4	0.00820	0.00798	0.00776	0.00755	0.00734	0.00714	0.00695	0.00676	0.00657	0.00639
2.5	0.00621	0.00604	0.00587	0.00570	0.00554	0.00539	0.00523	0.00508	0.00494	0.00480
2.6	0.00466	0.00453	0.00440	0.00427	0.00415	0.00402	0.00391	0.00379	0.00368	0.00357
2.7	0.00347	0.00336	0.00326	0.00317	0.00307	0.00298	0.00289	300280	0.002727	0.00264
2.8	0.00256	0.00248	0.00240	0.00233	0.00226	0.00219	0.00212	0.00205	0.00199	0.00193
2.9	0.00187	0.00181	0.00175	0.00169	0.00164	0.00159	0.00154	0.00149	0.00144	0.00139
3	0.00135	0.0³968	0.0³687	0.0³483	0.0³337	0.0³233	0.0³159	0.0³108	0.0³723	0.0³481
4	0.0⁴317	0.0⁴207	0.0⁴133	0.0⁵854	0.0⁵541	0.0⁵340	0.0⁵211	0.0⁵130	0.0⁶793	0.0⁶479
5	0.0⁶287	0.0⁶170	0.0⁷996	0.0⁷579	0.0⁷333	0.0⁷190	0.0⁷107	0.0⁸599	0.0⁸332	0.0⁸182
6	0.0⁹987	0.0⁹530	0.0⁹282	0.0⁹149	0.0¹⁰777	0.0¹⁰402	0.0¹⁰206	0.0¹⁰104	0.0¹¹523	0.0¹¹260

t 分布概率系数表

附表 2　t 分布概率系数表

n	双边置信水平			单边置信水平		
	99%	95%	90%	99%	95%	90%
2	45.012	8.985	4.465	22.501	4.465	2.176
3	5.730	2.484	1.686	4.201	1.686	1.089
4	2.921	1.591	1.177	2.270	1.177	0.819
5	2.059	1.242	0.953	1.676	0.953	0.686
6	1.646	1.049	0.823	1.374	0.823	0.603
7	1.401	0.925	0.734	1.188	0.734	0.544
8	1.237	0.836	0.670	1.060	0.670	0.500
9	1.118	0.769	0.620	0.966	0.620	0.466
10	1.028	0.715	0.580	0.892	0.580	0.437
11	0.955	0.672	0.546	0.833	0.546	0.414
12	0.897	0.635	0.518	0.785	0.518	0.393
13	0.847	0.604	0.494	0.744	0.494	0.376
14	0.805	0.577	0.473	0.708	0.473	0.361
15	0.769	0.554	0.455	0.678	0.455	0.347
16	0.737	0.533	0.438	0.651	0.438	0.335
17	0.708	0.514	0.423	0.626	0.423	0.324
18	0.683	0.497	0.410	0.605	0.410	0.314
19	0.660	0.482	0.398	0.586	0.398	0.305
20	0.640	0.468	0.387	0.568	0.387	0.297
21	0.621	0.455	0.376	0.552	0.376	0.289
22	0.604	0.443	0.367	0.537	0.367	0.282
23	0.588	0.432	0.358	0.523	0.358	0.275

n	双边置信水平			单边置信水平		
	99%	95%	90%	99%	95%	90%
24	0.573	0.422	0.350	0.510	0.350	0.269
25	0.559	0.413	0.342	0.498	0.342	0.264
26	0.547	0.404	0.335	0.487	0.335	0.258
27	0.535	0.396	0.328	0.477	0.328	0.253
28	0.524	0.388	0.322	0.467	0.322	0.248
29	0.513	0.380	0.316	0.458	0.316	0.244
30	0.530	0.373	0.310	0.449	0.310	0.239
40	0.428	0.320	0.266	0.383	0.266	0.206
50	0.380	0.284	0.237	0.340	0.237	0.184
60	0.344	0.258	0.216	0.308	0.216	0.167
70	0.318	0.238	0.199	0.285	0.199	0.155
80	0.297	0.223	0.186	0.266	0.186	0.145
90	0.278	0.209	0.175	0.249	0.175	0.136
100	0.263	0.198	0.166	0.236	0.166	0.129

附录三　相关系数检验表

附表3　相关系数检验表（γ_β）

$n-2$	显著性水平 β		$n-2$	显著性水平 β		$n-2$	显著性水平 β	
	0.01	0.05		0.01	0.05		0.01	0.05
1	1.00	0.997	15	0.606	0.482	29	0.456	0.355
2	0.990	0.950	16	0.590	0.468	30	0.449	0.349
3	0.959	0878	17	0575	0.456	31	0.418	0.325
4	0.917	0.811	18	0.561	0.444	32	0.393	0.304
5	0.874	0.754	19	0.549	0.433	33	0.381	0.288
6	0.834	0.707	20	0.537	0.423	34	0.354	0.273
7	0.798	0.666	21	0.526	0.413	35	0.325	0.250
8	0.765	0.632	22	0.515	0.404	36	0.302	0.232
9	0.735	0.602	23	0.505	0.396	37	0.283	0.217
10	0.708	0.576	24	0.496	0.388	38	0.267	0.205
11	0.384	0.553	25	0.487	0.381	39	0.254	0.195
12	0.661	0.532	26	0.478	0.374	40	0.181	0.138
13	0.641	0.514	27	0.470	0.367	41	0.148	0.113
14	0.623	0.497	28	0.463	0.361	42	0.128	0.098

参考文献

[1] 梁晋文,何贡.误差理论与数据处理.北京:中国计量出版社,1988

[2] 徐培华.道路工程施工质量检测.华东公路,1998(3)

[3] 金桃,张美珍.公路工程检测技术.北京:人民交通出版社,2005

[4] 中华人民共和国交通部.公路工程质量检验评定标准(JTG F80/1—2004).北京:人民交通出版社,2004

[5] 中华人民共和国交通部.公路路基路面现场测试规程(JTG E60—2008).北京:人民交通出版社,2008

[6] 夏连学,宁金成.公路与桥梁结构检测.北京:黄河水利出版社,1999

[7] 中华人民共和国交通部.公路工程技术标准 JTG B01—2003.北京:人民交通出版社,2003

[8] 中华人民共和国交通部.公路工程无机结合料稳定材料试验规程(JTG E51—2009).北京:人民交通出版社,2009

[9] 中华人民共和国交通部.公路工程沥青及沥青混合料试验规程(JTJ 052—2000).北京:人民交通出版社,2000

[10] 中华人民共和国交通部.公路工程水泥混凝土试验规程(JTG E30—2005).北京:人民交通出版社,2005

[11] 夏连学,赵卫平.路基里面工程.北京:人民交通出版社,1997

[12] 文德云.公路工程质量管理控制原理与方法.北京:人民交通出版社,1994

[13] 盛安连.路面路面检测技术.北京:人民交通出版社,1996

[14] 赵汉涛.路面结构检测与测试技术.北京:人民交通出版社,1983

[15] 应国兰,过大江.工程检测基础.上海:同济大学出版社,1986

[16] 朱之基.混凝土灌注桩质量无损检测技术.北京:人民交通出版社,1993

[17] 国家建筑工程质量监督检测中心.混凝土无损检测技术.北京:中国建材工业出版社,1996

[18] 周若愚.公路工程现场试验检测技术.北京:人民交通出版社,2001

[19] 徐培华,陈忠达.路基路面试验检测技术.北京:人民交通出版社,2000

[20] 徐日昶,王博仪、赵家奎.桥梁检测.北京:人民交通出版社,1992

[21] 沙庆林.公路压实与压实标准.北京:人民交通出版社,2000

[22] 建筑地基基础设计规范(GBJ 7—89).北京:中国建筑工业出版社,1989

[23] 中华人民共和国交通部.公路土工试验规程(JTG E40—2007).北京:人民交通出版社,2007

[24] 习应祥,卓知学,杨煜惠.道路工程与材料质量与检测.湖南:湖南地图出版社,2008

［25］吴慧敏．结构混凝土现场检测技术．湖南：湖南大学出版社，2005

［26］中华人民共和国交通部．公路路面面层施工技术规范(JTJ 034—2000)．北京：人民交通出版社，2000

［27］中华人民共和国国家标准．混凝土路面施工及验收规范(GBJ97—87)．北京：人民交通出版社，1987

［28］中华人民共和国交通部．公路水泥混凝土路面养护技术规范(JTJ 073—2001)．北京：人民交通出版社，2001

图书在版编目(CIP)数据

公路工程检测技术/齐永生主编．—合肥:合肥工业大学出版社,2015.1

ISBN 978-7-5650-2101-5

Ⅰ.①公⋯　Ⅱ.①齐⋯　Ⅲ.①道路工程—检测　Ⅳ.①U41

中国版本图书馆 CIP 数据核字(2015)第 010531 号

公路工程检测技术

主　编　齐永生			责任编辑　张择瑞	
出　版	合肥工业大学出版社	版　次	2015 年 1 月第 1 版	
地　址	合肥市屯溪路 193 号	印　次	2015 年 1 月第 1 次印刷	
邮　编	230009	开　本	787 毫米×1092 毫米　1/16	
电　话	综合图书编辑部:0551-62903204	印　张	25.5	
	市 场 营 销 部:0551-62903198	字　数	620 千字	
网　址	www.hfutpress.com.cn	印　刷	合肥星光印务有限责任公司	
E-mail	hfutpress@163.com	发　行	全国新华书店	
主编信箱　64143269@qq.com		责编信箱/热线　zrsg2020@163.com　13965102038		

ISBN 978-7-5650-2101-5　　　　　　　　　定价: 48.00 元

如果有影响阅读的印装质量问题,请与出版社市场营销部联系调换

淮中晚泊犊头[1]

苏舜钦

春阴垂野草青青，时有幽花一树明。[2]

晚泊孤舟古祠下，满川风雨看潮生。

【赏析】

现代人想想古人的旅途，一定是很乏味的。不论乘车还是乘船，一日不过行数十里，没有数码产品可以解闷，沿途风景整天里也不会有什么变化。如果再赶上阴雨天，心情会更加郁闷。

但苏舜钦给我们看到了古人旅行中的乐趣。他遭到政敌的打击，被剥夺官职，离开京城，乘船沿运河南下。黄淮大平原上，在野外可以看出很远，一直看到极远处的地平线。此时正是春天，不过不是阳光明媚的天气，而是阴云密布，笼盖旷野。沿河青草弥望，看得久了恐怕会让人发困，宁可躲在船舱里睡觉。但诗人不觉得单调，随着船的行进，他饶有兴味地看着河的两岸，有时会看到一两株开满鲜花的树，在阴暗的天空下，让他眼前一亮。

船至犊头，日晚停泊，孤舟古祠，风雨大至。诗人也不因荒凉孤寂而愁苦，而是看河中潮水上涨，安闲自若，似乎连刚刚遭遇的政治陷害都忘了。

反而是我们现代人，由于有了更便捷的交通工具，帮助我们更快速地赶路，却也让我们忽略了旅途中的风景。

苏舜钦（1008—1048），字子美。绵州盐泉（今四川绵阳东）人。北宋诗人，与梅尧臣齐名，并称"梅苏"。

1. 淮：淮河。犊头：淮河边的一个地名，在今江苏淮安市淮阴区境内。

2. 春阴垂野：春天的阴云笼罩原野。幽花：幽静偏暗之处的花。

画眉鸟

欧阳修

百啭千声随意移，山花红紫树高低。
始知锁向金笼听，不及林间自在啼。

【赏析】

画眉鸟鸣声动听，喜爱的人把它捉来，千方百计地驯化，把它养在装饰华美的笼子里，用精美的食物饲养，于是人就能随时听到它的叫声。

诗人以前听到过这样被锁在金笼里的画眉鸟的鸣叫，那时听来也是很好听的。而现在走入山林中，遍山万紫千红的野花点缀，种类繁多的林木茂盛，画眉鸟在林中飞来飞去，鸣叫不断。诗人这时听到的画眉鸟的啼鸣声，与以前听到的竟大不相同。这里的画眉鸟，没有人强迫，没有人逗弄，它们随意的鸣叫声千变万化，充满快活自在，美妙极了。

这首绝句写的虽是画眉鸟，其中恐怕不无诗人的人生体悟。一方面，"修齐治平"是古代读书人基本的人生价值追求，读书入仕是人生价值实现的基本道路；另一方面，进入官场意味着成为官僚体制的一分子，案牍劳形，名缰利锁，从此身不由己。当诗人从繁忙的公务中暂时脱身，来到山林中游憩，获得了片刻的自由，此时的心情，正与自由自在啼鸣的画眉鸟相近。